超多超好玩的

烧脑数学

谜题

[英] 亨利·恩斯特·杜德尼 著

张 曙 张超斌 译

吉林出版集团股份有限公司

图书在版编目（CIP）数据

超多超好玩的烧脑数学谜题 ／（英）亨利·恩斯特·
杜德尼著；张曙，张超斌译． —长春：吉林出版集团股份
有限公司，2018.1

ISBN 978-7-5581-4112-6

Ⅰ.①超… Ⅱ.①亨… ②张… ③张… Ⅲ.①智力游
戏—青少年读物 Ⅳ.①G898.2

中国版本图书馆CIP数据核字（2017）第300477号

超多超好玩的烧脑数学谜题

著　　者	[英]亨利·恩斯特·杜德尼	
译　　者	张　曙　张超斌	
责任编辑	齐　琳	
封面设计	于　青	
开　　本	787mm×1092mm　1/16	
字　　数	400千字	
印　　张	28.5	
版　　次	2018年1月第1版	
印　　次	2018年1月第1次印刷	

出　　版	吉林出版集团股份有限公司
电　　话	总编办：010-63109269
	发行部：010-81282844
印　　刷	三河市中晟雅豪印务有限公司

ISBN 978-7-5581-4112-6　　　　　定价：68.00元

译者序

华罗庚说过：宇宙之大，粒子之微，无处不用数学。逛一次街，玩一次魔方，诸如此类的生活琐事都离不开数学。而正是这些日常的涓涓细流汇成了人生长河。对于大多数人来说，生活只是一种枯燥无味的机械重复。我们需要自娱自乐。这正是本书作者——英国思维游戏之父亨利·恩斯特·杜德尼——写下此书的目的。

亨利终其一生只是一个地位卑微的小公务员，在漫长的寂寥时光中，幸好有智力游戏与他相伴。他从小就喜欢国际象棋，长大后更是日日不断。他与好友兼趣味数学家森姆·莱特常年通信，探讨数学，并长期为当时著名的《岸边杂志》供稿，名震一时。

本书正是亨利最为得意的数学谜题之精选，他挑选并收录了四百余个最具代表性、最有意思的谜题，并分门别类，融经典与原创于一体。这种大手笔，可谓英国乃至全世界趣味数学史上的集大成之作。难怪这本书曾在短短三年时间之内，就涌现出了28个版本，被全球839家图书馆典藏。

亨利不仅亲自认真解答每一道题，推翻了一直以来被人们口耳相传的错误答案，还融入了一些有趣的故事和逸闻，让读者在享受思维风暴的同时，又能享受幽默诙谐的精彩故事。全球数百亿学生、数学爱好者疯狂收藏本书的秘密恐怕就在于此吧。

最后要说的是，译者这次与濡如翻译团队共同完成这次翻译工作，虽然自始至终秉承一丝不苟的态度，但误译之处在所难免，还请读者朋友们指正！愿这本书成为你思维挑战之路上的忠实伴侣！

前　言

在出版的这卷《超多超好玩的烧脑数学谜题》过程中，有些谜题曾在期刊上登载过，而其他绝大多数谜题则是在此首次亮相。许许多多国内外的不知名读者纷纷致信，希望能将谜题整理成集，而且，比起报纸杂志中所给出的答案，他们希望我能尽可能详尽地写出解题过程。面对读者的热情，不得不承认，我备受鼓舞。虽然本书中只收录了少量世人代代都为之着迷的古老谜题，但是我还是在此基础上添加一些新谜题，新加入的谜题都是原创的。原创的谜题有一部分已在报刊登载过，读者们或许也很想知道它们的来源吧。

说到数学谜题，较之我在别处所写的东西，我没有更多要说的。这门学科的历史几乎是人类思想起源和发展历史的再现，历史学家必须从人类第一次用十根手指计数、把苹果分成大致相同的两半开始进行研究。有关数学和逻辑学的每道谜题都值得我们认真思考，而无论男女老少，想推断出答案都是要依靠数学方法的——尽管不是出于自觉的需要。甚至有些谜题我们无法解答，只能通过偶然的试验得出答案，这种方法我们称之为"美丽的试验"——这是一个通过推断来避免和去除无用答案，从而节省劳力的思维系统。不过有时候我们确实很难说哪里用到了"经验"，而哪里没有用到。

当有人说"我这一生从来没有解决过一个谜题"时，我们很难弄懂他想表达的是什么意思，因为每个稍有才智的人每天都在解决各类谜题。对于精神病院里那些不幸的病人而言，他们之所以住在那里，就是因为他们不能再解决任何谜题——因为他们失去了判断力。如果世界上没有需要解决的谜题，人们也就无需再问问题了；如果没有要问的问题，那么世界将会变成什么样！即使我们无所不知，但谈话将变得没有价值而了然无趣。

可能有极少数头脑清醒的数学家，对他们熟悉的学科领域里的任何专业术语都感到不耐烦，但是那些专业学者和那些反对将本就难以理解的x和y以其他形式出现的人，都希望各种谜题不要再以流行娱乐和轻率趣味的方式呈现。对于他们，我只能用标题的第一个词（Amusement）来形容，并提醒他们：我的初衷就是娱乐——但也希望能顺便学点知识。如果觉得这种方式轻率的话，我只能说，就（你们的）标准而言，那是"丑陋的东西，可它是属于我的；那可是我自己乏味的幽默把戏，先生们"。

说到谜题，实际上，其中有一些——特别是在算术和代数这一块，真的很容易。然而有些谜题虽然看起来很简单，让读者以为不假思索就可以做出来，但是在解题过程中会时不时发现这些题中存在的隐秘圈套和陷阱，而读者往往很容易就掉进去了。我们需要养成一个良好的习惯，仔细理解谜题的每句话，这会让我们养成更加小心谨慎处理问题的习惯。但是有些谜题确实很难，值得优秀的数学家去关注和思考。读者可以根据自己的喜好来选择题目。

大多数的谜题，我只给出了唯一的答案。这可以让初学者自己去得出解答过程，而对于那些根底深厚的读者而言，这可以省下很多空间。另一方面，对于大家很感兴趣的谜题，我给出了详细的推理过程，并且给出了这类谜题的通用解题方法。可以看出，某一个谜题的解答方法对本书中其他类似的题目也是适用的，读者会发现：随着他的不断学习，越来越多的难题得以解决。相较其他书中采用的"人们大概会懂"的解答方式而言，我选择了更通俗易懂的解答方式，希望能得到更多人的喜欢。过去的数学家殚精竭虑，用毕生精力研究出的各种数学符号早已通用全世界，本书采用通俗简单的表达方式自然不在话下。

我花费了大量心血来解答这些难题，因此，我相信书中的错误应该不多了。但如果万一还是出现了错误，我只能恳请读者原谅——用贺瑞斯的话来说就是"智者千虑必有一失"，或者如某主教所言，"即便是我——教区里最年轻的牧师——也不是绝对可靠的"。

　　在这里，我要特意感谢《斯特丹杂志》《卡塞尔杂志》《女王》《山雀头》和《每周快递》，是他们允许我转载一些已在杂志上登载过的谜题，对此，我深表谢意。

这本书中的很多谜题是基于19世纪的英国货币而设计的。由于一部分非英国的读者可能对此不太熟悉，所以，我在此列出相关的单位和换算制度。

最常用的单位有：

便士，缩写为d（源自罗马的便士denarius）

先令，缩写为s

镑，缩写为£

1先令为12便士，20先令为1镑，所以1镑有240便士。

另外还有更加复杂的问题，在英国的货币中还有很多硬币，其单位分别有便士、先令和镑，面额如下：

法新：$\frac{1}{4}d$

半便士：$\frac{1}{7}d$

1便士：$1d$

3便士：$3d$

6便士：$6d$

1先令：$1s$

2先令：$2s$

半克朗（或者半美元）：$2s.6d$或者$30d$

4先令：$4s$

克朗（或者美元）：$5s$ 或者 $60d$

半镑金币：$10s$

1镑金币（或者1镑）：$£1$ 或者 $20s$

无论从什么角度来说，这都并非是一个完整的列表，但用来解决这本书中的谜题应当已经足够了。

目 录

第一章
算术和代数谜题

他是做什么的？一个伟大的算术家，真的。

——《奥赛罗》第一幕第一场

我把这部分的谜题粗略地归为一类、并在一起，是为了方便读者。其中有些题目很简单，而另一些则非常难。但是，我不是以难易顺序来排列的。我是有意这样安排的，因为我想告诉读者，一个谜题并不像它表面所呈现的那样。因此，有些题目看起来很容易，却内设陷阱。如果我们不仔细阅读，或是过分自信，那我们很可能会出错。

同样，算术和代数谜题不能按照某些作者通常所采取的方法来分类，他们执意要求读者在解决某些谜题时只能使用其中一种或另一种方法。在这里，读者可以自己做出决定，选择采用哪种方法进行解答。

钱之谜

> 不要把信任托付给钱，而要把钱托付给信任的人。
>
> ——奥利弗·温德尔·霍姆斯

1. 邮局难题

在日常生活里，我们买东西时偶尔会为一些妨碍我们的、无法预知的谜题而困惑。我很同情一个在邮政支局工作的年轻女士，一个绅士走进邮局并把 1 克朗放在柜台上，他说："请给我一些价格为 2 便士和 1 便士的邮票，1 便士邮票的数量是 2 便士邮票的 6 倍，剩下的钱给我一些价格为 2.5 便士的邮票。"这位女士顿了顿，然后回过神来，面带微笑，递给他准确数量的邮票。你想出这个谜题需要多长时间呢？

2. 早熟的少年

一些青少年的早熟是很惊人的。人们总是喜欢说："你的孩子是一个天才，他长大后一定能做成大事。"但以往的经验告诉我们，被夸的这一类人最后总是变成了平庸之辈。与此相反，小时候迟钝的男孩长大后成就一番伟业的情况倒很常见。你永远无法分辨出谁是伟人，谁是庸才。自然界总爱呈现给我们这些奇怪的悖论。众所周知，那些了不起的"速算者"，他们的聪明才智原本会时不时地给世界带来惊喜，可一旦学习了算术的基本规则，他们反而失去了所有的神秘力量。

一个年轻的朋友走近一个正在吃上好香蕉的男孩，他非常羡慕地问："弗雷德，这些香蕉你花了多少钱？"弗雷德回答得很快，而且答案不同寻常："我买了16×12×12个香蕉，支付给卖香蕉的人的都是些面值为6便士的硬币。这些硬币的数量是5英镑所能够买到的香蕉数量的一半。"

现在，作为读者的你，需要多久才能算出，弗雷德究竟为他那些新鲜的上等香蕉花了多少钱？

3. 在牲畜市场

三个乡下人在一个牲畜市场遇上了。哈吉对杰克斯说："我将用6头猪换你1匹马，这样你将拥有我的动物数量的2倍。"杜瑞特对哈吉说："如果这是你做生意的方式，我将用14只绵羊换你的1匹马，这样你将拥有我的动物数量的3倍。"杰克斯对杜瑞特说："嗯，我能做得更好，我将用4头奶牛换你的1匹马，这样你将拥有我的动物数量的6倍。"

毫无疑问，这是一种非常古老的交易动物的方法，但找出杰克斯、哈吉和杜瑞特他们3人各带了多少牲畜去市场却是一个有趣的谜题。

4. 宴会谜题

一群男子一起去参加雇主一年一度犒劳雇工的宴会。有四种不同职业的人接到了邀请：25个修鞋匠，20个裁缝，18个制帽匠，12个做手套的人。他们一共花了6英镑13先令。其中5个修鞋匠和4个裁缝花费一样多；12个裁缝和9个制帽匠花费一样多；6个制帽匠和 8 个做手套的人花费一样多。请指出 4 种人各花费多少？

5. 神奇的巧合

7 位男士在玩一个游戏，他们分别是爱德蒙斯、贝克尔、卡尔特、杜博桑、艾德瓦斯、法兰克斯和古德基。这个特别的游戏名叫"没有结果"。他们约定无论哪个玩家赢了游戏，他都要使其他玩家的钱增倍，即他将给其他玩家各自口袋里同样多的钱。奇怪的是，在每个人按照上面给出的名字的顺序轮流赢了一局后，他们每人口袋里的钱数竟然相等，都是 2 先令 8 便士。那游戏开始时，每个人有多少钱？

6. 慈善遗赠

某人留给他的遗嘱执行人这样的指示：每年给教区的穷人分发一次 55 先令的救济金；但是每年只能通过不同的方式分发这些钱，通常给妇女每人 18 便士，男人每人半克朗，且男女人数均大于 1。救

济金可以被分配多少年？当然，通过不同的方式是指每次男人和妇女的人数不同。

7. 寡妇的遗产

最近，一位绅士死了，留下 8000 英镑给他的遗孀、5 个儿子和 4 个女儿。他规定每个儿子应该得到的钱是每个女儿的 3 倍；每个女儿应该得到的钱是母亲的 2 倍。请问，寡妇应得多少钱？

8. 与众不同的慈善

某晚，一位慈善的绅士在他回家的路上连续遇到三个穷人向他乞讨。他给了第一个人自己口袋里钱的一半，另加一便士；给了第二个人剩下的钱的一半，另加 2 便士；给了第三个人剩下的钱的一半，另加 3 便士。回家后，他的口袋里只剩下 1 便士。现在，你能准确说出这位绅士准备回家时口袋里有多少钱吗？

9. 两架飞机

某人最近买了两架飞机，后来发现它们满足不了他的需求，就把飞机卖了。每架飞机卖了 600 英镑，其中一架亏损了 20%，另一架盈利了 20%。请问整个交易是盈利还是亏损？盈利或亏损了多少钱？

10. 买礼物

"威廉兄弟，你猜我上周在镇上遇见了谁？"本杰明叔叔说，"那个老吝啬鬼乔克。他正四处跑着去给家人买礼物。他对我说：'为什么政府不取消圣诞节，让赠送礼物受到法律的惩罚？我今天上午出门前口袋里有一些钱，回家后，我发现仅仅花了一半。事实上，请你相信我，回家时，我口袋里的先令数和我出门时的英镑数一样多，而英镑数呢，又是出门时先令数的一半，真是古怪！'"你能准确地说出乔克买礼物花了多少钱吗？

11. 骑车者的午餐

唐瓦斯告诉我，他所在的银行允许员工休假了。天气很好，一行人决定去户外骑自行车。中午，他们在一家旧客栈休息，并准备一起吃饭。"把所有吃的都算在一张账单上，老板，"他们说，"我们想每个人付的钱都一样。"很快，账单出来了，放在桌子上，一算，一共花了 4 英镑。但可悲的是，当他们准备去结账时，唐瓦斯发现有两个人偷偷地溜走了。因此，那些留下来的诚实人每人都需要比自己应付的多 2 先令。后来，他们不得不为那两个无赖付了钱。请问他们出发时一共有多少个人？

12. 钱之怪事

你发现没有，66 英镑 6 先令 6 便士等于 15918 便士。还有，四个 6 加起来等于 24，而 15918 这组数字之和也为 24。这是一个有趣的例子，请你按这个思路思考：有另一笔钱，由英镑、先令和便士组成，而这笔钱的英镑数、先令数、便士数都是同一个数字在重复，其中的数字之和，与将这笔钱转化为便士之后的数字之和相同。请问这笔钱是多少呢?

13. 资金难题

从 1 到 9 九个数字，每个数字用一次且仅用一次，并用英镑、先令、便士、四分之一便士所能形成的最大一笔钱为 98765 英镑 4 先令 $\frac{2}{3}$ 便士。现在，试着找出在完全相同的情况下，最小的一笔钱为多少。给出的每种面额——英镑、先令、便士和四分之一便士都必须用上，0 不可以使用。

14. 平方数钱

马西克对他的朋友说："太奇怪了，2 便士加 2 便士等于 4 便士，2 便士乘以 2 便士也等于 4 便士。"当然，他错误地以为钱能乘以钱，因为乘数必须被看作一个抽象的数字。2 英尺乘以 2 英尺等于 4 平方英尺才是对的。同样，2 便士乘以 2 便士等于 4 平方便士！平方便士是什么东西？我们的读者可不知道。然而，为了我们能清晰地阐述这道题，就让我们假设 2 便士乘以

2 便士等于 4 便士吧。现在要问的是，如果两笔钱以这种相加和相乘的形式求结果，所得结果是一样的，而且这个结果是满足这个要求的最小数。那么，这两笔钱分别为多少?两笔钱不需要相同，但它们必须能用当前的硬币支付。

15. 口袋里的钱币

我的口袋里有一些硬币，什么面值的都有，当然，除了 4 先令这种面值的。现在，我给出的问题是：假如我不能为半英镑兑换零钱，那么我口袋里的硬币最大的一笔钱是多少?

16. 鱼长之谜

有一条鱼，它的头有 9 英尺，鱼身的长度相当于鱼头和鱼尾之和，而鱼尾的长度又相当于鱼头与半个鱼身之和。你知道这条大鱼有多长吗?

17. 伤脑筋的油和醋问题

有一个精明的商人说："我是从卖油和醋起家的。我的第一位顾客买了我 14 美元的油和 14 美元的醋，每加仑油价是醋价的 2 倍。到最后，我还剩了一桶。"（如图所示）

聪明的读者，你能猜出他卖掉的是哪几桶吗？分别是油还是醋？最后剩下的那一桶值多少钱呢？

18. 元旦前夜的晚餐

伦敦一家小咖啡店的老板给了我一些很有趣的数字。他说单身前来这里喝茶的女士平均每次消费 18 便士，单身前来这儿的男士平均每次消费为半克朗，一个绅士带着一位女士的消费为半几尼（英国的旧金币，值 1 英镑 1 先令）。在元旦前夕，他将花费 5 英镑为 25 个人提供晚餐。现在，假设各种情况下，他都维持了平均消费水平，那天他将怎样安排他的客人？我们不用考虑大的聚会情况，那天应该只有单身男士、单身女士，还有一对（一位女士和一位绅士）的客人出现在咖啡馆。

19. 牛肉和腊肠

珍妮阿姨对伯恩太太说："我的一个邻居以 2 先令每磅的价格买了一定重量的牛肉，以 18 便士每磅的价格买了相同重量的香肠。我对她说，如果她把买牛肉和买香肠花的钱等分成两份来买牛肉和香肠，那么她会多得到 2 磅的重量。你可以告诉我她到底花了多少钱吗？"

"当然，但这不关我的事。"伯恩太太答道，"不过，这个女士能花这么多钱买这些东西，说明她有点缺乏管理家庭财务的经验。"

"亲爱的，我非常赞同，"珍妮阿姨答道，"但是你知道，那不是讨论的重点，商人的名声和道德更重要。"

20. 苹果买卖

我在某人那儿花 1 先令买了一些苹果，但是这些苹果实在太小，于是我让他再送我两个苹果。我发现这样的话，一打苹果的价钱比之前便宜了 1 便士。请问之前 1 先令买了多少个苹果？

21. 鸡蛋买卖

最近，某人去一家杂货店购买鸡蛋。他想要不同质量的鸡蛋。该店有刚下的鸡蛋，价钱最贵，5 便士一个；新鲜的鸡蛋，1 便士一个；一般的鸡蛋，1 便士两个；而用于选举时投掷的臭鸡蛋价钱非常低，但由于现在没有选举活动，所以不需要这些鸡蛋。于是他花 8 先令 4 便士买了其他三种鸡蛋，正好 100 个。现在，有趣的谜题是计算他分别买了这三种鸡蛋多少个，其中有两种鸡蛋的数量相同。

22. 圣诞礼盒

多年前，有人告诉我他买了 100 个英国银币放在圣诞礼盒里，平均分给每个人一定数量，这些银币正好花了他 1 英镑 10 先令 1 便士。你能计算出他是怎样分配这些银币的，并且有多少人收到了礼物？

23. 购物难题

两位女士走进一家不找零钱的奇怪商店，一起购买了少于 5 先令的东西。一位女士说："你知道吗？我发现我需要用不少于 6 个现在流通的硬币来付账。"另一位女士思考了一会儿，然后大声说："太巧了，我也是。""那我们一起付钱。"但出乎她们意料的是，她们仍然需要 6 个硬币。她们购买这些商品最少需要花费多少钱——她们俩花的钱不一样。

24. 初级职员的难题

有两个年轻人，名字都很好听，一个叫莫格，一个叫斯纳格斯，都被明星巷的商人聘为初级职员。他们以相同的薪水签约，起初是50英镑一年，每半年支付一次。莫格每年的薪水以10英镑的速度上升。斯纳格斯本来被给予相同的待遇，但是他因为与我们解题无关的不知道什么原因，要求他的老板以每半年2英镑10先令的速度给他涨工资，他的雇主居然令人吃惊地没有表示出异议，至于以什么理由涨工资与我们这题没有关系。

现在，真正的问题来了，莫格把他的工资按照一定的比例定期存在邮政储蓄银行，而斯纳格斯按照莫格存款比例的2倍存钱。在5年后的年底，两人加起来一共存了268英镑15先令。每个人分别存了多少？利息可以忽略不计。

25. 找零

每个人都会时常碰到找零的困难，也明白有时借助另一个人的几个硬币能如何帮助我们解决找零的难题。有这样一个例子：一个英国人走进纽约的一家商店，购买了34美分的商品。他只有一张1美元的纸币、一个3美分的硬币和一个2美分的硬币。而店主只有一张半美元和一张0.25美元的纸币。恰好有另一位顾客在场，他们请求他帮忙给出两个1角、一个5美分、一个2美分以及一个1美分的硬币。店员将会如何找零？鉴于相关读者不熟悉美国的货币，这里说明一下：1美元为100美分，一个1角的硬币为10美分。

26. 有缺陷的观察

我们对小事情的观察经常有缺陷，而且我们的记忆很容易衰退。某法官最近说到这样一个情况，他记不起来任何有关他把结婚戒指戴在他老婆手指上的细节。在不看硬币的情况下，你能正确地回答下面这个问题吗？1便士硬币的哪一面写有日期？在日常生活中，有些人虽然每天拿着硬币，但是他们缺少观察，回答这个简单的问题时都很茫然。如果把一个便士平放在桌上，那么它的周围可以平放多少个与它相切的便士？当然，几何学家马上可以给出答案，无需进行任何实验。

他同样知道，由于圆相似，所以相同的答案一定会适用于任何硬币。接下来拿一个最有趣的谜题来问一群人，每个人在一张纸上写下自己的答案，且每个人都看不到其他人的答案。谜题是：把一些 3 便士的硬币平放在一个半克朗的硬币表面，且这些硬币没有重叠，那这些硬币不会滑落的最大个数是多少？令人吃惊的是，这个谜题得到了各种不同的答案。很少有人能给出正确的答案。当然，在不需要看硬币的情况下，答案一定可以给出。

27. 残缺的硬币

某人有 3 个硬币：1 英镑、1 先令和 1 便士。他发现每个硬币正好缺失了相同的一小部分。现在，假设这些硬币原来的固有价值和名义上的价值相同——也就是说，1 英镑值 1 英镑，1 先令值 1 先令，1 便士值 1 便士。如果 3 个硬币缺失后余下的那部分之和正好为 1 英镑，试问每个硬币缺失了多少？

28. 两个概率谜题

也许没有哪一类谜题像涉及概率理论的谜题一样，容易使人出错。我将举两个这类谜题的简单例子，它们真的很容易，但还是有许多人被难倒。

最近，一位朋友提供了 5 个 1 便士的硬币，并对我说："同时将这 5 个硬币扔出去，至少出现 4 个正面或 4 个反面的概率有多大？"他自己的答案完全错误，但正确的答案应该不难发现。另一个人对以下的一个小谜题也给出了一个错误的答案，他提出的谜题为："某人将 3 个金币和 1 先令放入一个袋子里，若另一个人想从中取出一枚硬币，他应该付多少钱呢？"当然，你知道的，四个硬币取出的概率相等。

29. 炒地皮

在众人纷纷涌向郊区去发展的浪潮之下，有位房地产投机商发现自己下错了车站。因此，他不得不在原地等候下一趟列车。就在候车的这一段时间，他灵机一动，花了

243 美元买了一块地，并把地分成若干小块后，又卖给原来的地主，卖价是每小块 18 美元。成交后，他所得的利润恰好等于其中 6 小块地最初买价的价值总和。现在，读者们，请你说说他将地分成了多少小块出售？

的数字告诉我，我丈夫的年收入是多少吗？"

是的，答案当然可以从普金夫人信中的数字得出。我的读者，如果不提醒你们，你们估计会一致地给出一些荒谬的超过正确答案的收入数字！

30. 家庭经济

普特尼的年轻太太普金给我写了这样一封信："最近有一道小小的算术题很困扰我，如果你能帮我解答这道题，我将十分感谢。题目为：我们结婚时间不长，从开始持家到现在正好两年。我丈夫告诉我说，他发现我们把他年收入的 $\frac{1}{3}$ 花在了租金上，一半花在家庭开支上，$\frac{1}{9}$ 做了其他用途。他有 190 英镑的资产存在银行，我知道这是他剩下的所有钱，因为有一天他不小心留下了他的存折，我偷偷地看了。不过你不认为，丈夫应该在钱的问题上给予妻子足够的信任吗？我认为他这样不对。你相信吗，他从来没有告诉过我他的收入是多少，很自然地，我想知道。你能根据我给你

31. 香肠趣谜

有一个德国朋友和我讲了这么一道经济趣题。

哈尔勒姆的三个男孩在上学的途中迷路了，他们找啊找啊，想找到学校的位置。可是，已经到了吃午饭的时间，他们肚子饿得咕咕叫，可还在兔子岛附近转悠。就在这个时候，哈利发现了一家香肠店，于是，他买了 4 根法兰克福香肠。托米买了 7 根。为了支付自己的那一份香肠，吉姆拿出了 11 分钱，分给哈利和托米。这样一来，三个人的支出就相等了。对商人来说，这可算是一道难题。可是，对这些初出茅庐的小孩子来说，两人分 11 分钱也不比三人分 11 根香肠更让他们为难。哈利和托米怎么分 11

分钱呢?

香肠的价格是多少呢?

32. 清仓大减价

有个服装店的裁缝,他打算不计成本减价处理他的存货,但是我们发现他每次降价都是有规律可循的。原价20美元的衣服降价到8美元,后来又降到3.2美元,最后降到1.28美元。照此下去,只要再降一次,就是成本价了。朋友们,你们能算出成本价是多少吗?

33. 费城盛典趣题

1776年,费城举行百年盛典之时,有人设计了一个小巧的数学趣题,引起了众人的关注。这道题目,确切地说,是将0-9这10个数字和4个点(可表示小数点,也可表示无限循环)巧作安排,通过一次相加,让得到的和正好为100。

后来,这道题目在世界各地广为流传,众说纷纭,褒贬不一,以至于违背了其本意,所以正确答案一直没有公之于众。鉴于此,成百上千的人认为符合要求的答案实际上都不完全满足要求。在此,我想重申一下题目的要求:只是单纯地将数字和点进行排列,只使用一次加号和等号,从而使得所得的数字通过一次相加和为100。那该怎样排列呢?

尽管这道题目显而易见很简单,却蕴涵了一个非常科学的数学原理,这个原理是每个人都应该知道的,每个数学爱好者都会想到的。

34. 还差一分钱

小苏茜把31分钱放在柜台上,

并对售货员说："请给我 3 把丝线和 4 把毛线。"这话可是妈妈教她说的。但是，小苏茜想自己做主，买点小东西。于是，苏茜又说："我现在变主意了，我要 4 把丝线和 3 把毛线。"

售货员说："可是，你还差 1 分钱啊。"

"哦，那就算了，还是照旧吧。"小苏茜一边说一边拿着买到的东西跑出了门。

请问，丝线和毛线的价格分别是多少？

35. 诚实的儿子

"乔治，"妈妈生气地说，"你爸爸告诉我，若不是他的香烟不见了，他也不会生气。他出门回来，放在桌子上的香烟就有一半不见了。他和别人说起这件事的时候，剩下的香烟又有一半不见了。他去富兰克林家借油回来时，发现剩下的烟又不见了一半。他就只好来找我抱怨，好像我抽过他的烟一样。现在，只剩下一支香烟了。你要老老实实地告诉我，你碰过

香烟没有？"

诚实的儿子说："妈妈，剩下的一支烟我没碰过。"

你是否可以由这件事算出一开始这盒香烟里有多少支呢？

36. 分牲口

美国西部有一位大牧场主自觉年岁已高，于是，他将儿子们召集起来，告诉他们，他希望在有生之年尽早把牲口分给孩子们。

他对大儿子说："约翰，你觉得你能饲养多少头奶牛，你就分走多少头奶牛。你妻子南希也可以得到所剩奶牛的 $\frac{1}{9}$。"他又对第二个儿子说："萨姆，因为约翰选择在先，所以，你除了可以拿走和约翰一样多的奶牛外，还可以多得一头。至于你的贤妻萨莉，我要把所剩奶牛的 $\frac{1}{9}$ 给她。"他又对三儿子说了一番类似的话，也就是三儿子分到的奶牛将比次子多一头，而他的妻子将分到所剩奶牛的 $\frac{1}{9}$。这位大牧场主的其他儿子也同样听到了这一番话："每人分到的奶牛数比起其年龄稍大的兄长的奶牛数多一头，而

每个儿子的妻子可分到余下来的奶牛的 $\frac{1}{9}$。"当最小的儿子分完奶牛之后，他的妻子已没有牛可分了。这时，大牧场主说："马比奶牛贵2倍，我希望在你们分完所有的7匹马之后，每家分到的牲口价值相等。"

请问，牧场主一共有多少头奶牛？他一共有几个儿子？

DIVIDING HIS FLOCKS BY SAM LOYD

37. 短途车票谜题

某地火车站悬挂着醒目的大标语牌，上面列着该公司将在圣诞假期开通抵达伦敦的便宜短途列车，当地的居民相当兴奋。火车到来之前的半个小时，小小的订票室里挤满了该地区的乘客，他们都决心去拜访城市里的朋友。售票员可不喜欢这么多人。事后，他皱着眉头对我说，让他这么麻烦的原因是，

这些村民老是用很小的钱币来支付车票钱。

他说，他有足够多的 $\frac{1}{4}$ 便士可以给杂货店提供一星期的零钱，3便士的数量也多得可以分给三个教区的教堂会众。他说："车费是19先令9便士，如果用这个国家现在流行的货币，我想知道究竟有多少种不同的方式能支付这笔钱。"

注意：4便士不是现在流通的货币。

38. 杂货商与布商

某乡村有两个互相竞争的杂货商与布商，他们各自以为顾客服务的速度为傲。杂货店的营业员可以每分钟称出2个1镑重的糖包裹，而布商的营业员可以在相同的时间内裁出3匹1尺长的布。某天，他们设置了一场比赛，给了杂货店的营业员一桶糖，要求他称出48个1镑重的糖包裹，而布商的营业员则被要求把一卷48码的布裁剪成1尺长的布。两人因被顾客打断而耽误的时间加起来一共是9分钟，但布商的营业员被耽误的时间是杂

货店的营业员被耽误时间的 17 倍。请问比赛结果是什么呢？

39. 朱德科的牲畜

德克萨斯州有一个牲畜经销商叫朱德科，他有五大群动物，由牛、猪和羊组成，且每群动物的数量一样。有一天早上，他把所有的动物卖给了八个经销商。每个经销商买了相同数量的动物，每头牛支付了 17 美元，每头猪 4 美元，每头羊 2 美元。他共收到了 301 美元。哪种动物的数量是最多的？每种动物分别有多少？

40. 买苹果

由于购买少量苹果一直存在相当大的困难，关于这一谜题，我提供几点看法。大家都知道一个故事，故事里的那个聪明男孩，当老妇人告诉他四个苹果 3 便士时，他说："四个苹果 3 便士，三个苹果 2 便士，两个苹果 1 便士，一个苹果不要钱——我要一个！"

还有类似的迷惑。例如，有一次，一个男孩从一个摊位上拿了一个 1 便士的苹果，但是当他知道这个女人的梨与苹果的价格相同时，他把苹果换成梨转身就走了。"站住！你还没有付梨的钱！"女人说。"不，当然不用，梨是我用苹果换来的。"男孩说。"但是，你并没有支付苹果的钱！""上帝保佑你！你不要指望我为苹果和梨都付账！"在可怜的妇人从混乱中走出来之前，男孩已经走了。

还有这样一种情况，有人给了一个男孩 6 便士，并承诺只要他把 6 便士变成 9 便士就再给他礼物。五分钟后，男孩回来了。他说："我把它变成 9 便士了。"同时把 3 便士递给他的恩人。"你怎么办到的？"恩人问他。"我买了 3 便士的苹果。""但是，那并不能变成 9 便士吧！""我认为能，那个卖苹果的妇女有 3 便士，是吧？很好，我有价值 3 便士的苹果，我只要给你另外的 3 便士，那不就是 9 便士了吗？"男孩回答说。

我举这些实例只是为了说明那个小男孩在买苹果时用到的技巧可以给我们一点启示。因此，在处理贸易这类谜题时，我将举一个简单的例子。

一个老妇人有三种大小的苹果出售，分别为1便士1个、1便士2个和1便士3个。当然，2个第二种苹果以及3个第三种苹果与1个第一种苹果的大小都相等。现在，有一个绅士，他用7便士购买苹果分给数量相同的男孩们和女孩们，每个小孩分到的苹果大小、数量均相同且多于1个，并且苹果刚好分完。谜题是：如何把苹果平均分配给这些孩子，且有多少个小孩？

41. 买栗子

虽然以下的谜题与购买栗子有关，但它本身不是"栗子"类型。这题相当新颖。乍一看，觉得它是"胡说八道的谜题"，但是经过认真思考后，你会觉得它是合理的。

某人走进一家商店去购买栗子。他说他想要1便士的栗子，于是店主给了他5颗栗子。"这不够，应该再给我 $\frac{1}{6}$ 个！"他说。"但是，我如果再多给你一个栗子，你

将多了 $\frac{5}{6}$ 个。"店主回答他。

说来也怪，他们都是正确的。那人用半克朗可以买到多少颗栗子？

42. 自行车小偷

现在有一个小但很容易出错的谜题。一个骑自行车的人花15英镑买了一辆自行车，他用25英镑的支票付账。售货员去隔壁店主那儿换零钱，并找给了他10英镑。他拿了零钱，骑上车走了。后来，该支票被证明是毫无价值的，隔壁店主要求卖自行车的人退还他收到的钱。为了还钱，售货员被迫从朋友那儿借来25英镑，由于买自行车的人忘了留下地址，所以无法找到。自行车成本为11英镑，现在请问：售货员一共损失了多少钱？

43. 水果小贩谜题

"比尔，这些橘子你付了多少钱？"

"吉姆，我还没有来得及告诉你，但我是在一个熟悉的小贩那儿

买的，我买了 100 个橘子，还价少付了 4 便士。"

"你得到了什么好处？"

"嗯，那意味着每 10 先令可以多得 5 个橘子。"

现在，谜题为：比尔买橘子花了多少钱？只有一个答案符合他的叙述。

44. 马尼拉小生意

麻绳，又名吕宋绳，是菲律宾群岛最重要的特产之一，在很大程度上，麻绳贸易被中国的出口商控制着。他们用船把这些产品运往世界各地。另一些商人和小贩则是日本人，他们做生意有自己的一套。但是由于没有一种确定的货币，也没有固定的价格，结果几乎每一笔买卖都会引发一场争吵。

不知道当地话该怎样说，但我们只好这样来叙述——一个水手走进了一家绳子商店，问："你能告诉我，哪一家商店卖的是好绳子吗？"

店主忍着这种含蓄的侮辱，说道："我这里只卖最好的绳子，恐怕我店里最差劲的绳子也比你想象的要好。"

"把你这里最好的绳子拿给我看看。这样的绳子你卖多少钱？"

"这一捆 7 块钱，有 100 英尺长。"

"太长了，也太贵了。好的绳子我最多出一块钱，而这个太糟糕了。"

"这是标准的绳子。"店主答道，并把能证明长度和质量的完整封印给顾客看，"如果你的钱不够，你要多少我卖多少，按 2 分钱 1 英尺算。"

"给我来 20 英尺。"水手说着，炫耀地拿出一枚 5 元的金币，显示他完全买得起。

店主量出了 20 英尺长的绳子，他的动作很夸张，让人放心尺寸足够。但是，水手注意到，他那把应该是 1 码长的尺子在 33 英寸的地方折断了，正好短了 3 英寸。所以，当绳子剪断以后，他不动声色地指着长的那段说："我买 80 英尺这一段。你不必送，我自己搬好了。"然后，他扔给店主那枚 5 元的假金币。店主拿不出零钱，只好拿到隔壁去兑换。水手一拿到找零的钱，马上就搬着绳子走了。

假如邻居发现了这是假金币，要求店主退换，而绳子也确实值1英尺2分钱，那么，店主一共损失了多少钱？

年龄和亲属关系谜题

> 我们的一生不过七十年。
>
> ——《诗90：10》

几个世纪以来，关于年龄的谜题一直广受欢迎。尽管表述起来有些难度，但使用代数法通常可以找到解决这些问题的简单方法。有关亲属关系的谜题稀奇古怪，很多人在寻找正确答案的过程中感到很迷惑。甚至在普通的谈话中，关于亲属关系的一些表述，虽然在说话者的心里是非常清晰的，却能瞬间让听者感到迷糊。比如这样一些表述：他是我叔叔的女婿的妹妹。在这种情况下，最关键的是大脑里要有一个简单的家谱图，当看到这些表述时，可以马上向大脑的家谱图寻求帮助。现在，我们对家谱的关注越来越少，大部分人已经没有快速绘制家谱图的习惯。对此，我们应该感到可惜，因为它们有时可以帮我们节省很多花在思考上的时间和精力。

45. 妈妈的年龄

托米："妈妈，你多大了？"

妈妈："托米，让我想想，嗯，我们三个人的年龄加起来是70岁。"

托米："那不是很大了吗？爸爸，你有多大啊？"

爸爸："儿子，我的年龄正好是你年龄的6倍。"

托米："爸爸，我将来年龄可能是你年龄的一半吗？"

爸爸："会的，托米，那样的话我们三个人的年龄加起来就是现在的 2 倍了。"

托米："爸爸，如果我比你先出生，而妈妈忘记了所有的一切，并且我出生的时候她不在家，而且如果……"

妈妈："如果……托米，我们去床上说吧。不然，你会头疼的。"

现在，根据托米爸妈给出的信息，你能帮托米准确计算出他妈妈的年龄吗？

46. 他们的年龄

一位女士某天说："我的年龄倒过来就是我丈夫的年龄。他比我年长，我们俩年龄之差是我们俩年龄之和的 $\frac{1}{11}$。"你能算出他们的年龄分别是多少吗？

47. 一家人的年龄

最近，斯密亚一家收到来自他们亲爱的叔叔的邀请。这对有趣的夫妇和他们所有的五个孩子来到叔叔那儿。首先出现的是比利（男孩）和小格特鲁德（女孩），他们告诉叔叔男孩的年龄正好是女孩年龄的 2 倍。然后亨利埃塔抵达，她指出自己和小格特鲁德的年龄之和相当于比利年龄的 2 倍。然后查理跑过来，有人说，两个男孩的年龄之和正好是两个女孩年龄之和的 2 倍。听到这么巧的事情，叔叔正要表达他的惊讶时，珍妮跑进来了。她大声呼喊道："啊！叔叔，你正好赶上了我 21 岁的生日。"说完这些，斯密亚夫人还加了一句更令人费解的话："是的，现在这三个女孩的年龄之和是这两个男孩年龄之和的 2 倍。"你能说出每个孩子的年龄吗？

48. 蒂克尼夫人的年龄

埃德温："你知道，当蒂克尼夫妇 18 年前结婚的时候，蒂克尼的年龄是他妻子的 3 倍，而现在仅仅是她的 2 倍。"

安吉丽娜："蒂克尼夫人结婚时年龄多大？"

你能回答安吉丽娜的问题吗？

49. 玛丽多大了

爷爷说："玛丽和安妮的年龄加在一起是 40 岁。她们第一次见面时玛丽的年龄是安妮年龄的 3 倍。安妮现在的年龄是当时她们年龄的总和。"

请问，玛丽的年龄是多少？

50. 妈妈的年龄

有一家三口的年龄之和为 70 岁。爸爸的年龄是儿子的 6 倍。当他们三人的年龄之和达到 70 岁的 2 倍时，爸爸的年龄将是儿子的 2 倍。那么，妈妈现在的年龄是多少？

51. 妈妈和女儿

"妈妈，我希望你给我一辆自行车。"一个女孩在她 12 岁生日那天说。

"但是，亲爱的，我觉得你太小了，"她妈妈说，"当我的年龄是你的 3 倍时，你就可以拥有一辆自行车了。"

现在，妈妈的年龄是 45 岁。什么时候这位年轻的女士可以收到妈妈的礼物？

52. 玛丽和马默杜克

马默杜克："亲爱的，你知道吗，7 年后我们俩的年龄之和将是 63。"

玛丽："果真是这样吗？还有一个事实，我昨晚计算过，当你是我现在的年龄时，你的年龄是我那时的 2 倍。"

现在，玛丽和马默杜克的年龄分别是多少？

53. 路虎的年龄

"汤米，路虎多大了？"米尔德里德的年轻人问她的弟弟。

小孩回答说："嗯，5 年前，姐姐的年龄比狗的年龄大 4 倍，但现在，她的年龄却只是狗的年龄的 3 倍。"

你能说出路虎的年龄吗？

54. 吉米多大了

墨菲夫人说："帕蒂现在的年龄是他被准许去泡吧的年龄的一倍。当帕蒂 24 岁时，小吉米刚刚 40 个月，吉米现在的岁数比帕蒂能泡吧时我的年纪的一半多 2 岁。而在吉米的年龄和帕蒂能泡吧的年龄一样大时，我们三个人的年龄之和正好是 100 岁。"请问，吉米现在多大了？

55. 托米的年龄

托米·斯马特最近被送到一所新学校。在他到校的第一天，老师问他的年龄。他巧妙地回答为："嗯，

你看，是这样的，我忘了我是哪年出生的。我出生时，我唯一的姐姐——安，恰好是我母亲年龄的 $\frac{1}{4}$，现在她是我父亲年龄的 $\frac{1}{3}$。"

"这一切都很好，"老师说，"但我要的不是你姐姐安的年龄，而是你的年龄。"

"我马上就要说出我的年龄了，"托米回答，"我是我母亲现在年龄的 $\frac{1}{4}$。而在 4 年后，我将会是我父亲年龄的 $\frac{1}{4}$。是不是很有意思？"

根据这些信息，老师可以得出托米·斯马特的年龄。你能根据这些信息，得知他的准确年龄吗？

56. 大家庭

史密斯先生和夫人居然生了 15 个孩子。每两个孩子的年龄相差一岁半。波卡洪塔斯小姐是最大的孩子，她不想告诉别人自己的年龄，只是承认自己的年龄比小约翰的年龄大 7 倍，而小约翰是 15 个孩子中最小的那一个。如果你是人口普查员，你知道波卡洪塔斯小姐的年龄吗？

托夫就拿 7 颗。试问：三个人各得多少颗坚果，且男孩的年龄分别是多少？

57. 隔壁邻居

吉普斯家 4 个人年龄之和多达 100 岁，史密斯家的 4 个人年龄之和与之相同。可以发现，在每个家庭，每个孩子年龄的平方加上母亲年龄的平方所得的和等于父亲年龄的平方。然而，在吉普斯家，朱莉娅比她的弟弟乔大 1 岁，而索菲·史密斯比她的弟弟萨米大 2 岁。两家 8 个人的年龄分别是多少呢？

58. 一袋坚果

三个男孩收到了圣诞礼物：一袋坚果。他们同意按照他们年龄的比例来分配这袋坚果。他们三个的年龄之和为 17.5 岁。现在，这个袋子里装有 770 颗坚果，只要赫伯特拿 4 颗，那罗伯特就拿 3 颗；且若赫伯特拿到 6 颗，那克里斯

59. 玛丽多大？

这里有一个有趣的年龄谜题，由已故的山姆劳埃德提出。这个谜题在美国很受欢迎。你能解开这其中的奥秘吗？

玛丽和安的年龄之和为 44。玛丽的年龄曾是安的 3 倍，假定安的年龄是那时玛丽年龄的 3 倍。当玛丽的年龄是假定的安的年龄的一半时，玛丽现在的年龄是当时安的年龄的 2 倍。玛丽多大？

这就是谜题的全部，但你能做出来吗？如果不能，请你的朋友们来帮助你，当他们试图去解决这个错综复杂的谜题时，请观察他们脸上困惑的表情。

60. 地铁上所听到的

第一位女士："亲爱的，那位先生和你有关系吗？"

第二位女士："哦，是的，你看，

他的母亲是我母亲的婆婆，但他并不是我的爸爸。"

第一女士："哦，确实！"（但你能够看出来她不是很聪明！）

这位绅士和第二位女士是怎样的关系？

61. 家庭聚会

某个家庭聚会由 1 位祖父、1 位祖母、2 位父亲、2 位母亲、4 个小孩、3 个曾孙、1 个哥哥、2 位姐姐、2 个儿子、2 个女儿、1 位岳父、1 位岳母、1 位儿媳妇组成。你会说一共有 23 个人。但不对，只有 7 个人在场，你能说明这是怎么回事吗？

62. 复杂的家庭

约瑟夫·普洛斯："我亲爱的孩子，这让我头晕目眩，我跟不上它！"

约翰·斯洛斯："再听一遍，它很简单。你恰巧是我父亲的妻弟，我哥哥的岳父，还是我岳父的哥哥。你看，我的父亲是——"

但是普洛斯先生不想再听下去了。你能说明这个非同寻常的三重关系是怎么产生的吗？

63. 数学家的年龄

20 世纪著名的数学家诺伯特·维纳，从小聪颖过人，3 岁时就能读写，14 岁时就大学毕业。几年后，他又通过了博士论文答辩成为美国哈佛大学的科学博士。

在博士学位的授予仪式上，执行主席看到一脸稚气的维纳，很是惊讶，于是就询问他的年龄，维纳的回答十分巧妙："我今年的岁数与岁数的平方的乘积是一个四位数，岁数的平方的平方是个六位数，这两个数刚好把 10 个数字 0、1、2、3、4、5、6、7、8、9 全都用上，不重不漏，这意味着全体数字都向我称臣，预祝我将来在数学领域里一定能干出一番惊天动地的大事业。"

维纳此言一出，四座皆惊，大家都被他的这道妙题深深地吸引住了，整个会场都在讨论他的年龄。

时钟谜题

在既定条件下，解答关于钟表以及指针所记录的时间谜题时，我们需要记住一个特殊的规定。要解决此类谜题，我们常常需要假定指针能够准确地记录一秒钟在一分钟中所占的比例。当然，这是不可能在时钟上显示出来的。那么，这类谜题会因此而无法解答吗？从逻辑三段论推导出结论，有赖于两个假设的正确性，在数学上也是这样的。有些推理是需要假定的，那么答案也就完全取决于这些假设的正确性。

拉格朗日说："如果两匹马能够拉动一定重量的货物，我们就可以假设四匹马可以拉动 2 倍重量的货物，六匹马可以拉动 3 倍重量的货物。然而，严格意义上来说，情况不是这样的。因为这个推断是基于这样一个假设：四匹马能够拉动的货物的重量和拉的方向都相同。但在实际生活中这种情况很少，这就导致了我们得出的答案在很大程度上偏离了事实。但是这个错误不是数学上的错误，因为数学上的问题最终反映出了假定条件的不合理性。答案的正确与否总是取决于假设。结论建立在假设的基础上。如果假设是错误的，那么这个结论也必然是错误的。

如果一个人 6 天收割完一块田，那么，我们说两个人 3 天就可以割完，三个人 2 天就可以割完。正如拉格朗日的马那样，我们假定所有的人都具有完全相同的工作能力。但是我们的假设条件还需要很多。因为，当三个人在一块儿工作时，他们会花些时间聊天和玩儿，或者，反过来，他们会由于彼此竞争而变得更加勤劳。在一个谜题中，只要出题人表述清晰且能为读者理解，任何条件都是可以假设的，而且答案定会与条件一致。

64. 现在的时间

"莱克·布恩，现在什么时间了？"一个熟人某天问我们的教授朋友。

他的回答很奇怪："如果你把从正午到现在的时间的 $\frac{1}{4}$ 加上从现在到明天正午的时间的 $\frac{1}{2}$，那样你将可以得到准确的时间。"

你能根据教授的回答计算出现在是几点吗？

65. 时间谜题

如果现在距 6 点的时间是 50 分钟前表针走到 3 点的时间的 4 倍。请问现在距离 6 点有多少分钟？

66. 一块令人费解的表

一位朋友掏出他的手表说："我这块手表的时间不太准确；我必须拿去修理。我注意到，每过 65 分钟，分针和时针重合一次。"请问：这块手表是快还是慢，每小时快或者慢了多长时间？

67. 码头之谜

1887 年 1 月 12 日上午，泰晤士河的一条街上出现了大骚乱。当来得最早的员工到达码头时，发现保险箱已经被撬开，一笔数目巨大的钱不见了。办公室一片混乱，到处都找不到值夜班的人，但是认识他的人都觉得他没有抢劫的嫌疑。这种信任几天之后被证实了，警方通知这些员工，他们找到了这个可怜人的尸体，他身上有伤痕，说明他曾被粗暴地袭击，然后被扔到河里。他口袋中的表已经停了，这在此类事件中很常见，正好是确定此次暴力事件发生时间的重要线索。但有一个非常愚蠢的军官（在大多数聪明的人中总能找到一两个愚蠢的人）竟然转动着这个表的指针玩，试图让这块表能够继续走。在严厉地训斥了他的行为之后，另一个军官问他是否还记得这块手表被找到时所显示的时间。他回答说他不记得了，但是他回忆起当时时针和分针恰好重合在一起，另外，秒针刚刚走第 49 秒。除了这些，他记不起其他的了。值夜班的人的手表停止的确切时间是多少？当然，假定这块表的时间是正确的。

表盘显示准确的时间。你会发现三根指针差不多是等距的。时针和分针指向的地方恰好是圆周的 $\frac{1}{3}$，但秒针有点快了。三根指针之间的距离完全相等是不可能的。现在，我们想知道下次三根指针恰好等距是什么时候。你能说出这个时间吗？

68. 俱乐部的时钟

一天晚上，有人发现某俱乐部的一个大时钟恰好停止，正如图中看到的那样，秒针停在另外两根指针的正中间。其中一个俱乐部成员要求他的一些朋友告诉他下一次秒针在分针和时针的正中间的确切时间（假设时钟可以正常工作）。你能找到这种情况发生时的正确时间吗？

70. 三个时钟

1898 年 4 月 1 日，星期五，三个新的时钟恰好都设置在中午 12 点。第二天正午，时钟 A 的时间是准确的，时钟 B 恰好走快了一分钟，时钟 C 恰好走慢了一分钟。现在，假设时钟 B、C 都没有被调整过来。三个时钟还是按照原来的速度转动。请问哪天的什么时候三根指针会再次指在相同的时间 12 点上？

69. 秒表

这儿有一个带有三根指针的秒表。秒针在一分钟内绕着钟面转一圈，秒表在靠近中心点的那个末端有一个小环。当它的主人按停秒表，

71. 火车站的时钟

一个时钟悬挂在火车站的墙上。长71英尺9英寸，高10英尺4英寸。这些是墙壁的尺寸，而不是时钟的尺寸！在等候火车时，我们观察到时钟的指针指向相反的方向，并且平行于墙壁的对角线。请问，当时准确的时间是多少？

72. 愚蠢的乡下人

一个爱开玩笑的人在乡下进行长途步行时，遇到一个坐在阶梯上的庄稼人。由于这位绅士不知道他该怎么走，他想他应该向当地的居民询问一下，但他看了这个庄稼人一眼之后，立刻觉得他来到了一个白痴村庄。因此，他决定测试一下这个庄稼人的智力，首先他用他能想到的最简单的谜题测试这个人："聪明的人，今天是星期几？"以下是他听到的"聪明人"的回答："当明天的明天是昨天时，今天到星期天的距离将与昨天的昨天是明天时星期天到今天的距离相同。"

亲爱的读者，你能说出这天是星期几吗？很明显，这个乡下人并不愚蠢。在这位绅士的旅途中，他遇到的不是一个愚蠢的人，而是一个智者。

路程和速度谜题

> 捷足者未必先登。
>
> ——《传道书》第九章第二节

73. 平均速度

最近一次骑摩托车，我们以每小时10英里的速度出发，但我们沿同一路线返回时，由于交通更为畅通，速度为每小时15英里。我们的平均时速是多少？解答这个简单的小谜题时不要太匆忙，否则你肯定会出错。

74. 两列火车

我拿这个小谜题去问一个站长，他的回答又快又准确，因此我认为没有必要去请教美国或其他地方的铁路官员。

两列火车同时启动，一辆从伦敦到利物浦，另一辆从利物浦到伦敦。如果它们相遇后分别经过一个小时和四个小时到达目的地，请问其中一列火车比另一列火车的速度快多少？

75. 三个村庄

某天，我骑着一辆摩托车从 A 地出发去 B 地，但是我错误地走了经过 C 地的那条路，C 到 A 比到 B 近一些，且 C 距离我该走的那条路的垂直距离有 12 英里。到达 B 后，我发现我一共走了 35 英里。试问：当每段路程的英里数为整数时，这些村庄之间的三段路程分别是多少？当然三段路程都是笔直的。

76. 苍鹰逐日

想当年，伊索是一位雅典贵族的奴隶。《伊索寓言》的讽刺意义以及体现出的伊索的创造力和天赋，引起了克利萨斯的注意。在他最古老的寓言中，有一则是关于苍鹰的：一只野心勃勃的老鹰拼尽全力想飞到太阳上去。每天早上，太阳初升时，老鹰就朝着太阳飞去，一直飞到中午。然后，当太阳开始西落时，老鹰就朝相反方向往西飞。就这样，老鹰日复一日地坚持着它那永无希望的追逐。奇怪的是，当太阳消失在西方地平线上时，它发现自己正好飞回了起点。

故事的确很有意思，不过，伊索的计算本领却让人难以恭维。老鹰上午是和太阳反方向飞行的，而下午则是和太阳同方向飞行的，显然，下午的飞行路程比上午稍微长一点。如此，老鹰其实每天都在往西移动 500 英里。假如老鹰从美国华盛顿国会大厦的圆穹门出发，从这个位置绕地球一圈，老鹰在大地上的飞行高度较之于飞行距离而言太小，所以可以忽略不计。每天日落时分，它将飞到离早上起飞点以西 500 英里的位置。那么，如果老鹰于 1896 年 1 月 1 日（星期三）

从国会大厦开始起飞，它再次回到起点将是什么时候？

77. 土豆赛跑

在我父亲那个年代，每次赶集，都会看到土豆赛跑比赛。只要稍加改变，土豆赛跑就更像是一道趣味题了，孩子们对这个游戏也是喜爱有加。

比赛中，把100个土豆在地上排成一列，每两个土豆间隔10英尺。规则要求：参赛队员们将它们捡起来，放到离起点直线距离为10英尺的篮子里。有时候，如果参赛的是两个男孩，年长的选手或者速度快的选手必须让另一个选手一个甚至更多的土豆。举例来说，如果汤姆和哈里（汤姆比哈里大3岁）比赛，哈里可以先捡起一个土豆，并把它放回篮子里，然后汤姆才能开始比赛。

作为一个普通的数学爱好者，算出男孩捡回所有土豆需要跑多远显然是很有意思的事。但这只是父辈们的趣味题，我们早就已经耳熟能详了。现在的数学爱好者们轻轻松松就能估算出大概的距离，这里有一个解决此类问题的简单方法。我们想先请年轻的学者们来估算一下：如果要捡起100个每两个之间相隔10英尺放置的土豆，并返回距离起点10英尺之外的篮子处，选手需要跑多远？

一道真正的赛跑趣题还需要再设一些障碍来考验我们的聪明才智。比如，考虑到两个参赛者的相对速度，让其中一人先捡回一个土豆等情况。

这两个队员旗鼓相当，不过，由于汤姆的速度要比哈里快2.04%，汤姆同意让哈里一个土豆。因此，为了赢得比赛，汤姆必须在哈里捡回第49个土豆之前捡回第50个土豆。图中画的就是哈里扔下他在100个土豆里选择的那个土豆的情景。这样，比赛就正式开始了。我们会发现，比赛的结果正是取决于哈里选择第几个土豆作为比赛起点的。第二个更难一点的问题出现了：如果哈里选择了最有利于他的那个土豆，你知道谁会取胜吗？请记住，汤姆的速度比哈里快 2.04%。

去营救他心爱的女人——美丽的伊莎贝尔。她被邻国邪恶的国王挟持了。爱德经过计算得出，如果他每小时骑 15 英里，他将提前 1 小时到达那个城堡；而如果他每小时骑 10 英里，他将迟到 1 小时。现在，为了使他的援救计划能够成功，他必须在约定的那个时间点到达那儿。约定的时间为 5 点，那时他心爱的女人将在那里喝下午茶。试问：爱德先生要骑多远？

78. 领取她的养老金

"说到怪人，"一个在政府部门从事邮政工作的绅士说，"我知道的最奇怪的一个人是一个老而瘸的寡妇，她每个星期都要爬过一座山去村里的邮局领取她的养老金。她以每小时 1.5 英里的速度缓慢上山，以每小时 4.5 英里的速度下山，因此，来回两段路程正好花费她 6 个小时的时间。你们中有谁可以告诉我从山底到山顶有多远？"

80. 水上飞机谜题

从斯洛肯到邻近的水域普德乐维的水上飞行有 5 英里的路程。但是那天有强风，去时在风的推动下，飞行员只花了 10 分钟，返回时在风的阻碍下，飞行员花了 1 个小时到达出发点斯洛肯。现在请问：在无风的情况下，飞行员往返一次需要多长时间？当然，飞机在飞行的

79. 爱德先生

如图，我们可以看到爱德先生

过程中一直保持匀速。

81. 骑驴

汤米和伊万杰琳某次去海边旅行。期间，他们在沙滩上进行了一次路程为 1 英里的骑驴比赛。鲍勃逊先生和他在海滩上认识的一些朋友作为评委。但是，由于这两头驴彼此很熟悉，一路上它们都不愿意分开，所以，有必要举行一场激烈的预赛。评委们分别安排在 $\frac{1}{4}$ 英里、$\frac{2}{4}$ 英里、$\frac{3}{4}$ 英里、终点这些位置上。在比赛过程中，评委们记下了如下结果：前 $\frac{3}{4}$ 英里花了 $6\frac{3}{4}$ 分钟，前一半路程花的时间与后一半路程相等，第 3 个 $\frac{1}{4}$ 的路程与第 4 个 $\frac{1}{4}$ 英里所花的时间一样。由这些数字，鲍勃逊先生惊讶地得到了两头驴在整个 1 英里的路程中所花的时间。你能给出答案吗？

82. 篮子里的土豆

某人有一个篮子，里面装有 50 个土豆。他让他儿子把所有的土豆拿出来放在地上排成一条直线，以此作为一种消遣。其中，第一个土豆和第二个土豆之间的距离为 1 码，第二个和第三个之间的距离为 3 码，第三个和第四个之间的距离为 5 码，第四个和第五个之间的距离为 7 码，依此类推——相邻两个土豆之间的距离以 2 码的速度增长。然后这个小男孩再把它们捡起来，一次捡一个放进篮子里，篮子放在第一个土豆旁边。请问，小孩把这些土豆都捡起来放进篮子里需要走多远？小孩从篮子处出发，且摆放土豆时所走的路程忽略不计。

83. 乘客的车费

乍一看，你肯定心里认为下面的小事没什么好争吵的。然而，两个与此事相关的人还是花了一定的时间来达成一致的意见。事情是这样的：斯密斯先生租了一辆摩托车从 A 地到 C 地往返一次，车费为 3 英镑。在半途 B 地，他载了他的一个熟人汤姆，并答应送他到 C 地，且返回到 B 地。他应该收这位乘客多少钱？即，汤姆合理的车费应该是多少？

数字谜题

我把关于 9 个数字的谜题归为一类。因为，我觉得它们值得人们更多地关注和思考。人们似乎很少了解包含在这些谜题中的规律。现在我将给出一个例子，我能想到的第一个例子。

如果要求读者来判断 15763530163289 是不是一个平方数，你将如何进行呢？如果一个数的个位数字为 2、3、7 或者 8，我们肯定知道这不是一个平方数，但是我们不能用这个办法判断上面这个数是不是平方数。我可以想象，你在做这道题的时候，肯定边叹气边抱怨，还一直费力地提取它的平方根。

但是，如果平时对数字的一些特点稍加研究，那么，你将能用一种很简单的方法解答这个谜题。

这个数的所有数字之和为 59，这两个数字的和为 14，接着这两个数字的和为 5（这个数字我们称之为"数字根"）。由这个结果，我知道这个数不可能是一个平方数。从 1 开始，连续的平方数的数字根总是为 1、4、7 和 9，不可能是别的数字。事实上，数列 1、4、9、7、7、9、4、1、9……一直这样无限重复。类似三角数字的数列为 1、3、6、1、6、3、1、9、9……因此，我们这儿有个类似的否定验证，如果一个数的数字根为 2、4、5、7 或 8，那么这个数不能成为三角数（即 $\frac{1}{4}$）。

84. 一桶啤酒

某人买了很多的白酒装在几个桶里，还买了一桶啤酒。每一个桶所含的酒的加仑数如图所示。他把一定数量的白酒卖给一个人并把 2 倍于这个数量的白酒卖给了另外一个人。但是把啤酒留给了他自己。谜题是要指出哪个桶装的是啤酒。你能说出它是哪个吗？当然，这个男人没有动过桶里的酒，卖出去时和买来时桶里的酒是一样的。

85. 方框里的数字

如图所示，我们将 9 个数字排列在方框里，其中第二行的数字是第一行的 2 倍，第三行的数字是第一行的 3 倍。另外还有 3 种排列方法可以得出相同的结果。你能找出来吗？

86. 奇数和偶数

1、3、5、7 和 9 这几个奇数之和为 25，而偶数 2、4、6 和 8，加起来仅为 20。分别组合这两组奇数和偶数，使得这两个新组合成的数字相等。复数、假分数和循环小数都是不允许出现的。

87. 储物箱谜题

如图所示，某人的办公室里有 3 个橱柜，每个橱柜有 9 个储物箱。他要他的职员在橱柜 A 的每个储物箱上标上不同的个位数字编号，同样在 B 和 C 上也标上不同的个位数字编号。由于他没有规定不能使用数字 0，这里，我们可以使用数字 0。该职员完全可以在 10 个数字中选择去掉任何一个数字。由于老板没有要求储物柜必须以什么顺序编号，于是当职员的工作完成后，他惊讶地发现数字很混乱。因此，他要求职员给出一个解释。小伙子说，他是这样排列数字的：在每种情况下，它们组成了一个简单的加法，第一行与第二行的数加起来等于最下面那行的数。但最令人吃惊的一点是：他排列的数字使得 A 橱柜上是所能得到的最小的和，在 C 橱柜上给出了所能得到的最大的和，并且三个橱柜中的所有 9 个数字的和不会全部相等。谜题为：这是怎样做到的？不允许出现小数，而且 0 不可以出现在百位。

88. 三组数字

下面的谜题是由"坎特伯雷难题"中的一个谜题修改得来的。把 1-9 九个数字组合成三组，一个两位数、一个三位数和一个四位数，使得前两个数相乘得到第三个数。比如，12 × 483=5796。现在我建议引入另一种情况，把不包括 0 的 9 个数字组合成一个一位数、一个四位数和一个四位数这样三组，例如 4 × 1738=6952。你能够找到这两种情况下所有可能的答案吗？

89. 九个硬币

① ⑤ ⑧　⑦ ⑨
② ③　　④ ⑥

我有九个硬币，分别标有 1、3、4、5、6、7、8、9 这 9 个数字。我将它们放在桌上分成如图所示的两组，于是得到了两个乘数，我发现这两组乘数得到的乘积是相同的。你将发现 158 乘以 23 等于 3634，79 乘以 46 也等于 3634。现在，我提出的谜题是：怎样重新组合这些数字以得到尽可能大的乘积。最佳的组合方法是什么？请记住两组的乘积必须相同，而且必须如图所示，一组是三个数字乘以两个数字，另一组是两个数字乘以两个数字。

90. 十个硬币

在这道题中，我们除了使用 1、2、3、4、5、6、7、8、9 以外，还将使用 0。与上题相似，谜题是：排列这 10 个硬币使得两组乘数的乘积相同，这儿你可以选择一个或多个数字的乘数。要求找到两种组合方式，分别给出所能得到的最大和最小乘积。当然每个硬币都必须使用到，且 0 不能放在一行数字的左边，因为这样没有任何意义。另外，不允许有分数和小数。

91. 数字乘法

这是另外一个关于 9 个数字的有趣谜题，把 0 排除在外。每个数字使用一次，且只能使用一次，我们组成两组乘数使得它们有相同的乘积，这有很多种方法。例如，7×658 和 14×329 中的每个数字只用了一次，且两种情况下的乘积都为 4606。现在，我们可以看出这个乘积的所有数字之和为 16，这既不是能得到的最大的和也不是最小的和。你能找出这个谜题的答案，即找到两组数字，使得它们相乘得到的相同乘积，并且这个积的所有数字之和最小吗？另外你可以找出使这个积的所有数字之和最大的情况吗？

92. 小丑的难题

图中的小丑以一个乘号的姿势站在那儿。我们可以看到一个奇怪的事实，15 乘以 93 得到的乘积是完全相同的数字（1395），只是数字的排列顺序不相同。谜题为：任意选择 4 个你喜欢的数字（都不相同），且类似地排列它们，使得小丑左边的数乘以右边的数得到的乘积将是完全相同的数字。解决这个谜题的方法很少，我将给出所有可能的情况。你能全都找到它们吗？你可以像图中给出的例子一样，把两个两位数分别放在小丑的两边，或者把一位数放在一边并把三位数放在另一边。如果我们仅用三个数字而不用四个数字，满足题意的仅有的两种方式是：3 乘以 51 等于 153，6 乘以 21 等于 126。

93. 奇怪的乘法

如果我用 51249876 乘以 3（这

样用到所有 9 个数字一次，且只用一次），我将得到 153749628（这又包含了所有的 9 个数字一次）。类似地，如果我用 16583742 乘以 9，结果为 149253678，乘数和乘积都用到了所有的 9 个数字。现在，选择 6 作为你的乘数，试着组合剩下的 8 个数字，使得通过乘法得到的乘积包含所有 9 个数字一次，且仅一次。你会发现这题一点都不容易，但还是可以解答出来的。

94. 号码核对谜题

大量的工人在办公大楼里工作，每个人都有一个标有他编号的小圆盘。在他们到达办公室时，就把这些圆盘编号挂在板子上，作为他们是否准时的一个核对标准。我曾经看到一个工头，他把这些圆盘从板子上取下，放在他口袋里的一个开环上。这马上给了我灵感，让我想出了一个很棒的题目。事实上，我会告诉我的读者，谜题的灵感就是这么产生的。你不能真正创造一个想法，但当它确实发生时，你必须小心抓住它。

从图中可以看出，环上有 10 个号码牌，标号为 1 到 9 和 0。谜题是不要从环上取下任何号码，把它们分成三组，使得第一组的数乘以第二组的数等于第三组的数。例如，我们通过把 6 和 3 移到 4 那边，可以这样分成三组，2-8907-15463，但不幸的是，前两个数的乘积并不等于第三个数。你能正确的分组吗？当然每组数字的个数可以任你分配。这个谜题需要一些技巧，除非你靠偶然的运气猜中答案。

95. 加法

如果我写出 987 英镑 5 先令 $4\frac{1}{2}$ 便士这样一笔钱，那么，我们把所有这些数字相加，得到它们的总和为 36。在和数与加数里，没有数字重复出现。在这个条件下，这是最大可能的总和。现在谜题为：

找出最小可能的总和，英镑、先令、便士和四分之一便士都要出现。你不一定要使用所有的 9 个数字，但是所有的数字都不能重复使用，且 0 不允许出现。

96. 数字和平方数

如此安排 1-9 九个数字，使得它们成为四个平方数：9、81、324、576。你能把它们放在一起得到——（1）最小可能的；（2）最大可能的平方数吗？

97. 神秘的11

从 0-9 十个数字中任意选九个数字组成一个九位数，你可以找到能被 11 整除而没有余数的最大可能的九位数吗？你还可以找到相同条件下能被 11 整除的最小可能的数吗？这有一个例子：896743012（数字 5 已被去掉）。这个数包含 9 个数字且能被 11 整除，但它既不是满足条件的最大数也不是最小数。

各种各样的算术和代数谜题

> 变化是生活的香料，它使生活多姿多彩。
>
> ——考珀：《任务》

98. 桌子上的污渍

一个刚从学校回家的男孩，希望在他父亲面前展示他的聪明才智。于是，他把一个大圆桌放在房间的角落（如图所示），以便让它可以接触到两边的墙壁。这时他指着桌子边缘的墨水渍，对他父亲说：

"我给你出一个小难题，父亲，"男孩说，"这个墨水渍正好离一面墙有 8 英寸，离另一面墙有 9 英寸。不用测量，你能告诉我如何知道圆桌的直径吗？"

男孩无意中对他朋友说："这道题完全难倒了我的父亲。"但认识他父亲的人都说他父亲通常在一分钟内就能解决碰到的谜题，那么到底谁说对了呢？

99. 有礼貌的学校

有一所男女混合学校，其独特之处在于反复给学生灌输有关良好礼貌的概念。每天早上学生们都要遵守一个奇怪的规定。在这个学校，女孩子的人数是男孩子人数的 2 倍。每个女孩见到其他女孩、男孩和老师都要鞠一躬。每个男孩见到其他男孩、女孩和老师，也要鞠一躬。在那个学校每天早上一共有 900 个鞠躬。现在，你可以准确地告诉我，学校一共有多少个男孩子吗？如果你不是很小心，在计算过程中，很可能会出差错哦。

100. 劳动者的困扰

瑞克布恩教授在散步的时候，碰巧遇到一个人在挖一个深洞。"早上好，"他说，"那个洞有多深？"

"你觉得呢，"劳动者回答说，"我的准确身高是 5 英尺 10 英寸。"

"你准备挖多深呢？"教授问。

"我准备再挖 2 倍深，"他回答，"那时地面离我头的距离将是我现在头离地面距离的 2 倍。"

瑞克布恩现在问你是否能说出洞挖完后有多深。

101. 五捆干草

农民汤普金斯有 5 捆干草，他告诉他的伙计霍吉把干草交付给客户之前先要称一称重量。爱偷懒的伙计却随意地把两捆干草放在一起称，并告诉他的主人，称得的重量为：110 磅、112 磅、113 磅、114 磅、115 磅、116 磅、117 磅、118 磅，120 磅和 121 磅。现在，请问农夫汤普金斯怎么通过这些数字算出每捆干草的重量？读者也许第一反应就是他应该知道"哪个数字对应哪两捆干草的重量"，或者类似这样的信息，但这完全没必要。你能替他算出这 5 捆干草的正确重量吗？

102. 被大雾困住的人

格宾斯先生是一个勤奋的生意人，可现在伦敦起了一场大雾，视线不清，行动不便，电灯碰巧又坏了，他只能用两根蜡烛照明。他的店员向他保证，虽然它们长度相同，但是一根蜡烛能燃烧四个小时，另一根能燃烧五个小时。在工作一段时间后，雾就散了，他便吹灭了蜡烛，这时他发现一根蜡烛剩下的长度恰好是另一根剩下的 4 倍。当格宾斯先生，这个求知欲望很强的人晚上回到家的时候，他对自己说，他一定可以计算出来这两根蜡烛白天燃烧了多久。"我要试试看。"他暗自发誓。但是他很快发现自己陷入一片迷茫。你能帮助他走出困境吗？蜡烛燃烧了多久？

103. 街道灯柱喷漆

地方政府安排蒂姆·玛非和帕特·多诺万为某街道的灯柱喷漆。

蒂姆起得比较早，先到了工作地点，当帕特出现的时候，他已经给南街的 3 个灯柱喷完了漆。帕特指出蒂姆负责的是北街，于是蒂姆开始去北街喷漆，帕特则继续在南边工作。当帕特完成任务之后，他又去北街为蒂姆喷了 6 个灯柱，直到所有的工作结束。南北两街的灯柱数量相同，这时，一个简单的谜题出现了：哪个人喷的灯柱多，多了多少个？

104. 抓小偷

"现在，警官，"被告辩护人盘问，"你说你是在距离那个囚犯 27 步时开始追他的？""是的，先生。""你肯定他跑 8 步的时间和距离相当于你的 5 步？""是这样的。""那么我问你，警官，作为一个聪明的人，如果是这样的话，如何解释你抓到了他？""嗯，你看，我步子较长。事实上，我两步的长度就相当于囚犯的 5 步。如果你算一下，你就会确切地知道，我跑到抓住他的地方需要跑多少步。"首席陪审员问了几分钟后，算出了警察必须跑的步子数。那么，你能知道警官抓住小偷需要跑多少步吗？

105. 教区议会选举

这个谜题对于初学者来说也很容易。上一次教区议会选举，有23个候选人，他们竞争9个职位。每个选民可以给其中的9个或更少的人投票。其中的一个选民想知道他有多少种不同的投票方法。

106. 马德镇的选举

马德镇上一次议会选举一共有5473张选票。自由党比保守党的票数多18张，比民主党的票数多146张，比社会党的票数多575张。你能给出一个简单的规则算出每个候选党的票数吗？

107. 女权主义者的会议

最近，工会召开了一次秘密的会议，与会者的意见出现了严重的分歧。这导致有些人愤恨地离开了会议室。主席说："我也有点想离开，但是如果我也这样做的话，我们中

将会有$\frac{2}{3}$的人离开。""确实，但是如果我说服我的两个朋友外尔德夫人和克里斯提夫人留下的话，我们中则有一半的人离开。"你能告诉我，刚开始有多少人参加会议吗？

108. 求婚的女士

上个闰年，女士们都在行使求婚的特权。如果我从秘密渠道得到的数字正确的话，那么以下的内容就可表明目前的婚姻状况。大量的妇女每人求婚一次，在她们当中有$\frac{1}{8}$是寡妇。男士中$\frac{1}{11}$的人是鳏夫。一些妇女向鳏夫求婚，其中有$\frac{1}{8}$的妇女遭到了拒绝，但所有的寡妇都没被拒绝。$\frac{35}{44}$的寡妇嫁给了单身汉。1221位老处女被单身男子拒绝。被单身汉接受的老处女的人数是被单身汉接受的寡妇人数的7倍。这些是我能够得到的所有详情。现在请问：有多少个求婚的妇女？

109. 争夺大战

晚饭后，一个家庭的五个男孩偶然发现了许多包糖李子。这可是

相当意外的战利品，激动人心的争夺随之而来了，我将准确地叙述所有的细节，因为它是一个有趣的谜题。

你看，安德鲁试图占有 $\frac{2}{3}$ 的糖李子。鲍勃马上抓住这些的 $\frac{3}{8}$，查理也抓住这些的 $\frac{3}{10}$。然后，狡猾的埃德加拿走了剩下的 $\frac{1}{7}$。最后，年轻的大卫冲了上来，拿走了剩下的所有糖李子。现在，真正的趣事开始了，安德鲁和查理共同对付鲍勃，鲍勃被挡泥板绊倒，他的一半糖李子掉在了地上，分别被大卫和埃德加捡起，他们可是一直躲在桌子底下等着呢。接下来，鲍伯从一张椅子上蹿向查理，查理所有的糖李子都掉到了地上。其中，安德鲁只得到了 $\frac{1}{4}$，鲍勃捡到了 $\frac{1}{3}$，大卫得到

了 $\frac{2}{7}$，而查理和埃德加平分了剩下的部分。他们正想着这场争夺已经结束，突然大卫先后向两个方向袭击，夺走了鲍勃和安德鲁最后得到的 $\frac{3}{4}$。而鲍勃和安德鲁费了半天劲，才一起抢回了刚丢失的 $\frac{5}{8}$ 进行平分，但是另外三个人每人得到了相同的 $\frac{1}{5}$。终于，他们停止了抢夺，平均分配了剩下的糖李子。请问，在一开始，那包糖李子最少有多少颗？每个男孩分到的比例是多少？

110. 僧侣的难题

我们所熟知的英国第一位谜题爱好者的名字是约克郡，而不是阿尔昆。他是坎特伯雷的僧侣（735-804 年）。他的著作里有这样一个谜题，这个谜题不仅年代久远，而且非常有意思。"如果把 100 蒲式耳的玉米分给 100 个人，分配方式是这样的：每个男人得到 3 蒲式耳，每个妇女得到 2 蒲式耳，每两个小孩得到 1 蒲式耳。请问这儿分别有多少个男人、妇女和小孩？"

现在，如果我们排除掉没有妇女的那种情况，还有 6 种不同的正

确答案。现在，我们假设妇女的人数是男人的 5 倍，那么，请问正确答案是什么？

111. 收割玉米

一个农民有一块正方形的玉米地。地里的玉米现已成熟，可以收割。但是，由于缺少人手，只能由他和他的儿子一起完成这个工作。农民先把正方形四边一米宽的玉米收割完了。留下一块较小的正方形玉米地。他对儿子说："现在，我已经收割完了我的一半，你可以开始你的那一半了。"但是儿子对这种分配方法不满意。这时候，恰好村里的校长从这里经过，他被叫过去评判这件事情，他认为农民的分法完全正确，对于土地的大小没有什么可争议的。你能像那个聪明的校长一样说出玉米地的面积吗？

112. 令人费解的遗产

一个人留下 100 英亩土地分给他的三个儿子：阿尔弗雷德、本杰明、查尔斯。这三人分别获得 $\frac{1}{3}$、

$\frac{1}{4}$，$\frac{1}{5}$。可查尔斯却死了。这些土地如何公平地分给阿尔弗雷德和本杰明呢？

113. 撕毁了的数字

30)25

某天，我看到某标签上标有数字 3025。但这标签不小心被我撕成了两半，使得 30 在一张纸上，25 在另一张纸上，如图所示。看着这两张纸，我开始进行计算，当我发现这个小小的特点时，我几乎没有意识到我在做什么。如果把 30 和 25 相加，然后取平方，我发现得到的数字和原来标签上的数字相同！因此 30 加 25 等于 55，55 乘以 55 等于 3025。很奇怪，是吧？现在，谜题是找到另一个数字，由 4 个不同的数字组成，从中间分开，按照上面的运算能得到相同的结果。

114. 奇怪的数字

数字 48 有这样一个特点，那

就是如果你用这个数加1，那么结果就是一个平方数（49,7的平方），如果你用这个数的一半加1，你同样得到一个平方数（25,5的平方）。现在，有这个特性的数字有无穷个，找到其中最小的三个数字是一个很有趣的谜题。请问它们是多少？

115. 印刷错误

在某一篇文章里，印刷员必须打印出数字 $5^4 \times 2^3$，当然，这个数字表示的意思是 5 的 4 次方（625）乘以 2 的立方（8），乘积为5000。但是他把 $5^4 \times 2^3$ 打印成5423，当然这是错误的。按照题目给出的方式排列 4 个数字，即使印刷员犯同样的错误，但是打印出的结果还是正确的。你能给出这样的 4 个数字吗？

116. 不一样的守财奴

杰斯佩先生曾是少有的守财奴中的一个，后来他转换了信仰，对他不幸的朋友突然产生一种责任感。一天晚上，他计算了一下他所积累的财富，并决心将它分配给有需要的穷人。

他发现，如果他一年的时间里每天都分发相同数量的英镑，他恰好能够分发 12 个月，且刚好没有剩余。但是如果他星期天休息，每个工作日去发钱。也就是每个星期只分发固定数量的英镑，那么在元旦前夕还剩下 1 英镑。现在，假设这笔钱是所有可能的数字中的最小值，那么他必须分发的英镑数量具体是多少？

有比这个谜题更简单的题吗？这笔钱除以某个天数的余数为 0，但是除以另外一个数的余数却是 1 英镑。然而，当真正着手解决这个谜题时，你将会很惊讶地发现它竟然如此令人困惑。

117. 篱笆谜题

我们容易忽视谜题的实用性。然而，事实上，这么久以来，我收到过大量的个人来信，他们发现，掌握一些与谜题相关的小原理，他们就能出乎意料地收获很多。举个例子，奥克斯利先生写信告诉我，他想确定一块土地的尺寸。他想把这块土地围起来，使得这块土地包含的面积和篱笆里的围栏数一样大。

这位男士想要围成一块完美的正方形土地，这块土地面积的英亩数与围成篱笆的横杆数相同。每个围栏由 7 根水平的横杆构成，两个围栏长 1 杆（$16\frac{1}{2}$ 尺）：也就是说，1 杆的距离中有 14 根横杆。现在，请问土地的面积是多大？

118. 古老的游戏

似乎，现在很多人喜欢玩的"掷骰子"游戏是来自于一个古老的印度游戏。在这个游戏中，有三个骰子，一群人轮流掷骰子，如果谁掷出的点数之和为 7 或 11，那么他将成为赢家。请问，这个游戏获胜

的概率有多大？

119. 圆周上的平方数

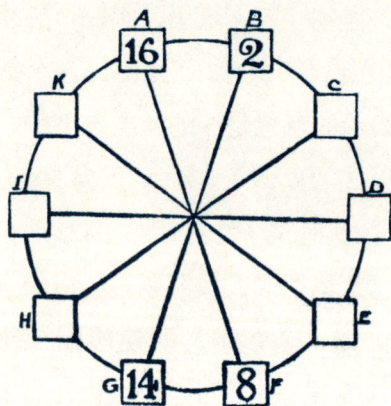

谜题为：在 10 个正方形里分别放入不同的数，使得任意相邻的两个数的平方和等于其直径上与之对应的两个数字的平方和。如图所示，已经给出了 4 个数字。可以看出，16 的平方是 256，2 的平方是 4，这两个数加起来等于 260。14 的平方是 196，8 的平方是 64，这两个数加起来同样为 260。现在，正是

以同样的方式，B 和 C 的平方和应该等于 G 和 H 的平方和（总和不一定为 260）。A 和 K 与 F 和 E，H 和 I 与 C 和 D，依此类推，圆周上任意两个相邻的数字都要满足这个条件。所以你要做的就是补上其余的 6 个数。不允许出现分数，而且所有的数字都小于三位数。

120. 奶牛生意

农夫琼斯以 210 美元卖出两头奶牛。他在一头奶牛上赚了 10%，而在另一头奶牛上却亏损了 10%。不过总体算来，他还是赚了 5%，那么，两头奶牛的进价各为多少？

121. 莱克布恩的小小损失

莱克布恩教授花了一个晚上的时间和他的老朋友——波茨夫妇待在一起。他们一起玩扑克牌游戏（他没有说是什么游戏）。第一局教授输了，使得波茨先生和他夫人桌子上的钱都增加了一倍。第二局波茨夫人输了，于是她使得教授和她丈夫桌上的钱也都增加了一倍。奇怪的是，第三局波茨先生输了，然后他妻子和教授桌上的钱同时都增加了一倍。这时，你会发现每个人有了完全一样多的钱，但是教授在玩的过程中输了 5 先令。现在，教授问，他玩扑克牌游戏前有多少钱？你能告诉他吗？

122. 帕特买房

帕特希望购置一处房产，但他现金不够，于是，他采取了分期付款的方式支付。他首付付了 1000 美元，然后在每年年底再支付 1000 美元，共支付 5 年。这其中同时包含了房产的费用与利息。依照约定的条款，每年利息为 5%。请问，实际的房价是多少？

123. 农夫和他的绵羊

农夫龙莫有着神奇的算术资

质，并在他们那个区以"农民数学家"闻名。新来的教区牧师不知道这个情况，某天在小巷里，他碰到了这位值得尊敬的教区居民，在一个短暂的交谈过程中，牧师问他："你一共有多少只绵羊？"龙莫的回答让牧师惊讶不已，答案是这样的："你可以把我的绵羊任意分成不同的两部分，使得两个数字的差等于两个数字的平方差。也许，帕森，你可以自己算出这个总和。"

读者能够说出农夫拥有多少只绵羊吗？假设他只拥有 20 只绵羊，且他把它们分成 12 只和 8 只两部分。现在，这两个数字的差为 4，两个数字的平方差为 144 和 64 的差，即 80，显然 4 不等于 80。如果你能找到符合题意的正确数字，那么你将准确地知道农夫龙莫拥有多少只绵羊。

124. 正面或反面

克鲁克斯，一个上了瘾的赌徒，最近对一个朋友说："我将和你赌我口袋里一半的钱，如果抛的硬币是正面，那么我赢；如果硬币是反面，那么你赢。"游戏一直在继续，他的钱也输了不少。他重复着这个游戏，每一次都赌他当时口袋里一半的钱。我们不知道这个游戏进行了多久，也不知道硬币被抛了多少次，但是我们知道，克鲁克斯赢的次数和输的次数相等。现在，请问在这次小小的冒险里，他赢了还是输了？

125. 还剩多少花生

玛丽太太为孩子们带来了一些花生。她给了最大的孩子——是个男孩，一颗花生，然后把剩下的 $\frac{1}{4}$ 也给了他；接着，她给了小女孩一颗，并把剩下的 $\frac{1}{4}$ 给了她。玛丽太太同样也给了第三个男孩和第四个女孩花生。最后的结果是，两个男孩得到的花生比两个女孩得到的花生多 100 颗。那么，玛丽太太还剩多少颗花生？

126. 跷跷板谜题

需求是创造之母。某天，我惊讶地发现一个小男孩想玩跷跷板，但是没能找到别的小孩和他一起玩，于是他巧妙地用一些砖块放在跷跷板的一端来平衡他在另一端的体重。事实上，当他把砖块放在跷跷板短的那一端时，需要 16 块砖块才能保持平衡；当他把砖块放在长的那一端时，只需要 11 块砖块就可以保持平衡。现在请问：这个小孩的体重是多少？如果一块砖的重量等于 $\frac{1}{8}$ 块砖的重量与 $15\frac{1}{4}$ 磅之和。

127. 年金之谜

琼斯为他的三个女儿设置了一种年金，女儿们每年按各自的年龄比例分配年金。

第一年，最大的女儿菲比得到

了所有年金的一半。第六次分配时，玛丽得到的年金比第一年得到的少了 1 美元，菲比少了 2.5 美元，塔罗得到的年金是第一次的 2 倍。请你算一下，琼斯为女儿们设置的年金为多少？

128. 法律难题

一位律师说："我的一个客户在他的妻子快要生孩子时，处于弥留之际。我写下了他的遗嘱，他说他将给他的儿子（如果他妻子恰好生了个儿子）$\frac{2}{3}$ 的财产，给他妻子 $\frac{1}{3}$ 的财产。但如果他妻子生下的小孩是个女孩的话，他将把 $\frac{2}{3}$ 的财产留给妻子，$\frac{1}{3}$ 的财产留给他女儿。事实上，他死后，他妻子生了对双胞胎——一个男孩和一个女孩。于是，出现了一个很好的谜题，根据客户的遗愿，财产应该怎么合理地分配给这三人？"

129. 分苹果

8 个小朋友按照下面的方法来分 32 个苹果。安妮得到 1 个苹果，玛丽得到 2 个苹果，简丽得到 3 个苹果，凯特得到 4 个苹果，史密斯的苹果和他妹妹的一样多，布朗的苹果是他妹妹的 2 倍，琼斯的苹果是他妹妹的 3 倍，鲁滨孙的苹果是他妹妹的 4 倍。

那么请问，安妮、简丽、玛丽和凯特分别是谁的妹妹？

130. 定义谜题

"我的土地，是边长为一英里的正方形。"一个地主对另一个地主说。"奇怪的是，我的是一平方英里。"另一地主回答说。"这两块地是一样的吧？"这最后一句话是正确的吗？

131. 分股

布朗与琼斯两人合伙经营一家老商行，布朗的投资额是琼斯的 1.5 倍，后来，他们决定吸收鲁滨孙入股。鲁滨孙向商行投资 2500 美元。之后，布朗与琼斯两人将按比例分配这笔投资，分配完后，三人的股份正好相等。

问题是，布朗与琼斯怎样分配这 2500 美元？

132. 矿工的假期

7 个煤矿工人在一次大罢工期间去海边度假。其中 6 人每人正好花了半英镑，但是比尔更加奢侈。比尔的花费比他们 7 人每个人的平均花费要多 3 先令。请问：比尔的实际花费为多少？

133. 简单的乘法

如果我们把 6 张卡片标号为 1、2、4、5、7 和 8，然后在桌上按这个顺序排列：

1 4 2 8 5 7

我们可以论证，这个数字乘以3的乘积就是只需要把数字1移到这一行数字的另一端所得的数字。答案为428571。你能找出一个以3开头的数字，当它乘以3，然后除以2，答案将与我们把第一张卡片从这行的开始移到最后所得的数相同吗？

134. 简单的除法

有时候，初等算术里一个非常简单的谜题将引起人们很大的困惑。例如，我想用701、1059、1417和2312这四个数除以一个尽可能大的数，使得每个余数都相同。我将怎样来计算？当然，通过大量的系统的试验肯定可以找到答案，但是有一种非常简单的方法，相信你一定能够找到它。

135. 小鸡换牲口

农夫约翰和他的妻子去赶集，他们想用家禽换些牲口回来。按照传统的交换习俗，85只小鸡可以交换1匹马和1头奶牛，而5匹马的价格等于12头奶牛的价格。

Trading Chickens BY SAM LOYD.

妻子对约翰说："约翰，我们选中的马要是能多一倍，这样这个冬天我们就有17头牲口了。"约翰说："可是我觉得奶牛更赚钱，并且，假如我们把选中的奶牛再加一倍，我们就有19头牲口了。我们的小鸡也刚好够交换这些牲口。"

这两位精打细算的乡下人并不了解多少数学知识，但是他们清楚自己有多少只小鸡，也清楚换得的奶牛和马匹的数目。不知道我们的谜题爱好者们是不是也能算出来呢？

136. 正方形谜题

我们拥有3块正方形木板。第一块木板的面积比第二块多5平方尺，第二块木板的面积比第三块多5平方尺。你能给出每块木板的边长吗？如果你能解决这个小谜题，再试着用算术方法找到三块木板，使它们的面积有着相同的差，为7或13。

137. 一共有多少只小鸡

农夫琼斯和妻子商量："玛丽娅，如果按照我的想法卖掉75只小鸡，那么我们的鸡饲料还能多维持20天。但是，如果按照你的想法再买100只小鸡的话，那么鸡会提前15天就用完。"

玛丽娅问："那么，亲爱的，我们现在究竟有多少只小鸡呢？"问题出来了，你知道他们究竟有多少只小鸡吗？

138. 黑斯廷斯战役

1066年10月14号，这是灾难性的一天，那天发生了一场人们永远难忘的战争。所有历史学家都知道关于这场战争有着许多谜团和不确定的东西。我的谜题与某道士的编年史里的一篇文章有关。我认为它应该得到更多的关注。如果我无法证实文件的真实性，但它将会为那些喜欢算术的读者打开一扇大门，让他们通往有趣的谜题世界。以下是文章中的谜题。"哈罗德带领的男人整齐地站在一起，因为他们的习惯是，站成61个方阵，每个方阵的人数相等。若哈罗德走进队伍中，所有的人数正好成一个平方数。"这些男人的人数将是一个平方数的61倍，但是当哈罗德自己加入队伍中时，所有的人能够形成一个较大的平方数。最小可能的男人人数是多少？为了使读者更清楚这个简单的谜题，我就60和62这两种情况来给出最小值，这两个数字分别与61相邻。它们分别为：$60 \times 4^2 + 1 = 31^2$，$62 \times 8^2 + 1 = 63^2$。也就是说，60个16名男子的方阵总共有960名男子，当哈罗德加入了他们，就成了961名，并因此形成一个每条边有31名男子的方阵。对于我给出的数字62可以进行类似的推导。现在的谜题是找出与 61 有关的最小数。

139. 雕塑家的谜题

有人委托一个年老的雕刻家为其提供两个雕像，把每个雕像放在一个立方体的底座上。我们所关心的谜题都是关于这两个底座的。如下图所示，它们大小不相等。到了该付款的时候，他们在基于线性还是体积测量这个问题上产生了争议。但是，问题从他们一开始测量两个底座的时候，就得到了解决。因为，奇怪的是，线性测量得到的数据恰好与体积测量得到的值相等。谜题是找出两个具有这种特性的尺寸的底座，这个数据要尽可能小。比如，你看，如果两个底座边长分别为 3 英尺和 1 英尺，则两种测量方法得到的测量结果不同，其中，线性测量为 4 英尺，体积测量为 28 英尺，所以这样的两个正方体底座不可行。

140. 西班牙守财奴

在新卡斯提尔的一个小镇里，曾经住着一个名为唐·罗德里格斯的有名的守财奴。他对钱的热爱等同于他对算术谜题的强烈喜好。他常常是用一些方法处理有关他所积累的财富的谜题，为了使自己获得解决它们的乐趣，他自己会不断地提出谜题。不幸的是，那些有趣的谜题遗留下来的很少。当我穿过整个西班牙，为名为"西班牙洋葱是导致国家衰败的一个原因"的论断

搜集资料时，我只发现了其中很少的一部分。其中的一个谜题与出现在肖像旁边的三个箱子有关。

每个箱子中包含有不同数目的达布伦（旧时西班牙金币的名称）金币。最上面的箱子中与中间箱子中的金币数之差和中间箱子与最下面的箱子中的金币数之差相等。如果任意两个箱子中的金币数之和为一个平方数。请问：每个箱子中所含金币数目的最小值是多少？

141. 九个藏宝箱

这是我从我的朋友罗德里格斯那儿得来的一个谜题，他是新卡斯提尔的一个古怪的守财奴。在1879的新年除夕夜，他给我看了他的9个宝藏箱，然后告诉我每个箱子的金币数目都是一个平方数，并且 A 与 B、B 与 C、C 与 D、D 与 E、E 与 F、F 与 G、G 与 H、H 与 I 之间金币数之差相等，他要我告诉他每个箱子的金币数。开始我认为这不可能，因为我觉得这会有无穷个不同的答案，但是经过考虑后我发现不是这样的。我发现 A、B、

C 中的金币数是以字母顺序递增的，D、E、F；G、H、I 也是如此；但是 D 或 E 不必比 C 重；G 或 H 也不必比 F 重。非常肯定的是 A 不可能超过 12 个硬币；也不可能是它的一半，但是我很肯定的是，它没有超过 12。考虑到这些之后，我能够得出正确的答案。简单来说，我们必须找到 9 个平方数，使得 A、B、C；D、E、F 和 G、H、I 是三组等差数，且各组的差相等，且 A 小于 12。请问：9 个箱子每个分别有多少金币数？

142. 五个强盗

有 5 个西班牙强盗，阿方索、贝尼托、卡洛斯、迭戈和埃斯特万，在一次抢劫后计算他们的战利品时，发现他们整整抢到了 200 个金币。其中一个人指出如果阿方索抢到现有的 12 倍，贝尼托抢到现有的 3 倍，卡洛斯保持不变，迭戈为现在的一半，而埃斯特万为现在的三分之一，那么，他们钱数加起来仍然为 200 金币。他们每个人各抢到多少金币？关于这个谜题，有许

多正确答案。下面就是其中之一：

A	6	×	12	=	72
B	12	×	3	=	36
C	17	×	1	=	17
D	120	×	$\dfrac{n^2-n}{2}$	=	60
E	45	×	$\dfrac{1}{2}$	=	15
	200				200

谜题是找出到底有多少种不同的答案，必须明白的是：每个人都必须有钱，并且钱不可能是分数——每种情况下都只有金币。这个谜题由塔尔塔利亚（死于1559年）提出来，略微有点不同。他吹嘘自己已经找到一种解答，但是在法国数学家（MA Labos*ne*）最近的一本著作中，他说他的读者可能会很惊讶，因为这个谜题有6639种不同的方法。那么，到底有多少种正确答案呢？

143. 石匠的难题

一位石匠院子里曾经有大量的立方体砖块，所有的砖块大小都相同。他有一些非常奇特的做事方法，其中的一个就是把这些砖块堆成立方堆，每堆的砖块数量都不相同。他发现（数学家早已知道

的事实）把这些砖块堆从1块砖开始按照从小到大的顺序排列，他总能够使得地上的砖块数形成一个完美的平方数。这对读者来说应该很明显，因为1为平方数，1+8=9为平方数，1+8+27=36为平方数，1+8+27+64=100为平方数，依此类推。事实上，从1开始的任意多个连续数字的立方和都是一个平方数。某天，一位绅士走进石匠的院子，并给石匠一些钱。条件是石匠提供给他连续堆的砖块，并且总共的砖块数是一个平方数，并且买者坚持多于三堆，拒绝要那一个单独的砖块，因为它有点瑕疵。石匠提供的最小可能的砖块数是多少？

144. 苏丹的军队

一定数量的苏丹人想要参军，这个数字可以用12种方法表示成两个平方数之和。这个军队的人数最小的可能数是多少？为了让初学者更加清楚，我将详细解释一下。如果有130个人，那么，这有两种不同的方法——81和49或者121和9。当然，所有的人都得用上。

145. 节约的学问

　　某些数字称为三角数，因为如果把它们当成硬币放在桌上将形成三角形。数字1总是一个三角数，因为1既是一个平方数又是一个立方数。把一个硬币放在桌子上，即第一个三角数。现在在这个硬币上再放2个硬币，这样，你就有由3个硬币组成的三角形了，因此，3是一个三角数。接下来，在这之上又放3个硬币，这样你就得到一个含有6个硬币的三角形，因此，6是一个三角数。我们发现，若在之前的硬币下放硬币时比上次放一个，我们将得到一个更大的三角数。任何数字与它平方的和的一半总是一个三角数。如，$2+2^2$的一半等于3；$3+3^2$的一半等于6；$4+4^2$的一半等于10；$5+5^2$的一半等于15；依此类推。因此，如果我们想要组成一个每条边有8个硬币的三角形，我们需要$8+8^2$的一半，即36个硬币。这是一个有关数字的小的规律。在更深入讨论之前，在"石匠的难题"中，读者应该还记得从1开始的连续的砖块堆的砖块之和总是一个平方数，且这些数形

成一个数列1^2、3^2、6^2、10^2……现在读者应该理解我所说的，这个谜题的关键就是这些数总是三角数的平方，即为1、3、6、10、15、21、28……的平方。我们可以看出其中的每个数字都是一个三角数。任意整数，即使它不是三角数，也是两个或三个三角数之和。即，若任取一个整数，我们总是可以把它分成1个或2个或3个三角数。数字1，显然只能分成1个三角数。一些数字只能分成2个三角数（如2、4、11……），一些数字只能分成3个三角数（如5、8、14……）。然而，有的数字既可表示成1个也可表示成2个三角数之和（如6），还有的数字既可以写成1个三角数，也可写成3个三角数之和（如3和10），其他的可以表示成2个、3个三角数之和（如7和9），而一些数字（比如21）正如我们预想的那样，既可写成1个，也可写成2个还可写成3个三角数之和。现在，有一个关于三角数的小谜题。阿伯丁郡的桑蒂操持家政非常严谨，他很细心地把他的妻子训练得和他一样有着节约的习惯。去年的

元旦前夕，他告诉她，如果她存的英镑足够多，使得这些英镑放在桌上能形成一个正方形，或者一个等边三角形，或者两个等边三角形，或者三个等边三角形，他将再从自己腰包里拿 5 英镑给她。她很快便拿着一个装有 36 个金币的袋子跑到她丈夫那里索要奖励。可以发现，36 个硬币可形成一个正方形（边长为 6），可形成一个正三角形（边长为 8），可形成两个正三角形（边长分别为 5 和 6），也可形成三个正三角形（边长为 3、5、5）。这四种情况下，36 个硬币都用上了。因此，桑蒂兑现承诺，给了他的妻子一份礼物。苏格兰人承诺在接下来的五年里每年都给他的妻子一份礼物，只要他的妻子每年存的英镑数递增，且每年的存款都能表示成上面的四种不同的形式。那么在她得到第六个礼物之前，她应该存多少英镑？你需要做的就是找到 5 个数，最小的数要比 36 大，而且这 5 个数能用四种不同的方法表示——形成一个平方数，一个三角数，两个三角数，三个三角数。5 个数中的最大数将是你的答案。

146. 炮兵的困境

"必须把所有的炮弹都垒成正方棱锥，"团长命令道。炮兵们照做了。然后，团长又进一步发出了命令："所有棱锥体的炮弹总数都必须是某个数的平方。"因此，谜题产生了。"不可能做到，"一名少校说道，"比如，看看这个棱锥体，它的底部是 16 个炮弹，上一层是 9 个，然后是 4 个，最顶端是 1 个，一共是 30 个。但是必须再多 6 个炮弹，或再少 5 个炮弹，才能变成某个数的平方。"必须做到。"团长坚持道，"你要做的事情不过就是将正确数量的炮弹垒成一个棱锥体。""我明白了。"一名中尉喊道，他是这个团里的数学天才，"只用一颗炮弹就够了。""胡说！"团长大叫道，"你不能用一颗炮弹垒成一个棱锥体！"炮兵真的有可能照命令完成任务吗？

147. 荷兰人的妻子

我不知道有多少读者听说过"荷兰人的妻子"这道谜题。这道题就是让你找出三个男人各自的妻子的名字，或者说，哪个妻子是属于哪个男人的。大约30年前，这个谜题广为流传，而最近，我在1739~1740年的《女性日志》中发现了点新东西。对于170年前所提倡的性别平等观念的人来说，这是经常会援引到的一则事例。今天，我们的母亲、妻子、姐妹、女儿、婶婶有多少人能够解答出这道谜题呢？我们可以猜测，现在能解答出此题的女性比那时多得多。有三个荷兰人，分别是亨德里克、恩拉斯、科尼利厄斯，他们的妻子是格鲁塔、凯特路、和安娜。这六个人一同去买猪。每个人买下的猪的头数与他/她买一头猪所花的先令数是相同的。每一个丈夫比他的妻子多花了3基尼(旧时英国金币，合21先令)。亨德里克比凯特路多买了23头猪，恩拉斯比格鲁塔多买了27头猪。

现在请问，这三个荷兰人的妻子分别叫什么？

148. 寻找艾达的姓氏

这个谜题与上一道题非常相似，读者可以把这道题的答案运用到其他情况上。此题被送到悉尼晚报的《智力风暴》栏目，但是报方以幼稚为由拒绝了这道题，并且表示他们只发表有标准答案的谜题。5位女士陪着她们的女儿们，在同一家商店买布。10个人每尺花费的法新数与买布的尺数相同，并且每位母亲比她们的女儿都多花8先令5.25便士。伊万斯夫人的花费比鲁宾孙夫人的少6先令，又是琼斯夫人的四分之一。斯密斯夫人花的钱是最多的。布郎夫人比贝西这个女孩多买了 21 码布。安妮比玛丽多买了 16 码布，并且比艾米丽多花了 3 英镑 8 便士。另一个女孩的基督教名字是艾达。那么，请问她的姓是什么？

杰克·鲁宾孙花的钱是他妻子的 4 倍。在回家的路上，有人建议他们应该平分剩下的硬币。于是，他们就把钱平分了。令人费解的谜题是：这些妇女的姓分别是什么？你能给四对夫妇配对吗？

149. 星期六购物

刚过去的一个星期六的晚上，四对已婚夫妇来到他们的村庄购物。他们必须非常节俭，因为他们只拥有 40 先令的硬币。结果，安花了 1 先令，玛丽花了 2 先令，简花了 3 先令，凯特花了 4 先令。男人们比他们的妻子奢侈得多，内德·斯密斯花的钱和他妻子一样多，汤姆·布朗花的钱是他妻子的 2 倍，比尔·琼斯花的钱是他妻子的 3 倍，

150. 草地网球

一年一度的草地网球锦标赛实行淘汰制。规则是败者被淘汰，胜者晋级下一轮，全胜者与上届总冠军对阵，胜者获得总冠军头衔。如果参赛队员是 16 人，那么，网球运动员必须连胜 5 场才能获得冠军。如果每个人获得冠军的概率都是均等的。请问，网球运动员在这项比赛中获得冠军的概率有多大？

上帝一直在研究几何学。

——柏拉图

奥古斯·都·摩根说："没有任何一门学科的入门比几何学更容易，也没有任何一门学科在深入研究后难度增加得比几何学更快。"读者在思考以下谜题的时候可以发现他的说法是正确的。几何学在长久的岁月里始终吸引着人们并给人们带来了无穷的乐趣。这无疑是因为，在某种程度上，它们既吸引人们的眼球，又引导人们去思考。有时候一个代数方程或定理便可以使数学家喜笑颜开，但这却只是智力上的愉悦。而在某些几何谜题上，特别是在切割和折叠谜题上，人们得到的快乐毫无疑问来自于他们的美学才能。例如，很少有读者在做下面几页中各种希腊十字架的切割谜题时，能不突然心生一种美感。自然界的规律和准则总值得我们去深思，而且在有的人眼中它们是那么有魅力。即使是没有一点儿几何学知识的人，在认真思考这些东西后也会不禁喊道："太完美了！"事实上，我所知的学习几何学的人中不止一个对它的兴趣源自切割谜题。因此我认为：把切割谜题同一般的几何谜题区分开来更为恰当。

切割谜题

> 把他带走，分散成无数的小星星。
>
> ——《罗密欧与朱丽叶》第三幕第二场

　　各种各样的谜题数不胜数，但估计没有任何一种谜题比切割和折叠谜题更古老。中国最早的这类谜题出现在基督纪元前几千年。历史上各个几何谜题盛行时期的谜题至今对人们还有着和它们出现之时一样的极大吸引力。有关专家认为：中国古代的哲学家们把这些谜题作为一种传授几何学原理的启蒙方法。无论这种观点正确与否，许多切割谜题（幼儿的拼板玩具谜题仅仅是把一个图形分成许多份再把它们拼在一起的过程，我们在此不做讨论）确实是以几何规则为基础的。我这么说并不是想要吓跑初学者，而是想说，某些聪明的人固然能在细心、精巧的实验后找到答案是什么，可几何学还能够告诉所有对此类谜题感兴趣的人为什么。如果我们想要把一个平面图形分割成几部分，再重新组合成另一个图形，那么第一件要做的事情就是寻找方法，然后再分析怎样分割能使分割次数最少。因为若没有分割次数的限制的话，很多情况下会使人困惑的分割谜题将变得很简单。

1902 年，《新闻周刊》上刊载了一篇关于把等边三角形分成四部分，然后组成一个正方形的方法的文章。任何一个几何学家都可以毫不费力地把它分成五部分再组成一个正方形，但是题中的要求是仅分成四部分。无限接近谜题答案的方法也是没有任何意义的。在几何学上，答案必须是完全精确的，否则它根本就不是一个答案。几何谜题经常会出现各种错误，我也时而会提及一两个，但仅仅因为它们有趣，千万别忘了它们是错误的。这里，我分析在切割谜题中经常出现的两类——"直线连接"和"翻转"谜题。这两个谜题类型在以前的旧书上经常出现，但是书上给出的答案却总是错误的。如以下谜题：把图 1 分成三部分，然后组成一个等腰直角三角形。答案如图 1 和图 2 所示。标记为 C 的四部分被看作一部分，原因是它们是"由一条直线连接在一起"。但是，谜题爱好者都不会认同这个说法。因为如果这样分割，实际上分成了四部分，而题目要求分割成三部分，因此这并非正确答案。

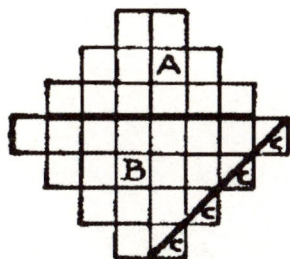

图1

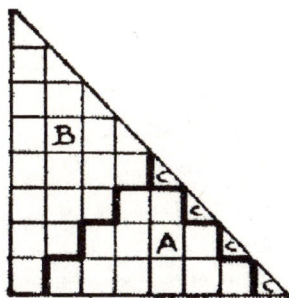

图2

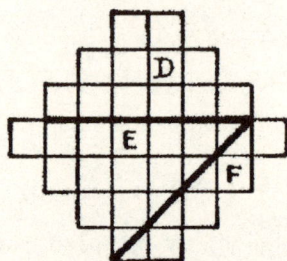

图3

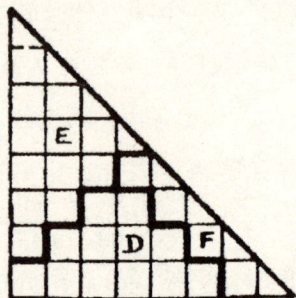

图4

　　然而，如果我们的读者仔细观察如图3和图4所示的答案，就看不到类似上述的错误。不管怎样，这里分成了三部分，在这一点上此答案符合题意。但是却出现了另一个问题。可以看出，图3中标记为F的那部分在图4中翻转过来了，也就是说，在重新组合的时候，我们必须用到它的另一面。如果题目要求我们切割的是纸板或者木板，翻转过来是可以的；但如果要求切割图案，材料是文饰或纺织品，那么材料就是不可以翻转的。但是一般情况下，我们理解的材料都是可以翻转的，除非题目中明确指出你不可以翻转。经常有这种情况，一道题在添加一个附加条件"材料不能翻转"后难度加大。我也常常这样出题。在给出一系列的切割谜题（有些容易，有些难）前，我提议先考虑这样一组谜题——与希腊十字架和正方形有关的谜题。我将给出大量的奇妙的转换。看到这些解答，读者能够省去很多翻看本书后面答案的麻烦。我希望通过这种方法，能使得这篇文章对新手有指导意义，对其他人也有吸引力。

希腊十字架谜题

　　用欺骗和隐瞒来烦扰你的灵魂。

——斯宾塞

人们大多习惯把十字架当成整个基督教徒的象征。这是错误的。十字架的历史非常久远。古老的埃及人把十字架当成一个神圣的象征，而在希腊的雕塑品上，我们可以看到有着十字架的蛋糕。在赫库兰尼姆，我们就发现了两块这样的蛋糕。赛科洛普斯给了木星·奥林巴斯一块神圣的蛋糕。在埃及的图像上频繁出现的十字架和球，多为圆形和 T（tau，希腊语的第19 个字母）形十字架。圆象征着永远地拥有世界，以希腊字母"tau"的开头命名的字母 T，是透特（埃及神话的月神）的字母组合，象征着智慧。T 形十字架也被基督教徒称为圣·安东尼十字架，是埃克塞特主教的宫殿的象征。至于希腊或普通的十字架，即为有四只同等大小的分枝的十字架。古老的研究告诉我们，几千年前古老的神学者认为它是自然的双重力量的一种象征。也就是说，男性和女性的精神是永恒的。

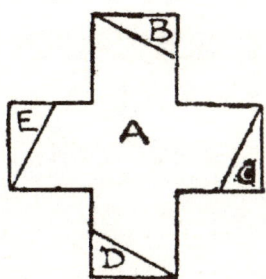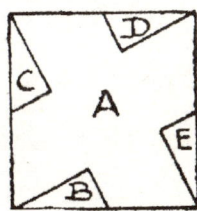

图5　　　　　　图6　　　　　　图7

如图 5 所示，希腊十字架由 5 个相等的正方形放在一起组合形成。我们将以大家都知道的印度人的谜题开始，这个谜题已经有三千多年的历史了。它出现在哈佛大学的印章上，并且常常出现在那些古老的著作上，作为数学科学和精确态度的一种象征。这个谜题为：把一个十字架分成五部分，然后组成一个正方形。图 6 和图 7 显示的是完成此题的方法。直到 19世纪，人们才知道十字架转化为正方形只需要分成四部分。若我们进一步要求这四个部分的大小和形状都相同，该怎么办呢？图8和图9告诉我们答案。

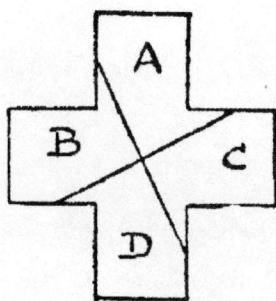

图8

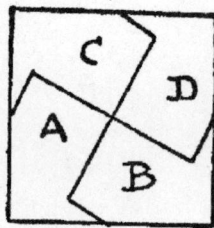

图9

图9很不同寻常，在乐·普隆基教授和其他一些人的基础上，史密森学会的威尔逊教授在其一本著作中对此做了详细的讲解。这个象征着"祝你好运"的万字饰是人类历史上有记录的最古老的标志。威尔逊教授的著作里给出了400多种对这个十字架的说明。大家很有可能会发现希腊十字架和万字饰真的很相似！然而，如果我们要求只用两刀把十字架分成能构成正方形的4部分（假设十字架是用纸做的），那么我们只能按照图10给出的方法进行切割，且按照图11的方法进行组合。第一次切割的方向为从 a 到 b。当然，第一次切割后，我们肯定不能把纸折叠起来，或者把两部分叠在一起。把这个十字架分割成四部分，使得这四部分组成一个正方形，这样做有无数的方法。

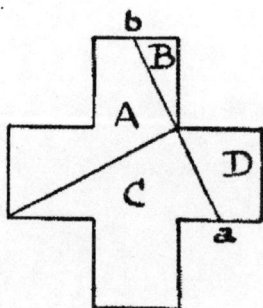

图10

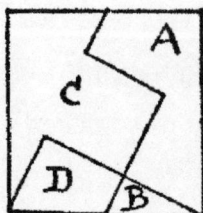

图11

我们可以发现，这些谜题都有逆谜题，即：把一个正方形分成几部分组成一个希腊十字架。但是，由于正方形没有十字架那么多角，所以，在切割的时候不太容易找到方向。在我给出的例子中，我将让读者自己去决定切割的方向，因为它们真的很容易从图上看出来。把一个正方形分成五部分，使它们形成两个不同大小的希腊十字架。这是一个非常容易的谜题。如图 12 所示，我们只需要把正方形分成 25 个小正方形，然后按照图中的方向进行切割。十字架 A 是完整的，B、C、D 和 E 组成如图 13 所示的较大的十字架。

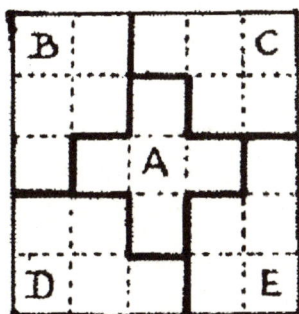

图12

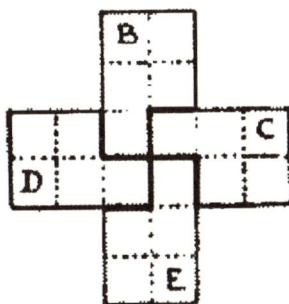

图13

　　把一个正方形分成五部分，使得它们组成两个同样大小的单独的希腊十字架。这个谜题稍微复杂一点。我们可以按照图 14 给出的方法进行切割，这里十字架 A 是完整的，另外的四部分如图 15 组成一个十字架。切割的方向很容易看出来。可以看出图 14 中的正方形的边长分成了六等份。

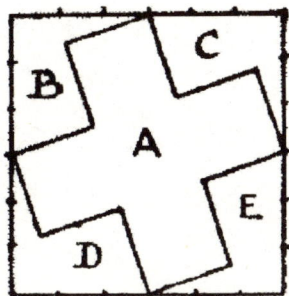

图14

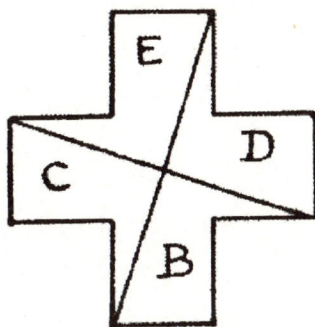

图15

现在，我将解释一下，为什么一个希腊十字架分成四部分形成一个正方形有无数多种方法。如图16所示，画一个十字架，然后在透明的纸上画一个如图17所示的正方形，注意 C、D 间的距离与 A、B 间的距离是相等的。现在，把透明的纸放在十字架上，移动这张纸到不同的位置，只需小心保持正方形与十字架在同一角度上，这里 AB 平行于 CD。如果你把 C 点放在虚线正方形的正中心，给出的答案如图8和图9所示，你将可以看出，通过移动正方形，使得 C 点总是在虚线正方形内，你就可以得到无数个不同的答案。因为理论上正方形里有无数个点，所以，一定存在无数个不同的答案。例如，C 点可以放在 E 点的位置。但是，如果你穿过了 AF 这条边，那么就没有答案了。这个证明很有意思，也很有指导意义。

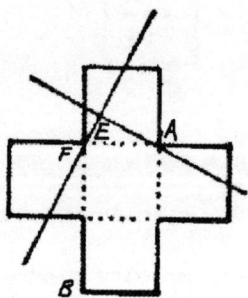

图16

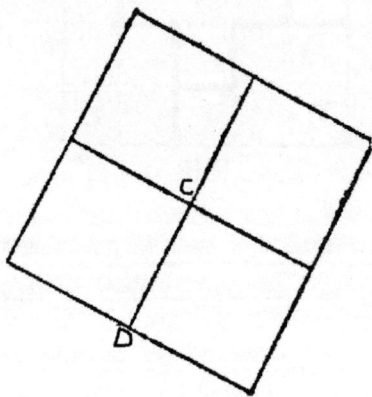

图17

从这些谜题的答案中，我们可以注意到，由十字架转化的正方形的边长总是等于图16中 A 到 B 的距离。这一点一定是这样的，下面我将把这一点说得更清楚明白。现在我们将进一步来探讨。我已经说过，切割谜题的最佳答案总是分割成最可能少的部分。我们刚刚看到，一个正方形分割成五部分可能组成相同大小的两个十字架。有些成功地解答了这个谜题的读者可能会问自己："它能分割成更少的部分吗？"这正是真正的难题爱好者孜孜追求的问题，也是他对待难题的正确态度。这个问题的答案是可以只分成四部分，而且这是分成的最可能少的部分。这就形成一个新谜题：

把一个正方形分成 4 部分，使之形成两个相同大小的希腊十字架。

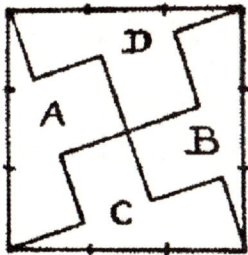
图18

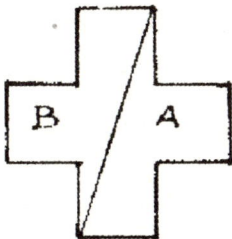
图19

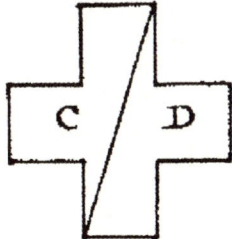
图20

答案非常漂亮。如图 18 所示，如果你通过这些点把正方形的边长等分成三份，并沿着这些只是切割方向的直线进行分割，那么 A 和 B 两部分将形成图 19 中的十字架，C 和 D 两部分将形成图 20 中的十字架。在这个正方形里，我们就有万字饰的另一种形式。读者朋友们，你们现在相信我说的话是真的了吧。把一个十字架转化为一个正方形确实要比把一个正方形转化为一个十字架更容易确定方向。如，在图 6、图 8 和图 10 中的方向比图 14 和图 18 中的明显很多。假设要求你把两个相同的希腊十字架，每个分成两份，然后组成一个正方形，该怎么办呢？图 19 和图 20 将表明：这道题比它的逆向谜题——把一个正方形分割成两个相同的十字架容易很多。关于我说到的"错误"，我现在将给出一个小小的例子来表明这些"答案"并不是正确的答案。几年前，一个年轻的记者告诉我，他有一个聪明的新发现：把一个正方形沿着平行于它边长的直线进行切割，分割后的四部分可组合成一个希腊十字架，如图 21 和图 22 所示。但是可以看出，这四部分并不能形成一个对称的希腊十字架，因为它的四只手臂并不是正方形而是长方形。为了使它成为一个真正的希腊十字架，我们应该再添上图中的虚线部分。当然，他的答案的确得到了一个十字架，但不是题目中要求的对称的希腊十字架。我那年轻的朋友认为他的答案"接近"正确。但是，如果他用一个 6 便士的硬币买了 1 便士的苹果，但老板只找给他 4 便士的零钱，他肯定不会认为这"接近"他应得的找零。

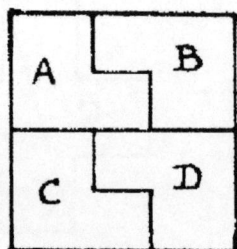

图21

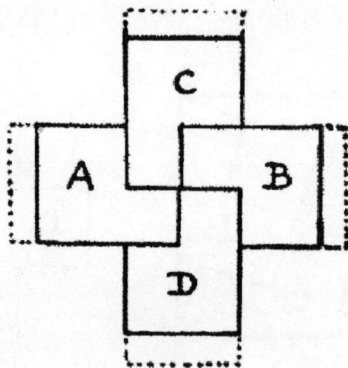

图22

在这些切割谜题中，我们不仅需要尽可能准确地找到切割方向，还需要记住切割的线是不计宽度的。如果在切割完一个十字架之后，你发现这些部分并不能完美地形成一个正方形，可以肯定这错误完全在你。也许是你的十字架没画精确，或者是你切割的方向不正确，或者是你的锯不太好。如果，你用剪刀裁剪纸，用小刀裁剪硬纸板，那么，不会缺失任何材料。但是，如果你使用锯，不管这锯有多好，总会有些材料缺失。大部分的题目中，如果谜题是切割大面积的东西，一点点缺失不足以影响答案。但我发现，如果每部分单独进行切割——不是从一个整块上进行分割——得到的答案会比较完美。

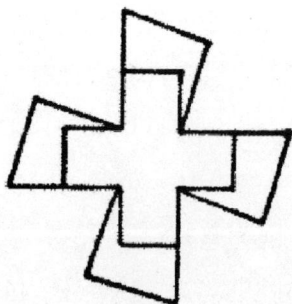

图23

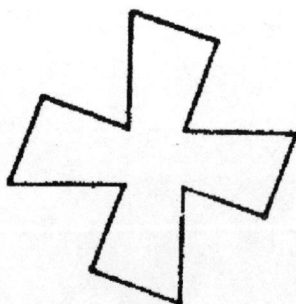

图24

现在开始讨论另一个谜题。如果你按照图 14 的方法将一个正方形分割成五部分，你将发现这五部分放在一起可以形成如图 23 所示的奇怪的十字架。那么，如果我要求你把图 24 分成五部分来形成一个正方形，或者是两个相同的希腊十字架，你应该知道该怎么做了。你可以按照图 23 的方法进行切割，然后按照图 14 和图 15 的方法进行组合。但是，我想要更好的结果：把图 24 分成四部分，使得它们形成一个正方形。

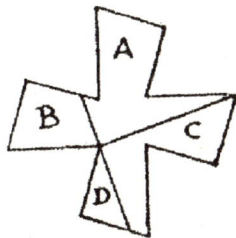

图25

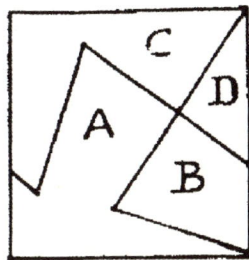

图26

这个谜题的答案如图 25 和图 26 所示。切割 A 和 C 的方向很明显，切割 B 和 D 的方向与之前的方向垂直。这样，四部分组合在一起就形成了一个正方形，这将让初学者惊讶不已。现在我将解释决定正方形大小和希腊十字架面积相同的原因，因为它对于我们碰到的每个切割谜题都是适用和必须的。它最先由逝世于公元前 500 年的哲学家毕达哥拉斯发现，而且成了欧几里得的第 47 个命题。对几何学一点都不了解的年轻读者可以从中了解到一些这门学科引人入胜的特点。图 27 中的 △ABC 是一个直角三角形，边 AB 垂直于 BC。现在，如果我们在三角形的每一边建立一个正方形，那么，AB 边上的正方形的面积加上 BC 边上的正方形的面积将正好等于 AC 边（称为斜边）上正方形的面积。这可以通过把三条边上的正方形分成同等大小的正方形进行验证。

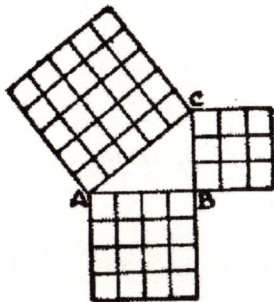

图27

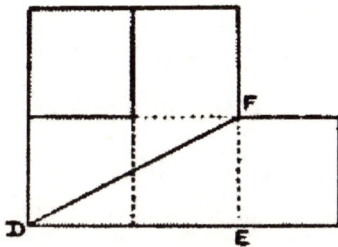

图28

可以看出 9 加 16 等于 25，即为最大的正方形中小正方形的数目。如果你使得直角三角形的三边分别为 5、12 和 13，或者 8、15 和 17，你将得到类似的算术证明，因为这些都是"有理"直角三角形，不过这个规则对所有的情况都适用。假设我们把十字架最下面的那条手臂切掉，且把它放在左上角，如图 28 所示，则 *EF* 的平方加上 *DE* 的平方将恰好等于 *DF* 的平方。因此，我们知道，*DF* 的平方和十字架的面积一样大。这个事实我们实际上在前面的题目中已经给出了证明。无论 *DE* 和 *EF* 的长为多少，我们都不能用数字表示出 *DF* 的精确长度，因为这个三角形不是"有理"三角形。但是这个规则在几何上还是正确的。

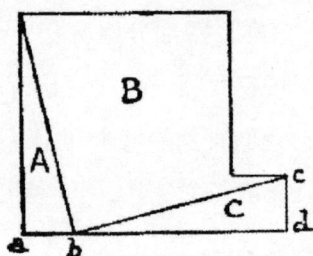

图29

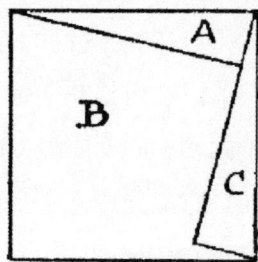

图30

现在请看图 29，你将可以看到一个把两块正方形木头（边长为任意比值）分成 3 部分形成一个正方形的简单方法。如果你使 *ab* 的长度等于 *cd* 的长度，那么只需沿着图中所示直线切割即可。只要我们足够仔细，马上就可以看出为什么新正方形的边长是 *bc*。不管你试验多少次，取什么样的比值，你会发现这个规则总是成立的。如果你让两个正方形同等大小，那么，你将看到这个正方形的对角线总是新正方形的边长，且新正方形是原来正方形面积的 2 倍。所有这些，我们大家都很容易理解，这也是解答切割谜题所必需的。事实上，大部分谜题的答案很漂亮，但是遗憾的是，并不是所有的人都熟悉这些知识。

现在我们将进一步研究等腰直角三角形。取一个正方形，并沿对角线分开。现在试着找出怎么把这个三角形分成四部分使得它们形成一个正方形。这个答案如图31和图32所示。这种情况下，可以看出，我们把三角形的两条直角边等分成三份，把斜边等分成四份，然后切割的方向就很容易找到了。这也是一个漂亮的谜题，比之前我所给出的谜题要稍微难一点。我们应该注意到它的逆谜题，也就是把一个十字架分成几部分形成一个等腰直角三角形，要容易很多。

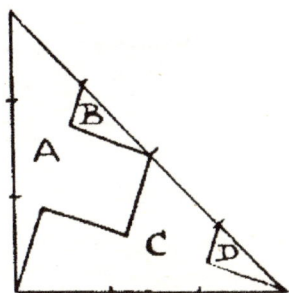

图31

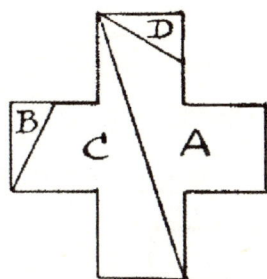

图32

如果可能的话，任何一个出题者都想让他的谜题只有一个正确答案。因此，在第一个谜题当中，如果我们只要求把一个希腊十字架分成四部分使得它们形成一个正方形，正如我已经讲到的，这个题有无数个答案。如果在题中加上"所有的四部分必须大小相等、形状相同"这一个条件，那么这个谜题将变得更好，因为它只有一个正确答案，如图8和图9所示。用添加一个条件这种方法会使得题目更有趣。让我们举一个例子。我们已经在图28中看到图33能分割成两部分，从而形成一个希腊十字架。我完全相信，一个聪明的小孩在5分钟之内就能把这道题做出来。如果现在问读者"把正方形的一半分成尽可能少的部分，并能重新组成一个希腊十字架"，他将可能得到如图31和图32所示的答案，并自信地说他正确地解答了这道谜题。但他是错误的，因为题中并没有说这半个正方形是沿着对角线分开的。尽管我们总是仔细地阅读谜题的条件，但我们决不能凭推断添加一些题目中并没有出现的条件。许多难题正是这样给读者埋下了陷阱。解答一道难题首要具备的就是确定自己准确理解了题目中给出的条件。现

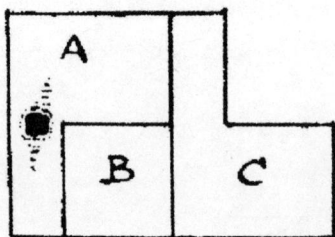

图33

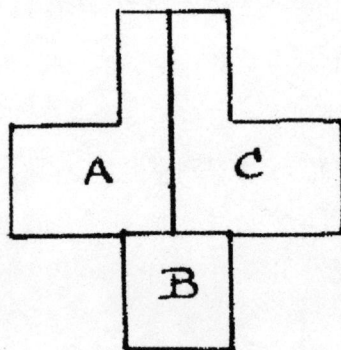

图34

在，如果你把正方形分成如图 35 所示的一半，那么我们只需要把它分成三份，就可形成一个希腊十字架。因此，我们可以少分一部分。

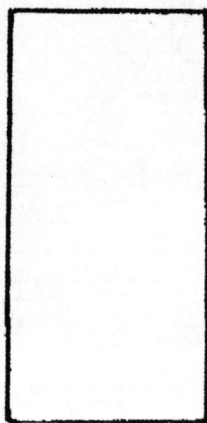

图35

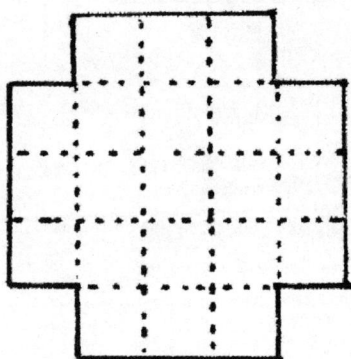

图36

在图 36 中，我将给出另一个谜题。添加虚线仅仅是为了表明图形的正确比例——一个有着 25 个小正方形的正方形，但四个角的小正方形被切去了。谜题是把这个图形分成五部分，并把它们组成一个希腊十字架（完整）和一个正方形。上面提到的——把一个半正方形形状的矩形分成三部分，使得它们形成一个希腊十字架（答案如图 37 和图 38 所示）——可以看出，我们把矩形的长边六等分，短边三等分，然后就找到了切割的方向。读者拿这个答案和之前的解释进行对比，就会发现：如果继续沿着 *bc* 分割，我们将得到图 15。

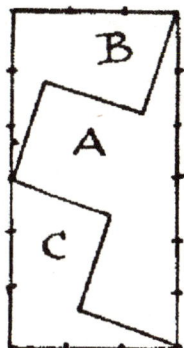

图37

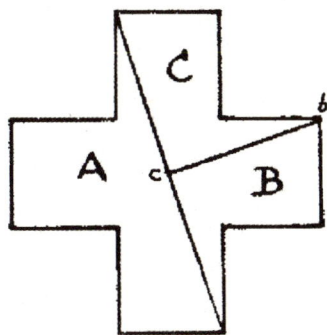

图38

另一个谜题，正如图 12 和图 13 显示的那样，表明有时候一点点算术的知识对切割谜题有多么大的帮助。我们将图形分成了 21 个小正方形，我们要用这些小正方形组成一个正方形和一个希腊十字架。由于十字架是由 5 个正方形组成的，而剩下的 16 正好是一个平方数，我们应该很容易得到如图 39 所示的答案了。可以看出，十字架是完整的，另外四部分如图 40 所示形成一个正方形。

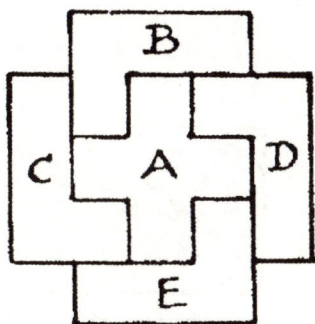

图39

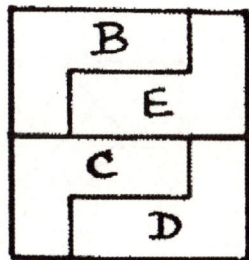

图40

当然，一个半正方形的矩形其实和两个正方形一样，也可认为是两个相同的正方形连接在一起。因此，如果你想解答把一个希腊十字架分成四部分，使得它们形成两个单独的相同大小的正方形这个谜题，你要做的就是沿着图 38 中的那根短线，继续切割，使得这个图形分成四个大小和形状都相同的部分。即：把图 37 通过从中间水平切割分成相等的两个正方形，你便可以看到这四部分形成了两个正方形。

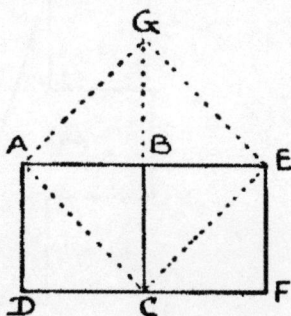

图41

把一个希腊十字架分成五部分，使得它们形成两个单独的正方形，其中一个正方形的面积是十字架中一只手臂面积的一半。如图41，如果相同大小的两个正方形 *ABCD* 和 *BCFE* 沿着给出的虚线进行分割，这四部分将形成一个更大的正方形 *AGEC*。然后我们可以看出对角线 *AC* 是大正方形的边长，且大正方形的面积是正方形 *ABCD* 的 2 倍。显然，任何正方形的对角线的一半等于该正方形面积一半的正方形的边长。因此，如果大正方形是十字架的一只手臂，小正方形则是题目中所要求的一个正方形的大小。

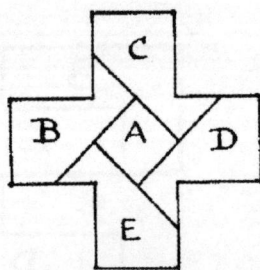

图42

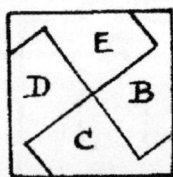

图43

答案如图 42 和图 43 所示。可以看出这个小正方形是完整的，大正方形由 B、C、D 和 E 四部分组成。读者很容易就可以看出小正方形 A 是十字架一只手臂大小的一半，因为前者的对角线的长度和后者边长相同。其实任何谜题都是如此，只要我们认真思考，最终都能迎刃而解。最后，我将给出 4 个希腊十字架谜题作为对这一特殊内容的总结，并附上答案。

151. 丝绸被子

威尔金森家里的女士们做了一床简单的被子，作为一个小小的圣诞礼物送给家人。这床被子全由大小相同的小正方形块组成，如图所示。现在，它只是缺少4个角。某人指出，如果把中间的希腊十字架拆开，然后沿着黑色的针线切开，这样分成的4部分有着相同的大小和形状，它们组合在一起会形成一个正方形。读者从图中就可以看出这个很容易完成。但是，乔治·威尔金森突然间给她们出了一个难题。他说："如果不把整个十字架取出来，也不用那4部分组成一个正方形，你能切出一个完整的正方形与大小形状相同的4部分，并使它们组成一个完美的希腊十字架吗？"当然，有了前文的铺垫，现在这个题目变得容易多了。

152. 一个十字架变成两个十字架

把一个希腊十字架分成5部分，使之组成2个十字架，且这两个十字架的大小相同。这道题的答案将非常漂亮。

153. 十字架和三角形

把一个希腊十字架分成6部分，使之组成一个等边三角形。这是另一个很难的谜题，我想说如果之前没有了解如何把等边三角形转化成正方形的知识的话，那就很难解答出这道题。

154. 折叠的十字架

剪一个希腊十字架，折叠一下后，用剪刀沿着垂直的两条线剪裁出四部分，使它们形成一个正方形。

各种各样的分割谜题

下面，我们将考虑各种各样的小面积切割谜题，它们的难易程度不同。

155. 简单的切割谜题

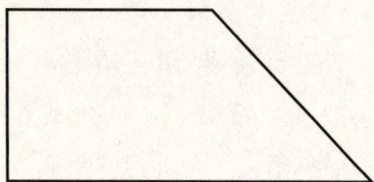

首先，把一张纸或一块纸板切成如图所示的形状。我们马上可以看出，这部分是由一个正方形和另一个相同的正方形沿对角线分割的一半组成。谜题是把它分成大小和形状都恰好相同的 4 部分。

156. 瑞士国旗与正方形

佳丽小姐会玩一种很漂亮的把戏。其巧妙之处可以与贝蒂一刀剪成一个五角星相媲美。当她的父亲问她对瑞士海军的旗帜有没有好建议时，佳丽小姐捡起一块红色墙纸的边角料，并熟练地将它剪成了两片。这两片被剪开的剩料拼起来，

刚好形成了一个有着白色十字的瑞士国旗的图案，如她左手所示。你知道她是怎么裁剪吗？

157. 一个简单的正方形谜题

取一块长是宽 2 倍的长方形纸板，沿着它的对角线把它分成两部分，如图所示。谜题是把 5 个这样

的大小相等的三角形组合成一个正方形。其中一个三角形可以分成两部分，其余的三角形必须保持完整。

158. 饼的谜题

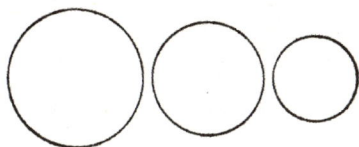

这3个圆代表3个饼，3个饼的直径正好构成一个直角三角形，题目要求我们将这些饼平均分给大卫、埃德、弗莱德、哈利这4个男孩。这些饼的厚度相同，并且分给每个人的包子的厚度也都相同。当然，饼分成的部分必须尽可能的少。为了简化这个谜题，我要陈述一个令人惊讶的事实，这些饼只需分成五部分，一个男孩将会得到其中的两部分，其他3个男孩各得一份。

159. 红十字护士小姐的问题

图中这名忧郁的伤兵，在红十字护士小姐的看护下，很快就恢复了健康。他请求护士把手臂上的红十字送给他做纪念。于是，好心的护士拿剪刀把臂上的红十字套袖剪成了几片，并把它们拼成了两个大小相等的红十字，她把其中一个送给了伤兵。请问她是怎么做到的？

160. 印度花

如图所示，这是趣题中十分著名的印度花问题。僧人将种子搁在帽子里，很快，帽子里就开出了一朵美丽的花，然后，他会叫你用这7张纸片拼成一个十字架。

你知道该如何拼吗？

161.巧克力正方形

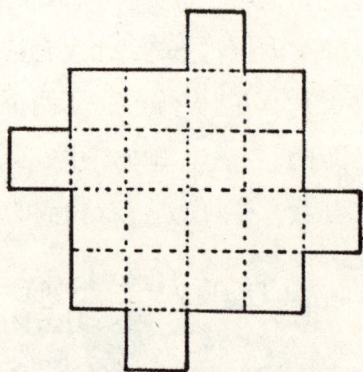

这是一块巧克力片，沿着这些虚线进行切割，很容易就能把它分成20个正方形。在纸或纸板上画出这个巧克力片，然后把它们分成九部分，使之形成四个大小完全相等的正方形。

162.轿子问题

THE SEDAN CHAIR PUZZLE.

有人说坐轿子很舒服，也很便捷。可是轿子在下雨时需要关起门来，而且不能留有任何缝隙。我想了一道关于轿子的趣味题。你可以把图中的轿子剪成几部分，然后将它们拼在一起，构成一个方形吗？请问，做到这点最少需要把轿子剪成几个部分？

163.切大饼

"寄宿人员保护协会"的员工发现奥弗莱太太家的厨子把饼分的块数太多了，这与内部细则的第五条相悖："……饼只能用直线切6刀。"代表们因此提议寄宿人员罢工以争取恢复待遇。实际上，饼被分得大小不同已经是房东太太们的惯例，她们把带馅的厚点的部分分给及时交租的房客，而其他人只能享用那些边边角角。为了表示感谢，房东太太把中间带馅的部分分给了年轻的医生，因为他对房东生病的女儿照顾得无微不至。

今天，我们不是要借助分饼问题讨论什么道德，我们只是想用幼儿园娃娃们都能听懂的语言来解释欧几里得的数学术语："每两条线都相交，并且交点不能重合。"

那么，读者们，如果用刀子以直线切 6 次，要求每两刀都相交，而且每两条线的交点不能重合的话，最多能把大饼切成多少块？

164. 红十字志愿军

这儿有一个有趣的剪裁趣题，据说是一个志愿者姑娘想出来的。可以肯定地说，这个心灵手巧的姑娘一定是那个一剪刀就能剪出五角星的贝蒂罗斯的直系后裔。在给护士们做臂章的时候，为了节约为数不多的红色法兰绒，姑娘们要把一块正方形的布料剪成 5 片，然后拼成两个同样大

小的希腊十字架，要求不能浪费一点布料。你知道怎么做吗？

165. 小木匠

图上的两个小木匠想用桌面给狗舍做一扇门，他们最少需要把桌面锯成多少块才能达到目的？

166. 分割主教法冠

图中显示的主教法冠很让木匠困惑。可以看出：这个图形为切去了 $\frac{1}{4}$ 部分的正方形。谜题是把这个图形分成五部分，使之组合在一起

形成一个完整的正方形。我曾尝试着以"步骤原理"为基础把它分成四部分，使得它们组合在一起形成一个完整的正方形，但后来证明这是不可行的。

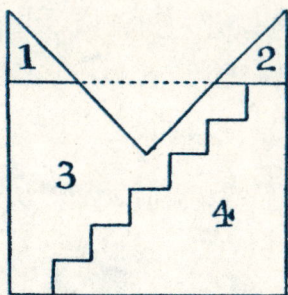

首先，我们切掉第 1 和第 2 部分，并把它们放在虚线标记的三角形中，从而形成一个长方形。到目前为止，一切都没有问题。现在，我们采用旧的步骤原理，如图所示，把第 4 部分往下移动一步，形成所需要的正方形。但是，不幸的是，它不会形成一个正方形，而是一个长方形。我们假设主教法冠的三条长边都是 84 英寸。那么，在分割之前，它是一个 84 英寸 $\times$ 63 英寸的长方形，每一个阶梯的高为 $10\frac{1}{7}$ 英寸，宽为 12 英寸。因此，往下移一步，长度为 84 英寸的那条边就减少 12 英寸，长度为 63 英

寸的那条边就增加 $10\frac{1}{7}$ 英寸。因此，最终我们得到一个 $72 \times 73\frac{1}{3}$ 的长方形，很显然这不是一个正方形！事实上，这个步骤原理只适用于长和宽具有特定关系的长方形。例如，在这个例子中，如果较短的边长为 $61\frac{1}{3}$ 英寸（而不是 63 英寸），这个方法就适用。因为每个阶梯的高为 $10\frac{1}{3}$ 英寸，宽为 12 英寸，因此，$61\frac{1}{3} \times 84 = 72 \times 72$。到目前为止，还不存在分割为四部分的解决方法，我也不相信有这种可能。

167. 分割正方形

如图所示：（1）用最简单的方法把一个大正方形分成 6 个小正方形。大小不必相等。（2）还是下面的图，你能看出总统乔治·华盛顿的头像在哪里吗？

168. 四棵橡树之争

如图：一块正方形的土地上有四棵古老的橡树，树之间的距离相等，从地的中心到土地其中的一边，排成一排。这块土地是开荒者留给4个儿子的，要求他们把它分成4块，每一块地的形状和大小都要完全相同，并且每一块地上都必须有一棵橡树。你能找出分土地的方法吗？

169. 工匠的难题

我经常有机会来评论那些有着实用价值的谜题，它们都是从生活里的平常小事中得来的。

如图所示，工匠想要把这块木材分割成尽可能少的部分，使得它们组合在一起形成一个正方形桌面，却不浪费任何材料。他应该怎么做？他需要把它分成几个部分呢？

170. 拼正方形之一

哈里正要向他的朋友们解说一道精巧的集合分割趣题，但他被自命不凡的亚力克无礼地打断了。亚力克认为这不过是趣题爱好者们所熟悉的古老的僧帽趣题。这道趣题要求大家找一种方法把一张纸分成形状和大小完全相同的四块。亚力克吵吵嚷嚷地要向在场的每个人讲解这道趣题。就在这时，哈里果断地打断了他："我的这道题是要把这张纸分成尽可能少的块数，再拼成一个正方形。我忘记了答案，但这里碰巧有一位朋友自告奋勇地要求讲解，那就请吧。"

171. 另一个工匠的谜题

一个工匠有两块木板，大小和形状如图所示。他希望把它们分割成尽可能少的几部分，使得它们组合在一起可以形成一个完整的正方形桌面，并且不能浪费材料。他应该怎样做呢？这里没必要进行测量，因为较小的那一块木板（正方形的一半）再大一点或者再小一点都不会影响解题的方法。

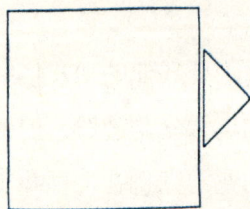

172. 枷锁谜题

拿出一张正方形纸片，然后将其剪成两部分，要在不能有任何损耗的情况下，确保这两部分能拼成一个和图中囚犯所戴的枷锁形状相同的图形。要求纸片上有一对

铐手的正方形开口和一个固定头部的开口。

173. 所罗门的印记之谜

如图所示：国王想知道所罗门王的印记包含多少个正三角形，读者们，你们能帮他数出来吗？

174. 姜饼问题

姜饼常常被做成各种奇怪的形状，而且常常被分成多个正方形

小块出售，每块一分钱。图中就有这么一块姜饼，老板娘指着一块已经划分成许多小块的大姜饼对孩子们说："你们能不能把这块姜饼切成两块，然后拼出一个8×8的正方形？要求是只能沿着线切割。如果你们能做到，我就把它白送给你们了。"和所有聪明的小朋友一样，孩子们最终赢得了姜饼。你知道小朋友是怎么做到的吗？

175. 奶酪问题

一道好的趣味题可能是由我们所碰到的一些小事，或是偶尔看到的生活现象所引发的。日常生活中一些奇特的事情使得我们有点迷惑，于是自然出现这样的想法："如果一件事情在没有被刻意赋予难度时，就以这种偶然的形式令我产生困惑，那么怎么样才能把它转换成真正的趣味题，而且增加其难度呢？"一定要轻松地提出问题并作答，所以要用简洁的语言来解释题目的要求，同时把它真正的难点以某种方式隐藏起来。下面我们就来看一道这样的趣题。

按图上的直线把奶酪切6刀，最多能得到多少块奶酪？

176. 切割谜题

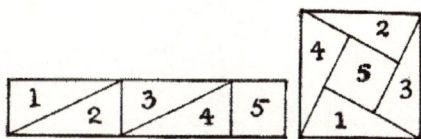

这是一个小小的切割难题，我取了一张纸带，测量出一个5英寸×1英寸的长方形。如图所示，我把这个长方形分成五部分，然后将它们组合在一起形成一个正方形。现在，一个相当有趣的谜题是：我们如何把它分成4部分，然后组成一个正方形。

177. 哈逊夫人的地毯

哈逊夫人的儿子在玩火时发生了意外，烧坏了一块漂亮地毯的两个角，烧毁的部分已经被切掉了，它现在的形状和大小如图所示。哈逊夫人如何将这个小地毯分割成尽可能少的部分使得它们形成一个完整的正方形呢？这个地毯的大小为 36×27（不管是英寸还是码），切掉的两个角落都为 12×6 的三角形。

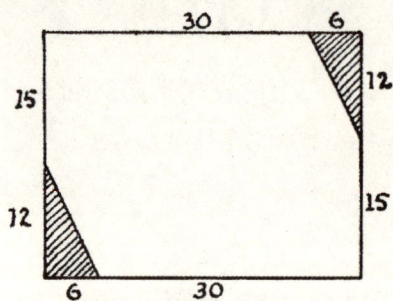

178. 拼正方形之二

将上图的十字图剪成四个部分，然后拼成一个正方形。

179. 拼正方形之三

有这样一道经典趣题：一个木匠需要堵一个正方形的洞，他把一块 9 乘以 16 的木板锯成了两块，拼成一个正方形。木匠的故事给了我很大启发。我发现，任何长宽比例的长方形都可以通过下面的方式拼成一个正方形：从底部开始把矩形划分成若干个方格，顶边空出一格，这样长就比宽高一些，沿着粗线将两块木板锯开之后，两块木板恰好能够拼接。解决木匠拼正方形的问题时，我们就已经知道，必须将长方形分割成小方格，长比高多一个方格，然后向上移动一个格，如此，就能够再拼出一个完美的正方形了。

180. 拼菱形

年轻的读者朋友们，你们会欣喜地发现：这一道题可以让你们在任何场合快乐地打发一两小时无聊的时光。你们所需要的仅仅是一把剪子和剪成下图形状的平行四边形和矩形的纸片。

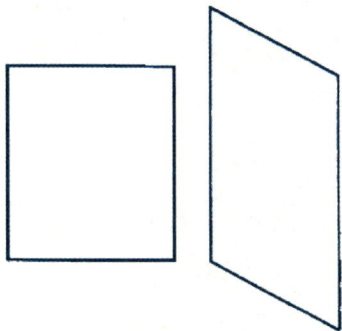

问题是这样的：把纸片剪裁成面积相等的两部分，再把两部分拼成一个菱形。如果上图中的平行四边形和矩形面积相等，那么，拼出来的菱形面积也相等。如果要求你只通过剪裁来证明两个图形的面积相等，那将是一道难度更高的题目了。当然，你不能浪费纸张，拼成的菱形要和之前的图形面积相等。

181. 正五边形和正方形

我想知道，如果我突然要求那些从来没有关注过几何图形的读者画一个正五边形，或者五边形，究竟有多少读者能够画得出。画一个正六边形或六边形是非常容易的。我们每个人都知道，只需要画一个圆，然后把这个半径作为六边形的边长，围绕着圆周标出这六个点。但是画五边形却是另外一回事。我的谜题是分割一个正五边形。也许我应该先告诉那些没有经验的读者如何来正确画出这个图形。画一个圆，并在圆内画两条互相垂直平分的直线 HB 和 DG，我们找到 C 和 B 的中点 A，以 A 为原点，AD 为半径画圆弧，交 BH 于 E 点。以 D 为原点，DE 为半径画圆弧，交圆周于 F 点，DF 就是正五边形的边长，沿着这个边长，我们很容易画出其他的边。当你知道怎么做时，你会觉得非常简单；否则，你会觉得有点难。

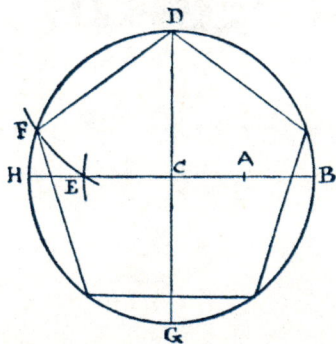

画好了你的正五边形之后，问题就是把它分割成尽可能少的部分，然后把它们组合在一起，使得它们形成一个完美的正方形。

182. 波比小姐的羊圈

在探讨如何将长方形转为正方形的问题时，让我们来讲一讲波比小姐的亲身经历。据说，帮波比小姐修羊圈的木匠发现：修建一个正方形的羊圈比修建一个长方形的羊圈要少用两根桩子。他说："不管修成什么形状，所能围起来的羊都是同样多的。不过，正方形羊圈里的每根柱子上都可以栓一只羊。"

那么，羊群里至少有多少只羊呢？

183. 分割三角形

上图中的绅士跟他朋友说了一个很好的谜题，他从一张纸中剪出了一个等边三角形——也就是说，三角形的三条边都相等。他提出按某种方式将这个三角形分割成五部分，使之组合在一起能够形成两个或者三个较小的等边三角形，每种情况下都要用到所有的材料，你知道怎样分割吗？记住，当你把三角形分成五部分后，把它们放在一起还是能够形成原来的三角形，或形成两个三角形，或者三个三角形，这些三角形都是等边三角形。

184. 桌面和凳子

我常常发表一些最古老的并且最广为人知的难题的答案，这些难题原先的答案要么是错误的，要么

086

是不完整的。我打算研究这个古老的桌面和凳子难题，我的读者很可能在某些童年娱乐书籍中读到过它。

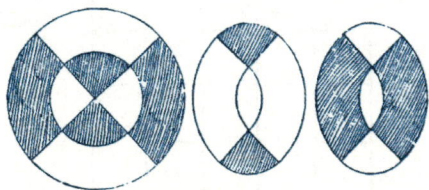

这个故事讲述了一个节俭的、善于发明创造的校长，他想把一个没什么用途的圆形桌面改成两个椭圆形凳子，每个凳子的中央都有一个孔，他要求木匠按照图中的方式分割桌面，然后把这8个部分组合在一起。他别出心裁的行为让我们印象深刻，他把这个谜题带到了几何班上作为分割谜题的学习。但是这个故事的剩余部分没有公布，据说这是学校校长的特点，他不会承认他们的错误。我是从对这个谜题最感兴趣的一个颇具独创意识的男孩的子孙那里知道这个信息的。这个聪明的年轻人谦虚地向这个校长提建议，他认为这个孔太大了，小男孩可能会从中间掉下去。他提出了能够克服这个缺陷的一种

分割方式。因为"鲁莽"，他受到了严厉的惩罚。后来他开始相信，凳子中的孔越大，凳子坐起来就越舒服。

这个男孩提出了什么方法呢？

你能说明如何把这个圆桌面分成8部分，使之组合在一起形成两个椭圆形凳子（两个凳子的大小和形状完全相同），每个都有类似的孔，并且孔比上图中的小，当然，必须使用所有的木板。

185. 单子符号

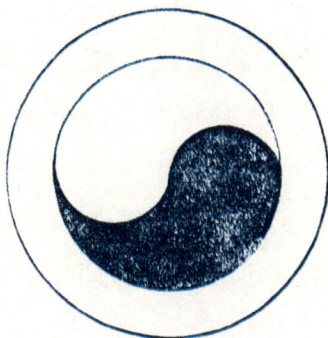

这是一个值得关注的绝妙的古物符号，它经常出现在商人的旗子上，北太平洋铁路公司一直把它作为一个贸易标志，如图所示。圆的两部分，分别称为阴和阳，象征男性与女性自然的力量。我相信，对

于老年人来说，这个标志具有神秘感，对于学生来说，这个可能有数学意义。关于这个伟大的符号，这里有三个简单的谜题：（1）里面那个包含阴和阳的圆和外面的环，哪个的面积大一些？（2）通过裁剪一次，把阴和阳分成大小和形状都相同的四个部分。（3）通过一次笔直地裁剪，将阴和阳分成大小相等，但是形状不相同的四个部分。

186. 正方形木板

下图是我所拥有的一块木板，它是边长为 5 英寸的正方形。图中的直线将它分成了 25 个正方形。我想找到一种分割方式，将这块木头分成尽可能少的部分，然后把它们组合在一起，使得它们形成两个不同大小的完美正方形，且给出每个正方形的大小。但是，不幸的是，正方形内的 16 个交叉点上被钉了钉子。如果锯碰到了其中的钉子，那么，这个锯就会损坏。因此我找了另外一种方法来完成这个分割工作，割线不会经过 16 个点中的任何一个，我们该怎样做呢？记

住，必须给出这两个正方形确切的大小。

187. 两个马蹄铁

没有人明白为什么马蹄铁代表"好运"。这是一种非常古老的迷信，约翰先生说："伦敦西区的大多数房子的门槛上都有一个马蹄铁。"1813 年，在蒙默思郡街上有 17 块马蹄铁，而 1855 年只有 7 块。纳尔逊勋爵甚至把一块马蹄铁钉在"胜利号"的船桅上。当我们骑马时，看到马蹄铁牢固地钉在马掌上，我们认为这是好运。然而，到目前为止，正如十字架和其他符号那样，马蹄铁作为人类健康、成功和声誉的象征，也许得到我们的敬仰。此外，难道会有一些神秘的或者是已经失传的数学奥秘隐藏在马蹄铁的结构中？我一直在研

究这个问题，我希望我的读者也关注这个不寻常的情况：图中这一对马蹄铁引人注目且十分漂亮，与圆这一象征永恒的形状有着莫名的相似。我将以一个简单的谜题来说明这个事实，让我们知道它们之间的关系多隐蔽。我知道，当读者发现了谜题的答案时，他们会感到很高兴。

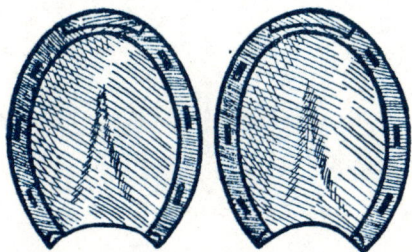

沿着图中的轮廓小心地裁剪这两个马蹄铁，把它们分成形状不同的 4 部分，使得它们组合在一起可以形成一个完整的圆。每个马蹄铁都分成两部分，轮廓以内的所有马蹄铁都得用上。

188. 贝特斯·罗斯的难题

一个记者要求我给他提供一个古老的谜题的答案，这个谜题来自于费城的贝特斯·罗斯。首先折叠一张纸，然后裁剪一刀，得到了一个五角星，我不知道关于这个谜题的起源的故事是否真实。但是我有一张费城老房子的照片，据说有一个女士曾住在那里，我相信现在老房子还在。我的读者肯定会对这个小谜题感兴趣。拿一个圆形纸片，把它折叠起来，使得剪一刀就能得到一个完美的五角星。

189. 纸板中的链子

你可以在一张硬纸板中剪出这条链子吗？要求不能添加任何材料。每个链环都是牢固的，没有破裂，并且它们是连接在一起的。这是当我还是一个孩子时学到的一个有趣的古老的谜题，但是我不知道它的答案。

190. 拼正方形之四

如果想把图中的木板拼接成一个正方形，最少要把木板锯多少块？

191. 土豆难题

取一个圆形的马铃薯片，把它放在桌子上，思考一下，如果用小刀把它切 6 刀，你可以把它切成几块呢？当然，每切完一刀，你不能再调整它们的位置，也不能把它们堆在一起。你最多可以切成几块呢？上图给出了切成 16 块的方法，当然，这个很容易做到。

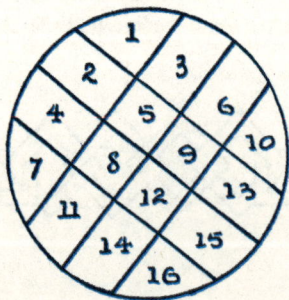

192. 七头猪

某天，埃林给他的一个儿子提出了这样一个小谜题，这个谜题让他丈二和尚摸不着头脑。可是，就谜题本身来说，真的非常简单。从图中，我们可以看到一个正方形的围栏，里面圈着 7 只猪，要求他用三个笔直的篱笆横穿这个围栏，使得每只猪都在单独的猪圈内。也就是说，你要做的就是拿起你的笔，画三条穿过正方形的直线，使得每只猪都被单独地圈起来。没有比这更简单的谜题了。

这个爱尔兰人抱怨说，他放置篱笆的时候，猪不会保持静止不动。他说它们会聚集在一起，而野蛮的猪还会躲进一个角落，然后召集所有的猪和它待在一起。有人向他指出，在这个谜题中，可以假设猪是静止不动的。他回答说爱尔兰的猪不会静止不动,猪肉才会静止不动。

090

好不容易说服了他去做这个尝试，他画了三条直线，其中一条穿过一头猪。当别人向他解释这是不可行的时候，他抗议说只有切到了猪的喉咙，猪才会死。"天啊，如果你没切割你的猪，它就变成了咸猪肉，这简直是胡说八道。"我们当然不能考虑爱尔兰人那不合理的建议。然而，他没有解决这个谜题，你能做到吗？

193. 地主的篱笆

图中的地主正在向他的执行官提出一个令人费解的小谜题。他有一张牧场的示意图，其中有 11 棵树。现在，他想利用直篱笆将这块牧场分成 11 块地，使得每一块地都有一棵树作为牲口的庇护所。他怎样做才能使用尽可能少的篱笆呢？用你的笔画几条直线穿过这个牧场，直到你分出了 11（不能多）块地，然后看一下你需要多少个篱笆。当然，每一个篱笆都要穿过另一个篱笆。

194. 男巫的猫

如图所示，一个男巫把 10 只猫放在一个具有魔力的圆中，并且对它们进行催眠，这样，当他玩乐时，这些猫也能保持静止不动。他计划在大圆中画三个小圆，使得猫不穿过圆就不能靠近其他的猫。试着画三个圆，使得每只猫都有自己的地盘，并且不穿过圆就不能靠近其他的猫。

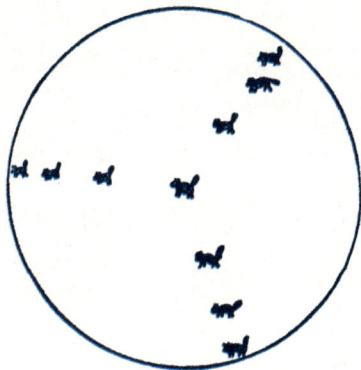

195. 圣诞节的甜点

"说起圣诞节的甜点，"主人说，他瞟了一眼桌子另一端令人垂涎的精美食物，"我想起一个朋友告诉我的一个新谜题。谜题是这样的，"他补充说，接着把手放进了胸前的口袋。

"我猜谜题是说出甜点的材料。"伊顿公学的男孩说。

"不是，那只有在吃的过程中来证明。现在我会把条件读给你们听。"

"把这个甜点分成两部分，使得两部分的大小和形状都恰好相等，而不能碰到任何一颗李子。我们把甜点看成是一个平坦的圆盘，而不是一个球。"

"为什么把圣诞甜点看作是一个圆盘？为什么任何一个明智人都

想做这样一个精确的分割？"一个人问。

"这只是一个小谜题，一个分割谜题。"所有的人都转过头来看这个谜题，但没有人能够成功地解答。这个题有一点点难，除非你知道这个甜点的制作原理。但是当你知道它是怎样做的时候，这个谜题就变得很容易了。

196. 七巧板悖论

许多古老的娱乐活动，比如象棋，它在这个世纪有如此大的发展和变化，以至于它们的发明者可能都会认不出它们。七巧板没有出现这样的情况，它是四千多年前出现的一种娱乐活动，自从中国人第一次分割出这 7 部分（见图 1）后，它们似乎从来都没有消失、修改或者改进过。在一个任意大小的正方形上，标出它的一条边 *AC* 的中点 B，标出相邻的边 *CE* 的中点 D，因为切割的方向很明显，所以不需要我进行更深入地解释。这篇文章的每个图案都是由七巧板拼成的。我们将知道，它们有无数种组合方法。

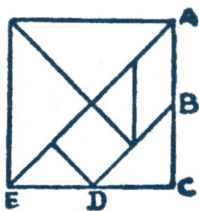

图1

已故的纽约人山姆劳埃德先生，出版了一本设计非常灵巧的小书。他拥有已故的 Challenor 先生的手稿，Challenor 先生对七巧板做了一个长时间的认真研究。据说，在这个绅士的记录中提到在两千年前，中国已经编译了 7 本关于七巧板的最早的书籍。这些书太少了，他在中国居住的 40 年里，只看到了第一册和第七册的完整副本。一个英国士兵在北京找到了其中一本的部分内容，它们印刷在金黄色的羊皮纸上后，能够卖到三百英镑。

几年前，我从刘易斯·卡罗尔库得到了一本小书，书名为《中国的时尚拼图》。它包括 323 种七巧板图样，大多数几何图形都难以区别，它们都是由那七部分构建而成的。这本书由威廉斯主编，海洋图书馆于锡德茅斯（南德）出版。虽然书上没有写明日期，但是接下来的注释可以帮助我们确定一个非常接近的出版日期："这种巧妙的发明在过去几年是拿破仑皇帝最喜欢的娱乐活动，这个皇帝现在非常虚弱，已经退职了，他每天会花几个小时来培养耐心和智慧。"读者将会发现，许多娱乐并不是完全没有用处的，它们源于其他的设计。你们会发现这篇文章中的许多图案是很容易构建的，但还有一些是相当困难的。每个图片都可以看作是一个谜题。

但是，把一个图案新的设计加以改造以创造出原创设计也是一种很令人开心的事情。令人惊讶的是，七巧板提供的真实生活的图片很特别——棱角分明且很奇怪。下面我给出了一个例子，一个横卧的人（图 2），它非常优雅，并且只需要稍微磨平它的角，就可以产生一个完整的令人满意的轮廓。

图2

至于我刚刚提到的爱丽丝，我给出了正在奔跑的野兔（图3）和帽子（图4）的设计。我也给出了拿破仑的一个实验（图5）和一位非常优秀的印度先生劳埃德和他的妻子的故事（图6和图7）。在1908年11月出版的一本杂志的一篇文章中，我发现了大量的其他设计。

图3   图4   图5

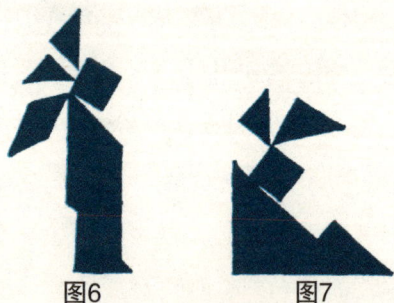

图6   图7

当这篇文章发表时，已故的著名语言学家爵士穆雷，通过令人惊讶的勤奋工作，找到了"tangram"（七巧板）这个词的来源。他写道：我的一个儿子是天津中英文学院的教授。通过他、他的同事和他的学生，我能够打听到中国学者的一些事。我们（牛津大学）的中文教授也对此事很感兴趣，并且他们从伦敦中国公使馆的秘书——中国知识界一个非常杰出的代表，那里获得了一部分信息。

结果表明这个男子所提到的有关"Tan"的人、神或书籍在中国的文学、历史、传统中统统不存在。大多数知名人士从来没听说过这个名字以及它的存在。当然，众所周知，在中国它被称为"qī qiǎo tú"，字面意思为，"七个精巧的图案"或者是"巧妙的七图难题"。在中国，没有哪个名词发音近似"tangram"或者"tan"。与后者有细微相似的中文只有"tán"（弹），"延展"的意思；或者"táng"（唐），广东的方言"中国"。这说明可能有一些懂一点中文或者广东话的美国人或者是英国人，因为要给这个谜题起一个名字，可能从这些词里面抽取了一部分并与欧洲的词缀"gram"结合合成了这个词。我觉得"tangram"这个名字可能是在1847年到1864年期间由美国人创造的，但是在1864年以前的韦氏词典中却找不到它。

几个记者告诉我，他们拥有或者曾经拥有某种中国旧书。一个美国绅士写信给我，内容如下：我有一本书，黑体印刷（在第一页有中文题词），包含三百多幅"tangrams"（七巧板）图案。它有七块，由珍珠母制成，每面都有非常精美和雅致的雕刻。它们都放在一个 $2\frac{1}{8} \times 2\frac{1}{8}$ 的正方形红木盒中。我的大伯父是最早访问中国的传教士之一。我祖父的朋友把这些箱子和书以及其他纪念物寄给他，最后我继承了这些。

一位十分友好的客户给了我一份有关七巧板的书的拓本，从中我能看出它们正是按照我所指的比例分割得来的。因为下面这个原因，我重现了这个中文题词（图8）。书的主人告诉我，他已经把它交给一些在美国的华人，请他们来翻译。但是他们都坚定地拒绝读这些文字，并给出了很奇怪的借口，他们说这个题词是日语。但是，日本当地人坚持说这是中文。其中是否有一些关于七巧板的秘密？揭开这个面纱是如此艰难，如果一些认识中国文字的读者能提供必要的翻译，这个面纱也许会揭开。

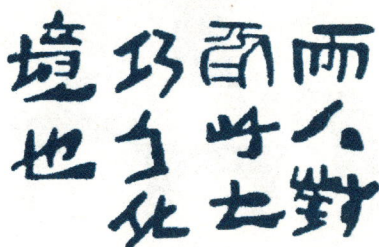

图8

同时用几套七巧板，我们也许可以构造出更加炫目的图片。我的朋友建议我不要把图片"一个台球的游戏"（图9）寄给这个学院。他向我保证说这张图片一定不会被接受，因为"这个鉴定人被规定束缚了"。也许他是对的，但它也有可能得到印象派和立体派更多的赞扬。球员们正在桌子上进行有技巧地击球。当然，这两个人，这张桌子，还有这个时钟是由四套七巧板构建成的。我第二张图片的名字叫"乐团"（图10）。它是为大型的音乐厅设计的。在这里，有乐队指挥员、钢琴家、胖的吹短号者、左撇子的双低音演员。双低音演员的姿势栩栩如生，虽然他离乐器的距离有些远，鼓手男孩的站姿庄严，钢琴后面站立的不是一条正在叫的狗，而是一个懂得欣赏音乐的倾听者。

一张白纸上，使得它们每一部分都不接触，在某种情况中，它的效果会更好；而在其他情况下，它的作用则几乎会荡然无存。

图9

图10

关于这些七巧板图片值得注意的一点是：它们暗含许多并非实实在在存在而需要想象的东西。例如，谁能在看了贝琳达女士（图11）和荷兰女孩（图12）几分钟后还感觉不到前者傲慢的神态以及后者无礼的表情呢？然后，我们再看一下这只鹤（图13），看看它是怎样使人觉得这只腿比任何其他的部位都要苗条的。这实际上是一种幻觉。再次，注意这个快艇的例子（图14），看它是如何通过在顶部留一个小角给人产生出一根完整桅杆的形象的。如果你把七巧板放在

图11

图12

图13

图14

最后，我从你在操作七巧板过程中可能遇到许多有趣的悖论中挑出一个作为例子。我展现了两个高贵的人的图案（图15和图16），除了一个人有脚另一个没脚这一点之外看起来几乎一样。而这两个图案是由同一副七巧板构建的，那么第二人的脚是从哪儿来的呢？

图15

图16

况下，最多能覆盖多大面积的餐桌？你不需要给出具体放置的方案，只要告诉我三块餐巾能覆盖的最大面积是多少就可以了。

197. 餐巾谜题

拿出三块 1 英尺见方的餐巾，在餐巾可以折叠，但不能裁剪的情

拼缀谜题

> 撕成碎片和补丁。
>
> ——莎士比亚：《哈姆雷特》第三幕第四场

198. 坐垫

下图为一正方形锦缎，一位女士想要把它分成四部分，使得其中两部分构成一个完整的正方形垫子，剩下的两部分构成另一个正方形垫子。她是怎样做的呢？当然，她只能沿着那些把大正方形分为 25 个小正方形的直线进行裁剪。

不用管锦缎上的图案，只要能构成要求的方垫子即可。只有一种方法可以完成，你能找到它吗？

不过不要求它们同样大小。

200. 斯麦丽夫人的圣诞礼物

199. 彩旗谜题

一位女士有一正方形的彩旗，上面有两只狮子，上图是这面彩旗的缩小版。她想把这个正方形分成几个部分，然后重新组合它们，使得它们形成两面正方形旗子，且每面旗子上都有一只狮子。她发现，最少要分成四部分才能解决这个谜题，她是怎样处理的？不能穿过狮子的任何部分，而且不能添加其他的材料，也不能浪费任何材料。如果正确地进行分割，你将会发现这是一个非常简单的分割小谜题。牢记这些旗子必须是完美的正方形，

200. 斯麦丽夫人的圣诞礼物

当斯麦丽夫人的六个孙女送给她一床她们亲手做的非常漂亮的被子作为圣诞礼物时，她真的非常高兴。这床被子由多块正方形丝绸材料组成，每个正方形的大小相同。这床被子的每条边由 14 个这样的小正方形组成，显然，它有 196 个小正方形。六个孙女都做了一个完美的正方形（六部分大小不同），现在，为了把这六部分放在一起，使得它们形成一正方形被子，有必要把其中一个小女孩的正方形分割成三部分。你知道该怎样把这些小方块布料拼凑在一起吗？当然，不能翻转任何部分。

201. 培肯夫人的被子

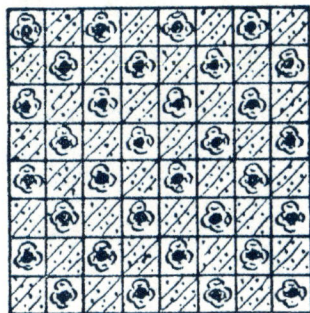

在这个例子中，我们看到这个正方形被子是由 169 个小正方形组成的。谜题为：找出最小可能的正方形数，使得它们组合成这床被子，并且说明它们是如何组合的。或者反过来，沿着缝合的部分，如何把这床正方形被子分割成尽可能少的小正方形。

我的一个朋友问我："难道它们不精致吗？"它们是我刚从印度回来的堂兄送给我的。现在，我想要你帮我一个忙，我决定把它们组合在一起做成一个大的正方形坐垫。我应该如何做才能尽可能少的损坏这个布料？当然，我建议只能沿着划分方格的这些直线裁剪这个图案。

202. 正方形锦缎

我在一位女士家里付电话费时，碰巧在她家桌上看到两块可爱的正方形锦缎。它们都是漂亮的东方工艺品样本，有着相同的设计和雅致的方格图案。

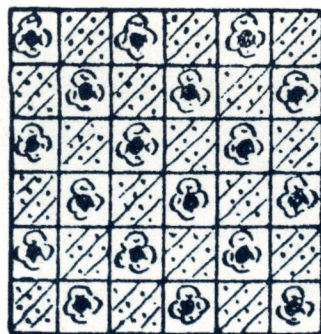

我按照她的要求把这两个正方形分割成四部分，然后将它们组合在一起形成一个大正方形。注意这

四个图案必须完全匹配。当我完成时，我发现其中两部分有相同的面积，也就是说，这两部分包含相同的方格数。根据这些条件，你能说明如何裁剪布料吗？

203. 另一个被子谜题

一位女士和她的两个女性朋友正在讨论图中漂亮的丝绸被子。可以看出这两个部分都是由大小相等的正方形组成的，一个是12×12的正方形，另一个是5×5的正方形。她提议把它们组合在一起形成一个13×13的正方形被子。当然，她不会裁掉任何的原料，仅仅是沿着缝线进行切割，然后再把它们组合在一起。这让她很困惑。她的一个朋友保证，可以将这两个丝绸被子切割成不需要超过四部分来组成一个新被子。你能告诉她，怎样解决这个小小的缝纫谜题吗？

204. 油毡分割

这个图表示两块单独的油毡。油毡背面的方格图案与正面不相同，所以，每部分都不能翻转。谜题是把这两个正方形分割成四部分，使得它们组合在一起形成一个10×10的完整正方形。必须使得这个图案能够正确匹配，而且较大的那块油毡分割成尽可能少的部分。

205. 油毡谜题

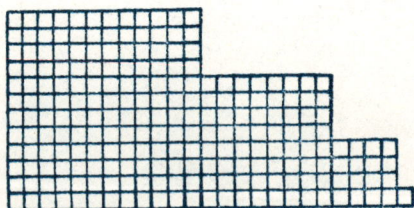

你能把这块油毡切割成四部分，使得它们组合在一起形成一个完整的正方形吗？当然，只能沿着图中这些直线分割这块油毡。

各种几何谜题

> 人类的爱好千奇百怪。
>
> ——马克·阿肯赛德

206. 纸箱

这个谜题并不难，找出这个答案的简单规则还是非常有趣的。有一个长方体纸箱，它的顶端面积为120平方英寸，侧面面积为96平方英寸，正面面积为80平方英寸。试问：这个箱子的确切尺寸是多少？

207. 偷钟绳

某晚，两名男子闯入一所教堂钟楼偷钟绳。两根绳子从他们头上高高的木制天花板上的洞里穿过，由于他们没有时间爬上天花板。后来一个人取出他的刀，割断了他头顶上的绳子，结果他摔到了地上，并受了重伤。他的同伙喊着说像他这么愚蠢的人，受伤是理所当然的。他还说他的同伴应该像他那样，手握绳子位置的正下方割断绳子。使他沮丧的是，他也没有得到好下场。

因为后来他精疲力竭，不小心滑了下去。最后，摔在他同伴的旁边。第二天早上，人们发现他们时，他们已经手脚皆断。那他们是从多高的地方掉下去的呢？有人发现其中一根绳子刚好触地，且把绳子的一端拉到一面墙上，使它与墙壁接触，并使绳子保持绷紧状态，绳子与墙壁的接触点离地板3英寸，绳子的另一端离这面墙4英尺长。从地板到天花板的绳子有多长？

208. 四个儿子

读者小时候一定见过此图。如图所示，某人拥有一块正方形的土地。他将土地的四分之一，也就是图中的阴影部分留给了他的妻子。剩下的土地分给他的四个儿子，使得每个人都得到大小和形状完全相同的土地。但大部分人不知道故事还有曲折。土地的中心有一口井，图中用黑点表示。本杰明、查尔斯和大卫抱怨分配不"公平"，因为阿尔弗雷德可以直接使用这口井，而其他人如果不经过别人的土地则不能使用。谜题为：如何分配土地，使得每个儿子拥有相同形状和面积的土地，且每个人使用水井时都不需要经过别人的土地。

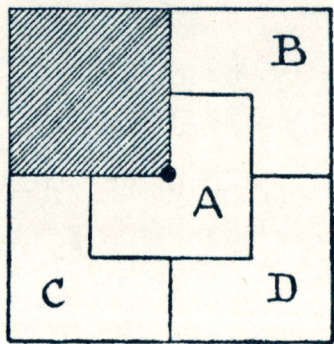

209. 三个火车站

当我坐在火车车厢里时，我注意到车厢的另一头有一位令人尊敬的乡绅，他正忙着和他的一位朋友交谈。

"从你家到火车站有多远？"他的朋友问。

乡绅回答说："大桥距苹果地车站15英里，从苹果地车站到我家与从大桥到我家的距离一样。如果我从苹果地车站走13英里可以到达卡特顿车站，这两个车站到我家的距离也一样。你看，我家到三个车站的距离相同。因此，我选择列车很方便。"

现在，我碰巧知道从大桥地到卡特顿的距离是14英里。不管这位乡绅从哪个车站出发，我很惊讶自己竟然算出了车站到他家的准确距离。请问：距离是多少？

210. 花园谜题

莱克布恩教授告诉我，他最近在一个熟人的乡村花园里的一棵树下吸烟。发现这个花园四面被笔直的墙围了起来，且他的朋友告诉他，他已经测量出这四面墙的长度分别为80、45、100和63码。教授说："那么，我们可以准确地计算出花园的面积。"主人回答说："不可能，因为你只用这四条边长，可以得到无穷多个答案。"莱克布恩边眨眼边说："但是你忘了你曾经告诉过我，这棵树到花园四个角的距离相等。"请问你能算出这个花园的面积吗？

211. 画一个螺旋

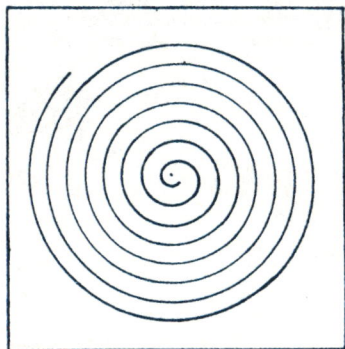

如果水平地拿着一张纸，让它做快速的旋转运动，同时观察它的中心，似乎连同中心也旋转起来了。可能很多读者熟悉这个小小的视觉幻像图。但问题是我该怎样精确地画出这个螺旋，除了一对圆规和一张画图纸以外，我没有其他任何工具。在这种情况下，你将如何进行？

212. 怎样画出一个椭圆

你能用一个可以摆动的圆规，在一张纸上画出一个完美的椭圆吗？当你知道方法后，你会认为这是世界上最简单的事情之一。

213. 圣·乔治的旗帜

在圣·乔治国庆节这天，我凝视着那面熟悉的国旗。如图所示，白色底布上面画着一个红色的十字架。我们都知道，这就是圣·乔治国旗。圣·安德鲁（苏格兰）旗帜为蓝色底布上有一个白色的"圣·安德鲁十字架"。圣·帕特里克（爱尔兰）旗帜为白色底布上有一个相似的红色十字架。这三者结合为一体，就形成了联合王国国旗。

看着圣·乔治旗帜，我想到了一个很简单的谜题。假设这面旗帜长为 4 英尺，宽为 3 英尺，如果要求使红色部分的面积和白色部分相同，那么，十字架的臂宽应该是多少？

214. 晾衣绳谜题

一个男孩在两根柱子上系晾衣绳，两根绳子分别从一根柱子的顶部系到另一根柱子的底部。然后，他向父亲提出了如下谜题。一根柱子正好为 7 英尺高，另一根柱子正好为 5 英尺，两根绳子会在什么地方相交，此时离地面的高度又会是多少呢？

215. 挤奶妇女的谜题

这是一个关于田园生活的小谜题，初看之下，读者会认为这个谜题很深奥，计算量很大。甚至可能会觉得，除非给出确切的距离，不然不可能得出答案。事实并非如此。

在牧场的角落里，可以看到一个妇女在挤奶，牧场的另一侧是一个奶制品店，那里出售已经提炼好的牛奶。但是人们注意到，那个年轻的妇女在回到奶制品店之前，总是提着水桶走向河边。一些起疑心的读者可能会问她为什么去河边。但我只想说这不关我们的事。这些所谓的牛奶只在本地消费。

"漂亮的女士，你去哪里呢？"

"我去河边，先生。"她说。

"我不会选择你的奶制品，漂亮的女士。"

"没人勉强你，先生。"她说。

如果有人出于好奇问这件事，这样的完全不在乎的态度可以使他对此不再感兴趣。所以，我们抛开商业道德这一点重新回到这个谜题吧。

从挤奶的那个凳子到河边画一条直线，然后从河边到奶制品的门口画一条直线，这将显示挤奶妇女从挤奶的地方到奶制品店门口最短的路线。总之，很容易就能在河岸上找出一点，使得她从挤奶处到河边再到奶制品店的距离最短。你能找到这个点吗？

216. 球的谜题

某天，一个石匠正在为一些装潢建筑物切割圆球，在这个时候，正好来了一个聪明的男学生。

"你看起来是一个机灵的年轻人。看这里，如果我把球放在水平面上，在它周围可以放多少个同样大小的球（同样放在水平面上），并且使得每个球与之相接触。你能告诉我吗？"石匠说。

男孩马上给出了正确答案，然后反过来拿这样一个小谜题问石匠。

"如果一个球的表面积和体积的大小相同，你知道它的直径是多长吗？"

石匠无法给出答案。你能正确回答石匠和这个小男孩的谜题吗？

217. 约克郡的土地

我将要去访问约克郡的一个大城镇。当我出发去火车站的时候，有一个人猛塞给我一张宣传单，我随手带进了车厢，并找了个空余时间读完了。从宣传单上得知约克郡邻近有三块土地出售。每块土地都是正方形，如图所示，它们的角彼此相连，土地 A 恰好有 370 英亩，B 有 116 英亩，C 有 74 英亩。

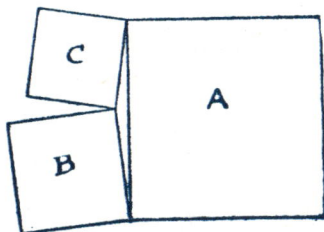

现在，三块正方形地之间的那个三角形不出售，但我对那块三角形土地的面积很好奇，请问它有多少英亩？

218. 农民武泽的土地

现在，我将提出另一个土地谜题。我会给出答案的证明，我想这个证明不但非常有意思，而且容易理解。

农民武泽拥有三块正方形土

105

地，面积分别为 18、20 和 26 英亩。为了使得他三块土地周围有一个环形围栏，他买了四块三角形土地，如图所示。谜题为：计算整个土地的面积。

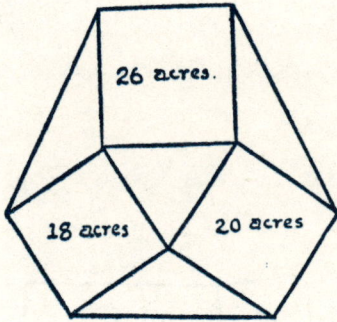

219. 新月谜题

下面是一个简单的几何谜题。新月由两个圆圈组成，C 是较大的圆的圆心。新月的宽度 BD 为 9 英寸，EF 为 5 英寸。请问这两个圆的直径是多少？

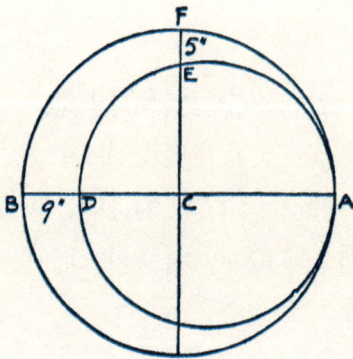

220. 围墙难题

如图所示，有一个小湖，四个贫穷的男子围着这片湖建造了他们的小屋。后来四个富人也绕着这片湖建造了他们的豪宅，这四个富人都想要占有小湖，所以他们指挥建筑工人来建一堵围墙，这墙要尽可能短，既可以把贫穷的男子的小屋排除在外，又可以使他们自己自由出入小湖。请问墙该如何建？

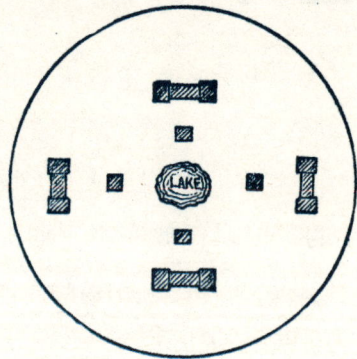

221. 羊圈

有一个奇怪的现象，那就是一些著名的难题的答案总是出现在一些人们用来消遣的小书上，且这些答案出版了将近 50 年或 100 年后还是不够完美或者说是完全错误的。然而，似乎没有人发现这些错误。下面有这样一个例子：一个农民有一个羊圈，由 50 个栏架组成，但是只能容纳 100 只羊。如果他想把羊圈扩大，使得羊圈能够容纳 200 只羊，他还需要多少栏架？

222. 贝琳达夫人的花园

贝琳达夫人是一位很有热情的园艺家。我下面要提到的一个很有意思的谜题就与她有关。她有一个长方形的花园，被高高的冬青树篱笆围起来了，她想把它变成玫瑰园，以便在里面培育精品玫瑰。她想要用一个大花圃的一半面积种花，另一半是一条围绕花圃的宽度确定的小径。花园如图所示。

在这些简单的条件下，她将怎样去设计她的花园？她只有一把卷尺来测量花园的长度，但是，由于冬青树篱又厚又密，她必须在里面

完成测量工作。贝琳达夫人不知道花园的确切尺寸，当然也没有必要知道，我也不知道尺寸。无论花园的大小和比例是多少，这都是一个相当简单的任务。然而，又有多少园丁和小姐知道如何完成这个任务呢？其实，也许只是一把卷尺就已足够，因为这不需要精确测量。

223. 拴住了的山羊

这是一个人人都知道答案的谜题。把山羊放在半英亩大的草地上，草地的形状为一个等边三角形。山羊被系在草地上一个角落的柱子上。要使山羊恰好能吃到草地上一半的草，绳子的长度（精确到英尺）应该为多长？假设山羊能吃到绳子最远处的草。

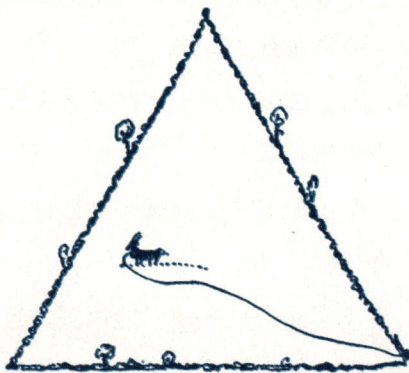

224. 圆规谜题

一个很有趣的现象是，有时候在一个非常简单的谜题上添加一个条件，或者说增加点限制，就能把它变得有趣或更加困难。我记得很多年前曾在大街上买了一个当时销量可观的益智玩具。里边是一个有很多孔的徽章，游戏规则要求将里边一个有裂缝的圆圈从一个孔移到另一个孔，直到它最终分离出来。在路上走的时候，我很快就掌握了其中的技巧，便用一只手拿出圆圈，将玩具放在兜里。一个看了我表演的朋友也开始自己试着做了，而且几天之后我再次遇见他的时候，发现他已经精通这个游戏了。但是让他有点吃惊的是，我把徽章从他那儿接过来，放在一只手的一根手指和拇指中间，除此之外不做任何接触，轻轻地摇晃几下，就把圆圈弄出来掉到了地上。考虑到下边的条件，以下的演示对大多数读者来说可能有点难：

展示如何只用圆规来准确地确定直线的中点。不能用任何尺子、铅笔或其他工具——只能用圆规且不能用比如把纸折起来这种小把戏

和欺骗手法。圆规的使用必须遵照正常合理的原则。

225. 八根棍子

我有 8 根棍子，其中 4 根的长度是另外 4 根的一半，我想把它们放在桌子上，使之形成 3 个大小相等的正方形。我该怎么做？要求棍子首尾都必须连接。

226. 爸爸的难题

这道谜题由帕普斯提出，他生活在 3 世纪末的亚历山大时期。这是他的《数学汇编》系列中第 8 本书的第 5 道题。在这里，我以自己多年前提出的"爸爸的难题"的形式把它写出来，仅仅是为了看看有多少读者能解答这个由帕普斯一个人解决的问题。"小女孩的爸爸从硬纸板上拿掉两个不同大小的长方形，使得在 A 点用绳子悬挂这个纸板的长边时能够完全保持水平状态，如图所示。他要求小女孩在另外一块纸板上找到同样的点 A，使得在剪掉这一部分，并用绳子悬

线卷成一团时是完全密合的，没有留下给卷轴穿过的空间。我不知这样简化之后，有多少读者能大致猜出风筝线的长度。

228. 如何制作蓄水池

挂的时候出现相同的结果。"当然，不能通过试剪多次来找到这一点。这类谜题中有个非常神奇美妙的点。读者朋友们，你们能找到吗？

在图中可以看到，我们的朋友有大量的锌板材，长为 8 尺，宽为 3 尺（裁剪之前），然后他从四个角切出正方形的小块（所有的正方形大小相等），现在他计划把边折叠起来，再焊接上，做成一个蓄水池。问题是这样的：为了使蓄水池的蓄水量尽可能大，他能得出切割正方形块的正确尺寸吗？你看，如果你切的正方形非常小，你将得到一个非常浅的蓄水池；但如果你切得太大，得到的是又高又窄的池子。

227. 放风筝谜题

当我陪着朋友哈福尔教授参加一个在英国东南部的丘陵草原举办的放风筝比赛时，我沉浸在一个或许会让读者感兴趣的算式中。教授当时正把风筝线从卷成完美球形的卷扬机上松开。这个线团直径为 2 英尺，风筝线的直径为 1/100 英寸。那么，风筝线的长度是多少呢？让我们试试完全不用数学计算是否能大致得出答案吧——也就是说，答案是否相差不多！我们假设当风筝

找出一种切割方式使得正方形的大小正合适。我们怎样切割才能避免正方形太大或太小？

229. 圆锥谜题

如图1所示，我有一个木制的圆锥，我怎样才能从中切割出尽可能大的圆柱体？你可以看到，我可以切割出一个如图2的细长的圆柱体，或切割出如图3的又矮又胖的圆柱体。但是它们都不是最大的。如果小孩知道规则，他都可以告诉你该切哪里。你能找出这简单的规则吗？

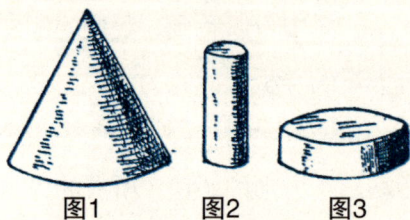

图1　　图2　　图3

230. 关于轮子

关于轮子的运动，有一些奇怪的事实很容易使初学者感到困惑。当一辆火车从伦敦开往克鲁，在任意给定的运动下，火车的某些部分实际上是从克鲁向伦敦运动的。你能指出这些部分吗？这似乎很荒唐，同一辆火车的某部分可以在旅途的某个时刻向相反的方向运动，但确实有这样的情况。

图中有两个轮子。假设位置较低的那个轮子是固定的，位置较高的轮子绕着箭头所指的方向做圆周运动。现在，位置较高的轮子围绕另一个轮子转动，当另一个轮子旋转一周时，较高轮子的轴线得旋转多少次？你不必马上回答，否则你很有可能会出错。你可以用2便士的硬币在桌上做实验，当你看过之后，得出的正确答案会让你感到很惊讶。

231. 一个新的火柴难题

如图所示的18根火柴围成了两个封闭的空间，其中一个的大小是另一个的 2 倍。你能重新排列这些火柴，使得（1）形成两个四边形，其中一个的大小是另一个的 3 倍；（2）形成两个五边形，使得其中一个的大小是另一个的 3 倍吗？每种情况下，火柴都必须使用完，没有重叠部分，且两端不能裸露在外。

232. 六个羊圈

这是一个新的小小的火柴难题。从图上可以看到 13 根火柴，代表一个农民的栏架，这样放置，围成了 6 个相同大小的羊圈。现在，有一个栏架被偷走了，农民仍然想用剩下的 12 根火柴围成 6 个相同的羊圈。他该怎么做？ 12 根栏架必须全部使用完，不能重叠，且首尾必须相连。

111

111

第三章

点和线的谜题

对行线，线对线，这儿一点，那儿一点。

——伊萨

许多人认为"点和线"这类谜题非常有意思。在这里，我将给出由艾萨克·牛顿先生提出的，我们最熟悉的情况。谜题为：种植 9 棵树，使之能够形成 10 行，且每行有 3 棵树。但我相信这类谜题最早是收集在我买的一本稀有的小说中，发表于 1821 年的约翰·杰克逊的《冬季夜晚的理性娱乐》。其中，作者给出了 10 个"成行种植树木"的谜题作为例子。

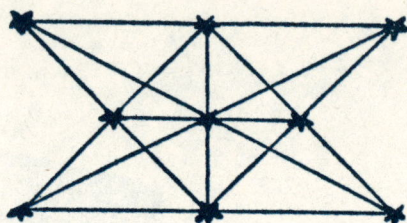

这些树木种植谜题总是迷惑重重。它们是真正的"难题"，这个词的真正意义是，到目前为止还没有人能够成功地找到一种直接且确定的方法。它们要求我们拥有远见卓识，别出心裁，并耐心地尝试，有时候，还要有一定的运气。也许有一天，一位天才将找出这整个谜题的关键所在。请记住，必须把这些树木看成是单纯的点，因为如果允许我们的树够大，我们可能很容易"篡改"我们的图，可能会得出另一条比真实的直线更明显的直线。

233. 国王和城堡

在远古时代，曾经有一个强大的国王，在军事建筑上有着稀奇古怪的想法。他认为国家的强大和经济是对应的，并经常引用蜜蜂建造完美的六边形的蜂巢作为例子，来证明他有自然现象来支持他的想法。他下定决心在他的国家建设 10 座与城墙相连的城堡，使之形成 5 条直线，且每条直线上有 4 座城堡。皇家建筑师给出了他的初步计划，但是国王指出要使尽可能多的城堡不能从外面进入，只能通过城墙才能抵达，以达到使尽可能多的城堡免受外来的袭击。于是国王命令修改设计方案。建筑师回答说这样安排是不可能的。但是国王的解释很快启发了他。你将怎样建设这 10 座城堡和城墙，以便它们更好地满足国王的要求？请记住，它们必须形成 5 条直线，且每条直线上有 4 座城堡。

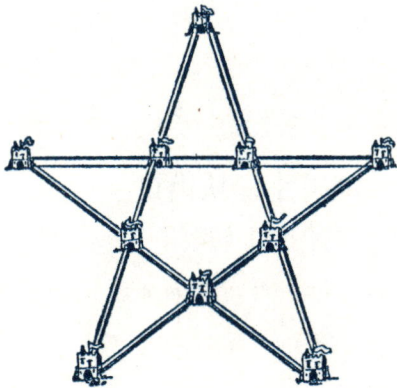

有 10 棵是樱桃树，10 棵是李子树，其余的是苹果树。樱桃树种成 5 行，且每行有 4 棵。李子树与樱桃树的种植情况相同。为了让樱桃树和李子树有最好的朝向，尽可能少地（在给定的条件下）种植在果园的北边和东边，10 颗李子树和樱桃树该怎么种？当然，在你挑选 10 棵树时（樱桃树或李子树，视情况而定），你可以忽略其他的树。也就是说，允许在一条直线上的 4 棵树中间有 2 棵不同的树（或房子）。解决了最后的难题，这个谜题将会变得很容易。

234. 樱桃和李子

下图表示的是一个被 55 棵果树包围的村舍的平面图。这些树里，

235. 种植园难题

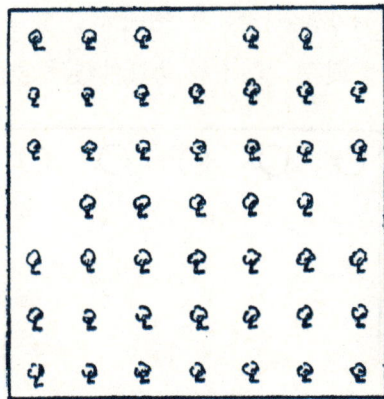

某人拥有一个正方形的种植园，里面种有 49 棵树，但是，由

图可以看出，其中有四棵树被风吹倒后被移走了。现在，他想砍掉一些树，剩下其中的 10 棵，使得它们形成 5 行，每行有 4 棵树。请问：他应该留下哪 10 棵树呢？

236. 第二十一棵树

一位绅士想在他的公园里种植 21 棵树，使它们形成 12 行，每一行有 5 棵树。在给定的条件下，你能否为他提供一个漂亮的对称排列？

237. 十个硬币

将 10 个便士的硬币放置在一张纸或纸板上，如图所示，每边 5 个。现在，在不移动其他硬币的情况下，移动其中的 4 个硬币，在纸上重新排列它们，使它们形成 5 行，每行有 4 个硬币。这题本身并不难，但你应该试着找出有多少种不同的方法可以解决这个谜题，假设在任何情况下，开始时的两行是完全一样的。

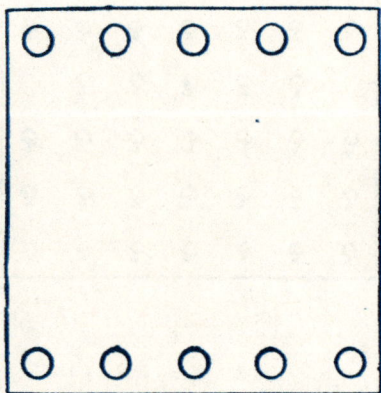

238. 十二块肉饼

12 块肉饼如图所示放在桌上，一共 6 行，每行均有 4 块。要求只能移动 4 块，将其变成 7 行，每行仍然有 4 块。请问移动哪 4 块，如何移？

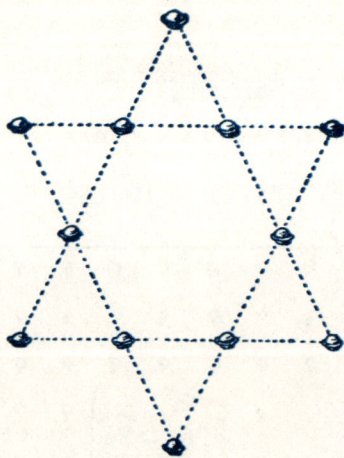

239. 缅甸庄园

不久前我收到来自缅甸庄园一

位随军牧师的信，在信中他跟我说了一个小谜题，不失为打发船上时光的一个小小娱乐。

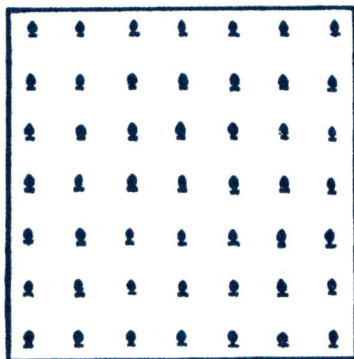

假设有一个庄园，整齐地种了49棵树，如图所示。如果要砍掉27棵树，如何砍才能保证剩下的树有 4 棵的行数最多？

当然，每行最多只能有 4 棵。

240. 土耳其人和俄国人

广阔的田野上有一队俄国步兵，每个岗哨只驻扎了 1 名士兵。这时突然出现了 32 个土耳其人，从四面八方朝俄国人开火。每个土耳其人同时各打了 1 发子弹，每发子弹都同时打穿了 3 个人的脑袋，每发子弹打到的人都各不相同。题目问，俄国士兵最少有多少人，双方伤亡人数各是多少？

移块游戏谜题

> 没有计算器，我可算不出来。
>
> ——《冬天的故事》第四幕第三场①

这一类型的谜题，除了与象棋这一类的实际游戏有点关联之外，相对来说总是被当作一种新潮思维的引进。当代数学家，如有名的范德蒙和赖斯都对这种游戏产生过兴趣，而老一辈的人则没有进行过这种考量。就这种移动滑块的游戏而言，最古老且广为人知的大概就是"九人莫里斯舞"

---

① 指的是莎士比亚剧作《冬天的故事》。移块游戏使用到筹码块，故此作者引用了这一句。——译者注

（当然，我得承认还有其他很多别名），或者一种在奥维德的著作里清楚地提及过的，源自一种叫作"圈叉游戏"的稍微简单的游戏，可能要更为古老一点。

法国人管这种游戏叫跳房子，在波兰它叫齐根沃夫米勒（意思是母羊，狼和磨坊，也叫大对决），在德国和奥地利它叫穆赫（磨坊的意思），在冰岛叫米拉，据说南美洲的船员（本地船夫）也玩这个，亚马孙丛林里的人管它叫齐克，这个名字来自印第安语。在我国，各个地区也有不同的叫法。有的叫乐腿桩，有的叫欢乐之桩、九桩快乐多、九针奇迹、欢乐木桩或者欢乐洞。莎士比亚在《仲夏夜之梦》（第二幕第一场）里也提到了它：

"玩九人莫里斯舞游戏的草泥坂上满是湿泥，杂草乱生的曲径因为没有人行走，已经无法辨认。"

牧羊人在草泥坂上打洞，然后用小石子玩这个游戏。北安普顿郡的农民诗人约翰·克莱尔在《牧羊少年》（1935年）一诗中写道："我们常常追寻到他的身影……透过绿草地上那九桩莫里斯的印记。"德莱顿的《多福之国》一诗中也提到了这个游戏。

在古罗马希尔切斯特发掘的一块砖头也有这个谜题，雅典卫城的台阶上也刻了这个。几年前我去参观一个基督教博物馆的时候，看到了1880年科斯塔克发现的维京船。甲板的橡木纹路上有关于这个游戏的洞和线条，洞应该是用来插木桩的。在阿姆斯特丹国立博物馆参观旧的橡木家具的时候，我饶有兴趣地发现了一个捉人游戏，并惊奇地发现游戏的格子就刻在一张椅子的中央——非常适合偷偷游戏。在我们英国有好几个教堂的长椅上也刻着这个。十九世纪八十年代早期在重建北安普敦郡哈格雷夫教堂的时候，还曾经发现它还被刻在一块砌墙上（大约是十一世纪的事了）。现在它被安放在北安普敦郡博物馆。林肯郡的赛普林汉姆也发掘了一块相似的石头。在以色列的一块墓碑上，在荷兰的一块石头上，都发现了它的踪迹。1901年奥斯威斯一个墓坑里挖出来的一块石头上清楚地刻着这个游戏的图画。

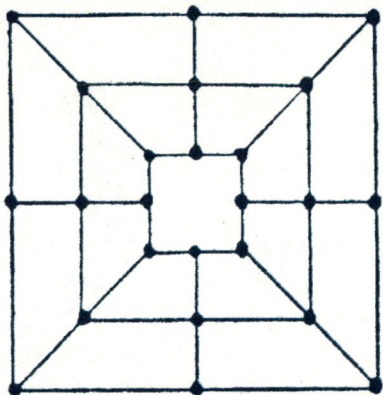

在不同的年代不同的地区，这个游戏的玩法各不相同。上面我给出了一张游戏盘，有时候对角线并不画出来，这并不影响游戏：那些角已经足够指示各点了。下面是斯特拉特在《运动与闲暇》里对这个游戏的描述，和我童年时玩的一样："两个人，每人九个筹码，各自逐一沿着点放下，游戏的关键就是每个人都要尽力阻止对方的三个筹码在毫无阻滞的情况下连成一条线。如果有一方成功了，就可以吃掉对方一个筹码，他可以选择吃掉对自己最具威胁的那一个。除非他连成了一排，有一个不是对方的筹码在上面，这就不能动了。所有的筹码都放下之后，两个人可以前后移动筹码，沿着线上的任何一个方向，可是一次只能跳向相邻的一个点。谁先吃完对方的筹码，谁就赢了。

241.六只青蛙

图中有 6 只经过训练的青蛙，需要颠倒它们的顺序，变为 6、5、4、3、2、1，并保持空白的格子在原地不动。青蛙可以跳到相邻的空格，或者越过另一只青蛙跳到空白的邻格。这个游戏的规则和跳棋游戏中的规则一样，青蛙可以随意前后移动。你能找到步骤最少的办法吗？这并不算难，完成了以后，你可以把青蛙数量增加到 7 个再重新试过。然后不断增加，直到找到每一关的解决办法。有一个空白的格子在那里，不管有多少只青蛙，总

有解决的办法。

242. 受训过的青蛙

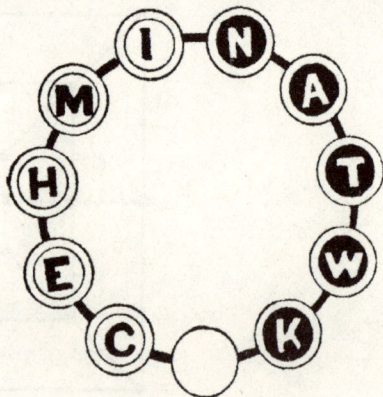

我们那 6 只经过训练的青蛙又学了一个好玩的新本领。如图把它们放在平底玻璃杯上，要移动它们的位置，使 3 只黑色的在左边，3 只白色的在右边，反过来剩下 7 号玻璃杯空在那里。它们可以跳到隔壁的杯子（如果是空的话），或者跳过一只，甚至两只青蛙，跳到空的杯子上。方向不限，也不一定要跳过相同颜色。四连跳不失为一个好办法：4 跳到 1，5 跳到 4，3 跳到 5，6 跳到 3。你知道它们是如何在 10 步之内完成的吗？

块。最下面的盘子是空的。游戏便开始了，要求将筹码按照推肯汉姆（Twickenham）的字样顺时针排列起来，空白盘子保持原位不动。黑色筹码块按照顺时针方向移动，白色筹码块则相反。如有空位，筹码可以跳过相反颜色的邻居而移动。这就是说，如果你首先移动了 K，那么 C 就可以跳过 K。要是 K 往 E 那边跳，那么 W 就可以跳过 C，如此这般。只需 26 步便可解决。请注意筹码块不能跳过与自己相同的颜色。

243. 推肯汉姆谜题

图中有 11 个盘子围成一个圆圈，其中 5 个上面放着写着黑色字母的白色筹码块（如图所示），另外 5 个放着写着白字的黑色筹码

244. 字母块谜题

这里是一个关于方块谜题的回顾。

8 个刻了字母的木块，如图所

120

示放在盒子里。每次只能移动一个木块，不能拿起木块重新放置。要求移动木块，直到排列成如下顺序：

A B C

D E F

G H

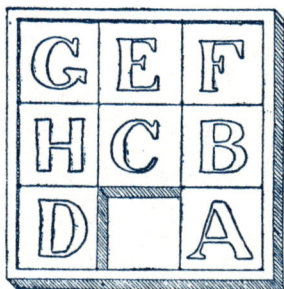

没有次数限制的话，总能找到解决办法。然而关键在于要用最少的步骤。我在这里就不说出那个数字了，因为读者将会乐于自己发现。在写下步骤的同时你会发现必须得按照字母移动的顺序写。即是说，你的第一步可以是 C，H，G，E，F，但是一定要记清楚是哪一个。练习的时候可以拿 8 个方块和一张画有图表的纸就行了。

245. 租屋困境

杜布森家在斯罗康布海边公寓租了房间。如图所示，这一层有

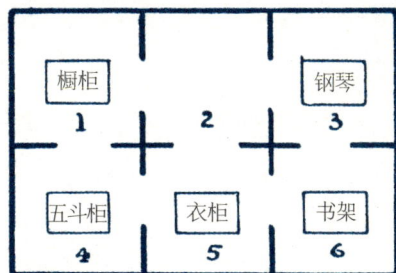

6 个相通的房间，他们家租的是面对大海的 4，5，6 号房。现在有了一点小麻烦，杜布森先生狡猾地想要把钢琴和书架换个位置，不是因为他们一家喜爱音乐，而是这样一来钢琴在自己这边，别的租客就没法弹了。房间很小，一个房间里放不下两件家具，要怎么样才能最方便地将钢琴和书架调换过来？比如说，你可以先把衣柜搬到 5 号房，然后把书架搬到 5 号房，如此这般。这道题很逗人，不过房东太太可不喜欢。你可以在纸上画方块，找到解决谜题的最佳办法。

246. 八节火车头

图中展示了一个铁路公司以某种奇怪方式排列机车的场地。火车头只能停在指定的 9 个点上，其中一个点现在是空着的。要求一次只

121

能移动一节火车头，在 17 步之内，一点一点使它们按照数字顺序沿外圈排好，空出中间的停车位。不过有一节火车头熄了火没法移动。请问要如何移？始终保持不动的又是哪一节火车头？

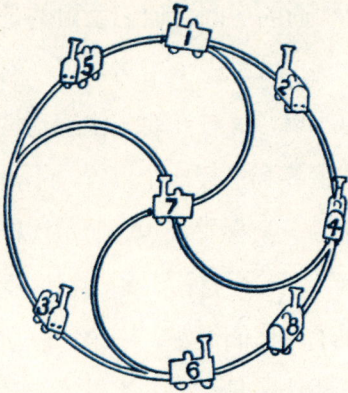

247. 铁路谜题

在一张大纸上画一个如图所示的图表，拿 9 个筹码块代表火车头，三个写上 A，三个写上 B，三个写上 C。可以看到在线上有 9 个停车位，外围还有一个空位好像是字母 Q 下面的那个小尾巴。把那些代表火车头的筹码块分别按照图示摆好。题目要求移动这些火车头，一次一个，直到使每一个圆圈上各停了一节 A，B，C。每一列直线上也都停了一节 A，B，C。步骤越少越好，你需要多少步才能完成？

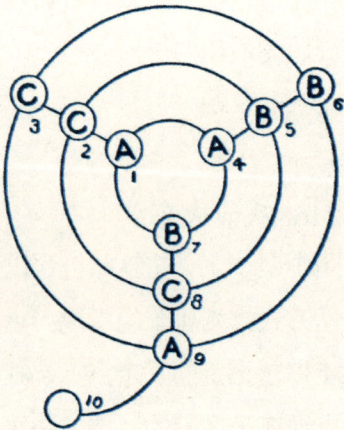

248. 铁路谜团

下面展示的是伦敦克劳德威尔的马德福德铁路公司的部分线路，是一条中间有一个圈的路线。B 和 C 之间的那个圈，无论左边还是右边，都只能容纳 8 节车厢或者 7 节车厢加一个车头。凑巧有两列货车（每列均有一个车头加 16 节车厢）开到了如图所示的位置。看起来似乎无路可走了，两位司机都希望对方退回到上个车站，卸下 9 节车厢再回来。然而有一个聪明的火车司机成功地带领他们走出困境，踏上了各自的旅途，并且使用了最少次数的倒档。你能打赢这场仗吗？你要倒几次档呢？"倒挡"是指改变方向，不管朝前还是朝后。不许使用绳绞车、溜放调车，或者其他的小技巧，只能靠这两列货车自身的移动。用筹码块来玩的话，既简单又有趣。

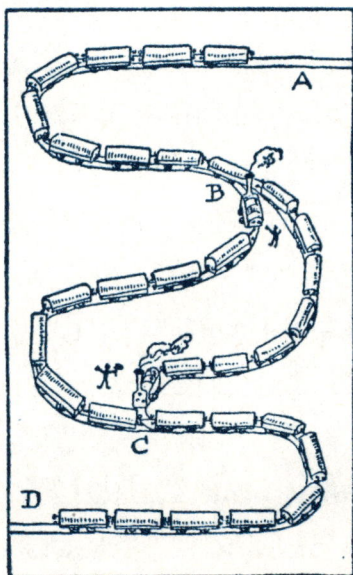

249. 机车库谜题

机车库经营商的麻烦演变成了一个颇具趣味的消遣游戏。只要在纸上画一个简单的格子图，准备8个筹码块，写上数字1-8，全家都能参加到这个游戏中来，找到解决谜题的最佳路径。

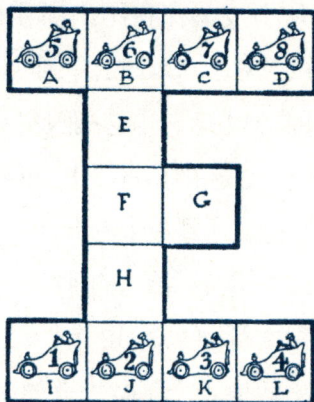

图中所示的是有12个停车位的机车库。然而由于严苛的前提要求，经营商常常陷入不小的困惑。例如，8辆车按照图示停好，如何最快地调换它们的位置，使得上面的5678移到下面，下面的1234移到上面，并且仍然保持从左至右的读数。最少需要多少步？

一次移动一辆车，不管移动几格都算一步。停车位被划分成了方块便于理解，一个车位里只能容纳一辆车。

250. 十个囚徒

囚犯也可以用来设置谜题玩，他们算得上是做谜题的老话题了。这个怪题或许能吸引读者一阵子的注意力。下图有16个牢房，10个囚犯分别被关在在图中所示的位置。狱卒对于单双数有一种怪异的迷信，他想重新安排这些囚犯位置，使得横排、竖排和斜列上有双数的囚犯的行数达到最多。而现在的情况如图中的箭头指示的那样，有双数囚犯的行列只有12个，每列不是2个就是4个。很快就能知道，最多能排出16行来。狱卒允许一个牢房里最多同时待4个囚犯，并且坐在右下角房间里的那个犯人因为体弱的缘故无法移动。在这样的情况下，请问如何移动囚犯，才能得到16个双数行列？

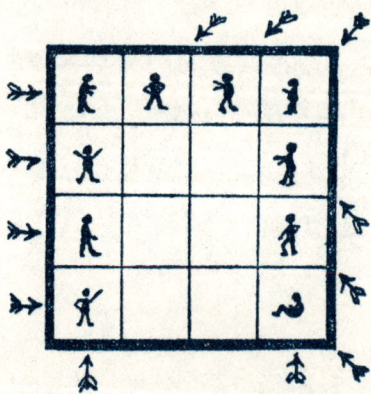

个环空着，在剩下的7个环里要写上英国的一个有7个字母的港口名称。方法是这样的，用铅笔点一下空环，朝任意方向跳两格，写下第一个字母。然后再点一下邻近的空环，跳两格，写下第二个字母。余下的依照此规则进行，直到写完整个单词。这样一来，假如我们想写"格拉斯哥"（Glasgow），按照这样的顺序：6-1，7-2，8-3，7-4，8-5，即点一下6，跳过7在1里面写下"G"，然后点一下7，跳过8和1在2里面写下"L"，如此这般。最后我们会发现，写完第五个字母——"Glasg"——之后，就没法再写了。要么就是格拉斯哥这个单词有问题，要么就是我们没跳对。你知道怎么解开这个谜题吗？

251. 环绕海岸

这个谜题既有趣又颇具意义。一个圆圈上，排列着8个环。第八

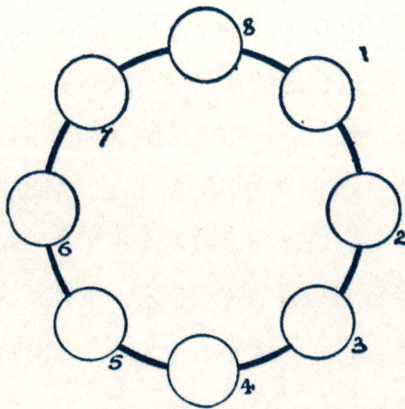

252. 跳弹珠

这个古老的游戏是祖母们的最爱，而我想我们中的大多数人可能见都没见过弹珠盘长什么样：一个圆形的抛光木板，上面按照几何图案挖空了很多洞，每个洞里放着一粒玻璃弹珠。有时候在郊区娱乐室的桌子上还能见到它，有时候在某个乡村小屋里也能发现它的踪影，在路边客栈里也见到过有人买它。很多时候是如图中所示的这个样子，通常有的也会多四个洞，在图中黑点所示的位置。眼下我选了简单的这种。

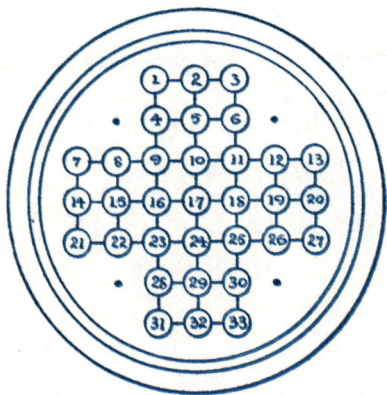

虽然现在在玩具店还能买得到弹珠盘，不过读者在纸上画一个放大的图样已经足够了，给洞编上号，准备33个筹码块、纽扣或者豆子。除了中间17号之外，在每个洞上放一个筹码。游戏要求通过一系列的跳跃，拿走所有的筹码，只剩下最后一个放在中间那个洞上。你可以像跳棋游戏那样间隔跳，被跳过的那个筹码便可以从棋盘上拿走。记住必须是跳跃式的，那么既然每跳一次就能拿走一粒筹码，31步便自然可以拿走31个筹码了。允许连跳（这又和跳棋游戏一样），只要没有停下，跳多少格都只算是一步。

下面来举个例子让游戏方法更加清晰，也教你如何记下自己的步骤：5-17，12-10，26-12，24-26（13-11，11-25），9-11（26-24，24-10，10-12），等等。括号里是由同一个筹码跳的，都算是一步。要求找到最少的步骤。自然，不允许斜跳，只能沿着直线跳跃。

253. 十个苹果

图中人正在家里玩一个小游戏，不太难，但很有意思。如你所看见的，他们把16个盘子摆成了一个正方形，在其中10个盘子上各放了一只苹果。要找到一个办法拿走 9 只苹果，只剩一只。苹果只能隔粒跳，像跳棋或者说弹珠游戏中那样，不能斜跳——只能沿直线跳。显然，按照图中的排列方法，现在一步也跳不了，因此你可以任意拿起一只苹果放在某个空盘子里，然后开始，剩下的步骤便只能用跳的了。

254. 九颗杏仁

"这里有个小把戏，"一位牧师说，"我觉得十分有意思。又简单，又能一下子吸引住眼球。"

牧师先生拿出一张纸，上面画了 25 个格子，像是棋盘的一部分。然后在中央的格子上放上 9 颗杏仁（如图），下面用写了数字的筹码块来代表以便理解。

"题目就是，"牧师说道，"要拿走 8 颗杏仁，留下最后一颗在中央的格子里。要求是隔粒跳，拿走被跳过的那个（和跳棋游戏一样），不过现在可以随便跳，斜跳亦可。关键是要找到最少的步骤。"

下面用一个尝试性的示范来演示一下。4 跳过 1，5 跳过 9，3 跳过 6，5 跳过 3，7 跳过 5 和 2，4 跳过 7，8 跳过 4，可是最后 8 却没有如题目要求的留在正中央。记得跳过的杏仁要拿走，同一颗杏仁的连跳算一步。

255. 十二便士

这个小谜题只需要 12 个一便士硬币或者筹码块。如图所示排列成一个圆圈。拿起一个便士，跳过两个便士，放在第三个上面。然后再拿起一个单个的便士重复以上步骤，直到 6 步之后，让硬币以 6 对的方式陈列在位置 1、2、3、4、5、6 上。沿着圆环任何一个方向跳皆可，跳过的无论是单个还是成对的硬币均可。只要动点脑筋，这题一点都不难。

跳过的两枚硬币可以是在一个盘子里，也可以跳过很多个空盘子，只以硬币计数，不考虑盘子。你只能沿着一个方向跳硬币，而且最后要回到你出发的原点，要一直朝前走，不能倒退。

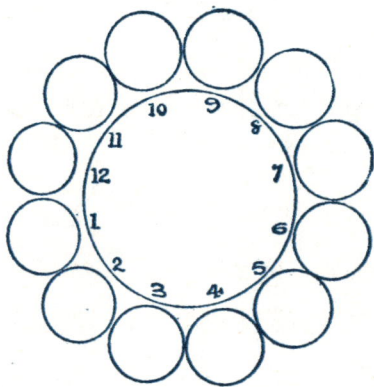

256. 盘子和硬币

如图，在一张圆桌上放 12 个盘子，每个盘子上放一个橘子或一枚硬币。从任一盘子开始，沿着桌子的一个方向走，拿起一枚硬币，跳过两个，放在第三个盘子里。如此反复，拿起一枚硬币，跳过两枚再放下，这样一直继续下去。只要移动 6 枚硬币，这样会有 6 个盘子里分别有两枚硬币，剩下 6 个盘子空着。要求绕着桌子转的次数最少。

257. 捉老鼠

"公平点！"老鼠说，"游戏规则你清楚！"

"我清楚得很，"猫说，"我要沿着圆圈走，顺着你们面朝的方向，每次吃掉第 13 只老鼠，白色的那只必须留到最后吃。13 这个数字不吉利，我尽量满足你们的要求。"

"那就来吧！"老鼠说。

"让我想想。"猫说，"我还不知道从哪儿开始呢，得好好想一想。"

猫想着想着就睡着了，魔咒解除了，老鼠们安全地逃回了家。猫应该从哪一只老鼠开始数起，才能把白老鼠留到最后呢？

读者要是解开了这个谜题，那么还有另外一个。如果要从白老鼠开始数起，那么最小能数哪一个数字，使得白老鼠仍然是最后一个？

第三个题目是，还是从白老鼠开始数起，最小能数哪一个数字，使得白老鼠是第三个被吃掉的？

上面，11 放到 1 上面，7 放到 4 上面，依次类推，直到码成 4 堆。每次要跳过 4 个，不管是堆在一起还是分开摊放，往任何一边方向均可。12 步之内有若干种办法，这便需要极大的耐心，将这 4 堆安放在指定的位置上。例如，要求放在两端，即编号 1、2、15、16。这个还算简单。或者要求 3 个连在一起，比如 13、14、15。或者最后放在 3、5、12、14 上。

258. 古怪的干酪商

图中的这位干酪商，是个狂热的谜题爱好者。他最喜欢的游戏就是在货舱里堆干酪，有益身心健康。他在地上排开 16 块干酪，然后再 4 个 4 个地堆成 4 堆，每隔 4 块放上一堆。如果你用 16 个写有数字的筹码块来表示，即是把 1 放到 6

259. 交换谜题

下面是一个移动筹码块的有趣谜题。只需 12 个筹码块——6 个同色，标上 A、C、E、G、I、K，另外 6 个另一种颜色，标上 B、D、F、H、J、L。放在如图所示的表格中，要求使得它们按照正常的字母顺序排列如下：

A B C D

E F G H

I J K L

规则是同一条直线上不同的颜色互换。即是说，G 和 J 可以互换位置，或者 F 和 A 也可以。然而 G 和 C 同为白色，F 和 D 同为黑色，便不能互换。你能在 17 步之内完成任务吗？

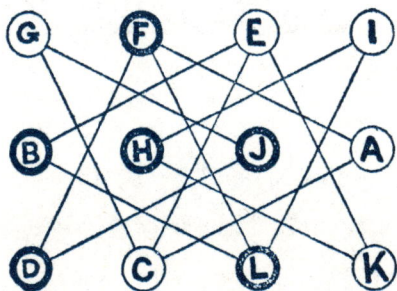

不能少于 17 步了。只要找到合适的方法，这个游戏其实很简单。

260. 鱼雷练习

有一个 16 条船的船队，在停泊时被敌人包围了，如果每颗鱼雷从三条船下游过后击沉第四条，一共有多少条船会被击沉？在图中我们把这船队排成一个正方形，按照

如图箭头的位置所示安放鱼雷的话，可以看出会有 7 条船被击沉（上面第一排和左边第一列）。如何排放船队，能够击中最多的船只？记住，船只一旦被击中，立即沉没，每颗鱼雷的方向都各不相同，否则的话，将船只排成一列，便足可以击中 13 艘船那么多了！这是海战中一个有趣的小谜题，且非常实用——条件是敌人肯任你摆布他的船只并且在那里一动不动等着挨打！

261. 帽子谜题

帽子如图所示挂在钩子上——5 顶大礼帽 5 顶毛毡帽，相隔排开。最后空着两个挂钩。

要求每次移动相邻的两顶帽子到空着的挂钩上，每次两个两个地移动，直到 5 对帽子全部移完，没有间隔地挂在一起，而且所有的大礼帽在一起，所有的毛毡帽在一起。

记住，每次移动的必须是相邻的两顶，并且不能调换它们的位置，要同时放下，不能只挂一只。

这题是下面一题的一个引子，你能解得出来吗？用两种颜色的筹码块或者硬币来做。记住最后必须留下两个空的挂钩在某一头。

262. 排排坐

可以在纸上画十个格子用来代表十把椅子，用 8 个写了数字的筹码块代表男孩和女孩，就可以开始玩这个游戏了。单数代表男孩，双数代表女孩，或者用两种颜色的筹码块或硬币区别开来。

每次移动相邻的两个孩子，放在两把空椅子上，让他们交换位置；然后再移动相邻的两个孩子，再交换位置放下。如此反复。直到男孩

和男孩坐在一起，女孩和女孩坐在一起，原图所示位置上仍剩下两把空椅子。要在 5 步之内完成，每次必须是相邻的两个孩子，并记住重要的是要交换位置，这也是本题的一个显著特点。我所谓的"交换位置"即是指，例如你把 1 号和 2 号移到空椅子上，那么最外面的第一把椅子上坐的便应该是 2 号，第二把椅子上是 1 号。

263. 果酱罐的排列

有一次，我碰巧看到一个小姑娘帮妈妈在收拾碗橱。小姑娘把不同的蜜饯都分开来放。我注意到她一手拿起一瓶西洋李子，一手拿起一瓶醋栗，给它们调换了位置；然后又拿起草莓酱和黑莓酱，如是这般。看着她做了许多无用功，我感到甚是有趣，随即想出了下面这个好谜题。

从图中可以看到，小多萝西要设法把 24 只罐子放进分类格中。她想按照正确的数字顺序来放，即

第一排是 1、2、3、4、5、6，第二排是 7、8、9、10、11、12，以此类推。那么，如果她每次一手拿起一只罐子，将它们互换位置，那么一共需要多少步？自然，她会先将 1 和 3 调换，再将 2 和 3 调换，这样前三个罐子就排放好了。接下来你会建议她怎么做呢？在纸上画出这些方格子，再放上标了数字的筹码块，你会发现这很有意思。

一笔画和路线谜题

> "我看见他们在绕弯路。"
>
> ——雷金纳德·希伯

有理由相信，上古时代便有人向别人问过这些谜题："回家的路最近的是哪一条？""最方便的呢？""怎么走才能避开乳齿象和蛇颈龙？""怎么走才能不穿过敌人的区域？"这些都是基本的路径谜题，加入一些复杂的条件，便能演变成很好的谜题了。在下面的例子里你会看到各种限制，也有一些不那么难的。这会给那些讲究逻辑的读者们一个很好的练习，也能帮助人们从富有启迪性的对称图形中总结出些许知识。

264. 小孩的谜题

多年来，常常有小朋友请教我这个小谜题。很多孩子都知道这个题目，奇怪的是，他们却常常找不到答案。他们总是这么问，"求求你了，告诉我这真的可能吗？"我猜魔术师乌丹应该很喜欢用这个游戏来考考他的小朋友，不过这个谜题是不是他发明的就不一定了。无疑，大多数的读者都很想知道这个谜题的答案，因此对这个古老的谜题稍加介绍也是理所应当的。

题目像图中女孩展示的那样，用铅笔 3 笔画成图中的表格。每一笔都不能间断，也不能返回。你会发现一笔能画出不少东西来，可看起来总觉得需要 4 笔才能画好。

这个题目还有另一个形式：在石板上画好这个图形，然后擦 3 下把它完全擦掉。

265. 国旗谜题

图示是一个象征英国国旗的草图，要想一笔画成那是不可能的了。题目的要求是最少需要几笔才能画完，每一笔都不能间断，也不能返回。拿起铅笔试试看。

266. 切圆饼

你用笔画多少画才可以画完下面这幅图？自然，如果笔尖转换了方向，就算是新的一笔了。你可以重复已经画过的线。需要一点耐心，否则就会卡壳了。

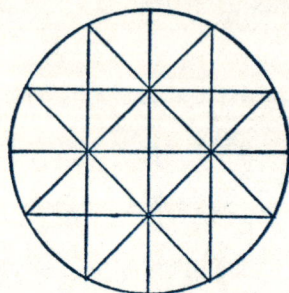

267. 管道检查工的谜题

图中的男人陷入了一个小小的困境。他被任命为某个铁路系统的管道检查工，他的职责是定期检查公司连接 12 个车站的 17 条路线，如下面他对着沉思的那幅图所示。

他想找到最短的检查路径，可以在任意一处开头和结束。请问要如何走？

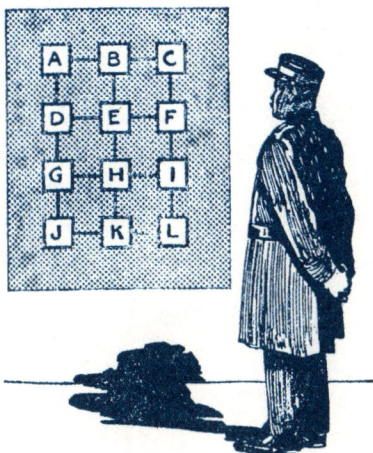

这题能再简单一点吗？读者很快会发现，无论怎么走，有一些路线必会重复，假设每个车站之间间隔一迈的距离，那他就得走不止17迈才能检查完。你的路径是怎样，走了多少迈？

268. 小镇游

一个旅客从 1 号小镇出发，想要沿着图中的直线行走，一次游览遍所有的小镇，并且不能重复。符合条件的路径一共有几条？当然了，必须还回到开头的 1 号小镇，

并且在路上不能转弯，只能从一个镇径直走到另一个。要是走得对的话，这是一个简单得不可思议的谜题。

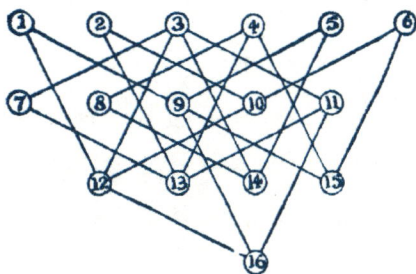

269. 十五个转弯

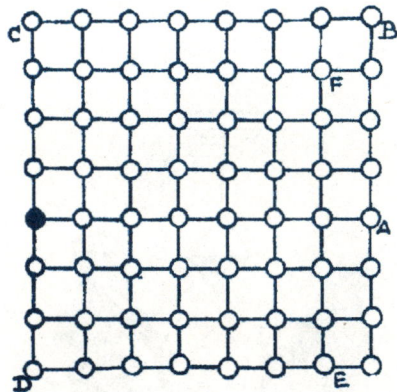

这是另一个奇怪的游客谜题，需要动点脑筋才能解开。在这个题目里，游客从标了黑色的那个小镇出发，要求在 15 个转弯之内走得足够远，并且每条路都不重复。小镇之间的距离是一迈。假设他径直走到 A，再走向 A，然后是 C、D、E、

133

F，那么就是说在 5 个转弯之后走了 37 迈。那么，15 个转弯之内可以走多远？

270. 八面体上的苍蝇

"瞧，"教授对他的同事说，"我一直在观察这个八面体上的苍蝇，它始终沿着边线在走，为什么不从面上走呢？"

"也许它在解决什么路径谜题。"对方答道，"假设从顶点出发，要想不重复地走过所有棱线，共有几种走法？"

这个谜题比他们设想的要难，花了一天的工夫，他们也没能达成

一致——事实上，他们俩都错了。要是有读者感到惊讶的话，不妨自己一试。这正解释了八面体为什么是符合五常法则的理想体。它由八个同样大小的等边三角形组成，你可以按照如图所示的样子剪切两块纸板，沿虚线折痕，再粘贴起来，就得到一个完美的八面体了。不管走什么样的路线，总会发现苍蝇最后回到了出发的原点。

271. 十二面体谜题

十二面体是另一个符合五常法则的理想体。它所有的面、角、线都相似相等。它由 12 个相同的等边三角形组成，按照小图中所示的图样在纸板上剪切，并沿虚线折痕，就可以组成一个完美的十二面体了。

那么，一个理想体并不是指处处完美无缺，而在这个题目中，我们可以假设有一个这样形状的宜于居住的星球便可以了。还可以假设，由于大面积的水域，这个星球上唯一的陆地便是那些边线，居民也都是不通水性的。假设每条边线长 10000 迈，有一个旅人独自从北极出发（图中的最高点），他一共要走多少路，才能拜访完所有陆地上的居民——即是说，经过所有的边线？

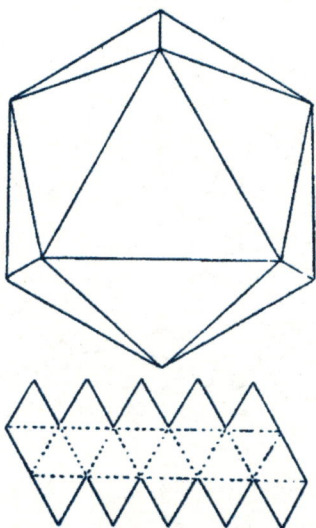

272. 自行车之旅

两个自行车手正在为一趟小出行而咨询路线。图中的圆圈代表市镇，路线全部都用线标示出来了。他们从画了一颗五角星的那个镇出发，终点是 E。要求游遍所有的小镇并且不得重复，难点便在这里。斯派赛先生说，"我想总能找到一条路的。"麦格斯先生则答道，"没路，我确定。"他们俩谁说得对呢？

拿出笔来，看看你能不能找到办法。当然，必须按照图上给出的路线来走。

273. 水手的谜题

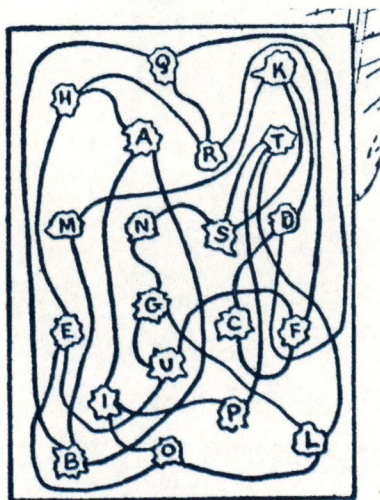

图中所画的这位水手说，他从小就在太平洋上的 20 个小岛之间乘船做点小生意。我复制了一幅他

所说的小岛的草图，他还给我讲解了他的路线。一般都是从小岛 A 开始，把每个小岛不重复地逐一过一遍，然后回到出发点 A。因为一些不得而知的商业上的原因，他总是尽可能最后去 C。题目要求找到他的路线，而且我确定这个路线是可以找出的。拿出你的笔来，从 A 开始，一步一步走下去。记下你走过的小岛——譬如说，A、I、O、L、G，等等——这样便可以清楚地知道哪里走过了哪里还没走。要忽略路线上的交叉点，也就是说你只能径直地走，中途不能转弯。这道题没有窍门。水手知道最便捷的路径，你呢？

274. 大旅行

日常生活中常见的一种谜题就是找路径。譬如你要骑单车或者骑摩托出去旅行，总要面对如何最有效地利用时间和其他资源的谜题。决定好了要去看哪些地方，比如这个或那个小镇，去看看哪里好玩，或者顺便路过哪里去拜访个什么老朋友。这样便需要计划好，绕开坏路，没有什么风景的地方，还要考虑是否需要按原路返回。一张地图摆在面前，题目和答案便一一揭晓了。下面就讲一个以这个为内容的小题目。

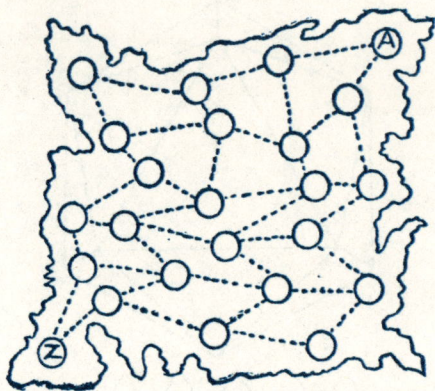

这是一个国家的地图草稿——没必要说是哪个国家——圆圈表示城镇，虚线是连接它们的铁路。在 A 镇有一个本地出生的人，他从没离开过家乡。年轻的时候他勤勉努力，致力于自己的生意，从来不想外出闲逛。现在，他快要五十岁了，决定出去看看祖国风光，把每个城镇毫不重复地游览一遍，终点定在 Z。他决定只搭乘火车，那么如何安排路线便成了一个谜题。所幸他最后还是成功了。请问他是如何做到的？不要忘记，每个城镇都要去一次，且只能去一次。

275. 水电和煤气

总有那么一些老大难的谜题，在生活中突然冒出来。有时候其中的某个，你都以为它已经绝迹了，忽然又会跳出来。我收到过好多好多封信，都是来询问那个老掉牙的我称为"水电和煤气"的谜题。这个谜题实际上比电和气产生的年代还要久远，只不过旧瓶装了新酒。谜题就是，从 W、G、E 三个地方铺设水电煤气管道到下面的 A、B、C 三个房子里去，管道之间不能交叉。拿出笔来画画看，很快你就会陷入困境了。

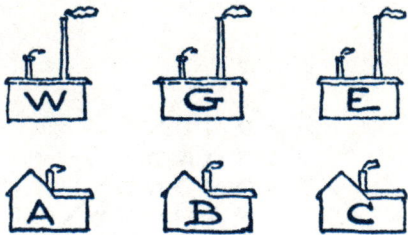

276. 驾车人的谜题

8 个人开车去教堂。图中展示的是他们各自的住址和教堂的位置，虚线标出的是可供行走的道路。一个人从房屋 A 出发去教堂 A，另一个人从房屋 B 出发去教堂 B，第三个人从房屋 C 出发去教堂 C，以此类推。结果他们在路上谁也没碰到谁。拿出笔来画出他们各自的路线。

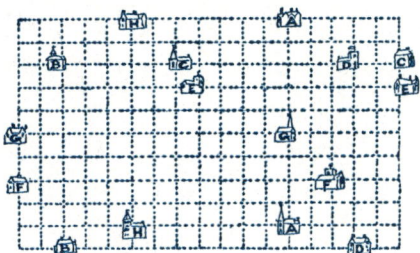

277. 银行假日谜题

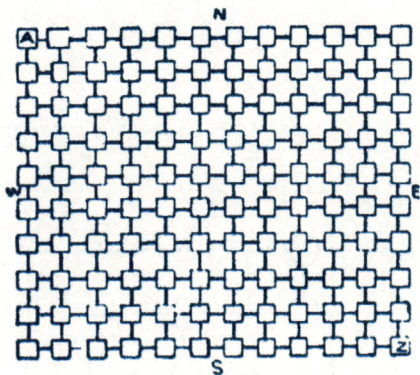

两个朋友打算搞一次环游来度过银行的假日。在一个乡村旅店休息的时候，他们研究起了一张线路图。在上图中我们以极其简洁的方式呈现了出来，这个谜题不需要那些繁复的累赘也已经足够有趣了。他们从左上角的 A 镇出发，一共有 120 个这样的小镇，它们之间都是直线连接的。他们发现一共有 1365 条路线可以到达终点，旅行方向不是正南就是正东。请问他们的终点是哪一个小镇？

当然，要是你找到的这个镇有不止 1365 条路可以到，那就说明你找错了。

278. 摩托车之旅

在下图中，圆圈代表市镇，线代表好路。一个摩托车手，从标记着 L 的伦敦出发，要游遍所有城镇，每个城镇去一次且只去一次，最后返回到伦敦，有多少种路线可以走？同一条路线不得反复计算。

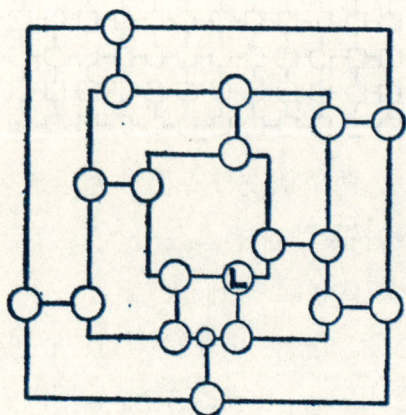

279. 水平仪谜题

这是一个简单的数学游戏。在上图中，你用笔点着字母 L 沿着直线走，能数出一共多少个 LEVEL（水平仪）出来吗？朝任一方向都可以，不能跳过任何字母——遇到哪个就得拼上哪个。

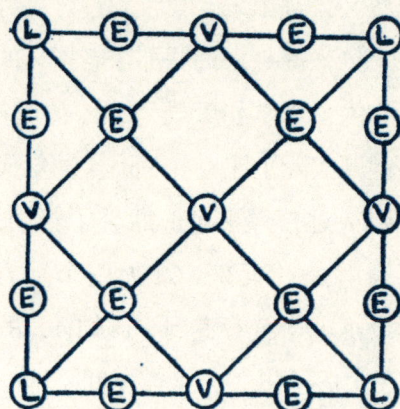

280. 钻石谜题

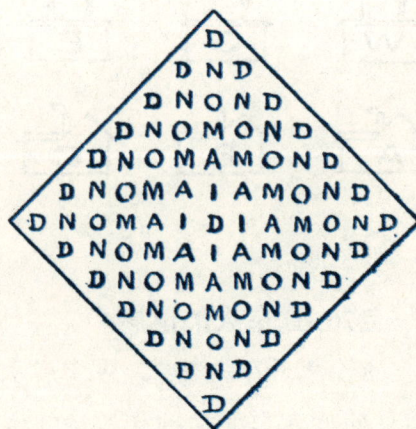

138

在上图中，你能拼出来多少个DIAMOND(钻石)这个单词出来？你可以从任何一个 *D* 开始，随便朝哪个方向，遇到哪个字母就是哪个字母。一共能拼多少个？

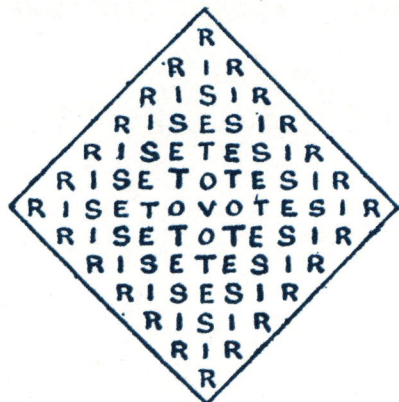

```
            R
          R I R
        R I S I R
      R I S E S I R
    R I S E T E S I R
  R I S E T O T E S I R
R I S E T O V O T E S I R
  R I S E T O T E S I R
    R I S E T E S I R
      R I S E S I R
        R I S I R
          R I R
            R
```

281. 有关 "DEIFIED"（拜神）的谜题

在上题中的条件下，除了可以在同一种读法中使用一个字母两次之外，以如此方式排列的单词DEIFIED 总共有多少种读法？

VOTE, SIR,"（先生，请站起来投票吧！）来？在这个回文句里，*V* 每次都得出现在正中间。

283. 汉娜的谜题

一个男人爱上了一个教名叫汉娜（Hannah）的姑娘。他去向她求婚，姑娘把自己的名字写成这样：

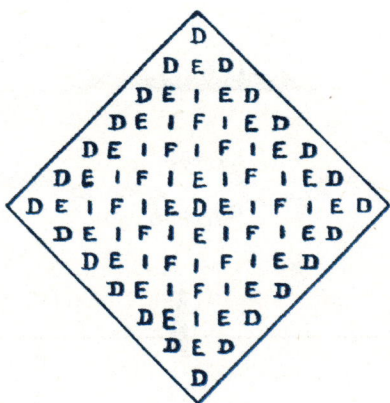

```
            D
          D E D
        D E I E D
      D E I F I E D
    D E I F I F I E D
  D E I F I E I F I E D
D E I F I E D E I F I E D
  D E I F I E I F I E D
    D E I F I F I E D
      D E I F I E D
        D E I E D
          D E D
            D
```

```
H H H H H H
H A A A A H
H A N N A H
H A N N A H
H A A A A H
H H H H H H
```

282. 投票者谜题

这估计是最有趣的一种谜题了。和上题的条件一样，你能找出多少个这个法律术语句 "*RISE TO*

并且许诺说，如果他能数出来这里面能拼出来多少个她的名字，她就答应。拼写不能间断，可以沿对角线。不知道她出这个题目是为了戏弄他还是测试他的才智。令人高兴的是,他成功了。你能做到吗?拿出铅笔来试试,可以从任意一个 *H* 开始,前后左右地读,只要不跳过字母就可以了。能找到多少种不同的拼法?

284. 蜂巢谜题

这道题的条件非常简单。拿出铅笔来,随便找一格蜂巢作为出发点,然后根据我们已经很熟悉的规则,从一个格子向相邻的下一个格子移动,找对路的话,就能把所有的格子都不重复地走一遍。这道题看上去有点难,其实很简单。

285. 僧侣和桥

我在图中给出了一条河、一个小岛和五座桥。河的一边是一座修道院,另一边前方站着一个僧侣。僧侣想在回修道院的途中不重复地走过每一座桥,当然这并不难。在途中他自言自语道,"那一共有多少种不同的路线可供我选择呢?"题目就是这样,你能告诉他吗?拿出笔来,画出一条能一次走完五座桥的路线,再画第二条、第三条。看看你能不能数得清。你会发现困难来自两方面:既不能漏下一条路线,也不能数重复了。

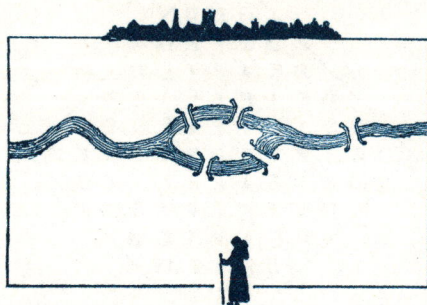

排列组合谜题

各种各样的类似题目都被称作"几何情形"，实际上解决它们主要依赖产生于排列理论的组合方法。基于这样的原因，要是把一些在其他地方出现过的题目也归纳到这一类来，似乎会更为简便一点；然而读者总是要求不要这么斤斤计较于主观的分类。既然这里收录了一个"圆桌谜题"，那么就相当于收录了同类中的另一个有趣的法国题目"家庭谜题"。假设有 n 个已婚妇女以一定的顺序坐在一个圆桌周围，那么有多少种方法可以安排那 n 位丈夫入座，使得每个男人都坐在两位女士的中间，却和自己的妻子不相邻？

这个谜题是由莱桑首先解答出来的，而下表中的方法则是莫罗提出的：

4	0	2
5	3	13
6	13	80
7	83	579
8	592	4 738
9	4821	43387
10	43979	439792

第一列代表一共有多少对夫妻。第二列是这样得出来的：$5 \times 3+0-2=13$；$6 \times 13+3+2=83$；$7 \times 83+13-2=592$；$8 \times 592+83+2=4821$，以此类推。找出表中的所有数字（ 2 除外）后，解题方法就一目了然。你会注意到，当第一列的数字（就是一共有多少对夫妻）是单数的时候，要减去 2 ，是双数的时候，就要加上 2 。第三列的数字是这样得来的：$13-0=13$；$83-$

3=80；592-13=579；4821-83=4738，以此类推。最后一列的数字就是答案所在。就是说，有 2 个男人，就有 2 种解决办法；有 5 个男人，就有 13 种；有 6 个男人，就有 80 种。

下面这个由卢卡斯想出的办法，展示出如何在圆环谜题中应用棋盘分析的办法。把一个正方形分成 6×6 的 36 个格，擦去从左下角到右上角的对角线上的格子，再擦去与之平行的上方的 5 个格子以及右下角的 4 个格子，在剩下的格子里，你放 6 个棋子，两两不相邻，有多少种放法。答案就跟这 6 对夫妇有多少种坐法是一样的。结果显示，6 粒棋子一共有 80 种放法，和上图的表结果一致。

286. 十五只绵羊

我听说有一本百科全书上有这样一道题："把 15 只绵羊放在 4 个圈里，每个圈里的绵羊只数都要相等。"这本书没给出答案，于是我着手研究了起来。我想，如果是苹果或者小石块的话，这题完全没解，因为 4 的倍数肯定是双数，而 15 是个单数。我想，绵羊身上肯定有什么不为人知的特性。于是我就去请教了一些农民。第一个人跟我说，要是把羊圈一个套一个地围起来，就像靶子一样，然后把羊放在最里面那个圈里，就成立了。但我表示反对，这样做等于把羊放在 1 个圈里，而不是 4 个。另外一个人说，

把其中 3 只圈里放上 4 只羊，另外一个放 3 只（总共只有 15 只），然后那 3 只中有 1 只母羊晚上生了 1 只小羊，第二天早上每个羊圈里的羊数目就相等了。我对这个答案仍不能感到满意。

第三个农民对我说，"我家刚好有 4 个羊圈，还有一群小公羊，你跟我来，我赶给你看。"插图所画的就是我的朋友正要赶羊给我

142

看。他所解释的也正是那百科全书题目作者的意图。究竟是怎样呢？你要如何赶这 15 只羊呢？

287. 亚瑟王的骑士

亚瑟王连续三个晚上都和他的骑士坐在圆桌边——Beleobus, Caradoc, Driam, Eric, Floll, and Galahad——每个晚上每个人身边坐的人都各不相同。第一个晚上他们是按照字母顺序坐的，之后的两个晚上亚瑟王都让 Beluobus 尽量靠近自己而让 Galahad 尽量远离自己。请问这些骑士是如何入座的？要记住每个晚上每个人身边坐的人都不能重复。

288. 城市午餐

伦敦一家大公司的 12 名同事每天中午一起吃午饭。桌子很小，只能两个两个一起坐。请问这 12 个人在 11 天里要如何坐，才能两个两个不重复地坐在一起？就用字母表的前 12 个代替这 12 个人吧，假设第 1 天是这样坐的：

$(AB)(CD)(EF)(GH)(IJ)$
(KL)

然后第 2 天可以随便排，比如：
$(AC)(BD)(EG)(FH)(IK)$
(JL)

这样一直排下去，直到排完 11 天，不能有重复。有很多种可能，试试找到一个。

289. 玩牌游戏

俱乐部的 12 名成员决定玩 11 个晚上的桥牌，每个人每次的搭档和对手都各不相同。你能画出一个图表，表明他们每天晚上是如何坐在 3 张桌子上的吗？用字母表的前 12 个字母代表他们，然后进行排列组合。

290. 网球比赛

四对夫妇打网球混合双打比赛，就是一对男女同另外一对男女比赛，每场比赛夫妇不能搭档或打对手。在两块网球场地上，连续三天的比赛将如何安排？这是一个很实用的题目类型，也很迷惑而有趣。

291. 拿错的帽子

"我最近碰见一件超级奇怪的事情，"威尔森先生说，"有 8 个人，也不知道什么原因，跑到伦敦同一家餐馆吃饭。他们是最后离开的，可没一个人记得清自己的帽子。假设他们都是随便拿的，有多少种拿法，他们每个人拿的都不是自己的？

"首先，"沃特森先生说，"要找出有多少种拿帽子的方法。"

"这还不简单，"斯塔布斯先生解释道，"把 1、2、3、4、5、6、7、8 这几个数字乘起来，让我看看，一共有 40320 种办法。"

"然后要从中找出其中有多少种是每个人都没拿到自己的帽子的。"沃特森先生说。

"多谢了，别算上我，"帕赫斯特先生说，"我可不想把时间浪费在从 40000 多种方法里找到需要的答案这样的事情上。"

他们一致同意，生命苦短，不值得在这上面浪费时间；结果没人想出别的办法来，这个谜题一直搁置至今。你能解决吗？

292. 钟声响叮当

一个热衷钟学（译者注：研究铸钟及鸣钟术的学问。）的读者写信问我，如何给一组四个编钟安排一个他所谓的"至真至纯"的组合。他说每种组合都只能出现一次，并且还说每次每个钟只能移动一个位置，排在第一和最后一个位置上的钟不能连续响两次。最后一种排列方式再朝前推进，便是第一种。这些奇妙的条件可以在下面的三个编钟组合中看出来：

1　2　3
2　1　3
2　3　1
3　2　1
3　1　2
1　3　2

请问要如何为他解决四个编钟的谜题？

293. 一条船上的三个人

伦敦有一名慷慨的商人，每年都给他的员工一次去海边度假的福利，由他出资。这一年，有 15 名员工来到了赫恩海湾。从伦敦出发的那天早上,老板祝他们度假愉快。

"我听说,"他又说,"你们当中有人很喜欢划船,所以我在这次度假中给你们安排了这个娱乐项目,同时也给你们出了一个小谜题。你们在赫恩海湾的 7 天中,每天同一时间都要外出划船,但是一条船只能坐 3 个人,每个人每次都必须和不同的人坐在一起,每个人每次乘的船也都不能相同。如果你们能用最少的船做到这些,那么全部的费用都由公司负责。"

其中一个人对我说,后来的经验让他找到了满足以上条件的办法,可惜的是在那之前没有人能解开这个谜题。不过我发现他们的办法都是非常不对头的,我想读者会很有兴趣发掘到底应该如何安排。凑巧他们的名字是按照字母表顺序开头的,我们就姑且用首字母来称呼他们吧。可以像下面这样写出这 7 天的五组安排:

```
      1        2        3
第一天:(ABC)(DEF)(GHI)
               4        5
            (JKL)(MNO)
```

括号里表示坐在同一条船上,就是说,A 下次就不能再和 B 或者 C 坐在一起了,C 也不能和 B 坐在一起了。其他四条情形也是如此。数字代表的是船,因此 A、B、C 也不能再坐在一条船上了。

294. 玻璃球

一群神枪手住在一个乡村小屋里,主人给大家搞了个小游戏,如图所示,在绳子上挂玻璃球来打。大家都各显身手之后,有人问了一个谜题:"要是每次只能打绳子最下面的那颗球,一共有多少种打法?"就是说,一种办法是,先从最下面一排打起,从左到右。还有一种办法就是先把第一根绳子上的四个球打完,再从左到右依次打剩下的三列。有相当多的办法(只要中间改

变一点顺序就算是一种办法），这也导致这个题目的难度实在令人惊讶。不过你一旦找到窍门，谜题也就迎刃而解了。一共有多少种方法呢？

295. 十五个字母谜题

ALE FOE HOD BGN

CAB HEN JOG KFM

HAG GEM MOB BFH

FAN KIN JEK DFL

JAM HIM GCL LJH

AID JIB FCJ NJD

OAK FIG HCK MLN

BED OIL MCD BLK

ICE CON DGK

上面是我在 1896 年夏天在《针尖对麦芒》一书中给出的一个谜题的答案。题目是用 A、B、C、D、E、F、G、H、I、J、K、L、M、N 和 O 这 15 个字母，3 个 3 个地组成单词，要求找出最多的组合。这里一共是 35 组，题目要求每两个字母只能在同一组出现一次，就是说在 ALE 这个单词里有 A 和 L，A 和 L 以后就不能再同时出现在同一个单词里了，A 和 E，L 和 E 也不可以。

在上面的解答中你可以看到符合这些条件的一共是 21 组。很多人想要找出更多，都没有成功。

在这样的条件下，15 个字母不可能组合出比 35 个更多的组合了。理论上即是说，不可能有超过 23 个单词了，因为只有这 23 个单词可能有 1 个或 2 个元音。而 AEI 和 O 这四个字母里是挑不出来哪 3 个能够组成一个单词的，因此这个数字就要减少到 22。这在理论上来说是正确的，但实际上行不通。如上面所示，如果 JEK 算一个单词的话，那就成立了，可它不是。而再纠缠在其他字母上也没法组出更多的单词了。我还得说的是，像 Joe，Jim，Alf，Hal，Flo，Ike 这样的人名或者缩写是不算的。

下面我们的谜题就是上题的一个变形。很简单：不用这 15 个字母，读者可以任意从字母表中挑选 15 个字母，然后按照以上条件排出 35 组组合，并列出尽可能多的"好单词"。

296. 九个男学生

这是与"十五个女学生"相类

似的谜题，而就算是眼前的这个小谜题，也是有足够难度的了。九个男生，在六天中三个三个地出去，每个人每次都不能和同一个人肩并肩走在一起，如何安排？

用字母表上的前九个字母来代替九个人，第一天可以是这样：

A B C

D E F

G H I

那么A以后就不能和B走在一起了，B也不能和C，D也不能和E走在一起了，以此类推。但是A可以和C走在一起。题目不是说不能出现在同一组，而是强调不能肩并肩地紧挨着。在这样的条件下可以走六天都不重复，而在"女学生"那一题的条件下只能走四天。

297. 圆桌

n个人在圆桌周围坐了 $\frac{(n-1)(n-2)}{2}$ 次。

要求使得每次每个人身边坐的人都不一样，当然也就是说，每个人每次都坐在不同的两个人之间。

298. 捕鼠器谜题

这是一个同名古老谜题的现代版本，稍有改动。拿出21张卡片，写上1，2，3等等直到21，照着图中的顺序排成一个圆圈。这些卡片代表老鼠，随便从哪张卡片开始数1，2，3，顺时针方向，数到数字和卡片上数字相同的时候，就喊一声"捉住了！"然后拿走这张卡片。从下一张开始，再从1开始数起，直到"捉住"下一个。比如说从18号开始，你数1，那么你捉到的第一只老鼠是19号。拿掉19号，下一个捉住的是10号，拿掉10号，再下一个就是1号，拿掉1号，如果数到21（不能超过21）了，就没得捉了。目标是要捉住所有的老鼠，在这样的条件下，只许试21次是不可能成功的。然而读者允许在开始的时候任意调换两张卡片的位置。就是说，你可以把6号和2号互换，或者7号和11号互换，或者其他任意一对。只要开始的位置选对，能用好几种方法捉住所有的老鼠。捉到的老鼠不能跳过，必须拿掉这张卡片再从头计数。

299. 十六只绵羊

这是一个用火柴和硬币或筹码块一起玩的新游戏。在图中火柴代表围栏，筹码块代表绵羊。外围有十六道围栏，绵羊默认是不能移动的，题目要用到的是里圈的九道围栏。眼下可以看到，这九道围栏把绵羊分成了四组，分别是8只、3只、3只和2只。农场主要求移动一些围栏，使得划分成6只、6只和4只的格局。你能只移动两道围栏完成这个任务吗？做到之后，再试试移动三道、四道、五道、六道、七道。当然，围栏只能严格按照图中虚线的位置摆放，围栏是敞开的，或者两道放在同一个位置，或者只是拿走围栏，这些把戏都是不允许的。这些条件很简单，任何一个农场主都能看明白。

300. 八座小别墅

在伦敦郊外，一个男人想在一大片正方形的空地上盖8栋小别墅，如图所示，中央是一块共用的休闲场所。等房子盖好了，也都租得差不多了，他发现，正方形每条边上的住客都是九个人。他没说具

148

体是怎么住的，但我在下面的房子上标注了数字，展示了其中一种可能性。题目要求找出所有可能的住法，保证每边都住九个人。为了不引起误解，我要说明的是，在上图中，即使 B 和 A 是对称的图样，也算是两种方法，而把 C 颠倒过来颠倒过去便算是四种，再加上镜像，就一共有 8 种。

301. 筹码块十字架

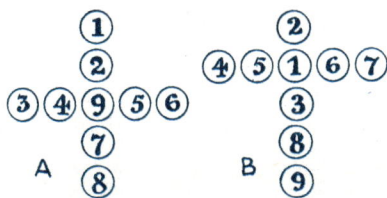

这里我们只需要 9 个筹码块，1、2、3、4、5、6、7、8、9。按照图中的样子摆成一个希腊十字架 A，而 B 则是一个拉丁十字架的样子。在这两个图中我们均可以看到，横线上的数字之和都与竖线上的数字之和相等。这样试着摆摆很容易，可是你知道一共有多少种符合条件的摆法吗？记住某一种摆法的对称图形和镜像都不算，否则把这幅图转一个圈，你就多了 4 种解法了，

对着镜子转一圈一下，又多了 4 种。这 8 个都算同一种，一共有多少种摆法？

302. 宿舍谜题

某间修道院的一层房间有 8 间大宿舍，如图所示，中央是一个螺旋楼梯。周一的早晨院长巡视的时候发现，南面比较受欢迎，南面宿舍里住的人数是其他三面的 6 倍。她认为这样太过拥挤，叫大家搬出来。周二的早晨，她发现现在人数比变成了 5 倍，她仍然不满意。周三的早晨变成了 4 倍，周四的早晨变成了 3 倍，周五的早晨变成了 2 倍。在她的继续催促下，到了周六的早晨，终于满意地看到每一面住的人数都相等了。请问最少一共有

多少名修女？这 6 天晚上是如何安排就寝，使没有一个房间是空置的。

找出有多少符合这位巴格达商人要求的摆法。能数得出来吗？

303. 几桶香膏

巴格达的一名商人有 10 桶香膏要出售。在上面的插图中可以看见，桶上编了号，叠放成两排。桶上的数字越小，里面的东西越值钱。所以最贵的就是 1 号，最便宜的是 10 号，之间依次递减。这个名叫艾哈迈德·阿桑的商人的原则就是，每一桶都绝对不能比它的右边或者下面的那一桶便宜。图中所示的是一种最简单的符合条件的排法。还有许多其他的办法——比如这样：

1 2 5 7 8

3 4 6 9 10

这样也是没有一桶比它下面或者右边的那一桶便宜。题目就是要

304. 搭四面体

我有一个四面体，或者说金字塔，如图由六根小棒粘在一起组成。你能数出用六根小棒粘一个四面体的所有不同的方法吗？

有一天晚上几个朋友在研究这个问题，每个人都拿 6 根火柴来摆弄，结果每个人的答案都不一样。瞧，只要拿起一根火柴调转一头再放上去，就是另外一种办法了。或者调换两根火柴的位置也可以。不过要记住，金字塔不管用哪一面着地，都算是同一个。这样一共有多少种办法呢？

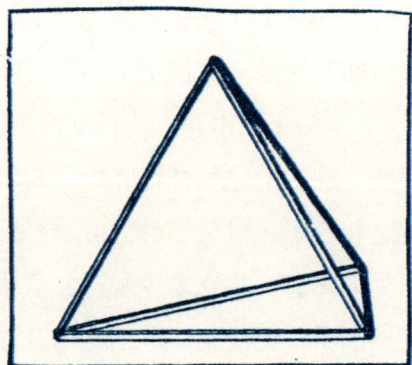

305. 涂金字塔

这个谜题是要给一个四面体或者说金字塔涂色。按照图1中的形状剪一块纸板，沿着虚线折叠成一个金字塔。首先要提醒读者们的是，太阳光谱上的前七种颜色是——紫、靛蓝、青、绿、黄、橙和红。我小的时候学到是用首字母缩写来记住的"Vibgyor"。

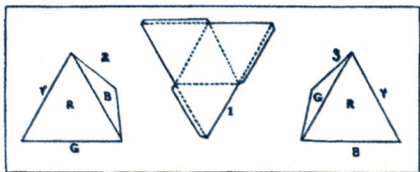

用光谱上的颜色来给金字塔涂色，一共有多少种涂法？每一面只能涂一种颜色，每一面都必须涂上颜色。还有一点要声明的是，这四面之间并无区别。就是说，如果你按照图2那样涂了色(底面是绿色，看不见的那一面是黄色)，然后再按照图3那样涂起来，实际上这两个是一样的，只能算一种办法。你把2号翻个个，就是3号了。这道题的迷惑之处在于要避免重复。要是一个涂好色的金字塔怎么摆放都和别的不一样，那么就算是一种办法。记住你可以把四面都涂上红色，

或者两面涂绿一面涂黄一面涂蓝，如此这般。

306. 古玩商的链子

一个古玩商有很多好玩的环，他拿到铁匠那里，请人家给他串成一条链子，只有一个条件，就是两个圆环不能连在一起。下图就是链子和每一个环的模样。假设这主人又想把环分开了，再拿到另外一个铁匠那里再串一遍，有多大的机会两次串出来是一模一样的？记住每个环都有两种不同的串法。

307. 十五块多米诺骨牌

在这题里我们不需要整盒2888块多米诺骨牌，我们拿掉那些上面有5或者6的，然后用剩下的15块，这里面最多的也就只是双四。

题目有一个简单的条件，一

块牌必须跟一块相似的牌放在一起——就是说，4 和 4 放在一起，黑色的和黑色的放在一起，这样下去，一共有多少种摆法，把这 15 块牌码成一条直线？同一种摆法左右互换便算两种。

308.十字靶

图中是一个古怪的枪手设计出来的一个新奇的标靶。得分的要求是，你必须尽力打中四个圈，组成一个正方形。在图中可以看到有两次尝试是成功的。第一个人打中了十字上方的四个圈，成了一个正方形。第二个人本来想打下面的四个圈，不过他的第二枪，就是左边那个，打得往上去了一点，于是他只好改变了计划，组了另外一个正方形。这样就可以看出来，第一枪打

在哪里并不重要，关键是第二枪决定了正方形到底该怎么组。题目问的就是，在这种靶子上，有多少种打出一个正方形来的办法？

309.四张邮票

"就像数数字那么简单。"人们经常会听到这样的说法。但就是数数字有时候也挺迷惑人的。下面举一个简单的例子吧。比如你买了 12 张邮票，像图中这样 3×4 在一起（一个朋友找你借 4 张连着的）不能是只有一个角连着的。有多少种撕邮票的方法？瞧，你可以给他 1、2、3、4 或者 2、3、6、7 或者 1、2、3、7 或者 2、3、4、8 等。你能数出一共有多少种方法吗？方法不会超过 50 种，所以还是能数得清的，你能找到具体是多少吗？

1	2	3	4
5	6	7	8
9	10	11	12

310. 涂骰子

有多少种给骰子标数字的办法，能够满足如下条件：1和6、2和5、3和4各自在对方的对面？这个谜题很简单，却也难倒了不少人。

311. 离合诗谜题

在做一首双离合诗的时候，你有没有想过组成跨字的开头和结尾字母的组合一共能有多少种？一个词可以用一个 A 开头 B 结尾，或者 A 开头 C 结尾，或者 A 开头 D 结尾，等等。有些组合显然是不可能的——比如，以 Q 结尾。假设只要是个单词就能用得上，一共有多少种组合？

第四章

棋盘谜题

你将和我一起去下棋。

——格林:《锱铢机智》

一阵大风刮来，烟囱被刮到了空中，在路边行人的脚下摔得粉碎。行人镇定异常，说道，"这对我有什么用，我又不抽烟。"很多读者在面对棋盘上的棋子谜题的时候，也会有同样摸不着头脑的言论："这对我有什么用，我又不下棋。"这是那些媒体常常给我们的一个错误印象，棋盘谜题总是跟下棋有关。实际上这些题目并不需要你跟对手一步两步三步地下棋，大多数时候只需要你一个人决定那些棋子怎么放。解决这些谜题也能小小地帮助你精进棋艺，众所周知，最好的解棋盘谜题高手都是那些心不在焉的人，反之亦然。也许有人既是高手又全神贯注，不过这是例外。

只是那简单的棋盘和经典的移动规则，就能使得它们变成饶有趣味的谜题。其中充满了无穷的变化，让真正的解谜爱好者欲罢不能。为了让读者的兴趣不致被这乏味的棋盘所打消，我发表的这些谜题起初全都披上了迷人的外衣。在这里，它们有些保持了原本的伪装，有些则转化为单纯的棋盘题。大部分题目不要求读者具备下棋的能力，但我假设大家对那些术语和简单的移动规则之类的知识有所了解。

起先我讲的都是一些和棋盘相关的谜题，然后是一些和车、相、皇后还有骑士有关的内容以及衍生的谜题，最后是棋盘上的综合谜题。希望题目最后给的那些公式和图表能引起大家的兴趣，这是它们的首次面世。

棋盘

> "上帝和棋盘做伴。"
> ——拜伦：《唐璜》第八章第八十九节

棋盘是由横竖直线分成 64 个小方块的一个大正方形。起先不是这样的棋格（由黑色和白色或其他两种颜色的格子交替组成），演变成这样是为了方便辨认。棋盘的作用毋庸置疑。比如说，有了它，我们一眼就能看出自己在黑色格子上的相是不是会被对手白色格子上的相吃住。当然了，棋盘的格子不是游戏的要义。还有，当我们在棋盘上设计谜题的时候很容易就会想到，通过对棋盘格子添加一些限制来增加题目的乐趣。下面我们会给出一些棋盘谜题。

312. 狮子和皇冠

图中的女士艰难地举着一幅画，叫读者忍不住想要上前去帮忙。她现在情愿当初没有写过信给我，想要把这珍贵材料的格子布分成四个形状大小都一样的部分，并且每一块上都有一头狮子和一顶皇冠。她坚持只能沿着格子线去裁剪，她已经完全糊涂了，不知道要怎么裁剪。你能告诉她吗？只有一种办法可以做到。

313. 单数方块的木板

下面的谜题是要考虑木板上的单数方块。假设先挖去了中央那个方块，剩下的就是双数的方块了。显然一个 3×3 的木板只能如图 1 所示那样进行分割。可以看出分成的 A、B 两块是大小形状一模一样的，其他再怎么切都是一样，不能被看作是另一种方法。下面的谜题就是把一块 5×5 的木板（如图 2）分成大小形状相同的两块，找到的方法越多越好。我在插图中已经画出了一种分法，一共有多少种呢？换个方向就变成一样的那种不能算数。

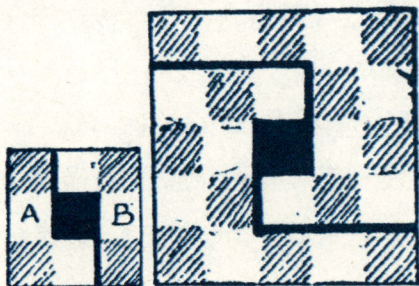

图1　　　图2

314.大主教的谜题

从前有一个大主教，他有一个用纯金打造的雕刻精致、价值连城的棋盘。信徒们每年都有个比赛，要是有谁能打败大主教，谁就将获得至高无上的荣誉，他的名字会被刻在这棋盘的背面，然后还在棋盘上将军的位置安放一粒珍贵的珠宝。这位大主教在输了4次之后去世了，也许是因为悔恨。

新一任的主教不是个好棋手，他喜欢别的天真小游戏，譬如砍头。他觉得下棋没什么意思，既不能增加见识又不能提高修养，因此立即废除了比赛。他把那四个胆敢赢过前任主教的人找来，对他们说："可悲的人，你们也敢称自己为僧侣！难道不知道有什么事情做得比我前任还能干是一种耻辱吗？把这个棋盘拿到禁闭室去，在天亮之前，分成相同形状的4份，每份16个格子，每份上面都有一颗宝石！你们要是做不到的话，我们就来找点别的乐子。去吧！"四个僧侣完成了这份看上去令人绝望的任务。你能试试看吗？

315. 阿伯特的窗户

从前在圣埃德蒙斯伯里有一个叫阿伯特的地主，因为"用脑过度"，病得躺在床上起不来了。他在床上醒着，脑袋转来转去，细心的修道士们发现了他在烦恼，可是没人敢去问他。因为他脾气很古怪，不喜欢别人来打听八卦。忽然他叫着要见约翰神父，德高望重的神父很快

158

就来到了他的窗前。

"约翰神父,"阿伯特说,"你知道我是在一个圣诞节出生的吗?"

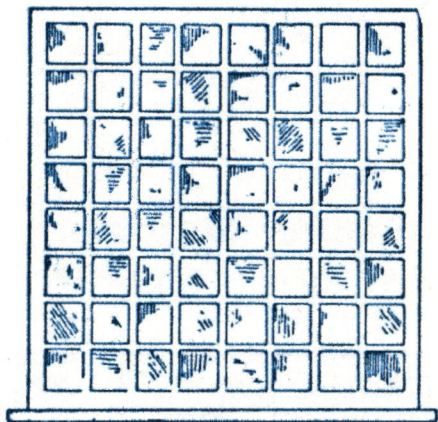

"我大概没跟你说过,作为一个出生在圣诞节的人,我不喜欢单数。瞧那里!"

他指着一扇大窗户,如我上图所画。神父不知所以地望着。

"你看到没有,这64盏灯,横排和竖排都是双数的,可是对角线,除了14之外,都是单数。怎么会这样。"

"自然了,阿伯特阁下,这是自然的事,没法改变。"

"不行,得改一改。得关掉一些灯,这样每条线上都是双数了。不得延误,马上就去做,否则我就要把地窖关上一个月,并且给你找一些其他的麻烦。"

约翰神父绞尽了脑汁,最后向一个博学多识的人咨询,得到了一个令阿伯特阁下满意的办法。最少要关掉哪几盏灯,才能保证不管是总数,还是横排、竖排、对角线上都是双数?

316. 中国棋盘
一块棋盘最多可以分成多少块(只许沿着线分割),使得每一块都绝不相同?记住,黑色和白色分布得不同也算不一样。就是说,1块单独的黑方块和1块单独的白方块是不一样的,1排2白1黑的3个和1排2黑1白的3个也是不一样的,以此类推。要是2块怎么摆放都不一样,那就是不一样的。黑色在棋盘上是正着的,所以方块不能颠倒。

静态棋谜

317. 八个车谜题

图1

在图1中我们可以看到棋盘的每一个小方块都被一个车占据或者说攻击了，每一个车都被另一方"盯牢"（如果双方换个位置说就是"攻击"）了。把这些车不管放在哪一排哪一列，效果都是一样的。在图2中，每一个小方块仍然都被占据了，双方却没有形成互相盯牢的局面。有多少种方法摆放这8个车，能使棋盘的每一个小方块都被占据了，双方却不会形成互相盯牢的局

面？在这道题中，放在对角线上或者其他类似的转换、镜像的办法，都不能算是一种新的方法。

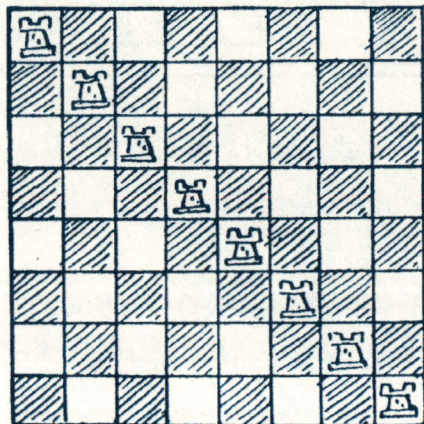

图2

318. 四头狮子

这道题是要找出四个狮子该如何摆放，才能保证每一横行每一竖行最多只有一只狮子。就是说，跟上一题的规则一样，放在另一条对角线上，是不算一种新办法的。因为如果对着镜子照一下或者转换个90

160

度角，二者就是一样的了。这是个简单的小谜题，需要一点细心。

319. 未被保护的象

在棋盘上放尽量少的相，以保证每一个小方块都没有被占据或者攻击。象的攻击力要大于相，前者不管放在哪里，它的势力范围都包括附近的另外 14 个小方块，而后者根据它放在对角线上的位置，只能管到 7 个、9 个、11 个或者 13 个。说到对角线，我们这里要说明的是，在棋盘上对角线不仅仅是指从一角到另一角的那两条长线，还包括了许多平行的短对角线。为了后面不致于引起误会，在这里还是让读者对这点明白清楚得好。

320. 被保护的象

那么现在，最少需要多少个相，才能使得每一个小方块都被占领或者攻击，而每一个相又被另一个相防守住了？要怎么摆放？

321. 相的联合会

在棋盘上，相之间互相不形成攻击的摆放，最多能摆 14 个。我在图中展示了一种最简单的摆法。事实上，在由小方块组成的棋盘中，能这样摆放相的最大数量，通常都是棋盘边距的 2 倍减去 2。有趣的是要找出能有多少种这样互不攻击的摆放方式。我会给出一个在任意棋盘上计算得出有多少种方法的最简便的规则。

322. 八个皇后

皇后是棋盘上最强的一枚棋子。如果你在棋盘中央的 4 个方格中的一格放上皇后，周围至少有 27 个方格都会被她攻击到。就算把她放在最角落里，她的势力范围也有 21 格。要把 8 个皇后放在棋盘上，互相都不形成掣肘，这是一个古老的谜题（最早由瑙伊克在 1850 年提出来的，本身枯燥得很），找出到底有多少种办法。我在图中画出了一种方法，这种基础摆法一共有 12 种。要是把镜像和倒转都算上的话，这 12 种又能衍生出 92 种方法。这幅图是一个对称摆法，要是上下颠倒过来，你会发现是一模一样的：可要是往左右转个九十度，那就不一样了。要是再分别做个镜像，就又得到了两种办法。然后，其他 11 种办法都是不对称的，于是它们每一个本身又能通过镜像和倒转得到一共 80 种办法。这就是为什么 12 种方法只能衍生出前面所说的 92 种来，如果 12 种方法每一种都是不对称的话，那就是 96 种了。在解棋盘谜题的时候，对镜像和倒转一定要有一个清楚的认识。

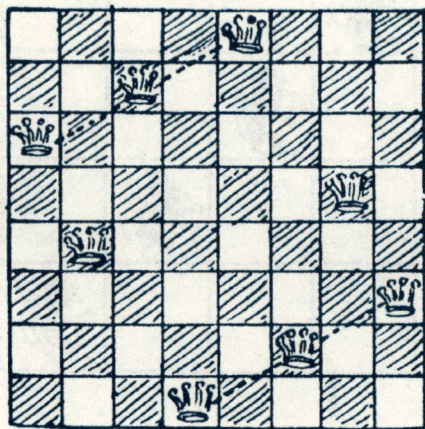

读者能摆放好这 8 个皇后，使得它们之间互相不形成攻击，并且每条斜线上都不会有 3 个皇后吗？再看一眼这个图就会发现，它是不符合这个条件的。虚线指示的位置上分别都有 3 个皇后在同一条线上。前面所说的那 12 种办法里只有一种符合这个条件。你能找到吗？

323. 八颗星

这个例子中的难点在于将八颗星置于一个图形中，使得它们无论在水平、垂直还是对角线方向上都不会有两颗星在同一条直线。一颗星已经提前放好，并且不能

夫。例如，在使用很少的颜色构成的作品中，人们都付出极大心血来避免出现哪怕是最相近的淡色。女性读者都会有这种感觉，她们受制于材料的选择，但又要避免同种颜色挨得太近。如今，这个难题同样也适用于被罩或者棋盘形地板。

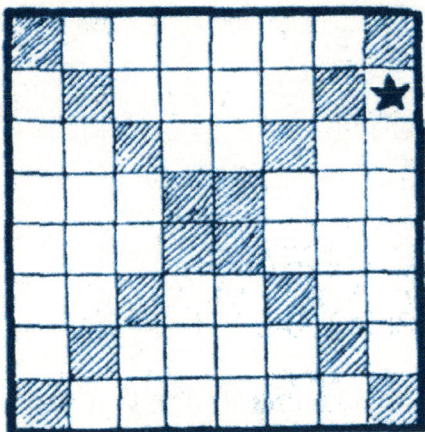

移动，所以读者只需放置另外七颗，而且不能将星星放在阴影的方块中。解决这个小谜题的方法只有一个。

324. 镶嵌图案中的谜题

人为或天然地把坚硬物质碎片拼凑起来做图片或设计是种非常古老的技术。它在法老时代已为人所熟知，而且我们在圣经《以斯帖记》中发现一句提及此的引言："一条由红色、蓝色、白色和黑色玻璃球组成的道路。"流传到我们这一代的一些作品，尤其是一些罗马镶嵌图案，虽然有些设计不能作为第一证据，但都非常清楚地显示出人们在设计无序的排列中花费了大量工

图表显示了如何用 62 块瓷砖铺成一块地板，并保证无论是垂直、水平还是对角线方向的同一条直线上，都没有相同的颜色。这 62 块瓷砖是由紫罗兰色、红色、黄色、绿色、橘黄色、紫色、白色和蓝色等八种颜色组成（颜色按首字母排列）。在此情况下，这样的 64 块瓷砖是不可能实现如上所述排列的，但是那两个阴影部分刚好被铁通气

窗所占据。

问题如下：把这两个铁通气窗移动到黑色边框瓷砖标示的位置，而把这两块瓷砖放到底部角上的两个方格中，你能通过调整三十二个方格就使没有任何两个相同的颜色在一条直线上吗？

325. 面纱下的秘密

读者可以看出，我在这个图表中放置了字母V、E、I、L各8个，而且无论是在水平、垂直还是对角线方向的直线上都不会有相同的字母。因此，没有一个V和其他V在同一条直线上，也没有一个E和其他E在同一条直线上，以此类推。在这个条件下可以有很多种方式来排列这些字母。这个谜题在于找出一个满足上述条件的排列，使得包括由上往下、由下往上、由左至右、

由右至左和沿对角线方向读的时候产生最多个四字单词。所有重复出现的单词都算做不同的单词，所以出现的五种变化是：VEIL、VILE、LEVI、LIVE 和 EVIL。

326. 巴歇的正方形

我相信，世界上最古老的纸牌游戏是克劳德－加斯帕·巴歇·德·梅齐里亚克发明并在他1624年版的著作中首次发表的。在一平方中重新排列十六张花牌（包括王牌），并保证每列每行的四张牌中，无论是水平、垂直或者斜着看，都不会出现同一花色或者同样大小的两张纸牌。这个题看似很简单，它的意义在于看看可以通过多少种方式实现这一目的。著名的法国数学家阿·拉波尼在巴歇著作的现代版本中给出了错误的答案。而到目前为止这个谜题确实相当容易。通过转动正方形或者在镜子中倒映都会产生另外七个排列。这些是被巴歇计算为不同的排列。

请注意是"四张一行"，以确

保在斜着的情况下只需考虑比较长的两个对角线。

327. 三十六个字母的积木

A	B	C	D	E	F
A	B	C	D	E	F
A	B	C	D	E	F
A	B	C	D	E	F
A	B	C	D	E	F
A	B	C	D	E	F

这张插图代表一个包含有三十六个字母的积木。这个谜题要求重新排列这些积木，使得任何一个 A 都不会在垂直方向上、水平方向上或者对角线方向上和另外一个 A 处于同一直线，B 和 B 不处于同一直线，C 和 C 不处于同一直线，以此类推。在这种情况下，你会发现要把所有的字母都放进盒子中是不可能的，但是这个谜题的意义在于尽可能多地排列。当然除了提供的这些字母之外，其他的都不能用。

328. 拥挤的棋盘

这个谜题是在棋盘上重新排列 51 个棋子，保证后不会和另外一个后冲突，象不能袭击另一个象，而马不能攻击另一个马。这种情况下不考虑两个相同棋子之间的那个棋子的类别，也就是说，尽管在两个后中间有一个车、一个象或者一个马，她们都可以相互攻击。要分别处理不同类型的棋子很容易，难点在于你需要同时给其他排列留出位置。

329. 上了色的计算器

这个图表代表了二十五个上了色的计算器，颜色分别为红、蓝、黄、橘黄和绿色（以首字母为顺序），每个颜色有五个子，标为 1、2、3、4、5。谜题在于将它们放在一个方块

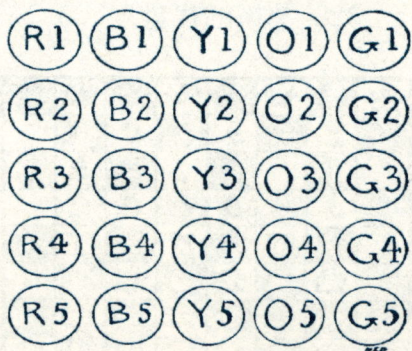

中，并且保证在任何一行一列和斜线上都不能有同样的颜色和数字。你能重新排列吗？

330. 舔邮票的高雅艺术

4	3	5	2
5	2	1	4
1	4	3	5
3	5	2	1

保险法案是很多娱乐谜题的丰富来源，而且如果你碰巧是被豁免的一员时就更加有趣了。一个人玩舔邮票游戏的初衷暗示了如下难题：如果你把一张卡片分成十六份（4×4），并且有一些面值一美元、二美元、三美元、四美元和五美元的邮票，若需要在一条直线上（就是说从水平上、垂直上或斜着看）放置同一面值的邮票，你能在卡片上贴出的最大面额是多少？当然，一个空格只能贴一枚邮票。

331. 四十九个计算器

你能把方格中的四十九个计算器重新排列，保证没有任何一个相同的字母、任何一个相同的数字从垂直上、水平上或者斜着看的时候处于同一直线吗？

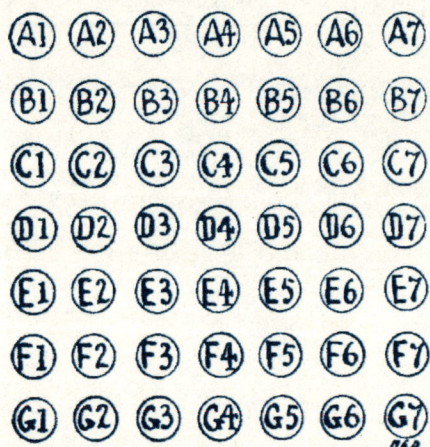

332. 有关五只狗的谜题

1863 年，詹尼士第一次讨论了"五后谜题"——即把五个后放置在棋盘中，保证每一个方格都会被攻击或者占据。这个谜题由他的朋友提出，詹尼士描述说如果能保证一个后不袭击另外一个后的话，总共有 91 种方式来放置这五个后，旋转和倒映均不计为不同的方式。如果这些后可以相互攻击，那么我可以找出上百种方式，但是想要得出精确数字是不实际的。

下图代表了 64 个狗窝的排列。可以看出 5 个狗窝分别容纳一只狗，进一步观察可以发现，无论是从水平方向、垂直方向还是斜着看，64 个狗窝中的任意一个都和至少一只狗呈一直线。任选一狗窝都可以发现，你可以用上述的三种方式的一种或其他来和一只狗连成直线。这个谜题在于把五只狗重新安置，找出有多少种方法将它们以直排方式放置到五个狗窝中，使得

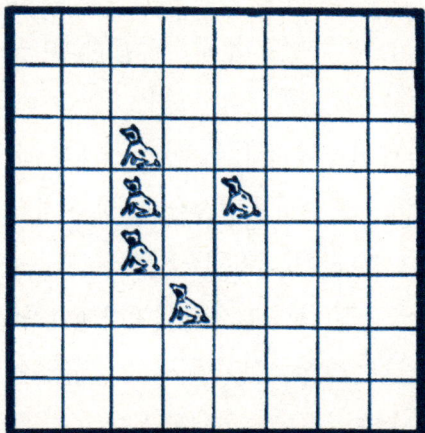

每个狗窝总是和至少一只狗呈一直线。旋转和倒映在此均计算为不同方法。

333. 拜占庭帝国的五个月牙形瓷砖

在马其顿的菲利普（亚历山大大帝的父亲）发现自己在征服拜占庭的过程中遇到了难题，他派人在城墙下挖了暗道。然而，他的想法却破灭了。因为这个行动开始后不久，一轮半月突然出现在天空中，将他的计划暴露给了敌军。拜占庭帝国的人自然很高兴，并且为了表示感激之情，他们竖起了一个戴安娜的雕像，由此半月形月牙成为这个国家的象征。在放置雕像的庙宇中有一条由六十四块庞大而昂贵的瓷砖组成的方块路面。这些瓷砖中，除了其中五个上刻有月牙形标志之外，其他的全是平滑的。这五块因为神秘的原因而如此放置，保证每一块瓷砖都会被至少一块瓷砖监守着（即无论从垂直方向、水平方向还是斜着看都处于同一直线）。拜占庭帝国建筑师采用的是如下排列：

如今，盖上五个月牙中的任意
一个都是死罪，而且死得极为痛苦
迟缓。但是在某些节日的特定场合，
在这条路上放置一个尽可能最大面
积的方形地毯是很有必要的，我在
上图中已经用阴影标出了可以实现
的最大面积。

这个谜题表明，如果一个建筑
师预见到地毯的谜题，他是如何将
这五个月牙图案的瓷砖在满足特定
要求的情况下，以这种方式排列，
并且考虑到在放置尽可能最大面积
的地毯的时候不会覆盖到五个月牙
形图案瓷砖中的任意一个，或者其
一部分？

334. 后和象的谜题

可以看出这个棋盘的任一方格
要么被占据，要么被攻击。这个谜
题要求用一个车代替同一方格中的
象，之后将四个后放到其他方格中，
并保证每个方格能够再次被占据或
者被攻击。

335. 南方的十字架

下面插图中共有五个行星和
八十一个固定的星星，后者的其中五
个被行星遮挡。可以看出，除了中心
处有黑点的那十个之外，任何一个
行星，无论是从垂直方向、水平方向
还是斜着看，都和至少一颗行星处
于同一直线。这个谜题在于重新放
置这些行星，使得所有的星星都和
一个或者更多的星星处于同一直线。

在重新放置行星的过程中，五个中的任意一个都可以在上述三个方向上移动一次而呈一直线。当然，它们会遮挡其他五颗星而不是目前被覆盖的这五颗。

我的读者们由于对这样一个事实太熟悉了：至少需要 5 颗行星来攻击正方形排列的 64 颗星星中的每一个。因此他们中的很多人可能会认为一个更多星星组成的正方形排列会需要更多的行星。为了更正人们推理上可能犯的错误，也为了警告读者注意谜题世界中这些小陷阱，我将这个星系谜题做了更改。我再次声明，在由 81 颗星星组成的正方形排列中，有很多种方式来放置 5 颗星，使得每一颗星在垂直方向、水平方向或者斜着看都和至少一颗行星呈一直线。

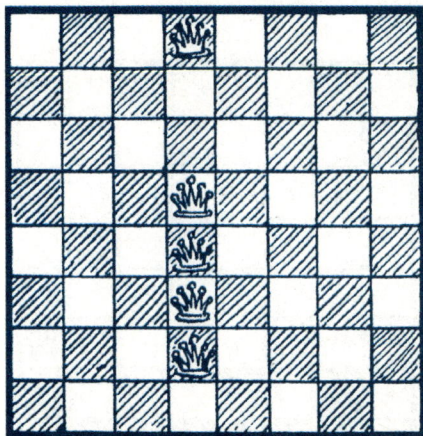

者攻击。谜题在于移动这五个后到其他方格中，并保证每个方格都被占据或者攻击，之后在同样的条件下移动第二个后，接着第三个，最后是第四个。在移动第四个后之后，每一个方格都必须被占据或者攻击，而后之间不能相互攻击。当然，无须采用国际象棋中的规则来移动这些后，你可以将它们移动到这个棋盘的任何位置。

336. 挂帽钉谜题

这是 1897 年我在一件奇异的服装上设计的五后谜题。如题目"挂帽钉谜题"所示，这五个后在六十四个帽钉上代表着五顶帽子。可以看出，每一个方格都被占据或

337. 奴役现象

这个谜题是基于托尔顿上尉的一个设计制作的。移动后中的其中三个到其他方格，保证棋盘中的十一个方格不被攻击。移动三个后时不必遵循国际象棋中的规则。你

可以将它们拿起放到任何位置。

338. 卒的谜题

将两个卒放到棋盘的中间，一个在Q4位置，一个在K5位置。现在放置剩下的十四个卒（共16个卒），保证在任何可能的方向上，任何三个卒都不能在同一直线上。

请注意我故意没有提到后，因为根据"任何可能的方向上"，我已经超出了斜线上相互攻击的范围。这些卒必须当作是空间中的点——处在方格的中心位置。

339. 猎狮

我的朋友坡达姆·赫上尉，一位以猎杀大型动物而闻名的猎手，

他曾经说过没有什么比遭遇一堆、一队、一窝、一群狮子更令人兴奋的事了（花了15分钟来回想这些量词，还好最后想出来了）。为什么一些狮子放在一起被称为"群"，而一些鲸鱼放在一起称为"鱼群"，一些狐狸放在一起称为"群狐"，这些谜题都是我难以解决的哲学谜团。

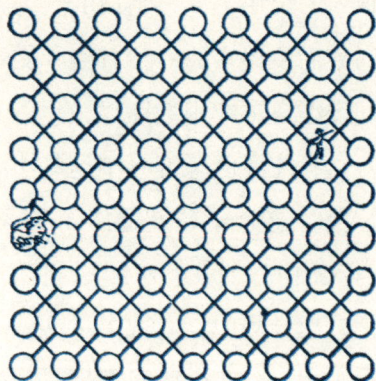

不过上尉说了，如果一头精力充沛的狮子在沙漠中从你的路途上经过，它会变得生机勃勃，因为狮子寻找人类的劲头和猎手寻找森林之王的劲头不相上下。一旦相遇，他们必然奋战到底。对于这两个值得敬重的家族之间不幸而又漫长的争斗的一点思索，引导着我去计算两者在森林中穿过另外一条的路途的概率。在所有的案例中，我不得

不从差不多算是随机猜想开始。这就是为什么我在上图中表明在沙漠中保持常规路线是多么的必要了。尽管上尉向我保证说追踪狮子通常就是这样的流程，我仍有些疑问。

这个谜题是找出共有多少种方式使处于不同两点的狮子和人不在同一道路上相遇。所说的"道路"，我必须声明是指那些已经标明的直线。因此除了四个角上点的例外，每一次战斗都是在两条路上而不会更多。可以看出，在沙漠中要想避免和另外一个相遇还是有相当多机会的，这一点需要大家明白。

防护棋盘

在一个常规 8×8 的棋盘中，每一个格子都能被占满——也就是说，要么被占据，要么被攻击——被可能是最小数字的五个后所占满。总共有 91 种不同的排列使得两个后不会互相攻击。如果一个后必须攻击（或者被保护）另一个后，那么至少有 41 种排列方式，而我找到了大概 150 种方式，使得一些后被攻击，而另一些则没有，但这最后一种案例很难精确计算。

在一个常规棋盘中，每一个格子都可以被 8 个车（这是最小可能数字）通过 40230 种方式占满，而且没有一个车攻击另外一个，但究竟共有多少是从根本上不同的尚未明确。我也还没有计算出有多少种方式使得每一个车都被另外一个车保护着。

在一个常规棋盘中，每一个格子都可以被 8 个象（这是最小可能数字）占满，而且没有一个象攻击另外一个。如果要使每一个象都被保护，则需要 10 个象。

在一个常规棋盘中，每一个格子都可以被 12 个马保护，而有 4 个未被保护。但要使每一个马都被保护，则需要 14 个马。

纵观格子为 n^2 的棋盘，这里 n 小于 8，下边的结果很有意思：

1 个后以 1 种不同方式守护着 2^2 个格子的棋盘

1 个后以 1 种不同方式守护着 3^2 个格子的棋盘

2 个后以 3 种不同方式守护着 4^2 个格子的棋盘（且被保护）

3 个后以 2 种不同方式守护着 4^2 个格子的棋盘（未被保护）

3 个后以 37 种不同方式守护着 5^2 个格子的棋盘（且被保护）

3 个后以 2 种不同方式守护着 5^2 个格子的棋盘（未被保护）

3 个后以 1 种不同方式守护着 6^2 个格子的棋盘（且被保护）

4 个后以 17 种不同方式守护着 6^2 个格子的棋盘（未被保护）

4 个后以 5 种不同方式守护着 7^2 个格子的棋盘（且被保护）

4 个后以 1 种不同方式守护着 7^2 个格子的棋盘（未被保护）

动态棋谜

> 加油——继续前进。
>
> ——托马斯·莫顿：《治愈心灵》

我们知道，在两个后不相攻击的情况下，有 n 个后可以放在由 n^2 个格子组成的棋盘中（n 不大于 3）。但是要计算已经发现的这些方式的数量没有统一的准则，或许根本就是无法计算的。已知的结果如下：

当 n=4 时，有 1 种根本的答案，共 2 种；

当 n=5 时，有 2 种根本的答案，共 10 种；

当 n=6 时，有 1 种根本的答案，共 4 种；

当 n=7 时，有 6 种根本的答案，共 40 种；

当 n=8 时，有 12 种根本的答案，共 92 种；

当 n=9 时，有 46 种根本的答案；

当 n=10 时，有 92 种根本的答案；

当 n=11 时，有 341 种根本的答案。

很明显，n 个车可以在由 n^2 个格子组成的棋盘上通过 $n!$ 种方式排列，且互不攻击，但我只算出了在 n 等于 2、3、4 和 5 时这四种案例中共有多少种根本不同的答案。答案分别是 1、2、7 和 23。

我们能在由 n^2 个格子组成的棋盘上放置 $\frac{1}{2}(n^2+1)$ 个马，并且不会相互攻击，当 n 是奇数时，只有一种根本方式；在由 n^2 个格子组成的棋盘上放置 $\frac{1}{2}n^2$ 个马，当 n 是偶数时，只有一种根本方式。在第一个案例中我们将所有的马放在和中心方格相同颜色的格子里；在第二个案例中我们将所有的马都放置在全黑或者全白的格子里。

两颗棋子的谜题

在由 n^2 个格子组成的棋盘中，总是可以放置两个后、两个车、两个象或者两个马，分别不会被攻击或者相反，共有 $\frac{1}{2}(n^4-n^2)$ 种方式。下边的公式会说明共有多少种排列方式使得两颗棋子相互攻击或者相反。

	相互攻击	互不攻击
2 个后	$\dfrac{5n^3-6n^2+n}{3}$	$\dfrac{3n^4-10n^3+9n^2-2n}{6}$
2 个车	n^3-n^2	$\dfrac{n^4-2n^3+n^2}{2}$
2 个象	$\dfrac{4n^3 6n^2+2n}{6}$	$\dfrac{3n^4 4n^3+3n^2 2n}{6}$
2 个马	$4n^2-12n+8$	$\dfrac{n^4 9n^2+24n}{2}$

340. 车的旅程

这个谜题是在整个棋盘上移动单个的车，保证它能够接触棋盘上所有的格子一次，并且仅有一次，并在结束时回到它开始的地方。你要在尽可能少的步骤中完成，而且除非非常小心，否则会走很多弯路。当然，无论你仅仅是从格子上方跳过，或者将之作为一个驻足点，它都认为是接触过了，不过我们不会

吹毛求疵到把它开始的那个点认为是被接触了两次。我们假设那不是两次接触。

341. 车的旅程

我将这个谜题称为"车的旅程"，是因为"tour"（来源于车工的轮子）这个词隐含着回到出发点

的意思，而在这一案例中我们并不需这样做。对于将我们滞留在撒哈拉沙漠正中的个人旅行而言，我们绝对是不会满意的。这里的车在它接触并只接触每个方格一次的路程中，在第十步的时候停在了标为10的那个格子，在标为21的格子里停止，总共移动了22步。不能在同一个方向进行两次移动，也就是说，每一次移动之后都必须转向。

342. 憔悴的少女

一个邪恶的男爵在过去那美好的日子里，将一个无辜的少女囚禁在了城堡护城河下一个最深的地牢里。从我们的插图可以看出，在地牢中总共有63个监狱，都由开着的门连接，而那个无辜的少女就被

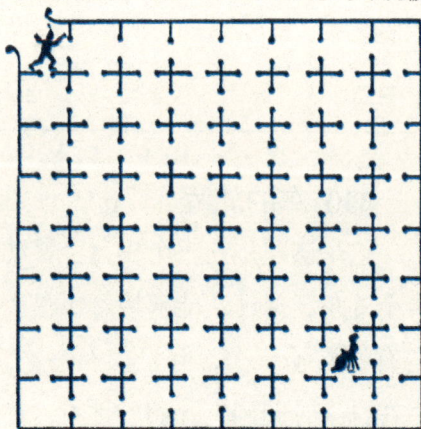

174

囚禁在如图所示的位置。现在。一个爱着这个少女的勇敢骑士，成功地将她从敌人手中救了出来。在他把所处的监牢打开一个缺口之后，他穿过每个监牢一次，并且只有一次，最终成功地找到了少女。拿起你的铅笔，试着找出这样的路线。当你成功的时候，再试试找出一个由 22 条穿过监牢的直路组成的路线。我们可以在这个数字内完成并且不会二次进入同一个监牢。

343. 地牢谜题

一个法国囚犯，由于他本身的罪行（或者其他人的），被关在一个有 64 间监狱的地牢里，这个地牢只有如图所示的 一个开口与外界连接。为了在他身陷囹圄时的乏味生活增加点乐趣，他给自己设计了很多谜题，这就是其中一个。从如图所示他所在的位置开始，他如何在每个监牢中逗留一次且仅逗留一次，并尽可能多地转弯呢？他的第一次尝试如图中黑点路线所示。可以看出在他的路线中共有 55 条直线，但是多次尝试之后他有所提高。

你能做到超过 55 条直线吗？你可以在任何一个监牢里结束。拿着铅笔在棋盘图表中试试这个谜题吧，或者也可以把这些直线当作车在棋盘中的移位。

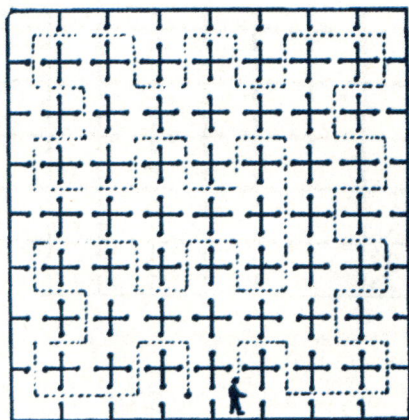

344. 狮子和人

如图所示，在罗马一个公共场合曾经竖着一座分成 64 个小号的监狱，这些小号顶部朝天开口，并且相互连接。人们从一座高塔内观看此处进行的比赛。人们最喜欢看的节目是将一个基督徒放在一个角落里，一头狮子放在与他所处角落斜对应的角落里，并将内部所有的门都打开。有时候这样玩的结果是非常搞笑的。偶尔人们会给里边的人一把剑。他不是个懦夫，因此急

175

于找到那头狮子，而狮子也毫无疑
问地要找到他。

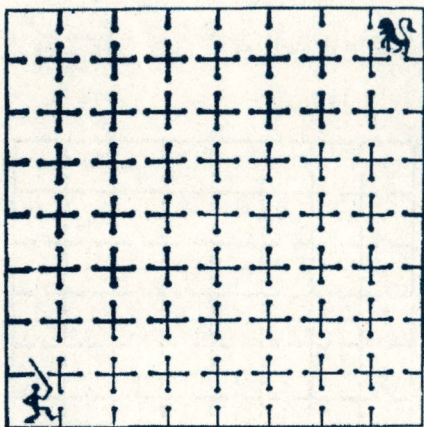

这个人要用尽可能最少的直线搜遍每一个监牢且仅逗留一次，直到他找到狮子所在的监牢。而好奇的狮子也同样用尽可能最少的直线搜遍每一个监牢且仅逗留一次，直到它最终找到人所在的监牢。他们同时出发，以相同的速度前进；不过，尽管他们时不时地能扫到对方一眼，却从没有相遇过。这个谜题在于展示他们碰巧采取的路线。

会发现它有点棘手。将这个谜题放在这儿的原因我会在下一个谜题中讲到。将这个简单的图标复制到一张纸上并放大；然后在 1 和 2 点放置两个白色计数器，在 9 和 10 两点放置两个红色计数器。这个谜题是要将红色和白色的计数器变换位置。你可以按任何顺序沿着点与点之间的直线一次移动一个计数器，唯一的限制是一个红色和一个白色的计数器一次也不能在同一直线上。因此第一步可以从 1 或 2 移到 3，或者从 9 或 10 移到 7。

345. 一个新的计数器谜题
这是一个由移动的计数器或者硬币组成的新谜题，初看之下似乎出乎意料地简单。但细看之后就

346. 一个关于象的新谜题
这是一个相当有趣的小谜题。在一个缩减版的棋盘上放置 8 个象（4 黑 4 白），如图所示。谜题在于

将黑色和白色的象变换位置，保证任何一个象都不会攻击和它颜色相反的象。它们必须轮流移动——先是白色，接着是黑色，再是白色……以此类推。当你完全做到之后，试试找出尽可能少的步数。

如果你拿掉黑色格子上的象，只玩白色格子上的，你就会发现我的上一个谜题完全变样了。

347. 后的旅程

后用尽可能少的步数走完（每个格子可以进行两次）整个棋盘的谜题第一次出现在 Sam Loyd 的《象棋策略》中。但图1所示的答案是他在1868年的《美国象棋狂》中提出的。我已经计算出至少6种不同路线的最小步数——即14步——这已经是最好的了，原因我会详述。

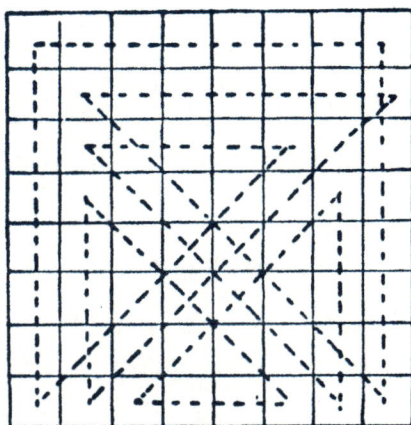

图1

图2

看一下，标有字母的格子（图2）你就会明白，在一个棋盘中只有10个放置位置不同的格子（那些被黑线圈着的格子），其他的仅仅是旋转或者倒映。例如，每一个A就是一个角落的格子，每一个J算做一个中心格子。所以，由于图2中被圈在内的D处有个转角，我们可以在从被标为D的格子上开始、结束并得到一种答案——只需把棋盘旋转过来。现在，这个方案可以使你从任意一个A、B、C、D、E、F或者H处开始，且据我所知没有其他能够从超过5个不同点开始的路线。在从G、I或者J点出发的路线中不可能实现14步后的旅程（记住这个路程必须是凸角的）。但是我们也可以从任一给定的格子开始，采取非凸角的路线，通过14步走完整个棋盘。因此出现下列谜题：在用字母标出的图表中，从在圈内的J开始，用14步走完棋盘内的每一个方格，可以在任意位置结束。

颗白色星星处停止。你的直线可以沿着任意方向，但每一个转弯处必须在星星上。可以将同一颗星划掉两次。

在此案例中，由于开始和结束的星星都已确定了，所以你就不能通过打破后移动的规则或者让后通过其他方式独自移动来找到答案。但是你可以用歪的直线——比如说直接从上边那颗白色星星连到角落的那颗。

348. 有关星星的谜题

将铅笔尖放在一颗白色星星上（别将笔从纸上移开），用14条连续的直线画掉所有星星，并在第二

349. 快艇比赛

现在，你们这群旱鸭子，吊起你们那乳臭未干的中桅帆，升起大三角帆，从你那吊床上爬起来，挂起艏斜帆！

我们的比赛由以下部分组成：从图中所示停放快艇的地方开始，通过 14 条直线航道碰触 64 个浮标中的每一个，最后转向返回到出发地点。第 7 条航道必须在旗帜飘扬的那个浮标处结束。

角落处不远的位置出发，并用 14 条直线的方式穿过每一个点。他会怎么做呢？当然，不反对他穿过任何一个点，但是他最后一击必须能让他回到开始的位置。

这个谜题要求熟练的航海技术，因为有些时候需要在很尖的锐角处转弯。但我们仅有一个铅笔尖和海员一样敏锐的眼睛就足够了。

这仅仅是你拿起铅笔，在滑冰者目前所站的地方开始，用 14 条连续的直线划掉所有星星，并回到出发点的谜题。

这个谜题很难，因为那个旗帜飘扬的浮标条件的限制，也因为这是一个凸角的路线。但是这一次我们仍然允许有斜着的直线出现。

351. 四十九颗星的谜题

这个谜题仅仅需要你拿起笔，从一颗黑色星星开始，用 12 条直线划掉所有星星，并在另一颗黑色星星处结束。可以看出，上图所示的方式需要 15 条直线。你能用 12

350. 技能高超的滑冰者

可以看出，这个滑冰者在冰上标出了 64 个点，准备从他目前离

将后放在她所属的方格中（如图所示），按照国际象棋中后的移动规则移动而不两次经过同一个方格，找出她5步之后所能达到的最大距离。在棋盘上标出她的移动轨迹，并且小心地使她不会横穿自己的轨迹。这看起来很简单，但是很多读者发现自己中了圈套。

条做到吗？每一个转弯的地方必须是在星星上，并且直线必须和边以及方格中的斜线平行（如图所示）。在这个案例中，我们面对的是一个缩减版的棋盘，但是只要求遵守象棋中后的移动规则（和上一个案例一样，不能超出边界）。

353. 圣乔治和龙

352. 后的行程

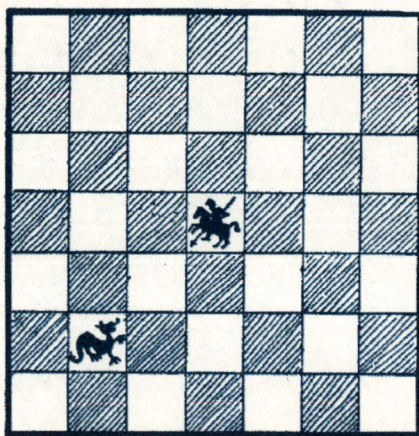

这是一个在只有49个方格的缩减版棋盘上的小谜题。圣乔治想杀死这条龙。屠龙在他的那个年代对于骑士来说是很常见的事情，所以很自然地他要以一系列骑士的规则来完成这一壮举。你能说说他是怎么从中间那个方格开始，依照国际象棋中马的规则来做出一系列移动，经过且仅经过每个方格一次，以最后一步抓住龙结束吗？当然，他有很多种选择，所以在你以直线标出的跳动中找出一些更好的设计吧。

354. 有关灰狗的谜题

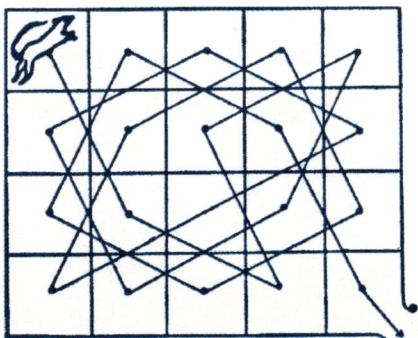

在这个谜题中，20个狗窝之间没有门相通，但是被低矮的墙分开了。唯一的居民是住在左上角那个狗窝里的灰狗。要想赢得自由，它必须按照国际象棋中马的规则，经过且仅经过所有的狗窝一次，最后在右下角结束，这个狗窝是对外开放的。上图所表示的是一种解决方案。这个谜题在于找出共有多少种方式使得这个灰狗从他角落里的狗窝逃出。

355. 有关四只袋鼠的谜题

以下是一个澳大利亚居民的小谜题的时候，这个图代表着64块土地，用篱笆均分。可以看出，在四个角落里都有一只袋鼠。为什么人们总喜欢把袋鼠放在角落里当标记这件事从来没有一个比较可信的说法，而且在这里讨论有点跑题了。我还应该补充一点，众所周知，袋鼠总是以我们所谓的"骑士规则"跳跃。事实上，要不是因为象棋这个词比袋鼠这个词发明得早的话，国际象棋玩家有可能会采用更好的叫法——"袋鼠规则"了。

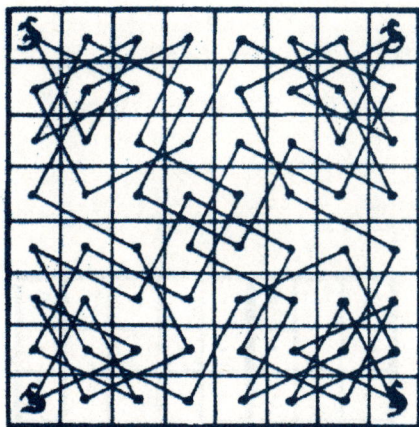

这个谜题很简单。一天早上，每只袋鼠都出来晨练，它们都在以国际象棋中马的规则连续跳了16次，穿过了15块不同的田地，之

后跳回自己的角落。没有任何一块地被多于一个袋鼠穿过。这个图显示了它们是如何做到的。你所要做的就是找出一种方式，使得它们每一个都不会穿过中间那条将整个棋盘分为两块相同部分的水平线。

356. 隔断中的棋盘

我们无法将常规的棋盘等分成四个部分，并在每一个隔断中描述一个完整的旅程，或者甚至是一条路线。但是我们可以将之分成四个部分（如图所示），两个有 20 个方格的，另外两个每个有 12 个方格，如此做成一个非常有趣的谜题。你要做的是在这个棋盘上描述一个完整的凸角旅程，从任一位置开始，在进入另一个隔断之前经过本隔断

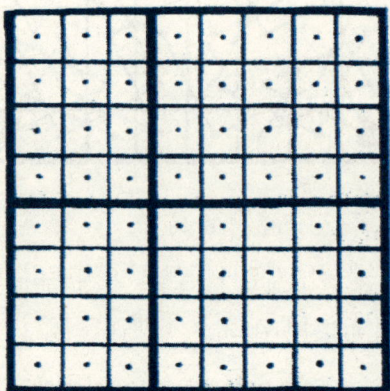

内的所有相邻方格，并在最后一跳回到马开始的那个方格。这不难，但是会很有趣，深有启发。

在一个给定面积的长方形棋盘上，凸角旅程或者一个完整的按照马的规则走完的路线是否可能实现，不仅有赖于它的面积，还和它的形状有关。在一个由奇数个格子组成的棋盘上进行凸角旅程是不可能的，比如 5×5 或者 7×7。因此，马的每一次连续跳动都必须是从白色格子向黑色格子这样轮换进行。但是如果是有奇数个格子的话，肯定会有一个颜色的格子比另外一个颜色的格子多一个，因此整个路线必须从多的那个开始，并在同种颜色的格子上结束。而既然按照规则马不能在相同颜色的格子上移动，那么这个路线就不可能是凸角的了。但是在一个给定面积且格数为偶数的棋盘上，实现完美的路线还是可以的，并且这个长方形一边的格子不能少于 6 个，另一边不能少于 5 个。换句话说，能使凸角路线实现的最小长方形是 6×5 棋盘的。

在一个一边只有两个格子的棋

盘上实现完整的马的路线（不是凸角的）是不可能的；在比 5×5 更小面积的方形棋盘上也是不可能的。所以在 4×4 的棋盘上我们既不能描述马的旅程也不能描述马的路线，我们肯定会剩下一个不能到达的格子。然而在一个 4×3 的棋盘上（包括比四个格子少的情况），可以通过 16 种方式来描述一个完整的路线。这或许会吸引读者来找出所有的情况。每一个从不同格子开始并在不同格子结束的路线都被算成是不同的答案，甚至旋转的也被称为是不同的答案。

357. 四个马的旅程

我在这里重述下，如果能把一个象棋棋盘分成四个等份，如下图黑线部分所示，那么无论是不是凸角，都不可能在四个部分中的一个完成马的旅程。在所示的凸角路线中，每一个马都会穿过其他部分两次。这个谜题是将棋盘用不同的方式分成同样大小、同样形状的四个部分，使得在每一部分上都能实现凸角的马的旅程。沿着点标出的线剪开是不行的，因为这个棋盘中间的四个格子要么会被拆开，要么就只有一条线在上边了。

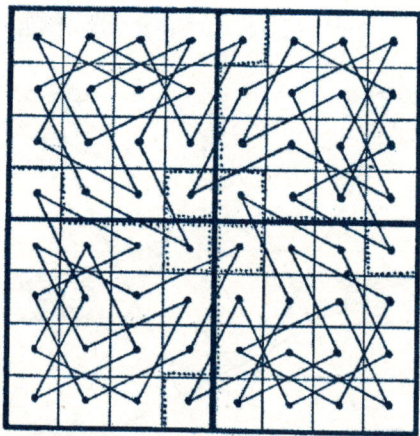

358. 立方体的骑士巡游谜题

几年前，我碰巧在某处读到一个生于 1736 年，卒于 1793 年的名叫阿比尼·范德蒙的聪明数学家，他在研究骑士巡游谜题上下了大工夫。除了可能是从一些残缺的资料上汇集的东西之外，我对他的性格和研究结果都不太感冒，但有一样东西吸引了我的注意力，那就是他提出的在一个立方体六个表面上的骑士巡游谜题，每一个表面都可以当作一个棋盘。我不知道他是否得出了结论，只是没有见过发表的。所以我开始着手解决这个有趣的谜题。或许读者们也想尝试一下。

359. 有关四只青蛙的谜题

在插图中有 8 个伞菌，在 1 号和 3 号上的是白色青蛙，在 6 号和 8 号上的是黑色青蛙。这个谜题在于以任何顺序，沿着从一个伞菌到另一个伞菌形成的直线之一一次移动一只青蛙，直到它们都变换了位置，即白色青蛙处于 6 号和 8 号上，而黑色青蛙则到了 1 号和 3 号上。如果你在一个简单的图表中用 4 个计数器来算，这个会很简单。但是如果只用 7 步完成的话就会稍微棘手了，因为每只青蛙连续移动次数都算做是一步。当然，一个伞菌上每次只能有一只青蛙。

360. 有关周处的谜题

下边这个谜题在它本身的正确答案之外有着额外的有趣之处，因为它使一个中国年轻男子成功牵手年轻貌美的新娘。在京城半径百里之内有一个最富有的大官，名叫周处，他的女儿叫周波，一个有着很多追求者的女孩。她最热情的追随者之一是李文，当他求老官人答应这门婚事的时候，周处给他看了下面这个谜题，并说只要他在一星期之内找出正确答案就答应这门婚事。李文当即将这个谜题给了他所有的朋友，比较了他们的答案之后，他把最好的那一个作为自己的答案交了上去。幸运的是这个答案十分正确。周处于是兑现了自己的承诺。

周处有一张分成 25 块的桌子，如图所示。24 个格子中每个里面都放了一个标明了数字的计数器，正如我画出的那样。这个谜题在于用马的规则，一次移动一个数字使它们恢复到数字的顺序。计数器 1 应该在 16 所在的位置，2 在 11 所在位置，4 在 13 所在的位置，以此类推。可以看出，所有在阴影格子中的计数器位置都是正确的。当然，一个格子上不能同时有两个计数器。你能用尽可能最少的步数完成这一壮举吗?

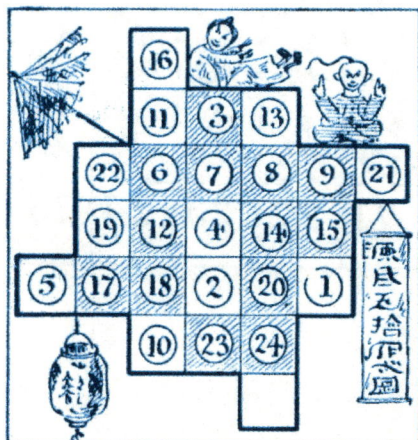

为了使移动的规则更加完美，我会做如下说明：按照马的规则，第一个移动的应当是 1 或者 2，或者 10 。假设 1 移动了，那么之后移动的就应是 23，4，8 或者 21。由于没有超过一个的空格子，那么这些计数器可移动的顺序如下：1-21-14-18-22，等等。可以在更大的纸上做演算，也可以用标了数字的计数器或者几块用过的硬纸板。

361. 给囚犯的练习题

下面是某监狱南翼的草图，展示了由敞开的门相互连通的 16 个小号。有 15 个标明数字的囚犯如图所示排列。他们可以随意交换小号，但如果两个囚犯同时待在一个小号，等待他们的将是严厉的惩罚。

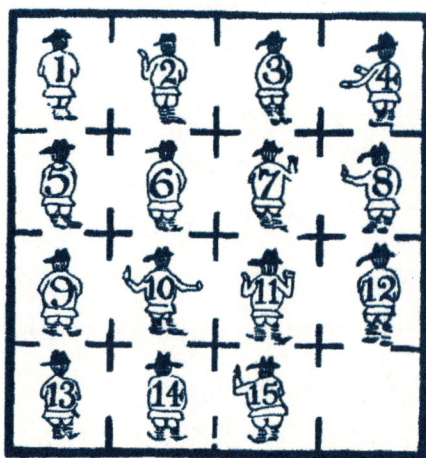

现在为了给他们减肥，并使精神文明与身体条件相协调，经由对骑士巡游游戏感兴趣的伙伴的提议，这些囚犯决定，在不违反监狱规则的情况下，将右下角的小号空出来，试试自己完成完美的骑士路线。这个谜题的搞笑之处在于他们到达顺序的安排，如下所示：

8 3 12 1

11 14 9 6

4 7 2 13

15 10 5

监狱看守没有发现这样一个重

要的谜题：在两个囚犯不处于同一个小号的情况下，这些人想要到达位置是不可能的。在一张有平行直线的图表上用标有数字的计数器试试吧，你会发现结果却实如此。用别的方法这个答案就很正确了，使每一个囚犯如要求的那样，从最初角落里的空小号和前一个数字开始，以骑士规则移动。

这个谜题在于从如图所示囚犯的摆放位置开始，展示出如何在使尽可能多的囚犯得到彻底的休息的情况下，用最少的步数完成。

由于一个小号同时不能有两个人，所以只需按照顺序写下这些人移动时身上的数字。很明显的是，很少有囚犯在整个过程中不被骚扰的，但是我会把这个留给谜题解决者去找出有多少个，因为这正是谜题非常关键的一部分。

前所示，底排的狗窝要空出来。每次只能移动一只狗到空狗窝。这些狗都训练有素，会老实地待在被放置的窝里边，除了两只狗处在同一个狗窝的情况，那时它们会奋战到死。怎么在使两条狗不处于同一个狗窝的情况下用尽可能最少的步数来完成呢？

362. 有关狗窝的谜题

一个人有 25 个由门互相连通的狗窝，如图所示。他想要排列他的 20 只狗，使得它们从 1 号到 20 号狗形成骑士规则的线路，且如目

363. 有关两个卒的谜题

这是一个干净利落的计数小谜题。有多少种不同的方式能让两个卒前进到第八个格子？你可以用任意顺序移动来形成不同的方式。例如，你可以先移动 Q、R、P（1或 2 格），或者先移动 K、R、P，或者在两卒相互接触之前随意移动

186

黑

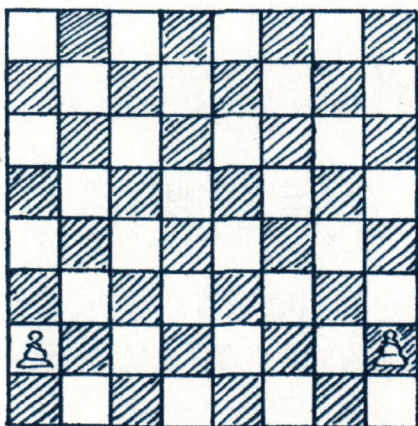

白

其中一个。可以是任意顺序，关键是在这个谜题中，当一个卒到达第8个格的时候它就死了，不能再移动了。你能计算不同顺序的个数吗？可能乍看之下会有点难，不过我会向你展示恰当地解决会有多容易。

各种棋谜

> 对于某些人来说，玩国际象棋是一种很不错的脑部锻炼。
>
> ——伯顿：《抑郁症解析》

364. 布置棋盘

一个只有单方的棋盘和单方的棋子。可以用多少种方式把所有的棋子正确放置以开始比赛？我发现大部分人在做计算的时候都会在某个特定的点上出错。

365. 数数有多少个长方形

你能准确说出一个棋盘有多少个方块和其他长方形吗？换句话说，在被直线分割的格子棋盘上，可能有多少个方格和长方形呢？

366. 车战

白色棋子不能移出它们所在的小方格，除非是在最后一步将军的时候。这个谜题在于用尽可能最少的步数移动8号车来将死黑色棋子，同时其他棋子在保证1号和7号中间空挡的情况下按照号数顺序留在各自的格子内。

进行，虽然结果会表明这是个非常古怪的棋局。

367. 僵局

很多年以前，有人提出设置一个想象中的象棋游戏，在这个游戏中要用尽可能最少的步数困住白棋，并且所有的 32 颗棋子都要在棋盘上。你能用少于 20 步来做到这一步吗?

369. 三十六种将棋法

将剩下的八个白方棋子摆成以下形式，使白方在移动中能有 36 种不同的将棋选择。每次将死棋后形成不同的布局形式，算为一种不同的将棋。已经摆好的棋子不能移动。

368. 固定不动的卒

按游戏规则从棋子的正常排列开始，要达到如图所示的位置关系，最少需走多少步? 当然，两步的走棋必须严格按照游戏规则

黑

白

370. 令人惊奇的困境

在一次布莱克先生与怀特先生之间的棋局中，布莱克遇上了麻烦，如往常一样，他得去赶火车。所以，他向怀特建议，怀特可在他不在场的情况下下完该棋局，前提是不能

黑

黑

白

但是他是怎样做到的？这就是我们的谜题。

动布莱克的棋子，只能下自己的棋。怀特接受该建议，但让他沮丧的是，在这种条件下，他根本无法赢棋。无论他怎么尝试，都无法将死对方的棋。布莱克先生将他的"王"放在哪个棋格里呢？图中其他的棋子都在它们应在的位置上，怀特可做到一直将布莱克的棋，但这没什么影响，因为他永远无法将死对方的棋。

372. 古怪的棋局

你能否将白方的两个车和一个象摆在棋盘里，使黑方的王被将（王必须摆在棋盘中央四个棋格的其中一个上），且无路可走？"换句话说，"读者会说，"王如图所示被将死。"如果你愿意，你可以这么说，虽然我特意没有这样说。我不这么说的一个充分理由是，棋盘上，白方没有王。

371. 将死棋

信步走进伦敦俱乐部的一个房间，我注意到两个已经走了的玩家留下的一个局面。棋局如图所示。很明显，白方已经将死黑方的棋。

373. 古老的中国谜题

我接下来的谜题应该是中国人所出的，已有几百年之久，却未让人丧失兴趣。白方走棋，移动三枚棋中的一枚，只能移动一次，将军。

黑

白

374. 六个卒子

如果我将六个卒子摆在棋盘里，使未被占据的棋格里的每行每列都为偶数的话，有多少种不同的方式呢？此处，我们不考虑对角线，如果六个卒子占据的棋格不同，则算为一种不同的答案，所以逆向位置和对应位置都可算在内。

375. 单人筹码跳跃

这是一个单人跳跃小游戏，非常简单，但要让其显得无趣，则不是那么容易了。你可以在一张硬纸板或纸上画出棋格，也可以直接使用自己棋盘的一部分。我已在插图中给出有数字标记的筹码，以使解答对于每个人来说都简单明了。不过实际操作中，也可使用象棋棋子或国际跳棋。

该谜题是将除了 1 号以外的所有筹码都拿走，只能留下 1 号。如果有筹码周围的筹码旁有空位，你可以将该筹码跳过旁边一筹码到此处，但是不能沿对角线方向跳跃，下面的步骤将使玩法更清楚：1-9，2-10，1-2，等等。这里，1 跳过 9，则可将 9 从棋盘拿走，然后 2 跳过10，则拿走 10，然后 1 跳过 2，拿走 2，所以每一步都是一次吃棋，直到 1 号吃掉所有的棋。

376. 棋盘单人跳跃

这是上一题单人跳跃游戏的扩展。所需的是一个棋盘，32 个棋子，或是相同数目的国际跳棋，筹码也可。该图中，使用的是有数字标记的筹码。谜题是除了两个以外，将所有的筹码都拿走，而且这两个必须原来就在棋盘的同一边。也就是说，剩下的两个要么属于 1 到 16 号内，要么属于另一组，即 17 到 32 号内。如果有筹码周围的筹码旁有空位，你可以将该筹码跳过旁边一筹码到此处，但是不能沿对角线方向跳跃。下面的步骤将使玩法更清楚：3-11，4-12，3-4，13-3。此处，3 跳过 11，则拿走 11 号，4 跳过 12，则拿走 12 号，等等。可发现，一个吸引人的耐力小游戏以及解答需要某些才智上的锻炼。

第五章

测量、称重及包装谜题

为测量而较量。

——《针锋相对》第五幕第一场

将一个容器里的液体倒入另一个已知容量的容器中，通过这种方式测量出液体质量。显然，第一个出版的谜题是由尼克拉·丰塔纳（1500－1559年）提出的，他更被人知晓的称呼是"塔尔塔尼亚"（口吃者）。此谜题主要是将24盎司贵重的香脂分成三等份，只能用分别可装5、11和13盎司的容器。在六步（或说从一个容器倒入另一容器）内解决这一题，有许多不同的方案。梅兹利亚克在他的《智题和美味》（1612年）一书中重印了塔尔塔尼亚的其他谜题。一般人都认为，这种类型的谜题只能通过试验解答，但是我认为解这类题目是可构造公式的。它还是一个几乎未开发的领域。

当然，经典的称重谜题是由巴切特提出的。当我们将一个砝码放在两个秤盘中任意一个上时，要求确定用来称任何完整磅的数字，包括从1磅到40磅，其中最小的砝码数。答案是1、3、9和27磅。塔尔塔尼亚之前也提到过相同的谜题，前提是砝码放在一个秤盘里。那一谜题的答案是1、2、4、8、16和32磅。梅杰·麦克马洪曾笼统地解过这一谜题。

在包装谜题中，我们要求将给定规格的物品装进一个已知规格大小的箱子里，求最大值。我相信包装谜题是最近引进的谜题，至少我记不起在哪个老作者的书中见过这种例子。我们都希望在玩具店找到以机械性谜题呈现这个想法的物品，但是，我想我还没见过这类东西。最接近的方式可能是机动锯谜题，不过安装这个时，我们只需考虑高度。

377. 祝酒杯

一次圣诞节前夕，三个流浪汉得到了一个对他们来说名副其实的祝酒杯，它是一个小酒桶，里面有6夸脱上好的麦芽酒。其中一个人有个5品脱装的水罐，另一人有个3品脱装的水罐。他们的谜题是如何将这些酒平分，且没有损耗。当然，他们不能用其他的容器和量酒器。如果你能证明怎样操作，那么再试一下求出可能的最少步骤，每从一个容器中倒一次，或是进了某人的喉咙，算为一次操作。

378. 医生的疑问

"我的诊所今早发生了一件很有意思的事情，"一个医生说，"我有一个瓶子，里面装了 10 盎司的烈酒，另一个瓶子装了 10 盎司的水。我将 $\frac{1}{4}$ 盎司的烈酒倒进水里摇晃，使它们混在一起。那么水和酒的比例显然是 41 比 1。然后我又将混合物的 $\frac{1}{4}$ 盎司倒回酒里，现在两个瓶子里所装液体重量再次相等。那么烈酒瓶里的酒和水的比例是多少？"

379. 酒桶谜题

图中的两个男人在为酒桶里液

体的含量争执，具体争执什么，我们无从知道，因为我们不能往酒桶里面看。所以我们称之为水。一个男人说桶里的水大半满了，另一个人坚持说未到一半。解决这一谜题最简单的方式是什么？没必要用棍子、绳子或是任何测量工具。我给出这一谜题，是把它作为评估解谜题智力最简单的例子。如果我们只用一点小常识，很多看似复杂的谜题都能用相似且简单的方式解答。

380. 新的量酒谜题

这是一个测量液体的新难题，你会觉得很有意思。一个人有两个装满 10 夸脱酒的容器、一个 5 夸脱量酒器、一个 4 夸脱量酒器。他想将 3 夸脱酒装进每个量酒器里。他该怎么做？需要多少步骤（从一个容器到另一容器为一个步骤）？当然，浪费酒、倾斜或其他的小聪明都是不允许的。

381. 老实的送奶员

一名老实的送奶员正在准备

作为公共消费品的牛奶。他用编号为 B 的罐装奶，编号为 A 的罐装水。他从 A 中倒了大量的水使 B 罐重量加倍，然后他从 A 罐倒入 B 罐，直到两罐含量完全相等。接下来，他要将 A 罐送至伦敦。谜题是，他提供到伦敦人早餐桌上的乳品中奶和水的比例是多少。他的牛奶中奶和水的比例相等吗？还是两份奶一份水？或是其他？虽然奇怪的是，我们未被告知一开始他装在罐子里的奶和水的含量，但这仍是个很有意思的谜题。

382. 酒和水

古德费洛先生最近采纳了一个很棒的主意。他举办了一个小宴会，当女士们离开、吸烟时间到了的时候，他发现有时谈话太过政治化、私人化，节奏缓慢而带有诽谤性。这时，他就设法向他的同伴们介绍一个特为这种场合准备的新难题。

这总是引来大量有意思的讨论和辩论，使得每个人都心情愉快。

这是前几天晚上他提出的一个小谜题。客人们的答案大不相同。

他将一个酒杯装上半杯酒，另一个比这个大 1 倍的酒杯装 $\frac{1}{3}$ 满。然后他用水将两杯都添满，然后将两杯全倒进一个大酒杯。"现在，"他说，"酒和水各占多少份？"你能说出正确答案吗？

383. 所罗门神庙

耶路撒冷的所罗门神庙是世界上最伟大的建筑之一。修建神庙所用的大理石采自 1 英里之外的采石场，神庙的位置也高出采石场 880 码（即半英里，1 英里 =1760 码）。

每块大理石的长、宽、高都是 18 英寸，重 632 磅。从古代的图画上可以得知：大理石石块是由 3 个人抬到神庙的。如果前面的人离石块的距离是 36 英寸，请问，后面两个人应该怎样站位才能使三人承担同等的重量呢？

384. 佳丽小姐的吊床问题

佳丽小姐挂在两棵树之间的吊床突然破裂了，让她结结实实摔了一跤。正如我们所知，一根链条所能承受的最大重量取决于其最薄弱的环节。佳丽小姐说，如果你能找到吊床断裂的绳索，你就知道她的体重了，因为每根绳索所能承受的重量恰好等于10。

细心的读者，你能说出佳丽小姐有多重吗？

385. 一桶酒

这是一个很有意思的小谜题。一个人有一个装满10加仑酒的酒桶和一个水壶。一天，他量出一水壶的酒，再用水将酒桶装满。然后，酒和水完全混合后，他又量出另一壶酒，再用水将酒桶装满。最后他发现，酒桶里所含的酒和水的比例相同。从这些事实中，你能算出水壶的容量吗？

386. 拼配茶

"斯普纳夫人今天打电话来了，"老实的食品商对他的店员说，"她想要20磅茶叶，价格为每磅2先令 $4\frac{1}{2}$ 便士的。当然我们有种价位2先令6便士的好茶，一种稍微差点的2先令3便士的，还有一种便宜的1先令9便士的。但是她总是对价钱很讲究。"

"那我们怎么办？"

"怎么办？"食品商叫道，"将这三种茶按不同比例拼配，使这20磅茶正好符合这位女士所定价位。不要放太多最好的茶，那样我们没什么利润可赚。当然，你只能用我们的整磅包装袋。不要去称。"

这个可怜的家伙该怎么拼配这种茶呢？你能告诉他怎么做吗？

387. 火海逃生问题

火海逃生工具的发明人、获得专利权的宾克斯，声称全世界的每个卧室都应该配备这种逃生器。宾克斯火灾逃生器的原理非常简单，是在滑轮两边用绳索吊着两个大篮子，一个篮子放下去的时候，另一个篮子就会升上来，如果在其中的一个篮子里放一件东西作为平衡物，则另一个较重的物体就可以放在另外的篮子里往下运。

宾克斯火灾逃生器曾经在一家旅馆里安装过，但是由于一些奸诈的旅客用这种办法在半夜里带着全部行李溜之大吉，所以再也没有一家旅馆的老板愿意使用这种救生设备了。

图中画出了一家夏季度假旅馆和安装在墙外的宾克斯火灾逃生器。逃生器使用说明里提到：假如两只篮子里都放有重物，为了安全起见，每次降下的东西重量之差不可以超过30磅。

一天深夜，旅馆突然发生火灾，除了守夜人和他的家属之外，所有的旅客全都安全脱险。当守夜人一家被叫醒时，除了窗外的那个宾克斯升降装置可以利用之外，其他的通路都被火堵死了。已知守夜人、他那胖夫人、狗和婴儿加起来一共390磅，其中守夜人体重90磅，胖夫人重210磅，狗重60磅，婴儿重30磅。但是狗和婴儿如果没有守夜人或他夫人的帮助，不会主动爬进或爬出篮子。那么用什么办法能尽快让他们安全逃生？

388. 守财奴嫁女儿

有一个守财奴，他有3个女儿。他许诺在女儿们结婚的时候，分别按她们的体重送给她们同样重量的金子。所以，女儿们很快就都找到了如意郎君，并在同一天结婚，在称体重之前，她们还吃了很多蛋糕，这无疑让3位新郎感到格外开心。3位新娘的总体重是396磅，尼尔比凯特重10磅，米尼比尼尔重10磅。3位新郎中有一位叫约翰·布朗的和他的新娘一样重。威廉·琼斯比他的新娘重一半。查理·罗宾逊的体重是他的新娘的2倍。3对新人的总体重为1000磅。读者朋友们，你们不用管这些新娘们到底有多重，因为我要你回答的是：这三位新娘的新郎分别是谁？

左右为难，怎样才能不用其他任何工具，倒出客人各自需要的牛奶呢？你能帮他解决这个问题吗？

389. 卖牛奶

任何买卖经营起来都是有困难的。也可以这样说，不到一定年岁，没有人能精通他所从事的买卖。老实的约翰说，在卖牛奶方面，几乎没有他解决不了的问题。不过，有一次发生的意外却让他非常吃惊。当时，他挑着两只 10 加仑的牛奶桶出去卖牛奶，两位客人带着两个罐子来买牛奶，罐子分别是 4 夸脱和 5 夸脱的容量（夸脱，英美容量单位。1 夸脱 =2 品脱 =1.1361 升），他们每人只需要 2 夸脱牛奶。约翰

390. 笼中之鸟

如果一只体重为 20 克的鸟儿飞进一个只有一个小洞的盒子里，然后在盒子里永不停歇地飞翔，那么，鸟儿会不会增加盒子的重量？

THE FLYING BIRD.

391. 包装谜题

我们凭经验都知道，如果要使空间不存在不必要的浪费，在包装物品时很需要技巧。一个人曾跟我说，他有很多的铁球，每个直径为 2 英寸，他想将尽量多的铁球装进一个长方体箱子里，箱子长为 $24\frac{9}{10}$ 英寸，宽为 $22\frac{4}{5}$ 英寸，高为

14 英寸。现在，他最多能将多少个铁球装进箱子里？

392. 俄国金块包装

《时代》报刊的记者受一位高官邀请参观位于圣·彼得堡保护区的金矿，目的是弄明白这不是另一个"亨伯特保险柜"。他说，尽管金矿似乎在那儿，但没有什么用，因为仅凭一次视察，他无法断言他所看到的是不是真的金子。《每日邮报》的一名通讯记者从而接受这一挑战，不过虽然他对所看到的印象深刻，他也不得不承认，针对这一事件，自己无法给出任何保证（没有清空和数出每一箱和麻布袋里的数，以及化验每一块金矿）。在下面这一谜题的呈现中，我希望你们也明白，我并不保证金矿是否真正存在，且这一点对我们来说也不重要。另外，如果读者说金块一般不按我所给出的厚板规格"包装"，我就只能申请疑问执照了。

高官也参与了 800 块金砖的包装，每一块长 $12\frac{1}{2}$ 英寸，宽 11 英寸，厚 1 英寸。一个长宽相等、有一定高度的箱子，要将它们装下，且没有任何空间剩余，那么箱子的内部大小是多少呢？根据政府规定，竖着放的金砖不能超过 12 块。这是一个很有趣的包装谜题，而且一点都不难。

393. 蜂蜜桶难题

从前，巴格达有个上了年纪、德高望重的商人。商人有 3 个儿子，他规定自己必须平等对待 3 个儿子。一旦一个儿子得到一份礼物，其他两个也会分别收到一份等值的礼物。有一天，这位富有的商人病逝了，他的财产要平分给 3 个儿子。

唯一不好分的是蜂蜜，确切地说是 21 桶蜂蜜。老商人留下了遗嘱，每个儿子不但要分得等量的蜂蜜，而且要分得同样数量的桶，同

时为了避免浪费，不能将蜂蜜从一只桶中转移到另一只桶。我们现在知道，有 7 只桶装满了蜂蜜，7 只桶半满，还有 7 只桶是空的。于是难题出现了，特别是三兄弟都反对分得 4 只以上同是全满、半满或空的桶。你知道他们怎样才能正确地平分这些财产吗？

第六章

过河谜题

我的小船在岸上。

——拜伦

过河谜题是又一个古老的谜题。这类题最早可能是由阿伯特－阿尔昆（735年生于约克郡，804年卒于图尔斯）提出的。这是个人尽皆知的故事：一个人带着一只狼、一只羊和一筐胡萝卜坐船，这只船一次只能载男人自己加上狼、羊或胡萝卜三者中之一。难点在于男人不能让狼与羊独处或让羊独自与胡萝卜在一起。塔尔塔尼亚、梅兹都思考过这种谜题，后来卢卡斯、德·范特尼、德拉诺伊、塔里等人也做过研究。我给出的谜题中会添加一两个新条件，这在一定程度上增加了难度。还有一个滑轮谜题也包含在内，因为它和过河谜题的原理实际上是一样的。

394. 过河

在一次乡下旅行期间，索夫特雷夫妇陷入了一个不小的困境。他们一家人要渡过一条河，而只有一只小船，一次只能载重150磅。但是索夫特雷先生和太太各自都刚好重150磅，他们的两个儿子都重75磅。还有一只狗，而且这只狗无论如何也不肯游泳。按照"女士优先"的原则，他们首先让索夫特雷太太过河去了。但是这绝对是个愚蠢的选择，因为太太又不得不将船划回来，所以全是白费力气。他们怎样才能全部顺利渡河呢？读者朋友们一定可以很

容易地找到答案。

395. 横渡阿克斯河

很多年前，在走私贩被称为"西部的罗布罗伊"的时代，有一群海盗在南德温郡海岸埋藏了很多财宝。当然，这些财宝都是他们谋取的不义之财。后来，三个乡下人发现了这笔宝藏，在一个月黑风高的夜晚将其掠夺瓜分。其中，贾尔斯分得800英镑，贾斯伯500英镑，蒂莫西300英镑。返回途中，他们必须渡过阿克斯河，而之前已经在那儿备了一只小船。然而，出其不

座城市的某个地方出发，可以一次性地通过所有的桥到达另一地点。现在我要求读者朋友们说出：做到这一点可以有多少种不同的走法？哪种走法的路线最短？

意的难题是，这只船一次只能载两人或者一人加上他们的劫掠品。但是这三人相互之间都缺乏信任，都不愿让一个人独自带着超过其分成的财宝上船或留在岸边，但是两人一起则可以，因为两个人会互相制约。谜题是，他们最少要渡船几次才能带着各自的财宝离开？注意不能利用绳索、浮桥、水流、游泳等外力。

396. 过河捷径

在内福夫岛（如图所示），有8座桥连接着这个城市的不同部分。这个城市的人特别喜欢在桥边散步。据记载，有人曾断言：从这

397. 五个嫉妒的丈夫

某个地方出现洪涝，5对夫妇发现他们被洪水包围了，必须借助一只小船逃离困境，而这只船一次只能载3人。每个丈夫嫉妒心都很重，除非自己在场，否则不允许妻子与其他男人（或男人们）同乘船或待在河岸。请找出让这五对夫妇化险为夷的最快方法。

假设五个男人为分别为A、B、C、D、E，他们的妻子分别为a、b、c、d、e。一去一返算作过河两次。不许耍花招，利用绳子、游泳、水流等。

398.城堡窃宝

迪哥尼家族流传着用天才手法从古隆赫斯特城堡窃取一箱子金银珠宝的传说。窃贼共有三人:一名成年男子,一名少年和一个小男孩。而他们带着那箱财宝逃离的唯一路径是一扇位于高处的窗户。窗外装有滑轮,滑轮的滑绳两端各有一只吊筐。当一只吊筐下滑到地上时,另一只便上升到窗边。人在吊筐中时既不能利用滑绳自救也无法被别人救。简言之,能够利用吊筐的唯一方法是在一只吊筐中放置比另一只吊筐中更重的东西。

现在,这名成年男子重195磅,少年重105磅,小男孩重90磅,而那箱珠宝重75磅。为防止下滑速度太快造成人身伤害(不会损坏盗窃来的财宝),下滑吊筐中的物体重量不得超出另一只吊筐中物体重量15磅。而每一次同一吊筐中只能放两个人或一个人加财宝。他们怎样做到带着那箱财宝逃跑的呢?

这道谜题在于找出逃跑的捷径,本身并不难。记住,人是不能抓着绳子自救的,下到地面的唯一方法是利用另一只吊筐的重量冲击。

第七章

游戏和比赛谜题

游戏的小乐趣。

——马修·普赖尔

每种游戏都可以引发各种各样的谜题。前面我们已经见到了，通过棋盘以及棋子的独特走法都可以引出谜题。下面我会列举一些玩扑克牌和多米诺骨牌的谜题，还要带你走向户外，思考几道与板球场、足球赛、赛马以及摩托车赛相关的难题。

399. 连续多米诺骨牌

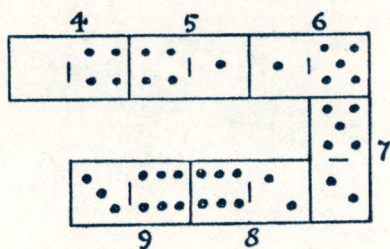

如图所示，我用了 6 张多米诺骨牌，按照普通游戏规则，4 紧靠 4，1 紧靠 1，以此类推，并且连续多米诺骨牌上的点数依次为 4、5、6、7、8、9，即数列公差为 1。从普通的一盒 28 张多米诺骨牌中选出 6 张，使牌点呈等差数列，有多少种不同方法？注意玩法必须是从左到右，不允许出现等差递减数列（如 9、8、7、6、5、4）。

400. 5 张多米诺骨牌

下面是一个新的小谜题，不是很难，但是读者们可能会觉得很有趣。你可以看出，5 张多米诺骨牌按适当的顺序排列（即 1 紧靠 1，2 紧靠 2，以此类推），两端多米诺骨牌点数之和为 5，中间 3 块多米诺骨牌的点数总和也是 5。

这样相加得 5 的其他排列方式只有三种：

(1-0)	(0-0)	(0-2)	(2-1)	(1-3)
(4-0)	(0-0)	(0-2)	(2-1)	(1-0)
(2-0)	(0-0)	(0-1)	(1-3)	(3-0)

现在的问题是，有多少种类似排列可以让这 5 张多米诺骨牌两端和中间点数相加等于 6 而不是 5？

401. 多米诺框架谜题

如图所示，整套 28 张多米诺骨牌排列成矩形框架，6 与 6 紧靠，2 与 2 紧靠，空白与空白紧靠，以此类推。你会发现，上列与左列牌点和均为 44，而另外两边的牌点和分别为 59 和 32。谜题就是依照原形重新排列多米诺骨牌，使四条边上牌点之和全部为 44。记住这些多米诺骨牌必须如游戏一样，一张靠一张地正确排列。

402. 纸牌框架谜题

如图所示，用 10 张纸牌方块 A 到 10 构造框架。制作这个框架的孩子们是想让四边的牌点数相加之和都相等。我们可以看到，图中上、下、左列的牌点相加都是 14，但是右列牌点相加为 23。现在，孩子们试图做到的事情完全具有可能性。你可以照此形式重新排列这 10 张牌，让四边牌点相加等和吗？当然，牌点之和不一定非要等于 14，你可以选择任何数字。

403. 纸牌十字

这次我们只用 9 张牌——方块 A 到 9。谜题是将纸牌排成十字形（如图所示），使水平列与垂直列点数和相等。如图示中，横竖方向点和均为 23。我想知道的是，用多少种不同的方法排列纸牌可以得出这样的结果。我们可以看到，交换 5 与 6、5 与 7 或 8 与 3 的位置等，不会影响结果。我们还可以互换水平列与垂直列。但是这种处理不能算做不同的解答方法，只是一种基本解法的变种。那么实质上有多少种不同的解法呢？当然，牌点加起来不一定必须为 23。

置的其他变化全部都算。究竟有多少种方法呢？

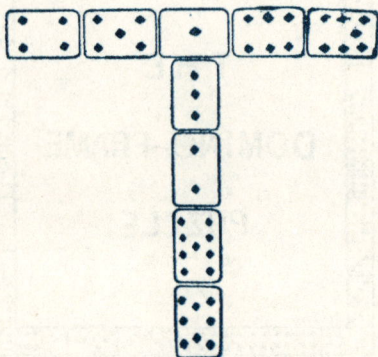

405. 纸牌三角形

取九张纸牌，方块 A 到 9，并如图所示排列成三角形，使三边上的牌点数相加之和相等。图例中，每边点数相加均为 20，但是每边具体的点数则不重要。谜题就是找出有多少种不同方法排列成这样的三角形？

404. T字形纸牌谜题

一个有趣的小谜题，就是取 A 到 9 九张同花纸牌，排列成字母 T 字形（如图所示），使水平列中的牌点数总和与垂直列相同。如示例中，水平列垂直列点之和均为 23。得出一个正确的排列非常简单。谜题是要找出有多少种不同的方法。尽管方法种数很多，但是只要方法正确，解答起来并不是很难。通过图示在镜子中反射得出的反向排列不能算不同方法，但是纸牌相对位

如果仅仅是将三边纸牌转向，不能视为不同方法，因为顺序还是一样的。同样，如果将4、9、5与7、3、8交换位置，同时1和6交换位置，也不算是不同方法。但是如果只交换1和6的位置，则是不同方法，因为围成三角形的纸牌顺序不同了，特此解释以消除疑问。

406. 耐力"搁浅"

我在思考一个耐力游戏时，突然生出了一个念头，于是我将它交给了1910年12月刊发的《搁浅》杂志。之后，欧内斯特·伯格豪特在其《耐力游戏》第二版中重印了，起新名为"阿尔伯特国王"。

将两叠牌如下放置：9D、8S、7D、6S、5D、4S、3D、2S、1D，另一叠为9H、8C、7H、6C、5H、4C、3H、2C、1H，让方片9在一叠的底部，让红桃9在另一叠的底部。要点是将黑桃和梅花互换，而一叠中的方片和梅花仍然按数字顺序摆放，另一叠的红桃和黑桃也是如此。除了被两叠牌占去的两个位置外，另外还有四个空位，任

何一张牌都可放在一个空位上，但是一张牌只可放在比它高一位的牌上——A放在2上，2放在3上，等等。要找出最少的步骤，需要耐力。当有四个空位时，你可以在7步内使四张牌成叠，如果只有三个空位，你可以在9步内使它们成叠。如果是两个空位，你无法使两张以上的牌成叠。一旦你掌握了这个或类似这个的原理，你可以自己来移一定数量的牌，写下7、9步，或其他步骤数。逐步缩短时很是让人陶醉，而刚开始时则会觉得相当地冗长。

407. 骰子把戏

下面是一个巧妙的小把戏，用三只骰子玩。你掷骰子，别让我看见。然后我告诉你，将第一只骰子的点数乘以2再加5，再将结果乘以5，加上第二只骰子的点数，然后将结果乘以10，并加上第三只骰子的点数。然后你告诉我最后得数，我便马上知道你投掷的三只骰子的点数。我是怎么做到的呢？举个例子，假如你投的是1点、3点、6点（如图所示），你给我的结果

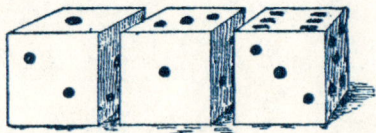

将是 386，反过来，只要知道这个结果，我可以立即说出你投掷的点数。

408. 慢板球

在最近的威塞克斯和尼克姆郡县级比赛中，威塞克斯队整天一直在击球，最后一名球员在比赛结束前几分钟因用脚截球而被罚退场。球赛进行得太慢以至于大部分观众都睡着了。直到被一名清场的工作人员惊醒，我们才了解到，两名球员因脚截球而被罚退场，综合得分19分；四名球员被接杀，得分17分；一名球员被截杀得零分；其余每人被投杀一次得3分。没有其他额外得分。我们不知道谁是队长，但是知道队长得分刚好比整个球队平均分多15分。请问队长得了多少分？

409. 足球运动员

"这是一场光荣的比赛！"一名狂热球迷惊呼，"上赛季结束时，我认识的球员中，4人左臂受伤，5人右臂受伤，2人右臂完好，3人左臂完好。"从这段话中，你能发现说话的人可能认识的球员最少有多少人吗？

简单将数字相加得出14人是完全不对的，因为两个左臂受伤的人也可以说是两个右臂完好的人。

410. 赛车

有时，用不常见的方式表述一个很简单的事实，可能会带来极大的迷惑，此例正是如此，它无疑会使我的一些年轻读者感到有些迷惑。我在布鲁克林碰巧遇上一场赛车，当很多赛车在环形跑道行驶时，一位观众对另一位说："古高·史密斯在那辆白色车里！"

"是的，我看到了，"另一人回道，"不过这次比赛中有多少部车呢？"

这时，传来一个有趣的回答："古高·史密斯前面车的1/3加上他后面车的3/4的和就是你要的答案了。"

现在，你能告诉我有多少部赛

车吗?

411. 卵石游戏

这是一个很有趣的谜题小游戏,我曾和一个认识的人在斯洛克姆海边沙滩上玩过。两个玩家在两人之间放了堆奇数量的卵石,比如15颗。然后每人轮流拿,可以为1,2或3颗(任其选择),拿到奇数颗的人赢。即如果你拿到7颗,你的对手拿到8颗,那么你赢。如果你拿到6颗,而他拿到9颗,则他赢。是1号还是2号会赢呢?又是怎样赢的呢?你解决了这一道15颗卵石的题后,再用13颗试一下。

益智趣题

> 被击败的人可能会被说成是躺在荣誉的矮床上。
>
> ——胡迪·布拉斯

一般说来,一场游戏是两人或多人之间的技能竞赛。我们在其中要么获得消遣,要么赢得奖励。一个谜题是人做出或解决出来的东西。比如,如果我们能掌握棋类游戏的复杂性,那么我们可保证在第一步或第二步(视具体情况而定)获胜,或是一直平局,那样它就不再是一个游戏,而成为一个谜题。当然,在年轻人和未受训练的人之间,如果未明白获胜的正确操作方法,谜题也不失为一个好游戏。所以,虽然我已经说明了只要双方都完全参透游戏规则,每场游戏都会是平局,但无疑小孩子们还是会一直玩"画圈打叉游戏"。在双方都参透规则的情况下,没有哪个玩家会一直赢,除非他的对手疏忽。但是我现在是从学生的角度来讲解这些的。

我在课堂上所给出的例子显然是游戏,但是,一旦我说出在每个例子中玩家只要操作正确就能赢的方式,它们其实就成了谜题。所以,这些题的兴趣点在于努力找出游戏的最佳方式。

412. 两枚国际象棋"车"

这是供两个人玩的谜题游戏。每人有一颗国际象棋"车"。第1个人将他的棋子放在任意一个棋格上，然后第2个人同样操作。接着交替走棋，目的是吃掉对方

黑

白

的"车"。但在游戏中，如未受到对方棋子的攻击，不能越过攻击线。也就是说，在图中如果是轮到黑方走棋，他不能移到马（与王并列配置）的棋格里，也不能移到车(与王并列配置)的棋格里，因为在穿过已方象的格子时，他会进入到"火线"里。同理，他不能移到车（与后并列配置）的第七或第八棋格里。而且游戏不

能以平局结束。总有一方的车会输，当然，除非双方都荒谬地不想赢。如果你懂得方法，会发现赢的技巧相当简单。

413. 抢位置游戏

这是这类谜题的最后一种变体，也是两人玩儿。一人在6号放一个筹码，另一个人在55号放一个筹码，他们沿着路线轮流将筹码移到其他数字格里。只要你的对手移动到你所占据的路线上，甚至是穿过你所经过的路线，你就可以马上吃掉他的棋子而赢棋。我们做一个图解式游戏。

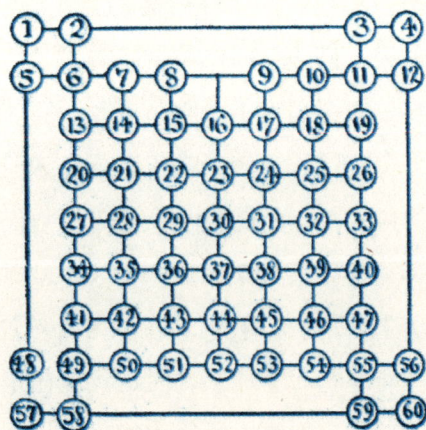

A从55移到52，B从6移到13，A行进到23，B走到15，A退

214

回到 26，B 退回到 13，A 行进到 21，B 退回到 2，A 行进到 7，B 走到 3，A 移到 6，B 现在一定得走到 4，A 在 11 处形成连接，B 下一步一定会被吃，因为他不得不穿过 A 所在位置的路线。多玩几次，你就会懂游戏规则了。现在，关于这个游戏的谜题是：哪方会赢？需要走多少步？

414. 骑自行车去旅行

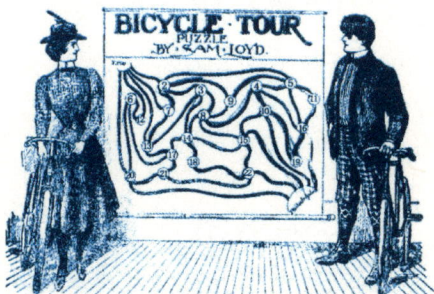

地图上的宾夕法尼亚州有 23 个主要城市，它们之间通过漂亮的自行车车道相连。如果你想骑着自行车从费城开始夏季旅行，最终到达伊利，沿途必须经过每一座城市，且不能重复路过任何一条道路，请你找出满足所有这些条件的路线。读者可以通过城市的编号来标明你选择的路线。在旅程中，并不要求像往常那样走"尽可能短的路线"，只要能够达到目的地即可。所以有时候你必须走弯路，不必考虑路线的长短。

415. 脑筋急转弯之一

什么钱去掉一半价值反而还能翻倍？

416. 脑筋急转弯之二

什么东西在山上爬上又爬下，却又保持静止不动？

417. 摆杯子游戏

这道题可供各位爱好者茶余饭后娱乐之用。

题目要求 8 个酒杯，其中 4 个

是空杯子，4 个装了一些酒（如图所示），拿起相邻的两个杯子，变换杯子的位置，最后令空杯子和有酒的杯子间隔排列。表演者娴熟的技巧和敏捷的动作是这个游戏的关键。表演者必须迅速移动，一点儿都不能犹豫，不然观众一看就知道了。

你知道要怎么移动这些杯子吗？

418. 赢格子游戏

如图所示，一个日本姑娘在纸板上画了 16 个点，然后用直线连接 AB，再把纸板交给她的对手，对手连接 EA，如果第一个小姑娘此时连接 EF，那么她的对手就可以连接 BF，这样对手就赢得了一个"格子"，并且还可以再连接一次，不过，两人都是高手，每人都连接了 6 次，还没有人得分。结果成了僵局。现在，轮到坐着的姑娘连接了，如果她连接 MN，那么她的对手就可以连得 4 分，赢得 4 个格子，然后再连接 HL，并赢得全胜。

THE BOXER'S PUZZLE

```
A—B—C—D
    C—H
    K—L
M—N—G—P
```

显然，她不能连接 MN，如果坐着的小姑娘现在连接 DH，她的对手连接 HL，那么不管怎样，她的对手都可以赢得所有的格子。你觉得，坐着的小姑娘现在该怎么连呢？她最多可以赢得多少个格子？

419. 脑筋急转弯之三

汤姆带着狗出去散步，他既没有走在狗身前，也没走在狗身后和狗的一边，你知道他走在哪里吗？

420. 战争谜题游戏

这是另一个谜题游戏。一名代表英国上将的玩家将一个筹码放在 B 处，另一玩家代表敌人，将他的筹码放在 E 处。

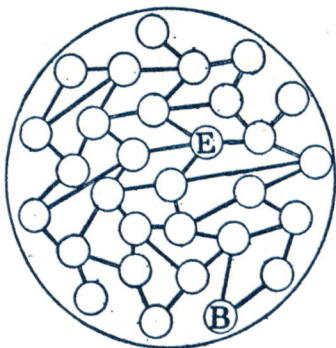

这位英国人先走，可沿其中一条路到邻镇，然后敌人也移动到最近的小镇，如此循环，直到上将和敌人到达同一个镇，将其抓获。虽然每个人只能沿着一条路到邻镇，而且第二个玩家尽力躲避被捕，上将还是稳赢（跟现实生活作比较，我们也能做出这种假定）。但是怎样赢呢？这就是我们要解答的谜题。

421. 门的内哥罗人的骰子游戏

据说门的内哥罗（现为黑山共和国）居民有个小小的骰子游戏，既有独创性，又很值得研究。首先，两名选手选两对不同的奇数（一般大于 3），然后轮流掷 3 个骰子。谁第一个掷得的数字和加起来是所选数字中的一个，则是赢方。如果他们在一轮投掷后都成功了，则是平局，继续。比如，一个选手选了 7 和 15，另一个选了 5 和 13。那么如果第一个选手掷得的 3 个骰子和加起来等于 7 或 15，而第二个掷得的数既不是 5，也不是 13，则 1 号赢。

该谜题是找出选哪两组数，才能让双方赢的概率一样。

422. 雪茄谜题

我曾在一伦敦俱乐部提出过以下这个谜题，它引起会员们的兴趣。他们解不出来，便认为此题没有答案。但是，看看我以下的解答，你会发现答案其实相当简单。

两个男人坐在一张方形桌旁，其中一人在桌上放了根普通的雪茄（一头平，一头尖），另一人也如此操作，如此轮换，前提条件是雪茄不能相互接触。假定他们每人都做得很完美，是谁成功地放了最后一根雪茄？桌子顶部的大小和雪茄的大小没说，但为了排除那种桌子可能小到只能放一根雪茄的荒谬答案，我们规定桌子不小于 2 平方英尺，雪茄不长于 $4\frac{2}{3}$ 英寸。只要是在这些限定范围内的数据都可以。当然所有的雪茄大小、形状都相同。那么是第一个人还是第二个人赢呢？

第八章

魔方谜题

神奇的数字。

——康格里夫《清晨的新娘》

这是数学难题上的一个古老分支，它自身拥有大量分散的文献研究。它们的简单形式为将连续性的整数排列在魔方中，使每行、每列及两条主对角线上的数加起来都相等。这些魔方提供了三条研究线索：构造、列举、分类。最近几年，很多人在有关魔方的构造上设计出了很有创意的方法，这些构造法浅显易懂，使得那些神秘感消失殆尽，制作任何规则的魔方都不再是难事。

　　关于这一主题，我们差不多已经讲解完。列举给出阶数的魔方的所有可能数字，这一谜题已经有两百多年的历史了。众所周知，三阶（3×3）的魔方只有一种解法。弗兰尼科公布了四阶魔方的所有排列，共有880种，用了1693个图说明。他的结果一直在被不断地被超越。在此，我要提出这一阶的一般解法，因为格豪特在1910年5月26的《自然》中指出数字不必为连续的，对于研究这一主题的学生来说，这是重要的结论。不过更高阶例子的例举还完全未得到解答。

　　至于分类，这主要依个人品位而定——也许是个美学谜题，因为在数字的规则中存在着美感。有人曾将人分成两大类：吸鼻烟的和不吸鼻烟的。我不确定这样的分类方式对于我们处理一些魔方的分类形式是否有价值。但是，热衷于这类事物的人似乎都认为纳斯卡魔方（他们的一名学生弗罗斯特曾在印度的一个小镇住过，故以该小镇命名。也可叫作孽迷宫和泛对角魔方）和相关联的魔方特别有趣，所以我将从为初学者考虑的角度进行解释。

简易	半纳斯卡	关联	纳斯卡

1	12	14	7
4	15	9	6
13	2	8	11
16	5	3	10

1

1	14	12	7
4	15	9	6
13	2	8	11
16	3	5	10

2

1	14	12	7
8	11	13	2
15	4	6	9
10	5	3	16

3

1	14	7	12
15	4	9	6
10	5	16	3
8	11	2	13

4

　　我于1910年1月15日在《女王》杂志中发表了一篇文章，读者看后，可写出所有的 880 个四阶魔方，以下是我所给出的所有分类。第一例是个简易魔方，符合基本性质，仅此而已。第二例是个半纳斯卡魔方，具有其他特征，即相对立的两格同向短对角线相加为 34，所以 14+4+11+5=34，12+6+13+3=34。第三例不只是半纳斯卡魔方，还具有关联性，因为魔方中的每个数字如果加上与其以中点对称且同间距的数字，结果为 17。比如，1+16，2+15，3+14，以此类推。第四例是最完美的纳斯卡魔方，所有的断裂性短对角线数字加起来为 34。比如，15+14+2+3，10+4+7+13 及 15+5+2+12。因此，它的特性是如果你朝任意方向拓展这一魔方，随意从中画出一个 4×4 的方块魔方，都会是魔方。

下表不仅基于几种形式进行了全部列举，还基于图表指示的 12 种图解形式进行了分类。每条线末尾的圆点代表互补性对数的相关位置，1+16，2+15，等等，和为 17。如上页图所示，第 1 和第 2 魔方为类型Ⅵ.，第 3 魔方为类型Ⅲ. 形，第 4 魔方为类型Ⅰ.。埃杜阿德·卢卡斯指出了这些类型，但他的结果其实正好少了一半，且未进行分类。

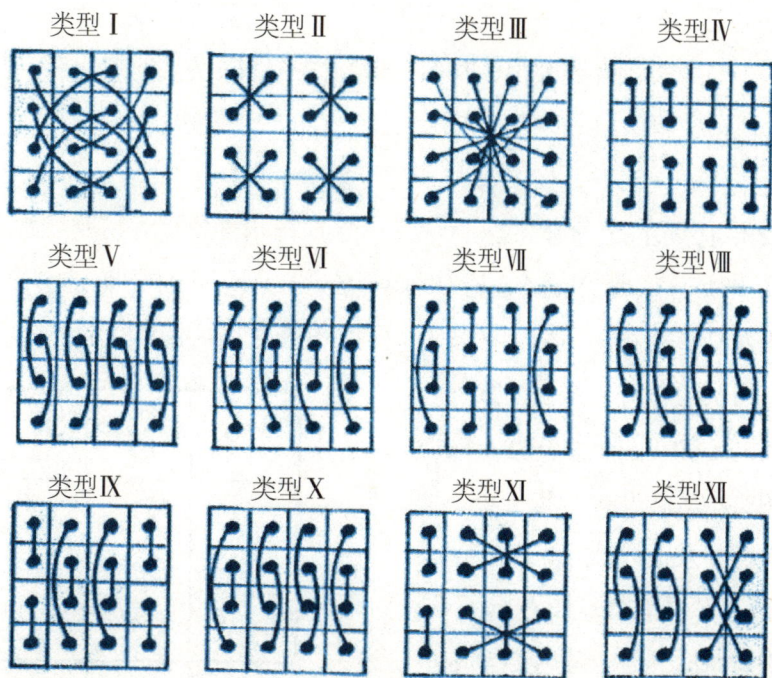

类型 Ⅰ　　类型 Ⅱ　　类型 Ⅲ　　类型 Ⅳ

类型 Ⅴ　　类型 Ⅵ　　类型 Ⅶ　　类型 Ⅷ

类型 Ⅸ　　类型 Ⅹ　　类型 Ⅺ　　类型 Ⅻ

纳斯卡	（Ⅰ.）			48
半纳斯卡	（Ⅱ.，纳斯卡的变体）		48	
半纳斯卡	（Ⅲ.，相关联性）		48	
半纳斯卡	（Ⅳ.）	96		
半纳斯卡	（Ⅴ.）	96	192	
半纳斯卡	（Ⅵ.）		96	384
简易图	（Ⅵ.）		208	
简易图	（Ⅶ.）	56		
简易图	（Ⅷ.）	56		
简易图	（Ⅸ.）	56		
简易图	（Ⅹ.）	56	224	
简易图	（Ⅺ.）	8		
简易图	（Ⅻ.）	8	16	448
				880

任一魔方通过逆转和反射都可产生 7 种其他魔方，这些我们都不计为不同答案。所以，这一阶可产生 7040 个魔方，其中 880 种存在根本性差异。

谜题无限多样性这一特征可使魔方具备一些新的条件。在《坎特伯雷谜题》一书中，我曾用硬币、邮票、删减性条件以及其他窍门来示范魔方例子。现在我将给出一些包含深层次新条件的变化题型。

423. 麻烦的数字8

几乎所有人都知道，"魔方"是一些方块状的数字排列，使得每行、每列及两条对角线上的数加起来相同。比如，只是将一些不同的数如图所示放在 9 个小格子里，使每行、每列及对角线上的数加起来都为 15。你可能会觉得有点困难。第一次尝试时，你会发现数字 8 一直处在角落位置。这一谜题的关键是，在同等条件下构造一个魔方，使 8 位于图中所示位置。

424. 神奇的长纸条

偶然有一次我将一些纸板长条放在桌面上，它们上面都印有从1开始的数字。像那些突然而至的念头一样，我突然想到可以用这个出一个小谜题。我想看看有多少读者能够得出和我一样的答案。

将7条长纸条如下图摆放，每张上面标明数字1、2、3、4、5、6、7，如此一来，这些数字形成7行7列。

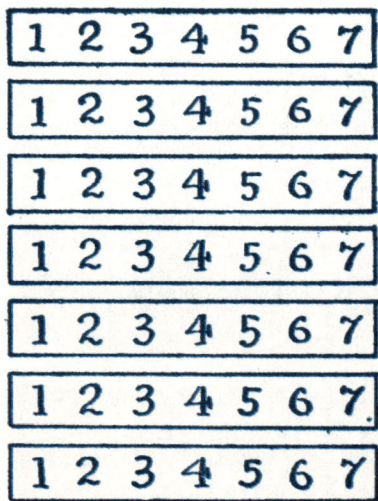

现在，谜题是用尽可能少的次数将这些长纸条剪断，将它们摆好形成一个魔方，使得每行、每列及两条对角线上的数字加起来的和相同。不可将数字颠倒或斜着放，也就是说，所有的长纸条必须按原来的方向摆放。

当然你可以将每条纸条剪成七部分，每部分1个数字，这样谜题就非常简单，但是即使不用我说，也可知49次跟最小的可能值相距甚远。

425. 监狱里八个开心的家伙

该图为一座有9间牢房的监狱平面图，牢房之间有出入口。这8个犯人背后有编号，当有牢房恰好空了时，任何犯人都可以去做做运动，但是得遵守"任何时候都不能有两个人同时待在同一间牢房"的规定。监狱所在国家的国王玩心重，一次圣诞节前夕，他给犯人们想了一个特别的放风方法，那就是在不违反规则的情况下，看他们能否用自己的编号构成一个魔方。

7号犯人恰好对魔方很有研究，所以他制订了一个计划，从中自然地选了最快捷的方式，即在牢房间的移动次数最少。但其中有一个人很顽固乖戾（和他乐观的同伴们很合不来），他拒绝走出自己的牢房，也不参加此次行动。但是7号搞定了这一突发事件，他发现即使不叫这个不讲理的人离开牢房，他也能用最少的次数达成要求。谜题是，说明一下他是怎样做到的，顺带指出哪个犯人这么愚蠢顽固。你能找出他吗？

久，第9号犯人被安置在那个空牢房里，然后玩心重的国王说，只要他们达到以下要求就全部释放：犯人们在牢房里重新排列，用编号组成一个魔方，任何一次移动都不能使两个人待在同一间牢房，除非从一开始一人骑在另一人肩膀上，那么行动中他们的数字得加起来，移动时做一个人处理。比如8号骑在2号肩膀上，他们移动时当作10处理。读者们首先要找出该题的最少移动次数，然后看如何使负重人尽可能少地移动。

426. 监狱里九个开心的家伙

在上一个谜题事件发生后不

427. 西班牙地牢

在中世纪时，离加迪斯不到50公里处曾有一座城堡，不过城堡的印迹在好几世纪前已消失。在它的一些有趣的特征中，有一点很有意思：这座城堡里有一座令人相当厌恶的地牢。如图所示，这座地牢有16间牢房，牢房之间互相连通。

监狱长是个玩心重的人，而且很喜欢谜题。一天，他到地牢里跟犯人们说："我保证，如果你们能解出这一谜题，我就释放你们。你们在 16 个牢房里自由排列，组成一个魔方，背后的牢房编号无论是按行、列还是对角线相加，所得之和都得相同。还要记住一点：绝不能有两个人同时处在同一牢房里。"

其中一名犯人用粉笔花了两三天的时间做这道题后，开始动手为他自己和狱友争取自由。前提是他们得按他的指示，按他所叫的号码依次在牢房间移动。他成功了，而且更了不得的是，据放在我面前的古代手稿记载来看，他移动的方式的次数可能最少。读者们能想出他是怎么做的吗？

428. 西伯利亚地牢

下图是一张位于西伯利亚的俄国监狱平面图。所有牢房均有编号，囚犯的编号和所在牢房编号一致。牢饭很有营养，以至于这些政治犯们一直担心，万一哪天赦免令到了，他们可能无法挤出那狭窄的牢门。当然，只为了释放犯人（不管他们是不是真的无罪）就将监狱的墙推翻，这对于任何政府来说都是荒谬的。因此，这些人尽量健身以抑制渐增的体重。他们的一项消遣给我们以下这道谜题提供了素材。

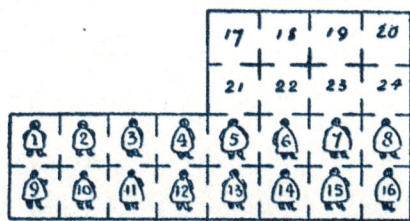

如上图所示，在移动次数最少的情况下，这 16 人怎样才能组成一个魔方，使得他们背后的数字按 4 行、4 列及对角线相加时，所得之和都相同。前提条件是，任何时候都不能有两个囚犯同时在同一个牢房。因为有些人还不怎么了解这种地方，我还得讲一句，监狱有个特点就是，犯人不允许走到墙外。任何犯人的任何一次移动，只要在允许范围内即可，移动距离不限。

429. 扑克牌的魔方

拿一副普通的扑克牌，将 12 张人头牌拿出。现在，用剩余扑克中的 9 张组成上面形式的魔方（组合形式无关紧要）。由图可见，每行、每列及两条对角线上的点数和都为 15。谜题是用剩下的牌再组成 3 个这样的魔方（不打乱顺序），使这 4 个魔方各自得出的和都不相同。当然，还有 4 张牌未使用，这 4 张牌有任意性。此题不难，不过也需要一些思考。

430. 十八张多米诺骨牌

如图，18 张多米诺骨牌排成了一个魔方，6 行 6 列中的每行、每列以及两条对角线的点数和都为 13。这是从普通的 28 张／（盒）装的骨牌中任意选数的可能性最小值。可能的最大值为 23，只需将每个数用与其互补为 6 的数代替就可以很容易得出。因此，空白点用 6 替换，1 用 5 替换，2 用 4 替换，3 用 3 替换，4 用 2 替换，5 用 1 替换，6 用空白点替换。不过，这一谜题是从 18 张多米诺骨牌中选出的一些进行排列（按规定的形式），使 14 条线上的和都为 18。

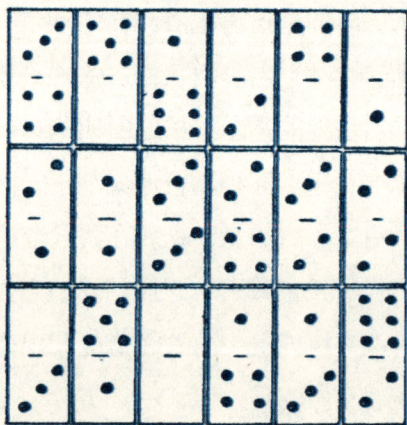

减法、乘法和除法魔方

虽然加法魔方已有很悠久的历史，可奇怪的是，乘法魔方似乎在 18 世纪末以前一直未被提及过。一名作者曾稍微提过，但又被遗忘，直到 1897 年我在权威谜题杂志上提及，它才又回到人们的视线中。除法魔方显然是我于 1898 年在每周报道上首次谈论到的。此处首次介绍减法魔方，我觉得将这四种魔方放在一起论述比较方便。

加				减				乘				除		
8	1	6		2	1	4		12	1	18		3	1	2
3	5	7		3	5	7		9	6	4		9	6	4
4	9	2		6	9	8		2	36	3		18	36	12

这四张图按顺序分别为加法、减法、乘法、除法三阶魔方。第一张图中，将每行每列及两条对角线上的数字分别相加，可得常量 15。第二张图中，用一条直线上的第二个数减去第一个数，再用第三个数减去之前的差，可得常量 5。当然，你可以从任何一个方向运算，不过为了避免出现负数，用两边的数字之和减去中间的数字，即可求得常数。这两种方式所得结果是一样的。由此可以看出，当 n 为魔方边上格子中的数时，加法魔方的常量是由其衍生出来的减法魔方常量的 n 倍。衍生的办法就是简单地将两条对角线上的数对调。两个魔方具有"关联性"，这一词我在该部分的介绍单元已经提过。

第三个魔方为乘法魔方，它通过将一条直线上的三个数相乘得到常量 216。它和除法魔方有"关联性"，与加法魔方没有任何关联。在此需要注意的是，在加法魔方里，9 个数字是不是连续数字并不重要。按这种方式写下任意 9 个数字，如图 1：

1	3	5
4	6	8
7	9	11

图1

1	3	9
2	6	18
4	12	36

图2

可见横行上的等差都相同，纵列上的等差也都相同（此题为 2 和 3），这些数字可组成一个加法魔方。当然，如果将等差设置为 1 和 3，我们也可得到连续数字的魔方，这种比较特殊，但仅仅如此。而在乘法魔方里，我们必须将这些数字按等比数列而不是等差数列排列，如图 2：

此题中，每行中相邻的数字等比为 3，在列中为 2。如果我们继续乘以 2，则可得到规律的等比数列，1、2、4、8、16、32、64、128 和 256，但是我不想使用很大的数字。这一魔方的数字排列和加法魔方中的阶一样。

第四个为除法魔方，它用同一直线上的第二个数除以第一个数（可从任意方向），再用第三个数除以之前所得的商，可得常量 6。但是，我们同样可将步骤简化成用两边的数字之积除以中间的数。这一魔方也和乘法魔方有"关联性"，就是通过将乘法魔方对角线上的数对调衍生而出的。乘法魔方的常量是由其衍生出的除法魔方常量的立方。

以下魔方的系列图表给出了五阶魔方的解答方案。和之前一样，它们也都具有相应的"关联性"。魔方将加法魔方对角线上的数对调，同时将边上居中的两个数对调，则可衍生出减法魔方。乘法魔方的常量仍是除法魔方常量的 n 倍。除法魔方也是通过同样的方式从乘法魔方中衍生而来。后者的常量是前者的 5 次方（此处 n 为 5）。

228

加

17	24	1	8	15
24	5	7	14	16
4	6	13	20	22
10	12	19	21	3
11	18	25	2	9

减

9	24	25	8	11
23	21	7	12	16
22	6	13	20	4
10	14	19	5	3
15	18	1	2	17

乘

54	648	1	12	144
324	16	6	72	27
8	3	36	432	162
48	18	216	81	4
9	108	1269	2	24

除

24	648	1296	12	9
324	81	6	18	27
162	3	36	432	8
48	72	216	16	4
144	108	1	2	54

如果是奇数阶，这些魔方相当容易，但是读者在做偶数阶题时可能会遇到一些困难。对于这一点，我只提出两个谜题供讨论，读者可以自己进行研究。

431. 两个新颖的魔方

用 1 到 16 这 16 个整数构造一个关于减法的魔方，数字之间的关系为减法运算。当然，用同一条直线上的第 2 个数减去第 1 个数，用第 3 个数减去它们的差，再产生一个差，再用第 4 个数减去这个差，则可得到一个常量。按同样的规则构造一个关于除法的魔方，数字之间的关系为除法运算。用同一条直线上的第 2 个数除以第 1 个数，用第 3 个数除以它们的商，得到另一个商，再用第 4 个数除以这个商，则可得到一个常量。

432. 两度的魔方

读一本法国数学著作时，我碰

巧看到下面这段话："普菲菲曼已从两度层面构造出一个非凡的神奇8阶魔方。换句话说，他已经能将1到64这些数字摆放在棋盘上，使每行、每列及每条对角线上的和都相同，如果将魔方里所有的数换成自身的平方，魔方仍然存在。"我马上着手做这题，虽然确实很棘手，还是有人因发现其中的规则而获益匪浅。读者们应该会想试试。

初级魔方

关于只用质数构造魔方的谜题，最初是我在1900年7月22日和8月5日的《每周报道》上提出讨论的。在过去的三四年里，它引起了美国数学家们的极大关注。首先，他们探索用最小的常量构造这些魔方，所以最先从1到23（包括23）中的9个质数，加起来为99，理论上来说是个合适的序列（除以3），不过已有人证明，可能的最小常量为111，序列如下：1、7、13、31、37、43、61、67和73。在四阶魔方中，"理论上适合"的最低质数序列同样也并不可行。但在其他直到12阶（包括12）的魔方中，已证明可用理论上的最低序列构造出魔方。12阶魔方就是由连续的质数构成，最小的为1，最高的可求出。换句话说，前144个奇质数确实能组成魔方。以下的概括摘自于1913年10月的《一元论者》（芝加哥）：

魔方阶	序列数总和	最低常量	魔方制作者
3	333	111	亨利·杜德尼（1900）
4	408	102	欧内斯特·伯格豪特和舒尔德姆
5	1065	213	赛尔斯
6	2448	408	舒尔德姆和芒西
7	4893	699	舒尔德姆和芒西
8	8912	1114	舒尔德姆和芒西
9	15129	1681	舒尔德姆和芒西
10	24160	2416	芒西
11	36095	3355	芒西
12	54168	4514	芒西

230

如需了解更多细节，读者可参阅安德鲁斯及赛尔斯的文章。

这些研究者也在构造有关联的和有边距的质数魔方方面有突出成就。舒尔德姆先生曾送给我一篇非常出色的论文，其中他给出了用质数构造的从 4 阶到 10 阶的纳斯卡魔方的例子，但不含 3 阶（这个明显不可能）和 9 阶，截止到成稿前，这些例子难倒了所有的尝试者。

433. 梅子

这就是我最初介绍的由质数组成的魔方的形式。需要读者们注意的是，这里面有一个小陷阱。

一位水果商有 9 个篮筐，每个篮筐里有一些梅子（都是完好熟透的），这些梅子数不尽相同。当如图摆放时，它们构成了一个魔方，如果他将任意 3 个篮筐在任意 8 个方向上摆成直线，每条线上的梅子数是相同的。这一点很容易弄懂，但是接下来的，初看之下则有些怪异了。

水果商让一个店员任选一篮水果分发给小孩子，人人都有份且拿到的梅子数相同。但是店员发现无论他选哪一篮，或是无论分发给多少小孩，都无法实现。求出 9 个篮筐中的梅子数，并说说不可能的原因。

434. "T" 形谜题

在比切姆·乔姆利·马奇班克斯先生出发去远东前，他曾自诩对魔方非常了解，并已将其发展成特殊嗜好；但他很快发现他连这一艺术的皮毛都没触及，聪明的中国人轻易就能打败他。下面我将描述一个小谜题，这是一位博学的清朝官员给旅行者提出的。

在发表一通说 25 格的普通魔方"非常简单"的评论之后，该中国人要求我们将 1 至 25 的数字放于魔方中，使得每行、每列以及两条对角线加起来都为 65，在实体格线"T"上只能为质数。当然，符合要求的质数有 1、2、3、5、7、11、13、17、19 和 23，所以你可以从这 9 个数里面任意选择来完成。你能构造出这一有趣的魔方吗？

第九章

迷宫及其破解

在迷宫中漫游迷路。

——《失乐园》

古英语单词"maze"的意思是迷宫，大概从斯堪的纳维亚语传入，但是其起源不能确定。已故的斯基特教授生前认为这个实词其实是从动词衍生而来，因为在古代英语中，"to be mazed"或"amazed"意思是"茫然失神"，后来演变成"迷宫"也是自然而然的事情，毕竟迂回曲折的迷宫总是让人茫然不知所措。

"labyrinth"这个词来源于希腊语，原是指矿井的通道。古代希腊和其他地方的矿井漆黑一片，人们很容易在错综复杂的通道中迷路，因此让人感到害怕和畏惧。

后来人们围绕这些矿井创造了神话。最为人熟知的是达勒斯为弥诺斯王在克里特岛建造的迷宫。其中间放置着弥诺陶诺斯（人身牛头的怪物），任何人一旦进入就再也找不到出去的路，最终成为这头怪物的祭品。雅典人每年要进贡七个童男和七个童女给怪物吞噬。后来，忒修斯杀死了怪物，并在情人阿里阿德涅提供的线团指引下走出迷宫。

迷宫阵的构造形式多种多样，包括错综复杂的洞穴、建筑迷宫或墓地、以彩色大理石和平铺道路为标志的弯曲设备、草坪中切割的绕道以及修剪的灌木迷宫。可以说，迷宫世代流传正是因为这种多样性。

19世纪以前，迷宫阵被用作基督教君主礼服上的装饰，并很快被大教堂和其他教堂采用。毋庸置疑，人们最初的意图是用迷宫阵来象征围绕人类的层层罪恶。12世纪早期迷宫阵开始盛行，图1就是这一时期圣昆廷教区教堂的图例。这个图形里教堂中间的人行道，直径 $34\frac{1}{2}$ 英尺。图中的线条本身就是道路。如果将铅笔指在A点，忽略密闭的线条，沿着线条可以到达中间。但是行进过程中无法选择更改方向。类似情况下我们会发现，早期教堂的迷宫阵其实通常不是谜题。

圣柏林的修道院教堂中也有这种奇怪的地面，象征着耶路撒冷的寺庙，其中还有朝圣者的驿站。朝圣者参观这些迷宫阵其实是为没能履行誓言去圣地而做的妥协。迷宫阵还用来作为苦行的方式，悔罪者通常跪着用手和膝盖走完整个迷宫阵。

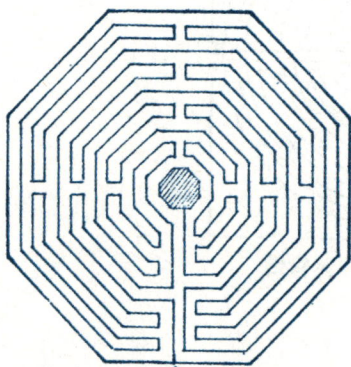

图1 圣昆廷的迷宫阵　　　　　　　图2 沙特尔大教堂的迷宫阵

沙特尔大教堂的迷宫阵（图 2）直径 40 英尺。亚眠大教堂的迷宫是八边形，与圣昆廷类似，直径 42 英尺，建造于 1288 年，毁于 1708 年。法国贝叶镇的牧师会礼堂中有个由红、黑色瓷砖及蜡画构成的迷宫，图案为棕黄色。度卡罗博士在书《诺曼底游记》（1767 年出版）中提到卡昂斯蒂芬大教堂的地面，"迷宫直径 10 英尺，构造如此巧妙，一个人从一端到另一端至少得走一里路"。

有时这些迷宫阵尺寸减小到在一片瓷砖上呈现（图 3）。以卢卡大教堂为例。这个迷宫直径仅为 $\frac{191}{2}$ 英寸。1858 年，一位作家写道："手指千百遍的抚摸，不断磨损着它，现在已经非常接近忒修斯和弥诺陶洛斯的中心。"其他的例子曾经，或许现在依旧。在马恩河畔沙隆的度萨特修道院中，在非常古老的帕维亚圣米歇尔教堂，在艾克斯、普罗旺斯、普瓦捷、兰斯、阿拉斯，在罗马的阿奎那·圣·玛丽亚，在拉文纳的圣维塔勒和其他地方的教堂中，以及罗马萨尔茨堡嵌花式的路面上人们都可能找到迷宫的踪迹。

这些迷宫在大陆常见，却没有在任何英国教会出现过，至少据我所知不存在。但是几乎每个乡村的草皮里都有，或曾有过迷宫的痕迹。它们一

图3 卢卡大教堂的迷宫阵

般被称为"米兹迷宫"或是"麦兹迷宫",而且他们当地很少使用"特洛伊镇""牧羊人比赛"或是"朱利安的村舍"这类有歧义的名称。很多的英国草皮迷宫其实就是借鉴大陆性教堂的迷宫,事实上,我们发现所有迷宫都靠近一些神职建筑或是坐落在古老神职建筑遗址旁。我们肯定的是,它们来源于教堂,且不是牧羊人或其他乡下人发明的。奇怪的是,这些草皮迷宫在大陆并不为人知,莎士比亚清楚地提道:"九人的莫里斯舞装满了泥土,神奇的迷宫在一片绿意中,只因看不到那少了的阶梯。我的老骨头在疼:通过四十个右拐弯和蜿蜒的河流,我们踏上了一个迷宫!"(——《暴风雨》第三幕第三场)

在剑桥郡的康伯顿有个这样的迷宫,当地人叫"米兹迷宫"。另一个在多西特的雷伊,位于一个山顶上的田野的最高部位,离村庄有 $\frac{1}{4}$ 英里,内部有些中空,由约3英尺高的堤坝围成,圆形,直径为30步。1868年,草皮覆盖了那些小沟渠,因此我们再也无法描绘出迷宫的路径。同一时期,康伯顿的那个还是完整的,不过我不确定是否其中一个,或者两个现在都消失了。我也无法证实其他几例是不是存在,但是我能给出插图。因此我将用过去时态来描述它们,只希望其中一些能仍然保存下来。

在以下给出的两个迷宫里,即位于艾克塞斯的撒弗伦·沃尔顿的迷宫(直径为110英尺,图4),还有位于诺丁汉郡的斯宁顿的一个迷宫,它在圣·安娜的古井旁（图5），这块地（直径为51英尺，路径长为535码）曾于1797年2月27日用犁翻过。每一例的路径用黑线和白线如此标示，一定很容易弄懂。

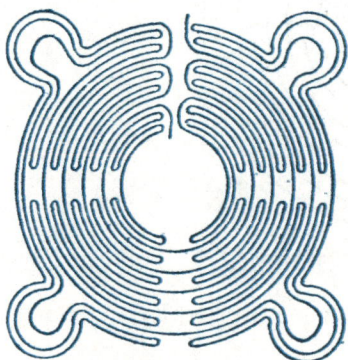

图4　位于艾克塞斯撒弗伦·沃尔顿的迷宫阵　图5　位于诺丁汉郡斯宁顿的迷宫阵

　　图6中，我给出了一个位于林肯郡的奥尔克伯勒的迷宫，在这儿可远眺亨伯河。直径为44英尺，我们可以很容易看出它与沙特尔大教堂的迷宫以及卢卡大教堂的迷宫（图2和图3）之间的相似之处。另一迷宫位于诺丁汉郡的伯顿格林（图7），这个地方一度是集会，该迷宫直径为37英尺。我还将一个曾位于"温"村庄郊区的迷宫（图8）也纳入平面图，它与卢特兰郡的阿平厄姆毗邻。这一迷宫直径为40英尺。

图6　位于林肯郡的奥尔克伯勒的迷宫阵　图7　位于诺丁汉郡的伯顿格林的迷宫阵

图8　位于卢特兰郡"温"村庄的迷宫阵

位于温彻斯特的圣凯瑟琳山的迷宫，属于切尔康姆教区，是个差劲的实例（图9），正如我们看到的，它到中心只有一条短的直接路径。这一迷宫为86平方英尺，在草皮上划割而成，当地人称它为"麦兹迷宫"。大约在1858年，该迷宫变得模糊不清，温彻斯特的管理员将它进行了再次划割，住在邻近的一名女士画了一个平面图，这起了辅助作用。

图9　位于温彻斯特的圣凯瑟琳山的迷宫阵

图10　位于瑞盆公地上的迷宫阵

以前，约克郡的瑞盆公地上有一个迷宫（图10）。1827年这里进行翻土，不过幸好它的平面图还保存着。该迷宫直径为20码，它的路径据说有407码长。

在这个位于赫特福德郡的西奥波尔兹的迷宫（图11）中，当你在四个

238

封闭性障碍中找到入口后，路径则为强制性了。我给出一个摘自色利欧书中的迷宫图（图12），这是关于建筑的意大利书籍，1537年出版，还有一个摘自伦敦和瑞斯的《退休的园丁》（1706年出版）一书（图13），他们是汉普顿宫苑迷宫的设计者，我将用这两个迷宫进一步对这类迷宫进行图解。此外，还要算上一个荷兰迷宫（图14）。

图11　位于赫特福德郡的西奥波尔兹的迷宫阵

图12　16世纪的意大利的迷宫

图13　汉普顿宫苑迷宫设计者所设计的迷宫

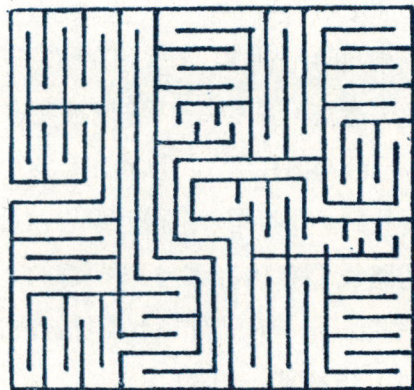

图14　荷兰迷宫

迄今为止，我们的迷宫都具有一定的历史价值，不过在行走上困难都不大。但是改革时期以后，我们发现迷宫阵变得中庸，只适用于消遣了。它们普遍路径曲折，由厚厚的、仔细修整过的树篱围住。罗马人熟知这些修剪成型的树篱，"topiarius"就是装饰性园艺师。最近几年来，这类迷宫已经退化得不成样子。这里通常树立着"谜题花园，茶，六便士，包括迷宫的入场费"的牌子。正如我说过的,在皇室宫殿里的汉普顿宫苑迷宫,有时也称作"荒野",是由伦敦和瑞斯为威廉三世设计的,他也喜欢搞这类东西(图15)。在我面前有三到四个版本,每个版本都不尽相同,但是我选择的平面图是来自于一个宫殿的导游指南,很旧,所以值得信赖。关于带点的黑线的意思,我们在之后进行解释。

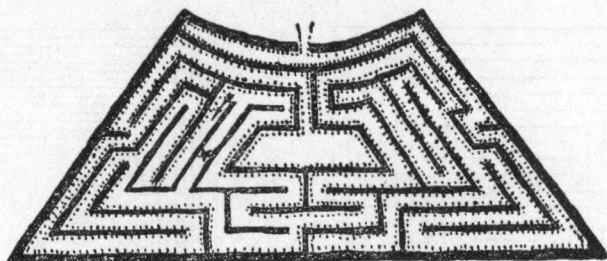

图15　汉普顿宫苑的迷宫阵

哈特菲尔德迷宫(图16),位于索尔兹伯里侯爵的属地。同许多迷宫一样,理论上并不难,但是没有平面图,这个迷宫以及汉普顿宫苑的迷宫可能走起来非常难。原因之一为,如果没有办法前进,就很容易不断地走到相同的死胡同。王后想在南肯辛顿建造皇家园艺研究花园,从而产生了这一迷宫(图17),后来它被允许毁掉,不过没有产生很大的损失,因为它已经趋向衰落。可以看出,这个迷宫有3个入口,但是到中心的路很容易找到。我将用一个很有意思但是不难的德国迷宫以书面形式呈现走迷宫的路线(图18)。位于多西特的平珀恩迷宫是独一无二的(图19),它由一些大于一英尺高的小山脊构成,大约占地一英亩,但不幸的是,它于1730年被翻土破坏了。

现在我们转到怎样走迷宫这一有趣话题上来。在简明的前提下,我将努力使没有数学知识背景的读者也能理解讲述的内容。首先,假设我们要进入一个迷宫(即到达中心),我们没有平面图,对其也一无所知,第一条规则是:如果迷宫中的树篱没有与其他的断开,那么我们可一直沿右手边的篱笆行走(或是一直用左手),走到每个死胡同的头然后从另一边折回,那么我们则走遍了迷宫,然后从进来的地方出去。所以我们必须一次或两次进入中心，而且每条路都经过两次。

图16　位于赫尔福特郡的哈特菲尔德迷宫阵

图17　位于南肯辛顿的迷宫阵

图18　一个德国迷宫阵

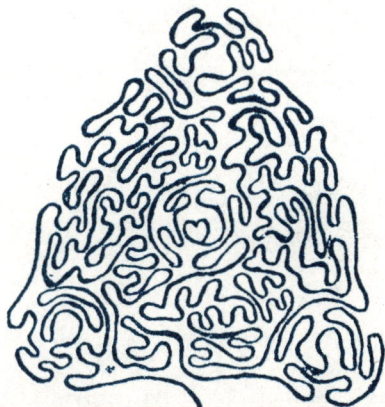

图19　位于多西特的平珀恩迷宫阵

　　现在看一下汉普顿宫苑平面图，按右边点状路线的路径，如果我涂掉标有星号的两侧分离的两部分，或说"岛屿"，那么就能证明我之前所说的是完全正确的了。但是因为这些岛屿在那，你不能用这种方式穿过迷宫的每一部分，而如果"中心"被设计在两座岛屿中间，就如在两个岛之间的星状物一样，那么你永远都无法穿过中心。看一下哈特菲尔德迷宫，它的中心位置由三个分离的树篱或岛屿隔开，那么这一方法无法使你走到迷宫的中心。不过除非你在之后的步骤中犯错，这一规则至少总能将你平安带出。假定你在汉普顿宫苑迷宫中按箭头方向走，你显然无法看到底部的转弯点，你会以为你在死胡同里，然后为了节省时间，马上穿过此处到达对面的树篱，那么你就会在 U 形岛屿一直转来转去，一直沿着右手方向的树篱不断前进——永远！

几年前，我在南威尔士的科尔迪岛上的一个小迷宫中也犯过这种错误。我知道迷宫小，可是走了很长的路以后，我惊奇地发现，我既没有到达中心，也没有再走出去。于是我往地上扔了张纸，一会儿又走回到这儿，我知道我撞进了一个表面上的死胡同，一直围着一个岛转来转去。穿过对面的树篱，再多用些心，我很快到达中心并且再次走出去。现在，如果我在汉普顿宫苑犯类似的错误，并且在标有星号的位置意识到错误，那么我只需从一个岛穿到另一个岛！如果我再次发现我在一个分离的区域，我可能倒霉地再次穿越到第一个岛上！所以，我们可看到"碰触树篱"的方式总是可以将我们平安带出我们进入的迷宫，也可能碰巧带我们穿过"中心"，如果我们与中心位置错过，我们则可知一定有岛屿。但是要做到这一点需要认真，因为无论如何我们都无法确定我们已经穿过了每一条路，也无法确定没有分离区域。

如果迷宫中有许多岛屿，穿越整个迷宫可能相当困难。下面是特莱谋的方法，可以解答所有迷宫题。它要求在通道交叉的入口和出口仔细做标注。我给出了一幅图（图 20），这是一个想象出来的简单迷宫图，可以帮助我们更好地理解。在可以选择转弯的地方的圈圈我们称之为节点。新的通道或节点就是路程中从未踏入的通道或节点；旧的通道或节点就是路程中已经踏入的通道或节点。注意：（1）任何通道不得通行两次以上；（2）进入新节点以后，可以任选通道；（3）通过新通道进入旧节点或死胡同之后，按原路返回；（4）沿旧路进入旧节点时，如果有新通道就选择新的，没有就选择旧的。图中虚线指示的路径就是按上述规则画的，可以引导我们进入迷宫中心。

在我给出的方法中，没有一种能告诉我们到达中心的最短路径，也无法告诉我们不同路径的数目。但是我们可以用平面图来解决这些谜题。以哈特菲尔德迷宫为例(图21)。如图所示，我已经用涂阴影的方式将所有的死胡同消除掉，我从堵塞处开始倒着走，直到路径呈交叉状。所以，如果不折回，我们永远都不会进入这些阴影区域。然后可以清楚地看出，如果我们从 A 处进入，需从 B 处出来；如果从 C 处进入，需从 D 处出来。所以我们只需确定 A、B、F 或是 C、D、E 哪条路径更短。事实上，经过大致测量或计算，我们发现到中心的最短路径是途经 C、D、E、F 的路。

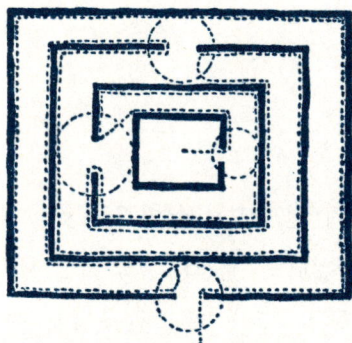

图20　特莱谋的解题之道　　　图21　怎样走哈特菲尔德迷宫

　　此处我列举了三个迷宫，它们只是理论上的谜题。因为就我目前所知，它们从来没有用其他方式构造出来。第一个我称之为费城迷宫（图22）。14 年前，一名住在美国费城的旅行推销员对谜题产生了强烈的不可遏止的激情。他荒废了事业，丢掉了工作，没日没夜地研究这些让他着迷的谜题，这小小的迷宫阵似乎让他陷入了疯狂状态。他苦苦思考了一段时间，最终疯了，饮弹身亡。天知道他到底陷入了什么困境！但是毫无疑问的是，他精神混乱了，即使这个谜题没有让他失去理智，其他一些琐碎事情迟早也会使他这样。这个故事没有什么寓意，除非它跟那个爱尔兰格言一样，该格言适用于各行各业的人，也适用于解谜题这一状况："凡事看开些，如果无法放开，尽量看轻。"所以，对解任何谜题而言，和你的大脑过不去都是一种差劲的经验主义。

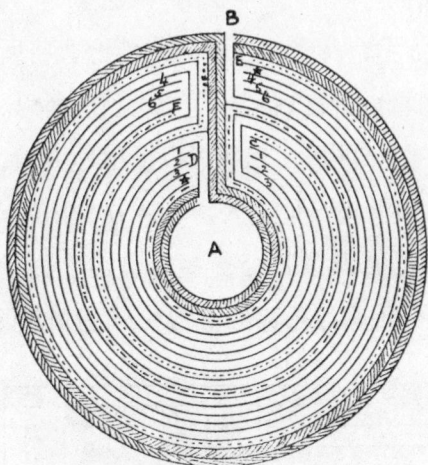

图22　费城迷宫及其解法

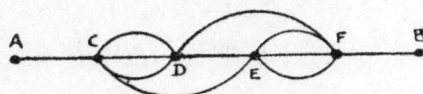

图23　图22的简图

　　如果相同通道不得经过两次，那么在这个迷宫中从 A 到 B 有多少种不同的走法？四条通道终止的四块开阔空间不算作"通道"。如图 22 所示，我再次涂掉了死胡同。可以看到在任何情况下，我们都必须从 A 走到 C，从 F 走到 B。但是，到达 C 之后，就有三条路（标注了 1、2、3）到 D。同理可知，到达 E 之后也有三条路（标注了 4、5、6）可以到 F。还有从 C 到 E、D 到 F 的虚线路径，以及 D 到 E 的通道（用五角星指示）。因此我们可以用下图（图 23）表示事件状态。该图中，路径的状态与圆形迷宫完全相应，但是没有那么混乱。从简图中可以看到，在上文的限制条件下，从 A 到 B 的路径为 640，这正是该迷宫谜题的答案。

　　最后，我将两道简单的迷宫谜题（图 24、图 25）留给读者自己思考解决。这些谜题都是找出到中心的最短可能路径。迷宫是怎样的或者是否只是在想象中存在，这个谜题谁也不知道。很多作家相信迷宫只是结构差劲的房子，里面有许多让人迷惑的房间和通道。不管怎么说，本章中的草图没有其他章节中那么具有权威性。罗莎蒙德家的园亭只是来向你表明，当你面前有一张平面图时，找到进入迷宫路径的最简单方法通常是逆向思维——首先找到出路。

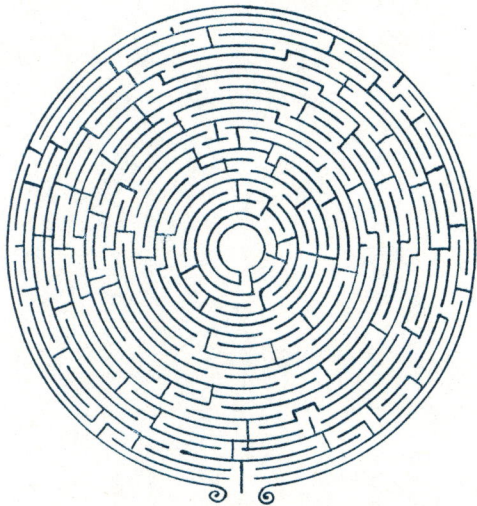

图24　你能找出到达中心的最短路径吗?

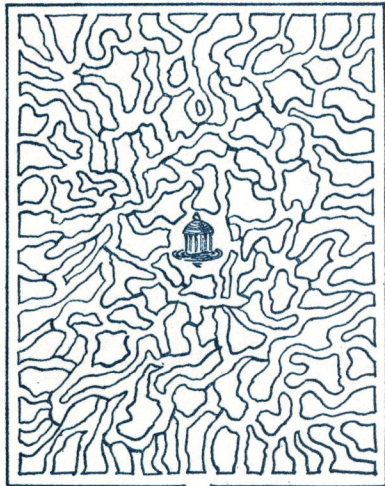

图25　罗沙蒙德家的园亭

生命本身不就是个悖论吗？

——C. L. 道格森《枕头谜题》

"真是个奇妙的年代！"奥尔古德说。桌旁的每个人都转向他，充满期待。

　　这是奥尔古德家的一次普通圣诞晚宴，一些当地朋友也都在场。没人想到上面的评论会引出一连串有意思的谜题和悖论，但它确实发生了，宴会的每一个成员都贡献了一些有趣的东西。这个小宴会并未预先计划，所以对于一些难题不要太挑剔。在这样的场合，我们应该尊重不同的贡献者，因为这是一次普通人的聚会，而非数学家和逻辑学家的聚会。

　　"真是个奇妙的年代！"奥尔古德又说了一次，"一个人刚设计出一个神奇屋子，设计得如此巧妙，四面所有的窗户都朝南。"

　　"这对我太有诱惑力了，"奥尔古德夫人说，"因为我受不了房子朝北。"

　　"我想象不出它是怎么做出来的，"约翰叔叔承认，"我认为他将凸窗安在东西方；但到底怎样才能从北方也看到是朝南呢？他用了镜子或是诸如此类的东西吗？"

　　"没有，"奥尔古德回答到，"没有用那种东西。所有窗户都和墙齐平，但是你还是能从每扇窗户看到南方的风景。你想想看，如果你选择了合适的地方，要设计出这样的房子，一点都不成谜题。这房子是为一个先生设计的，他打算将它建在北极点。如果你思考一下，你会意识到，当你站在北极点时，无论你朝哪个方向转，都无法朝其他方向看，只能是朝南看！当你在北极点时，没有所谓的北方、东方和西方，一切都是朝南！"

　　"妈妈，"大笑声减弱后，奥尔古德夫人的儿子乔治说，"我认为，不管你有多喜欢这个方向，这一位置对你来说只怕太过凉爽。"

　　"啊，好吧！"她回答道，"你约翰叔叔也中计了。我不擅长做这些谜题。我觉得我大脑不好使，也许谁能解释给我听。就在上周，我还对我的发型师说，听说世界上的人口数比他们任意一人头上的头发数要多。他回答说，'夫人，那么就一定是至少两个人有相同根数的头发。'如果这是真的，我承认我不懂。"

约翰叔叔问："光头怎么会喜欢这谜题呢？"

"假如确实存在这么多人。"奥尔古德夫人回答，"当然在放大镜下都找不到一根头发的人，我们不将其纳入谜题考虑。我仍然不知道你是如何证明至少有两个人有相同的头发数的。"

"我想我能说清楚，"菲尔金斯说，他是晚上顺路过来看看的，"假定世界上的人口只有一百万，其他任何数字也都可以。那么你的话大致是没有人的头发超过 999999 根，是这样吗？"

"让我想一下，"奥尔古德夫人说，"是的，是的，是这样。"

"很好。既然只有 999999 种不同的长发方式，很明显，第 100 万个人一定重复了其中的一种方式。懂了吗？"

"是的，我懂了，至少我认为我懂了。"

"所以至少有两个人的头发数相同，既然地球上人口数大大超过了任何一个人头发的数目，那么必然有大量的重复。"

"可是，菲尔金斯先生，"小威利·奥尔古德说，"为什么第一百万个人不能有，比如说 10000.5 根头发呢？"

"那只是头发分叉，威利，那不能纳入谜题考虑范围内。"

"这儿有一个非常有趣的悖论，"乔治说，"如果 1000 个飞机上的士兵在作战阵法中趴下"——他们知道他的意思是"平地上"——"只有一个人会笔直挺立。"

没人说得出原因，于是乔治解释说："根据欧几里得《几何学原理》，一个'平地'和一个球体只能相交于一点，唯一一个站着的人正站在那一点上，相对于地球中心来说，是笔直站立的。""同样，"他评论道，"如果一个台球桌很平坦——那么它是一个完美的'平地'——球会滚到中央。"

虽然他企图通过将一张名片放在橘子上用以解释，并解释了万有引力定律，奥尔古德夫人还是拒绝接受这种说法。她不能理解的是，一张真正的台球桌顶部从理论上来说必须为球形，就像乔治削掉的橘皮的一部分。

当然，跟地球表面相比，桌子太小了，无法估知其曲率，但在理论上这是正确的。我们称作水平的表面与我们想法中的真正的几何平面不是一样的。

"约翰叔叔，"威利·奥尔古德插话说，"在英国和法国之间有一个岛，但是这座岛到法国的距离比从英国到法国远，这是什么岛？"

"听起来有些荒谬，我的孩子，因为如果我用这个玻璃杯代表这个岛，放在两个盘子之间，玻璃杯到任何一个盘子之间的距离比两个盘子之间的距离要远，这似乎是不可能的。"

"但是英国和法国之间的不是格恩西岛吗？"

"是的，这是当然。"

"那么，叔叔，我想你会发现格恩西岛离法国大于 26 英里，英国离法国只有 21 英里，即加来与多弗之间的距离。"

"我的数学老师，"乔治说，"曾试图引导我接受这一原理——相等的数乘以相同的数，结果还是相等的。"

"这是显而易见的，"菲尔金斯指出，"比如，如果 3 英尺等于 1 码，那么两个 3 英尺等于 2 码，不是吗？"

"可是，菲尔金斯先生，"乔治问，"装满半杯水的酒杯能和一个半空的酒杯相提并论吗？"

"当然，乔治。"

"那么结果就是，根据这一原理，一杯满的等于一杯空的，对吗？"

"不，当然不是，我还没从那个角度考虑过。"

"也许，"奥尔古德建议道，"这一规则不适用于液体。"

"我也是这么想的，奥尔古德，似乎我们必须将液体作为特例。"

乔治笑着说："如果我们也得将固体排除在外，那就尴尬了。比如，以陆地为例。1 英里的平方等于 1 平方英里，所以 2 英里的平方等于 2 平方英里，是这样吗？"

"我看一下，不，当然不是！"菲尔金斯回答道，"因为 2 英里的平方等于 4 平方英里。"

"那么，"乔治说，"如果在这些例子上，这个原理都不正确，那什么时候它是正确的？"

菲尔金斯说会研究一下这个谜题，也许读者也会想在空闲时思考下这个谜题。

"看这里，乔治，"他的表兄雷纳金德·伍利说，"$\frac{4}{4}$比$\frac{3}{4}$多多少？"

"多$\frac{1}{4}$！"所有人马上都叫道。

"换个吧。"乔治建议。

"恭喜你们，回答正确。"雷纳金德说。

"你想说不是$\frac{1}{4}$吗？"

"当然。"

一些人无法理解为什么正确答案是$\frac{1}{3}$，虽然雷纳金德努力解释道：任何三样东西，如果增加了它的$\frac{1}{3}$，则变成4。

"约翰叔叔，你怎么发't-o-o'的音？"威利问。

"Too，我的孩子。"

"那么你怎么读't-w-o'？"

"也是'too'。"

"那么你怎么读一周的第二天？"

"我会读'Tuesday'，而不是'Toosday'。"

"真的吗？我会读'Monday'。"

"如果你继续像这样子，威利，"约翰叔叔假装严肃地说，"你在这个世界上将很快一个朋友都没有。"

"你们中谁能马上用数字写出 12 千 12 百 12 镑？"奥尔古德问。

他最大的姐姐米尔德丽德是唯一一个手上正好有铅笔的人。

"做不到。"在白色桌布上写了一下后她宣称。但是奥尔古德向她证明可以写出来：13212 英镑。

"现在到我了，"米尔德丽德说，"我一直在等着问你们一个谜题。在赫洛德对无辜者的大屠杀中，很多可怜的小孩被埋进沙里，只有脚伸在外面。你们怎样区分男孩和女孩？"

"我认为，"奥尔古德夫人说，"这是个双管谜语，与他们可怜的'灵魂'有关。"

但当每个人都放弃后，米尔德丽德提醒大家说只有男孩被处死。

"曾经有一次，"乔治开始说，"阿喀琉斯与一只乌龟赛跑……"

"别说了，乔治！"奥尔古德插话，"我们不要听那个。我年轻的时候认识两个人，他们曾是最好的朋友，但是他们针对齐诺那些讨厌的事而吵嘴，后来再也没有互相说过话。我绝不容忍那个，还有齐诺那关于飞箭的蠢事，我相信没人懂他们，因为我自己也从来都不懂。"

"非常好，父亲。还有一个例子。邮局的人要越过高山架设一行电杆，但是发现铁路公司正在相同方向建筑水平路堑。他们打算把电杆架设在路边。现在电杆相距 100 码，路长 5 英里，水平路堑仅长 4.5 英里。他们节省了多少电杆？"

"这是一个很简单的计算谜题，"菲尔金斯说，"找出 5 英里之内有多少个 100 码，4.5 英里之内又有多少个 100 码，然后一减就行了。"

"非常正确，"奥尔古德肯定他，"没有比这更容易的了。"

"邮局的人正是这么做的，"乔治回答，"但是是错误的。你们可以看看我刚画的草图，会发现没有差别。如果电杆差距 100 码，在路面和山上所需的杆子数是一样的。"

"你肯定弄错了，乔治，"奥尔古德说，"电杆相距 100 码，越山的路程比路面距离远半英里，这段路程上也得架设电杆。"

"看看这张图，母亲。你会发现电杆之间的距离并不是沿地面测量的。不论我站在地毯上还是椅子上，与你的距离都一样。"但是这并没有说服奥尔古德。

这时，坐在桌子末尾的助理牧师斯木西里先生说他有个小谜题。

"假设地球是表面平滑的完美圆形，一根钢带缠绕赤道，完全贴紧。"

"我将在四十分钟内用钢带缠绕地球。"乔治咕哝道。

"现在，如果赤道的长度增加六码，那么钢带与地球的距离（假设与地球各点距离相等）会是多少呢？"

"这个长度太大，"奥尔古德先生说，"我觉得距离不值一提。"

"乔治，你认为呢？"斯木西里先生问。

"不用计算的话，我猜想可能是几分之一英寸吧。"雷纳金德和菲尔金斯先生持相同意见。

"大伙一定会觉得吃惊，"助理牧师说，"这额外的 6 码会使地球与钢带的距离接近 1 码。"

"靠近 1 码？！"所有人都惊叹道。但是斯木西里先生是正确的。增量取决于围绕地球或一个橘子的腰带的原始长度。任何情况下，增加 6 码都会产生近 1 码的距离。没有数学头脑的人通常会对此感到惊讶。

"你们听说了伯金斯太太上周天折的宝宝异常早熟的事情吗？"奥尔古德太太问，"只有三个月大，却快要死了。悲伤的母亲问医生有没有办法救他。医生说'无可救药'，然后那个宝宝怜悯地看着他母亲的脸，也说了一句'无可救药'！"

"不可能！"米尔德丽德坚持说，"才三个月大，怎么可能！"

"的确是有婴儿早熟的例子，"菲尔金斯先生说，"其真实性曾经被仔细证实过。但是，奥尔古德太太，你确定这事真的发生过？"

"当然，"奥尔古德太太回应道，"但是您真的认为三个月大的孩子什么话也不说很惊异吗？你期望他说什么呢？"

"说到死亡，"斯木西里先生表情沉重，"我知道一对父子，在南非战争期间牺牲在同一战场。他们的名字都叫安德鲁约翰，人们将他们并肩埋在一起，但是发现墓碑上难以分辨谁是父亲谁是儿子。如果是你们，会怎么做？"

"很简单，"奥尔古德先生说，"他们应该分别称为'老年安德鲁约翰'和'青年安德鲁约翰'。"

"但是我忘了告诉你们，父亲先死。"

"那有什么区别？"

"他们想要绝对准确，这就是难点。"

"但是我没觉得难啊。"奥尔古德先生说。其他人也和他一样。

"是这样的，"斯木西里先生解释说，"如果父亲先死，儿子就不能称为'年轻人'了。不是吗？"

"严格来说，的确如此。"

"他们想要的就是这样绝对正确。现在，如果儿子不再是'年轻人'，这样在墓碑上描述他是不正确的。你们意识到这个谜题了吗？"

"还有一件相当奇怪的事情，"菲尔金斯先生说，"我刚才想起前几天有一个人给我写信，说他最近在挖花园时发现了两个旧的硬币，一个年代是'公元前51年'，另一个是'乔治一世'。我怎么知道他说的是不是真的？"

"可能你知道这个人总是喜欢撒谎。"雷金纳德说。

"但是这并不能证明他在这件事情上没有说真话。"

"可能你知道这两个时期根本不铸造硬币。"米尔德丽德说。

"相反，两个时期都铸造。"

"是银币还是铜币？"威利问。

"我朋友没说，而且威利，我也不知道银币和铜币会有什么不一样。"

"我知道了！"雷金纳德大呼，"B.C. 绝对不会用在耶稣诞生之前的硬币上。人们不可能预测到耶稣诞生。B.C. 只是后来为了表示 A.D. 之前的年代而采用的。这很好，但是我不知其他说法为什么不正确。"

"关于第一枚硬币，雷金纳德的观点相当正确。"菲尔金斯先生说，"第二枚也不可能存在，因为第一位乔治国王绝对不会在他有生之年将自己称为'乔治一世'。"

"为什么不会？"奥尔古德太太问，"他就是乔治一世啊。"

"是的，但是至少得等到出现乔治二世才知道啊。"

"所以只有到乔治三世继位才有乔治二世之说？"

"那倒不是。只要有乔治一世，第二位乔治就是'乔治二世'了。"

"那么只有在他之前没有叫乔治的国王，第一位乔治才能称'乔治一世'。"

"你不明白吗，母亲，"乔治·奥尔古德说，"我们不称呼维多利亚女王为'维多利亚一世'，但是如果出现了'维多利亚二世'，那么我们就会这么称呼她。"

"但是因为有好几个乔治，所以有'乔治一世'之称。维多利亚只有一个，所以这两种情况是不同的。"

他们不再试图说服奥尔古德太太，但是读者朋友肯定已经了然于心了。

"我有个谜题，"米尔德丽德说，"希望你们有人帮我解决。我经常从菜贩子那儿买成捆的芦笋，每捆周长 12 英寸。我总是用卷尺测量足不足量。前天，那个人没有大捆的芦笋了，就递给我两个周长均为 6 英寸的小捆。'那是一样的，'我说，'当然价格也一样。'但是菜贩子坚持说两小捆合在一起比一大捆多，还多收了我几个便士。现在我想知道，我们两人谁是正确的。两小捆的量比一大捆多还是一样多？"

"这是一个借玉米的古老谜题，"雷金纳德笑着说，"菜贩子肯定在哪儿读过这个故事，并巧妙地讹诈了你。"

"那是说两者等量？"

"相反，你们俩都错了。你被骗了。你只得到了大捆所含的一半数量，应该只付一半的价钱。"

是的，毫无疑问是诈骗。周长为另一圆一半的圆圈，面积是另一圆的 $\frac{1}{4}$。因此，两小捆的芦笋量只有一大捆的一半。

"菲尔金斯先生，你能回答这个谜题吗？"威利问道，"邻村有个人，每天早餐吃两个蛋。"

"那没什么异常的，"乔治打断他说，"如果你告诉我们两个蛋吃了那个人会比较有趣。"

"别插话，乔治。"乔治的母亲说。

"是这样的，"威利继续说，"这个人既不买蛋，也不借、不讨、不偷蛋，不以物易物，不找鸡蛋。他没有养母鸡，也没人给他蛋。他是怎样拿到蛋的呢？"

"他是不是用其他东西换的？"米尔德丽德问。

"那就是以物易物了。"威利回答。

"可能有朋友送他。"奥尔古德太太说。

"我说了没人送他蛋。"

"我知道，"乔治自信满满地说，"一只母鸡跑到他住的地方给他下蛋了。"

"但那就是要找蛋喽，不是吗？"

"他是不是租来的蛋？"雷金纳德问。

"如果是租，吃完之后又不能还，不就成偷了吗？"

"可能是'lay'这个词的双关语吧，他是不是把蛋放在桌上。"

"'放'之前他必须先'拿到'蛋，对吧？谜题是，他是怎样拿到蛋的？"

每个人都放弃了。小威利蹑手蹑脚地走到母亲身边寻求保护，因为每到这种时候乔治就容易发怒。

"那个人养了鸭子，"威利说，"他的仆人每天早上捡鸭蛋。"

"但是你说过他不养家禽！"乔治抗议道。

"我没有说，不是吗，菲尔金斯先生？我只说他不养母鸡。"

"但是他找了蛋。"雷金纳德说。

"非也。我说了，他的仆人找蛋。"

"这样的话，"米尔德丽德提出，"他的仆人'给'了他蛋。"

"你不能把一个人自己的财产给他，是不是？"

大家都同意，威利的答案相当令人满意。然后约翰叔叔制造了一些谬论，结束了谈话。

435. 棋盘悖论

"这是一个棋盘图，"约翰叔叔说，"你可看到有 8×8 规格的 64 个魔方，现在我从左上角第一格和第二格相交的顶点处引一条直线，到右下角底部。用剪刀顺着这条线，滑过标示的 B 部分，沿着第一个垂直线，将其与 C 点所在魔方断开，这一部分正好能与上面那部分镶嵌，这样，我们就有一个一边 7 个魔方，一边 9 个魔方的长方形。因此，现在只有 63 个魔方了，因为

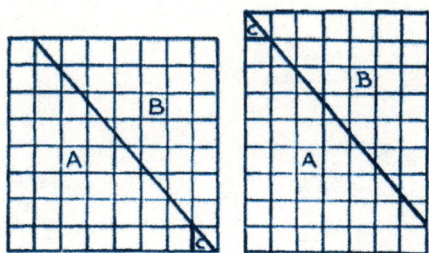

7 乘以 9 为 63。少了的那个魔方哪儿去了？我做了一遍又一遍，想抓住这个'家伙'，可它老是躲着我。我拼了老命也不知道它把自己藏哪儿去了。"

"它有些像另外一个棋盘谬论题，也许解释是一样的，"雷金纳德说，"就是两块其实并不吻合。"

"但是它们确实吻合，"约翰叔叔说，"你试一下就知道了。"

傍晚，有人看到雷金纳德和乔治头凑在一起待在一个角落里，想找出那个少了的小魔方，凭良心说，在晚上他们离开那里前，他们终于成功地捕捉到了他们的"猎物"，虽然其他一些人并没有看到。你们能解答出这一奥秘吗？

第十一章

未分类谜题

暴躁的人容易为无关紧要的琐事生气。

——《冬天的故事》

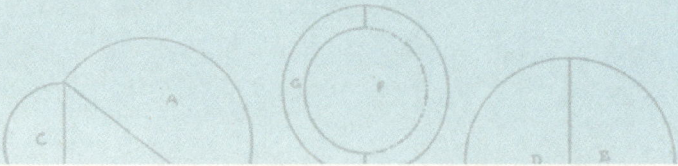

436. 谁是第一

安德森、比格斯和卡朋特一起住在海边的某个地方。有一天，他们坐船出海，在离海岸1英里处时，突然听到海岸处传来步枪的射击声。枪响的原因和开枪人是谁，我们不用追究，因为也得不到什么信息，但从这一事件里，我发现我们可以从中获得素材，为无经验者出一道有趣的谜题。

似乎安德森只听到枪声，比格斯只看到烟雾，而卡朋特只看到子弹擦过他们附近的水面。现在，谜题是：谁最先知道开枪的呢？

437. 恼人的铁环

该图为所有的机械性谜题中最为古老的一个，出处不明。数学家卡丹1550年写到过它，华莱士在1693年也写过。据说还能在一

些不知名的英国村庄看到（又是放在一些很奇怪的地方，如教堂的钟塔），用铁制成，所以被称为"令人烦恼的铁环"，挪威人现在还用它锁箱子和袋子。在玩具店，虽然没有一个权威的说法，但有时它被称为"九连环"，而且经常被冠以"令人费解的环"这类不如意的名字。

如图，可以看出这一物品简单地由一圈金属丝和一定数量的铁环组成。金属丝被固定在左手边的一个把手上，铁环则被一些金属丝缚住，金属丝穿过一根铁棒的洞，钝波形的两头使其卡住，从而固定。金属丝可在铁棒里自由移动，但是无法将其与铁棒分开，也不能将金属丝从铁棒中拉出去。这一谜题是将所有的铁环和圈分离，然后又将它们全部重新安上。

现在，一眼就可看出，只要将第一个圆环（右边的）滑动到末端，从圈中绕过去，即可移下来，反向操作则可安上。除此之外，一直能移下来的只能是右手边起的第二个

（随程序改变）。因此，所有铁环都安上时，第二个能马上取下，第一个铁环取下时，你无法取下第二个，但能移下第三个；最初的第三个取下后，你无法取下第四个，但能移下第五个，如此进行。我们会发现，第一个和第二个可以一起取下、安上，但是为了不让人感到迷惑，我们不允许将这特殊的两只一起取下，也就是说，一次只能移下或安上一个铁环。

因此，我们可以在第一步取下一个铁环；第二步取下两个；第五步时取下三个；第十步时取下四个；第二十一步时取下五个；如果我们一直使其保持偶数（铁环数为奇数时，加一个），很容易就可确定取下任何数量铁环所需的步骤数。取下7个铁环需85步。我们看一下将前三个铁环取下的五步解析，直

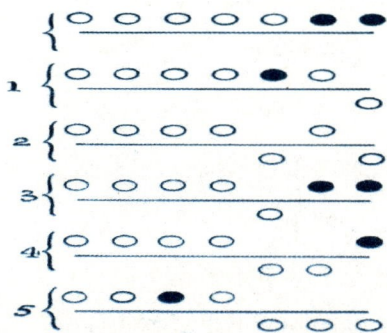

线上的圆代表圈上的铁环，直线下的圆代表从圈上卸下的铁环。

卸下第一个铁环后，再卸下第三个；安上第一个，卸下第二个；再卸下第一个——如此五步，如图所示。从开始到结束的步骤中，每一步的黑色圆，表示可被取下的铁环。第二步后，可发现，如果不安上一个铁环，任何一个铁环都无法卸下，因为现在圈上右边起的第一个和第二个铁环没有连在一起。第五步后，如果我们想将七个铁环都卸下，那么现在得卸下 5 号了。但是，在能卸下 4 号前，我们必须将最初的 3 号安上，然后再将接下来的第二个（即 5 号）卸下，这时圈上为第 7、6、4、3 号铁环，然后再卸下第 4 号。

然后我们安上 2 号和 1 号，再卸下 3、2、1 号，则可除下第 7 号铁环，接下来使 6、4、5、3、2、1 号在圈上，再卸下 4、3、2、1 号，则可除下第 6 号；然后使 5、4、3、2、1 号在圈上，再卸下 3、2、1 号，则可除下第 5 号；再使 4、3、2、1 号在圈上，再卸下 2、1 号，则可除下第 4 号；然后使 3、2、1 号

在圈上,卸下1号,则可除下第3号;再使2、1号在圈上,则可卸下第2号,接下来则在第85步时除下第1号,圈上此时没有铁环。不管是否为亲手操作,读者现在也应该明白这一谜题了。

我所提的谜题是这样的:假如这恼人的铁圈上共有14个铁环,我们按正确的方式将他们除下,且不多出任何不必要的步骤。那么在9999步后,这些铁环将处于怎样的状态?

438. 如此上楼

在一个郊区别墅里,一个小楼梯有八个梯级,不含楼梯平台。这一汤姆斯玛特用来难倒家人的谜题是这样的。要求如下:从楼梯底部出发,返回地面一次,上过两次楼梯平台(结束时停在那儿)。得注意每一梯级经过次数相同。你能在多少步以内完成?看起来好像很简单,但很有可能你第一次尝试时,会比所要求的多出很多步。当然,每次都不能跨梯走。

汤姆知道技巧,也走给了爸爸看。他爸爸称看不起这类东西,但当孩子们入睡时,爸爸常带朋友们出去,在大厅那儿肆意地取笑他们的迷惑。这事你懂技巧了,就会发现其实相当简单。

439. 五枚便士

这个谜题真的很难,但是它的条件却异常简单。每位读者都知道如何摆放4枚硬币,使得它们互相等距。你所需做的就是将3枚硬币平放在桌面,使它们互相接触,构成一个三角图形,然后将第四枚放在中心位置的上方。这样,因为每枚硬币都与其他硬币相接触,它们都是等距的。现在用5枚硬币来试一下,将它们放成互相接触的方式——你会发现方法完全不同了。

440. 勤劳的书虫

从图中可以看出,我的一位朋友莱克布恩教授正在提出他的又一道小难题。他说有一次他在将一本三卷本的学术书籍从书架上拿下时,发现一条书虫从书的首页到末

9 条链子，如图所示。他想将这 50 个环组成一条连续的链子。每断开一个环，需花一便士，再重新焊接需要 2 便士。他也可以花 2 先令 2 便士买一条新的同样品质的链条。哪种方式更便宜？如果读者不够聪明，他就找不到一个好的解题方式。

页直钻了一个洞。他说每卷书的书页厚度为三英寸，每张封面为 $\frac{1}{8}$ 英寸厚。他的问题是：这条勤劳的书虫在建造它的新"地铁"时钻了多长的"隧道"？你能告诉他吗？

441. 关于链的谜题

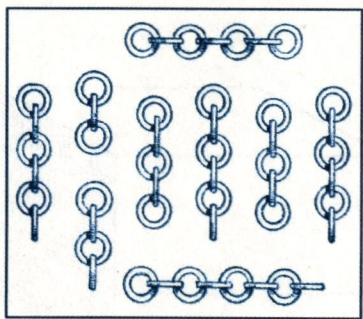

这一谜题最初来自于已故的森姆·莱特先生的一个小想法。他有

442. 红宝石胸针

苏格兰场的年报里有好些著名的宝石盗窃案例。其中一个相当复杂的案件就是利特伍德夫人宝石被盗案。当然，更值钱的宝物被盗案例有很多，但少见策划这么巧妙的。罗姆尼庄园的利特伍德夫人有一件漂亮但古怪异常的传家宝，即一枚红宝石胸针。当她还在自己的市内住宅住时，曾将宝石带去布朗斯顿的一间店铺进行小修复。

"夫人，这是件上等的红宝石收藏品。"店主说。他不认识利特伍德夫人。

"是的。"她回道，"但说来也奇怪，我其实从来没数过它们。我母亲曾跟我说，如果从中间数起，沿着外边将一行加起来，再到下一行，总是有 8 颗宝石。所以，我总是能知道是否有宝石遗失。"

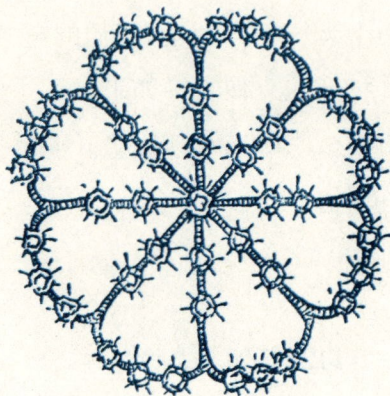

6 个月后，利特伍德夫人的一个哥哥从他所在的印度团里返回。他在一次乡村舞会上注意到他妹妹戴的这枚红宝石胸针，在回家途中，他要求再近一点看。他马上发现有四颗宝石不见了。

"怎么可能？"利特伍德夫人说，"如果你从中间数起，沿着边缘将每行的相加，然后算下一行的，从任何方向看都一直有 8 颗。一直是这样，现在也是。所以，怎么可能弄丢了宝石而我察觉不到呢？"

"再简单不过了。"哥哥说，"我很了解这个胸针，它原来有 45 颗宝石，现在只有 41 颗了。有人偷

了 4 颗红宝石，然后按少的这一数量尽量重新排列，这样子就能像你之前所讲的，任何一个方向总是有 8 颗宝石。"

毫无疑问，布朗斯顿的那个珠宝店主就是窃贼，利特伍德夫人把这一事件交给了警方处理。但是这个人因其他的盗窃案被通缉，已经逃之天天，至今都未找到。

443.鸠尾式组件

这是我几年前获得的一道有趣的机械谜题，但是我说不出谁最先发明了它。它由两个木块组成，两者成鸠尾状密切组合。在看不到的另两个垂直面上，形状和所看到的一致。这木块是如何组合成的？在一份伦敦报上刊登这一小谜题时，我收到了一大堆模型（不过是未经

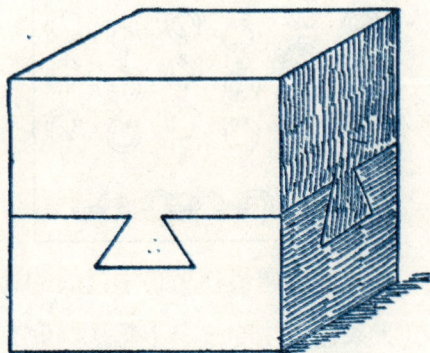

请求的），材质有橡木、柚木、桃花心木、玫瑰木、椴木、榆木和冷杉木；有些半英尺长，有些模型大小约半平方英寸，小巧精致。看起来人们兴致很高。

444. 射野鸡

有个伦敦朋友，很喜欢吹牛，老喜欢装猎人，但明显不够格。他跟我提过以下这个可信度不高的故事：

"我刚和我的公爵朋友去射野鸡了，我们战绩辉煌，我打了好几枪漂亮的。你对这个怎么看？也许你可以将它变成一道谜题。公爵和我正穿过一块地，突然两只野鸡在我们前方展翅飞起，我开了枪，$\frac{2}{3}$ 的野鸡坠落，跌在我脚边，死了。然后公爵开枪射杀剩余的，$\frac{3}{24}$ 只野鸡翅膀受伤、跌落。24 只野鸡，现在还留下多少只？"

这题看起来相当简单，不过，你们能回答正确吗？

445. 置放半便士硬币

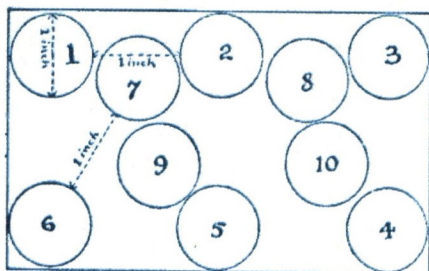

这是 W.T. 怀特先生出给我做的一道有趣的小难题。在一张纸上画一个 5 英寸长、3 英寸宽的长方形。按照以下条件，算出图形中能放置的半便士铜币的最大枚数。一枚半便士直径为 1 英寸，将第 1 枚半便士放在你想放的地方，然后将第 2 枚便士放在离第 1 枚一英寸远的地方，第 3 枚离第 2 枚一英寸远，如此类推。半便士之间不能相交，也不能相叠，我们的图很好地展示了这一点。2 号硬币离 1 号一英寸，3 号离 2 号一英寸，4 号离 3 号一英寸。但是放了 10 号硬币后，我们就无法再操作了。但是还有几枚硬币本来还可以放。你能放几枚硬币呢？

第一章　算术和代数谜题

钱之谜

1. 邮局难题

这位年轻的女士提供了 5 枚价格为 2 便士的邮票，30 枚价格为 1 便士的邮票，以及 8 枚价格为 2.5 便士的邮票，这个分配方式准确地满足了他的条件，即 5 先令的花费。

具体步骤为：设 2 便士邮票为 x 枚，2.5 便士邮票为 y 枚，则 1 便士的邮票为 $6x$ 枚，则有 $2x+6x+2.5y=60$，即 $8x+2.5y=60$，其中 x、y 为正整数，并且 $0<x<8$。

由 $8x+2.5y=60$ 可得 $y=(24-3x)-\dfrac{x}{5}$，则 x 必为 5 的倍数，所以 $x=5$，经计算得 $y=8$。所以 2 便士邮票的数量为 5 枚，1 便士邮票的数量为 30 枚，2.5 便士邮票的数量为 8 枚。

2. 早熟的少年

设香蕉的价格为 x 便士/个，6 便士硬币的数量为 y 枚，由此可得：

$16 \times 12 \times 12x=6y$，

$2y=\dfrac{5 \times 240}{x}$；

用代入消元法解方程得 $x=1.25$，$y=480$，即香蕉的价格为 1.25 便士/个。因此，960 个香蕉将花费 5 英镑，且 480 个 6 便士可以买 2304 个香蕉。

3. 在牲畜市场

你可以用方程式来解答这道题，具体步骤如下：

假设杰克斯带了 x 只牲畜，哈吉带了 y 只牲畜，杜瑞特带了 z 只牲畜。则根据题意可得：

$2(y-5)=x+5$

$3(z-13)=y+13$

$6(x-3)=z+3$

解这个三元一次方程组得到：$x=7$，$y=11$，$z=21$。

所以杰克斯带了 7 只牲畜，哈吉带了 11 只牲畜，杜瑞特带了 21 只牲畜。

你还可以使用逻辑推理来解答这道题，具体步骤如下：

哈吉用 6 头猪换杰克斯的 1 匹

马，这样杰克斯拥有的牲畜数量将是哈吉的 2 倍。那么，哈吉拥有的牲畜数量的 2 倍比杰克斯的多 15 只；杜瑞特用 14 只绵羊换哈吉的 1 匹马，这样哈吉拥有的牲畜数量将是杜瑞特的 3 倍，那么杜瑞特拥有的牲畜数量的 3 倍比哈吉的多 52 只；杰克斯用 4 头奶牛换杜瑞特的 1 匹马，这样杜瑞特拥有牲畜的数量将是杰克斯的 6 倍，那么杰克斯的牲畜数量的 6 倍比杜瑞特的多 21 只。因此，杰克斯一定带了 7 只牲畜去市场，哈吉一定带了 11 只牲畜，杜瑞特一定带了 21 只牲畜，总共是 39 只。

4. 宴会谜题

你可以通过方程式来解答这道题，步骤如下：

设修鞋匠、裁缝、制帽匠、做手套的人的花费分别为 x、y、z、w 先令。

$5x=4y$，$12y=9z$，$6z=8w$；

化简得：$5x=4y=3z=4w$

$25x+20y+18z+12w=6×20+13$；

解方程得：$x=1.4$，$y=1.75$，$z=\frac{7}{3}$，$w=1.75$。

修鞋匠花了 35 先令，裁缝也花了 35 先令，制帽匠花了 42 先令，做手套的人花了 21 先令。因此，5 个修鞋匠和 4 个裁缝花费一样多；12 个裁缝和 9 个制帽匠花费一样多；6 个制帽匠和 8 个做手套的人花费一样多，他们一共花了 6 英镑 13 先令。

你也可以通过逻辑推理来解答此题：5 个修鞋匠和 4 个裁缝花费一样多，那么 25 个修鞋匠和 20 个裁缝花费一样多；12 个裁缝和 9 个制帽匠花费一样多，那么 24 个裁缝和 18 个制帽匠花费一样多；6 个制帽匠和 8 个做手套的人花费一样多，那么 9 个制帽匠和 12 个做手套的人花费一样多，即 12 个做手套的人和 12 个裁缝花费一样多。因此，相当于有 76 个裁缝花费了 6 英镑 13 先令，每个裁缝花费 $\frac{1}{3}$ 先令。所以，修鞋匠花了 35 先令，裁缝也花了 35 先令，制帽匠花了 42 先令，做手套的人花了 21 先令。他们一共花了 6 英镑 13 先令。

5. 神奇的巧合

这种类型的谜题在以往的书上

是通过乏味的"递推"过程解题的。但是有一个简单的方法如下：如果有 n 个玩家，最后每个玩家拥有的钱将为 $m(2^n)$，设最后一个赢家开始的时候拥有的钱为 G，那么 $G \times 2^{n-1} = \dfrac{m(2^{n-1})(n-1)}{2} + m(2^n)$，化简得：最后一个赢家必须在开始的时候拥有的钱为 $m(n+1)$，倒数第二个为 $m(2n+1)$，接着下一个为 $m(4n+1)$，再下一个为 $m(8n+1)$，等等，对于第一个赢家，他必须拥有的钱为 $m(2^{n-1})(n+1)$。

在这道题中，$n=7$，因此，最后每个玩家所拥有的钱为 2 先令 8 便士，$m(2^7)=32$。所以，$m=\dfrac{1}{4}$，且 G 开始时有 2 便士，F 有 $\dfrac{15}{4}$ 便士，E 有 $\dfrac{29}{4}$ 便士，D 有 $\dfrac{57}{4}$ 便士，C 有 $\dfrac{113}{4}$ 便士，B 有 $\dfrac{225}{4}$ 便士，A 有 $\dfrac{449}{4}$ 便士。

6. 慈善遗赠

设分配给 x 个妇女，y 个男人，$18x+30y=660$，即 $5x+3y=110$；x、y 都为整数，因为这里的条件为妇女和男人都要多于一个人，所以 x、y 都大于 1，救济金有以下 6 种不同的分配方式，$x=5$，$y=19$；$x=10$，$y=16$；$x=15$，$y=13$；$x=20$，$y=10$；$x=25$，$y=7$；$x=30$，$y=4$。

因此，6 种不同的分配方式为：5 个妇女和 19 个男人，10 个妇女和 16 个男人，15 个妇女和 13 个男人，20 个妇女和 10 个男人，25 个妇女和 7 个男人，30 个妇女和 4 个男人。又因为他们每年只能通过不同的方式才能得到这些钱。因而，救济金可以分配 6 年。

7. 寡妇的遗产

你可以通过方程式来解答这道题，步骤如下：

设寡妇得到的钱为 x，则 $x+4 \times 2x+4 \times 2 \times 3x = 8000$，那么寡妇分得的遗产为 205 英镑 2 先令 $6\dfrac{10}{13}$ 便士。

你也可以通过逻辑推理来解答此题：

每个女儿应该得到的钱是母亲的 2 倍，那么 4 个女儿得到的钱是妈妈的 8 倍，每个儿子应该得到的钱是每个女儿的 3 倍，那么每个儿子得到的钱是妈妈的 6 倍，5 个儿子得到的钱是妈妈的 30 倍，这就相当于把8000英镑的遗产分为39份，妈妈占一份。因而，妈妈得到205英镑2先令6$\frac{10}{13}$便士，每个女儿得410英镑4先令13$\frac{7}{13}$便士，每个儿子得到1230英镑15先令4$\frac{8}{13}$便士。

8. 与众不同的慈善

你可以通过解方程式来解答此题：

设这个绅士回家时，他有 x 便士，则他给了第一个穷人$\frac{1}{2}x+1$便士，口袋里剩下$\frac{1}{2}x-1$便士。给了第二个穷人$\frac{1}{2}\left[\frac{1}{2}x-1\right]+2$便士，这时口袋里剩下$\frac{1}{2}\left[\frac{1}{2}x-1\right]-2$便士，给了第三个穷人$\frac{1}{2}\left\{\frac{1}{2}\left[\frac{1}{2}x-1\right]-2\right\}+3$便士，口袋里剩下$\frac{1}{2}\left\{\frac{1}{2}\left[\frac{1}{2}x-1\right]-2\right\}-3$便士，根据题意可得$\frac{1}{2}\left\{\frac{1}{2}\left[\frac{1}{2}x-1\right]-2\right\}-3=1$，得出$x=42$便士，即为3先令6便士。

因此，这位绅士在他准备回家的时候口袋里有3先令6便士。

通过逻辑推理来解此题也很简单，方法如下：

这位绅士给完第三个人后，口袋中剩下1便士，他给了第三个人口袋里剩下的钱的一半还多3个便士的钱，那么他给了第三个穷人7便士，给完第二个穷人后，绅士的口袋中剩下8便士；他给了第二个人口袋里剩下的钱的一半还多2便士，那么他给了第二个穷人12便士，他给完第一个穷人后，绅士的口袋中剩下20便士；他给了第一个人口袋里钱的一半还多1便士，那么他给了第一个穷人22便士，因而，绅士在他准备回家的时候有42便士，即为3先令6便士。

9. 两架飞机

亏损的那架飞机花了$600\times\frac{4}{5}$=750（英镑），盈利的那架飞机花了$600\times\frac{5}{6}$=500（英镑），则他总共花了1250英镑买飞机，但是只卖了1200英镑。所以，这个交易他亏损了50英镑。

10. 买礼物

设乔克出门时口袋里的英镑数为x，先令数为y，且$y<20$，x、y都为正整数。那么他回家时的英

镑数为 $\frac{1}{2}y$，先令数为 x，依据题意可得 $20x+y=2（10y+x）$，得出 $18x=19y$，所以 $x=19$，$y=18$。

因此乔克出门时口袋中有 19 英镑 18 先令，花了 9 英镑 19 先令。他花了一半的钱，回家时，先令数和出门时的英镑数一样多，英镑数是出门时先令数的一半。

11. 骑车者的午餐

你可以通过解方程式来解答此题：

设他们出发时有 x 人，则每个人需要付 $\frac{80}{x}$ 先令，溜走两个人之后，每个人需付 $\frac{80}{x-2}$ 先令，$\frac{80}{x}+2=\frac{80}{x-2}$，解得 $x=10$。

因此原来有 10 个人，他们每个人应该付 8 先令。但是，由于两个人离开了，剩下的人每人将付 10 先令，比自己应付的多 2 先令。

你也可以通过逻辑推理来解答此题：

两个人偷偷溜走之后，他们两个人的钱就分摊在另外几个人身上，且每个人分到了 2 先令。因而，每个人应付的钱数等于留下来的人

数，即他们总人数比每个人应付的先令多 2，他们总共花了 4 英镑。所以，他们出发时一共有 10 个人，每个人应该付 8 先令。由于两个人离开了，剩下的人将每人付 10 先令。因此，每个留下来的人得比自己应付的多 2 先令。

12. 钱之怪事

44444 英镑 4 先令 4 便士，7 个 4 之和为 28，且转化为便士后为 10666612，其所有数字之和为 28。

10666612 这个答案，有一个小小的奇怪的巧合，那就是中间的四位数表示另外唯一的答案，66 英镑 6 先令 6 便士。

13. 资金难题

1 到 9 九个数字，每个使用一次且仅用一次，且要用上英镑、先令、便士、四分之一便士。因为要表示最小的一笔钱，所以大的数字应该放在后面，即应该有 $9\frac{3}{4}$ 便士。又因为先令的数目应该小于 20，所以有 18 先令，剩下的数字

从小到大排列为 2567，所以最小的一笔钱为 2567 英镑 18 先令 9$\frac{3}{4}$ 便士。

14. 平方数钱

设两笔钱分别为 x 便士，y 便士，因而有 $x+y=xy$，得出 $x=\frac{y}{y-1}$。又因为 $x>0$，所以 $y>1$，要想得到最小的结果，y 应尽量小，且必须使用当前的货币，所以 y 最小等于 $1\frac{1}{4}$ 便士，这时算得 $x=5$，$x+y=6\frac{1}{4}$ 便士。当 $y=1\frac{1}{2}$ 便士时，$x=3$ 便士。$xy=x+y=4\frac{1}{2}$ 便士。

所以答案为 $1\frac{1}{2}$ 便士和 3 便士。它们加起来等于 $4\frac{1}{2}$ 便士，且 $1\frac{1}{2}$ 乘以 3 也是 $4\frac{1}{2}$ 便士。

15. 口袋里的钱币

最大可能的一笔钱为 15 先令 9 便士，由 1.5 克朗(或 3 个半克朗)、4 个 2 先令和 3 便士组成。

16. 鱼长之谜

从题目中可以得知：鱼身＝鱼头＋鱼尾，因此，鱼尾＝鱼身－鱼头；又因为题目告诉我们鱼尾＝$\frac{1}{2}$鱼身＋鱼头，我们就能够轻轻松松地算出鱼身的长度等于 4 个鱼头的长度，也就是 4×9=36（英尺），那么鱼尾应该等于 36-9=27（英尺），整条鱼的长度是 9+36+27=72（英尺）。令人惊讶的是，这条鱼居然是用鱼钩钓上来的。

17. 伤脑筋的油和醋问题

因为醋的体积是汽油的 2 倍，醋的体积是偶数，且为 3 桶，所以 8 加仑桶装的是醋。汽油体积只能是 13 和 15 加仑。商人用 50 美分/加仑的价格卖出了体积为 13 加仑和 15 加仑的 2 桶油（价值 14 美元）。接着，他又以 25 美分/加仑的价格卖出了 3 桶醋，体积分别是：8 加仑、17 加仑和 31 加仑，价值 14 美元。剩下的体积为 19 加仑的桶如果是醋，则价值为 4.75 美元；如果是油，则价值是 9.50 美元。

18. 元旦前夜的晚餐

这种情况下在场的客人一定是由 7 对客人，10 个单身男士，一个单身女士组成。

每个单身女士每次消费 18 便士，每个单身男士每次消费 30 便士，每对绅士和女子每次消费 126 便士。因而，最多出现 9 对，最少出现 7 对。当 9 对在场时，他们消费 1134 便士，还剩下 66 便士，这可以支付 2 个单身女士和 1 个单身男士的消费，没有达到 25 个客人。当 8 对在场时，他们将消费 1008 便士，还剩下 192 便士，这可以支付 4 个单身女士和 4 个单身男士的消费，或者 9 个单身女士和 1 个单身男士的消费。他们的人数加起来都不是 25 人，都不符合条件。当 7 对到场时，他们将消费 882 便士，剩余 318 便士，这可以支付 1 个单身女士和 10 个单身男士的消费，或者 6 个单身女士和 7 个单身男士的消费，或者 11 个单身女士和 4 个单身男士的消费，或者 16 个单身女士和 1 个单身男士的消费。只有第一种情况满足 25 人，其他都不符合条件。

因此，在场的客人一定是由 7 对客人、10 个单身男士和 1 个单身女士组成。

19. 牛肉和腊肠

用解方程的方法解这道题：

设这个女士买了 x 磅牛肉，则她也买了 x 磅香肠。牛肉花了 $24x$ 便士，香肠花了 $18x$ 便士。总共花了 $42x$ 便士。如果她把买牛肉和香肠花的钱等分成两份来买牛肉和香肠，则可以买 $\frac{7}{8}x$ 磅牛肉，$\frac{7}{6}x$ 磅香肠。根据题意可得 $2x = \frac{7}{8}x + \frac{7}{6}x - 2$，解得 $x=48$。

用逻辑推理的方法解此题：

2 先令可以买 1 磅的牛肉，那么 144 便士可以买 6 磅的牛肉；18 便士可以买 1 磅的香肠，那么 144 便士可以买 8 磅的香肠，因而，用 144 便士分别买牛肉和香肠，香肠比牛肉重 2 磅，所以这个女士拿了 144 便士买牛肉的钱来买香肠。因而在第二种购买方案中同样重量的牛肉和香肠，牛肉比香肠贵了 288 便士。而每磅牛肉比香肠贵 6 便士，因此这位女士以 2 先令每磅的价格买了 48 磅牛肉，以 18 便士每磅的价格同样买了 48 磅的香肠，因此一共花了 8 磅 8 先令。如果她分别用 4 磅 4 先令去买牛肉和香肠，则可以买 42 磅的牛肉和 56 磅的香肠，总共 98 磅，比原先的总重量 96 磅多 2 磅。

20. 苹果买卖

假设 1 先令买了 x 个苹果，每个苹果为 $\frac{12}{x}$ 便士，买一打苹果的价钱为 $\frac{144}{x}$ 便士，加了 2 个苹果之后，每个苹果的价钱为 $\frac{12}{x+2}$ 便士，买一打苹果的价钱为 $\frac{144}{x+2}$ 便士。可得 $\frac{144}{x}-1=\frac{144}{x+2}$，解得 $x=16$。

一开始，我的 1 先令可以买 16 个苹果，也就是一打苹果需要 9 便士。加上 2 个苹果之后，我的 1 先令可以买 18 个苹果，也就是一打苹果 8 便士，这时一打苹果的价钱就比之前便宜 1 便士。

21. 鸡蛋买卖

用解方程法解此题的方法如下：

设他买了 x 个价钱为 5 便士的鸡蛋，y 个价钱为 1 便士的鸡蛋，z 个价钱为半便士的鸡蛋。依据题意可得：$x+y+z=100$，$5x+y+0.5z=100$；当 $x=y$ 时，解得 $x=y=10$，$z=80$；当 $x=z$ 时，$x=0$，$y=100$，不符合题意；当 $y=z$ 时，$x=\frac{100}{17}$，不是整数，不符合题意。因而，这人一定买了 10 个 5 便士的鸡蛋，10 个 1 便士的鸡蛋，80 个半便士的鸡蛋。这样他便花了 8 先令 4 便士买了 100 个鸡蛋，其中 5 便士的鸡蛋数量和 1 便士的鸡蛋数量相同。

用逻辑推理法解此题的方法如下：

他花了 8 先令 4 便士正好买了 100 个鸡蛋，相当于 1 便士买一个鸡蛋。因为新鲜的鸡蛋价格刚好为 1 便士一个，所以我们将刚下的鸡蛋和一般的鸡蛋组合一下，将它们的价格变成 1 便士一个。刚下的鸡蛋 5 便士 1 个；一般的鸡蛋 1 便士两个，那么就是 4 便士 8 个。如果我们买一个刚下的鸡蛋和 8 个一般的鸡蛋，相当于 9 便士买了 9 个鸡蛋，因而，一般的鸡蛋的数量是刚下的鸡蛋的 8 倍。如果一般的鸡蛋的数量和新鲜的一样，那么刚下的

鸡蛋的数量为 $\frac{1}{4}$，不是整数，不符合题意；如果刚下的鸡蛋的数量和新鲜的鸡蛋一样，那么刚下的鸡蛋数量为 10 个，新鲜的鸡蛋为 10 个，一般的鸡蛋为 80 个。因此，这人一定买了 10 个 5 便士的鸡蛋，10 个 1 便士的鸡蛋，8 个半便士的鸡蛋。这样他便花了 8 先令 4 便士买了 100 个鸡蛋，其中 5 便士和 1 便士的鸡蛋数量相同。

22.圣诞礼盒

这个分配事件发生在多年前，当时 4 便士的硬币还在流通。一定是 19 个人每人分得 19 便士。买这些银币有 5 种不同的付钱方法。我们仅需要其中的两种。因此，如果 14 个人每人收到 4 个 4 便士和 1 个 3 便士的硬币，5 个人每人收到 5 个 3 便士的硬币和 1 个 4 便士的硬币，这样一来，每个人都收到 19 便士，且加到一起正好是 100 个硬币，总值为 1 英镑 10 先令 1 便士。

23.购物难题

第一位女士买了 1 先令 5 $\frac{3}{4}$ 便士的东西，第二位女士买了 1 先令 11 $\frac{1}{2}$ 便士的东西，一共是 3 先令 5 $\frac{1}{4}$ 便士。这三笔钱都没法用低于 6 个现在流通的硬币付款。

24.初级职员的难题

尽管斯纳格斯以半年 2 英镑 10 先令的速度涨工资的原因与我们这个谜题没有关系，但是哄骗他的老板给他想要的工资这一事实却与我们的题目有关。许多读者将会惊讶地发现，莫格在 5 年内只得到了 350 英镑的工资，而精明的斯纳格斯实际在同一时间里却得到了 362 英镑 10 先令。剩下的谜题就很简单了。很明显，如果莫格存了 87 英镑 10 先令，斯纳格斯存了 181 英镑 5 先令，那么后者存款与工资的比例将是前者的 2 倍（也就是 $\frac{1}{2}$ 和 $\frac{1}{4}$），且两者之和为 268 英镑 15 先令。

25.找零

帮助这位店主走出困境的方法

是这样的：用美分来描述钱，店主把 50 美分和 25 美分放在柜台上，买者放了 100 美分、3 美分和 2 美分，陌生人另外给了他的 10 美分、10 美分、5 美分、2 美分和 1 美分。现在，考虑到买者的花费为 34 美分，在这三个人共同的钱里，店主应得到 109 美分，买者应得到 71 美分，陌生人 28 美分。因此，一眼就能看出，100 美分应该给店主，50 美分应该给买者，25 美分只能给陌生人。再一看就明白两个 10 美分将给买者，因为现在店主只需要 9 美分，陌生人只需要 3 美分了。然后，答案很明显，买者一定是拿着那个 1 美分，陌生人拿着 3 美分，店主拿着那 5 美分、2 美分和 2 美分。最终，店主拿着 100 美分、5 美分、2 美分和 2 美分；买者拿着 50 美分、10 美分、10 美分和 1 美分；陌生人拿着 25 美分和 3 美分。可以看出，三个人得到的都不是之前自己的硬币。

26. 有缺陷的观察

当然，1 便士硬币上面的日期

和大不列颠的在同一面——反面。6 个硬币可以放在另一个硬币的周围，全部都平放在桌上，而且它们中的每一个都可以和中间那一个相切。3 个 1 便士的硬币可以放在半克朗硬币的表面，没有硬币重叠或从大的那个硬币上滑落。很多人认为小于 3，也有很多人给出了一个荒谬的大数。

27. 残缺的硬币

三个残缺的硬币完好无缺时值 253 便士，现在残缺的条件下值 240 便士，这很明显：原有价值的 $\frac{13}{253}$ 缺失了。且由于每个硬币缺失相同的部分，所以每个硬币都分别缺失了其原来部分的 $\frac{13}{253}$。

28. 两个概率谜题

同时抛掷 5 个硬币，很明显，硬币掉下来有 32 种不同的方式，因为第一个硬币可能会以两种方式掉下来，然后第二个硬币也能以两种方式落下，……，以此类推。因此，5 个 2 相乘等于 32。现在，这 32

种方式是如何组成的呢？它们是：

a	5 正面	1
b	5 反面	1
c	4 正面 1 反面	5
d	4 反面 1 正面	5
e	3 正面 2 反面	10
f	3 反面 2 正面	10

可以看出，符合题意的情况为 a、b、c、d 共 12 种方式。剩下的 20 种是不符合题意的，因为其中并没有出现至少 4 个正面或 4 个反面。因此，你成功与失败的可能性之比为 12：20（3：5）。换句话说，你成功的概率为 $\frac{3}{8}$。

为从一个装有 3 个金币和 1 先令的袋子里取出 1 个硬币来付钱，应该付 15 先令 3 便士。许多人会说，由于取出一个金币的可能性是 $\frac{3}{4}$，所以一个人应当支付 $\frac{3}{4}$ 英镑，或者说 15 先令。他们忽略了一个事实，那就是那个人也有可能会取到 1 先令的硬币——因为这里一定要取出一个硬币。

29. 炒地皮

我们假设这个投机商人把地分成了 x 小块，则 $18x$（最终售价）

减去 243（总买价）应该等于他的利润，也就是 6 小块地的原始买价。那么，每小块地的原始买价是 $\frac{243}{x}$ 美元，所以，我们可以列出方程：$18x-243=6 \times \frac{243}{x}$，解方程得，$x=18$。因此，他把地分成了 18 小块，按照 18 美元的单价，土地价值总和为 324 美元，利润为 81 美元。这样一来，每一块地的原买价是 $\frac{243}{18}$ =13.5（美元），6 块地的总价值也就是 81 美元。

30. 家庭经济

如果没有我的提醒，读者可能会一致地认为普金先生的收入一定是 1710 英镑。但这完全错了。普金夫人说"我们把他年收入的 $\frac{1}{3}$ 花在了租金上"，即两年的时间内，他们花在租金上的钱等于他一年收入的 $\frac{1}{3}$。注意，她不是说每年都花了这么一笔钱，而是在两年时间内花了这么一笔钱。仔细读读她的这句话，准确理解之后，唯一可能的答案是普金先生的年收入是 180 英镑。因此，两年时间里，他的收入为 360 英镑，60 英镑花在租金上，

90 英镑为家庭开支，20 英镑为其他用途，剩下的 190 英镑存在银行。

31. 香肠趣谜

记住一点就行了：如果吉姆支付了 11 分钱，那么另外两个人也应该支付同样多的钱，所以 11 根香肠的总价就是 33 分钱。哈利有 4 根香肠，值 12 分钱，那么他该得到 1 分钱，托米有 7 根香肠，值 21 分钱，那么他应该分到 10 分钱，这样相当于每人为这顿午餐支付了 11 分钱。之后，三人平分 11 根香肠，每人分到 $3\frac{2}{3}$ 根。

32. 清仓大减价

聪明的读者或许已经发现，这个服装店的裁缝每次降价的幅度都是原来的 $\frac{3}{5}$，也就是说，减价后的价格是原来的 $\frac{2}{5}$。照这样下去，下次降价后应该是 $128 \times \frac{2}{5} = 51.2$（美分），这也就是衣服的成本价。

33. 费城盛典趣题

因为 99.9……=100，所以这两个数可以是 AB.CDE……+FG.HIJ……=99.9……的形式，其中 A+F=B+G=C+H=D+I=E+J=9，A、F 不为 0 即可。例如 10.234……+89.765……；23.104……+76.895……；等等。

很多时候，这道题目是按照下面的方式来解答的，但显然都不符合题目的要求。前两个进行了多于两次的加法，其余 6 个答案使用了分数的形式来解答。

$$
\begin{array}{rrr}
79.3 & & \\
8.6 & 70 & \\
5 & 13 & \\
4 & 6 & 24\frac{3}{6} \\
2 & 5 & \\
1 & 4 & (+)\,75\frac{9}{18} \\
(+)\,0 & (+)\,2 & \\
\hline
100 & 100 & 100
\end{array}
$$

$$
\begin{array}{rr}
95\frac{3}{7} & 98\frac{3}{6} \\
(+)\,4\frac{16}{28} & (+)\,1\frac{27}{54} \\
\hline
100 & 100
\end{array}
$$

$$
\begin{array}{rr}
94\frac{1}{2} & 1\frac{6}{7} \\
 & 3 \\
(+)\,5\frac{38}{76} & (+)\,95\frac{4}{28} \\
\hline
100 & 100
\end{array}
$$

34. 还差一分钱

丝线的价格为 5 分钱，毛线的

价格则是 4 分钱。

35. 诚实的儿子

一开始香烟盒里有 8 支香烟。

36. 分牲口

大牧场主有 7 个儿子，56 头奶牛。大儿子分到 2 头奶牛，他的老婆分到 6 头；二儿子分到 3 头奶牛，他的老婆分到 5 头；第三个儿子分到 4 头奶牛，他的老婆分到了 4 头；……；以此类推，直到最后第七个儿子分到了 8 头奶牛。这时，奶牛已经全部分光了，他的老婆也就无牛可分了。结果每个家庭都分到 8 头奶牛。所以每家可以再分 1 匹马。于是，他们都分到了价值相等的牲口。

37. 短途车票谜题

支付 19 先令 9 便士有 458908622 种不同的方式。我并不打算给出解决这个谜题的方法。任何这样的解释都将需要很大的空间，与它的兴趣和价值不成比例。如果在合理的范围内，我能给出一个支付任何一笔钱都可通用的解决方案，我将尽我的全力；但是这样的解决方案将特别复杂和烦琐，我认为它不值得我们花时间来解答。

在这里，我只会给出这个解决方案会涉及的思路，我只说，我觉得只处理那些 3 便士倍数的钱时，如果我们仅仅使用铜币，任何一笔钱都有 $(n+1)^2$ 种支付方式，这里 n 表示便士的数目。如果允许使用 3 便士的硬币，那么就有 $\frac{2n^3+15n^2+33n}{18}+1$ 种支付方式。如果也允许使用 6 便士的硬币，且钱的数量是 6 便士的倍数，就有 $\frac{n^4+22n^3+159n^2+414n+216}{216}$ 种方式。当钱的数量不是 6 的倍数时，常数 216 就转变为 324。因此，当我们使用其他的硬币时，这个公式将以更快的速度增加其复杂度。

然而，我将添一个有趣的小表格，写有兑换我们现有的硬币的可能的方法数，我相信以前的书上从来没有给出过。零钱可以这样给出：

$\frac{1}{4}$便士	0
半便士	1 种方法
1 便士	3 种方法
3 便士	16 种方法
6 便士	66 种方法
1 先令	402 种方法
1 弗罗林（2 先令）	3818 种方法
半克朗	8709 种方法
2 弗罗林（4 先令）	60239 种方法
1 克朗	6261622 种方法
1 英镑	500291833 种方法

我惊讶地发现，1 英镑的兑换方法竟有 5 亿多种。但是我丝毫不怀疑我的数字的正确性。

38. 杂货商与布商

杂货店的营业员被耽误了半分钟，而布商的营业员则被耽误了 8.5 分钟（是杂货店营业员的 17 倍），两个人一起共 9 分钟。现在，杂货店的营业员花了 24 分钟称出糖包裹，加上耽误的半分钟，做完工作一共花了 24 分钟 30 秒。但是布商的营业员把那卷布裁剪成 48 匹只需要 47 刀，这花了他 15 分钟 40 秒，加上耽误的 8 分钟 30 秒，做完这

个工作花了 24 分钟 10 秒。从这儿我们可以看出布商的营业员以 20 秒的优势赢了这场比赛。大部分的人会认为把那卷布分成 48 匹需要裁剪 48 次。

39. 朱德科的牲畜

由于有五群动物，每群动物的数量相等，所以总数一定可以被 5 整除；由于 8 个经销商每人购买的动物数量相等，所以总数一定可以被 8 整除。因此，这数一定可以被 40 整除。满足题目条件的 40 的倍数的数为 120。组成这个数有两种方法：1 头牛、23 头猪和 96 头羊；或者 3 头牛、8 只猪和 109 只绵羊。

40. 买苹果

你可以用解方程式的方法解答此题，方法如下：

由于男孩和女孩的数量相同，则孩子们的数量是偶数。设孩子个数为 $2t$，购买价格为 1 便士 1 个的苹果的钱数为 x，购买价格为 1 便士 2 个的苹果的钱数为 y，购买价

格为 1 便士 3 个的苹果的钱数为 z。则 $x+y+z=7$，且 x、y、z 为非负整数，x、$2y$、$3z$ 均为 $2t$ 的倍数。x、z 必为偶数，由于 $x+y+z=7$，y 必为奇数。$y=3$ 时，$t=3$，即有 6 个孩子；$y=5$，$y=7$ 时均不符合条件。

你也可以通过逻辑推理的方法解决此题，方法如下：

由于男孩和女孩的数量相同，那么，孩子们的数量一定是偶数，且经过仔细和准确地阅读这个谜题，得到了三种不同的答案。可能是 2、6 或 14 个小孩。第一种情况下，有 10 种购买苹果的方法。但是题中给出的是相同数量的"男孩们和女孩们"，因而必须排除这一情况。若是 14 个小孩，唯一可能的分配方法是每个小孩分到一个半便士的苹果。但是题中给出的是每个小孩分到的苹果多于一个，所以这种情况也必须排除。因此，我们回到第二种情况，可以发现它完全满足题中所有的条件。三个男孩和三个女孩分别得到 1 个 $\frac{1}{2}$ 便士的苹果和 2 个 $\frac{1}{3}$ 便士的苹果。这 3 个苹果的价值为 $1\frac{1}{6}$ 便士，$1\frac{1}{6}$ 乘以 6 等于 7 便士。因此，正确答案为：

一共有 6 个小孩——3 个女孩和 3 个男孩。

41.买栗子

为了解答这个谜题，我们比较关心买者和卖者之间对话的完整解释。我将重新给出这个谜题，但这次将增加一些词语使得意思更清楚。

155 颗栗子的价格为半克朗。用 155 除以 30，我们发现买者用 1 便士可以换 $5\frac{1}{6}$ 颗栗子。因此，店主只给了他 5 颗栗子后，他说的是正确的：他还要 $\frac{1}{6}$ 颗栗子。店主说的也是正确的，如果他拿一颗栗子给买者（即一共给 6 颗栗子），他将多给 $\frac{5}{6}$ 颗栗子。

42.自行车小偷

关于这道题，人们给出了各种荒谬的答案。如果你仅仅考虑售货员的损失最多是骑自行车的人偷走的自行车和 10 英镑的"零钱"，那它就是非常简单的。骑自行车的人骑走了一辆自行车，这车花了售货员 11 英镑，因此，他损失了 21 英镑，换来了一张毫无价值的纸。这就是售货员准确的损失，其他那些换支票和后来从朋友那儿借的钱丝毫不影响这个谜题。当然，他口袋里直接损失的钱并不包括售出自行车的预期利润。

43.水果小贩谜题

原本 8 先令 4 便士才能买 100 个橘子，但比尔只用了 8 先令便买到了——也就是说，10 先令可以买 125 个橘子。原先，他花 10 先令就只能得到 120 个橘子。这完全符合比尔的叙述。

44.马尼拉小生意

一开始，店主量得 18 英尺绳子是每码短 3 英寸，即一共短了 1.5 英尺（18-1.5=16.5）。最后的 2 英尺没有短缺，因为码尺只是末端短缺，而 2 英尺还不足 1 码（16.5+2=18.5）。这样，店主给水手的绳子实际长度是 100-18.5=81.5（英尺），每英尺 2 分钱

的话，一共应该是 1.63 元。但是水手用的是 5 元的假金币，按照每英尺 2 分钱付，80 英尺的钱也就是 1.6 元。店主找给水手 3.4 元，加上绳子白给了水手，由此损失 1.63 元，一共损失 5.03 元。邻居要店主把假金币换成真的，和店主是否做生意赚钱无关，因为邻居是按真金币给他兑钱的。

年龄和亲属关系谜题

45.妈妈的年龄

妈妈的年龄一定是 29 岁零 2 个月；爸爸的年龄是 35 岁；小托米的年龄是 5 岁零 10 个月。加起来为 70 岁。爸爸的年龄是儿子的 6 倍。再过 23 年零 4 个月，他们三个的年龄之和为 140 岁，且那时托米的年龄将是爸爸的一半。

46.他们的年龄

女士的年龄倒过来就是她丈夫的年龄，那么他们的年龄都是两位数；另外他们的年龄之差为 9 的倍

数，且小于等于 18 岁。当他们的年龄之差为 9 时，那么他们的年龄之和为 99，这时，这位男士的年龄一定是 54 岁，他妻子的年龄为 45 岁。当他们的年龄之差为 18 时，他们的年龄之和为 198，这位男士的年龄是 108 岁，他妻子的年龄为 90 岁。$\frac{198}{9}$ 显然不符合题意。

所以，这位男士的年龄一定是 54 岁，他妻子的年龄为 45 岁。

47.一家人的年龄

珍妮没来之前，两个男孩的年龄之和是女孩的 2 倍，当珍妮到达时，三个女孩的年龄是男孩的 2 倍。三个女孩的年龄是之前两个女孩的 4 倍，因而，前两个女孩的年龄之和为 7 岁，即亨利埃塔与小格特鲁德的年龄之和为 7 岁。两个男孩的年龄之和为 14 岁，即比利与查理的年龄之和为 14 岁。又因为亨利埃塔与小格特鲁德的年龄和为比利年龄的 2 倍，所以，比利的年龄为 3.5 岁，查理的年龄为 10.5 岁。小格特鲁德的年龄为 1.75 岁，亨利埃塔的年龄为 5.25 岁，珍妮的年龄为 21 岁。

48.蒂克尼夫人的年龄

如果丈夫在结婚的时候年龄是妻子的 3 倍，而现在仅是她的 2 倍，那么结婚时妻子的年龄肯定等于从结婚到现在自己增加的年龄。由题意知，妻子增加了 18 岁。因此，在结婚那天蒂克尼夫人 18 岁，她的丈夫 54 岁。

49.玛丽多大了

24 岁。她们第一次见面时两人的年龄分别是：玛丽 12 岁和安妮 4 岁，相差 8 岁，如果两人的年龄之和为 40 岁的话，玛丽 24 岁，安妮是 16 岁。

50.妈妈的年龄

当爸爸的年龄是儿子的年龄的 2 倍时，他们三人加起来的年龄是 140 岁，因此经过 23 年零 4 个月，爸爸的年龄是儿子的 2 倍。在这期间，爸爸的年龄由儿子的 6 倍变成儿子的 2 倍。因而儿子的年龄为 5 岁零 10 个月，爸爸的年龄是 35 岁，妈妈的年龄一定是 29 岁零 2 个月，他们三个的年龄加起来为 70 岁。经过 23 年零 4 个月后，儿子的年龄变为 29 岁零 2 个月，爸爸的年龄是 58 岁零 4 个月，妈妈的年龄是 52 岁零 6 个月，他们三个的年龄加起来为 140 岁，且爸爸的年龄是儿子的 2 倍。

51. 妈妈和女儿

4 年半后，当女儿 16 岁半、妈妈 49 岁半时，这位年轻的女士就可以收到一辆自行车了。

52. 玛丽和马默杜克

7 年后，他们俩的年龄之和将是 63 岁，那么他们现在的年龄之和为 49 岁。当马默杜克的年龄是玛丽的年龄时，马默杜克的年龄是那时玛丽的年龄的 2 倍。那么玛丽现在的年龄是原来的 2 倍，马默杜克的年龄是那时玛丽年龄的 3 倍，那么他们的年龄之和为那时玛丽的年龄的 5 倍。所以，那时玛丽的年龄为 9.8 岁，玛丽现在的年龄为 19.6 岁，马默杜克现在的年龄为 29.4 岁，当马默杜克为 19.6 岁的时候，玛丽仅

仅只有 9.8 岁；那时马默杜克的年龄是玛丽年龄的 2 倍。

53. 路虎的年龄

5 年前，姐姐的年龄是狗的 5 倍，那么，当时狗的年龄的 5 倍比姐姐的年龄大 20 岁。而现在姐姐的年龄是狗的 3 倍，那么：5 年前狗的年龄为 5 岁，姐姐的年龄为 25 岁；现在，狗的年龄为 10 岁，姐姐的年龄为 30 岁，姐姐的年龄是狗的 3 倍。请注意，我们说"比狗的年龄大 4 倍"与"是狗的年龄的 5 倍"是等同的。

54. 吉米多大了

帕蒂现在 32 岁，吉米是 11 岁零 4 个月。

55. 托米的年龄

"我"是妈妈现在年龄的 $\frac{1}{4}$，妈妈的年龄是"我"的 4 倍；4 年后，爸爸的年龄是"我"的 4 倍，爸爸的年龄等于"我"现在的年龄的 4 倍加上 16 岁，那么爸爸现在

的年龄为"我"现在年龄的 4 倍加上 12 岁，所以，爸爸比妈妈大 12 岁。"我"出生时，姐姐恰好是"我"母亲年龄的 $\frac{1}{4}$，那么现在妈妈的年龄为"我"出生时姐姐的年龄的 4 倍加上"我"的年龄，所以"我"出生时姐姐的年龄是"我"现在年龄的 $\frac{3}{4}$；爸爸现在的年龄为"我"出生时姐姐的年龄与"我"现在的年龄之和的 3 倍。根据爸爸比妈妈大 12 岁，所以算得"我"现在的年龄为 9.6 岁，姐姐的年龄为 16.8 岁，妈妈的年龄是 38.4 岁，爸爸的年龄是 50.4 岁。这样，现在姐姐的年龄是爸爸的 $\frac{1}{3}$，"我"的年龄是妈妈的 $\frac{1}{4}$；"我"出生时，姐姐 7.2 岁，妈妈 28.8 岁，那时姐姐的年龄是妈妈的 $\frac{1}{4}$；4 年后，爸爸 54.4 岁，"我" 13.6 岁，那时"我"的年龄为爸爸的 $\frac{1}{4}$。

56.大家庭

波卡洪塔斯小姐的年龄是 24 岁。小约翰的年龄是 3 岁。"大 7 倍"就是"8 倍"的意思，很多读者没能理解这一点。

57.隔壁邻居

吉普斯先生 39 岁，吉普斯太太 34 岁，朱莉娅 14 岁，乔 13 岁；史密斯先生 42 岁，史密斯太太 40 岁，索菲 10 岁，萨米 8 岁。

58.一袋坚果

可以看出当赫伯特拿到 12 颗坚果时，罗伯特和克里斯托夫分别拿 9 颗和 14 颗，他们一起总共拿 35 颗。由于 770 是 35 的 22 倍，我们仅仅需要用 12、9 和 14 分别乘以 22 就可以求得：赫伯特分了 264 颗，罗伯特分了 198 颗，克里斯托夫分了 308 颗。他们的年龄之和为 17.5 岁，正好是 12、9 和 14 三者之和的一半，所以他们的年龄分别为 6 岁、4.5 岁和 7 岁。

59.玛丽多大?

玛丽的年龄与安的年龄之比一定是 5:3。由于她俩的年龄之和为 44，所以玛丽为 27.5 岁，安为 16.5 岁。玛丽比安恰好大 11 岁。现在我将在原来描述年龄的句子上添上括号。玛丽的年龄（16.5 岁）曾是安（5.5 岁）的 3 倍，假定安的年龄（49.5 岁）是那时玛丽年龄（16.5 岁）的 3 倍。当玛丽的年龄（24.75 岁）是假定的安的年龄（49.5 岁）的一半时，这时候玛丽的年龄（27.5 岁）是那时安的年龄（13.75 岁）的 2 倍。现在，我们来检验一下。当玛丽的年龄是安的 3 倍时，玛丽的年龄为 16.5 岁，安的年龄为 5.5 岁（比玛丽小 11 岁），然后我们得到当她是玛丽当时年龄的 3 倍时，安的年龄将为 49.5 岁。当玛丽的年龄为一半（24.75 岁）时，安必须是 13.75 岁（比玛丽小 11 岁）。因此玛丽现在是那时安的年龄的 2 倍——27.5 岁，安比玛丽小 11 岁——16.5 岁。

60. 地铁上所听到的

这位绅士是第二位女士的叔叔。

61. 家庭聚会

这个聚会由两个女孩、一个男孩、他们的父母以及他们的爷爷奶奶组成。爷爷既是祖父又是父亲还是公公；奶奶既是祖母又是母亲还是婆婆；爸爸既是儿子又是父亲；母亲既是母亲又是儿媳妇；两个女孩是姐姐；男孩是弟弟。

62. 复杂的家庭

约翰·斯洛斯可以告诉约瑟夫·普洛斯："你是我父亲的妻弟，因为我的父亲和你的姐姐结婚了；你是我哥哥的岳父，因为我的哥哥娶了你的女儿；你还可以说你是我岳父的哥哥，因为我的妻子是你哥哥的女儿。"

63. 数学家的年龄

我们先来研究维纳年龄可能的"上限"：不难发现，21 的立方是四位数，而 22 的立方已经是五位数了，所以维纳的年龄最多是 21 岁。

再来研究维纳年龄可能的"下限"：18 的四次方是六位数，而 17 的四次方则是五位数了，所以维纳的年龄至少是 18 岁。

这样，维纳的年龄只可能是 18、19、20、21 这四个数中的一个。剩下的工作就是一一筛选了。

20 的立方是 8000，有 3 个重复数字 0，不合题意。同理，19 的四次方等于 130321，21 的四次方等于 194481，都不合题意。

最后只剩下 18，18 的立方等于 5832，四次方等于 104976，恰好"不重不漏"地用完了 10 个阿拉伯数字！这种解题方法就叫排除法。

时钟谜题

64. 现在的时间

晚上 9 点 36 分。从中午到现在的时间的 $\frac{1}{4}$ 是 2 小时 24 分钟，从现在到明天中午的时间的 $\frac{1}{2}$ 是 7 小时 12 分钟。相加一共是 9 小时 36 分钟。

65. 时间谜题

104 分钟。设现在到 6 点有 x 分钟，那么 50 分钟前到 3 点的时间为（130−x）分钟，得到方程：

$x=4$（130−x），解得 $x=104$。

50 分钟前到 3 点的时间为 26 分钟，因而现在到 6 点的时间为 104 分钟，是 26 的 4 倍。

66. 一块令人费解的表

如果按同一块表计时 65 分钟，那么这个问题是不可能出现的。因为不管它走得快还是走得慢，分针和时针都必须经过 $65\frac{5}{11}$ 分钟之后才能够重合。参照正确的时间，这块表在每 65 分钟内快了 $\frac{5}{11}$ 分钟或者说在一个小时内快了 $\frac{60}{143}$ 分钟。

67. 码头之谜

在 12 个小时中，除了 1 点 5 分外，还有 11 次不同的时间时针和分针恰好重合。我们用 12 除以 11 得到 1 小时 5 分 $27\frac{3}{11}$ 秒，这是 12 点钟之后，时针和分针重合需要经过的时间，所以第一次重合是 1 点 5 分 $27\frac{3}{11}$ 秒，第二次重合是 2 点 10 分 $54\frac{6}{11}$ 秒，第三次重合是 3 点 16 分 $21\frac{9}{11}$ 秒，第四次重合是 4 点 21 分 $49\frac{1}{11}$ 秒，只有在第四次时，时针和分针重合并且秒针刚刚过了 49 秒。所以这一定是表停止时的时间。盖·布思比在《跨越妻子的世界》一书中，第一句写道："这是一个寒冷的、烦躁的冬日下午，当时壁炉台上的表的指针重合在一起，时间是 4 点 20 分，我的房间几乎和午夜一样黑暗。"很明显，这个作者犯了一个小小的错误，因为，从上面我们可以看出，他少计算了 1 分 49 $\frac{1}{11}$ 秒。

68. 俱乐部的时钟

图中指针的位置仅仅告诉我们时钟停在 11 点 44 分 51 $\frac{1143}{1427}$ 秒。在 11 点 45 分 52 $\frac{496}{1427}$ 秒时，秒针将会再次恰好位于时针和分针的正中间，如果这三根指针指向的是圆周上的三个点，那么这个答案可以是 11 点 45 分 22 $\frac{106}{1427}$ 秒。但是如果把这个谜题应用到指针上，在那个时间，秒针并不在其他两个指针的中间，而是在它们的外面。

69. 秒表

表上显示的时间是 9 点 5 $\frac{5}{11}$ 分

27 $\frac{3}{11}$ 秒，下一次指针等距的时间是 2 点 54 $\frac{6}{11}$ 分 32 $\frac{8}{11}$ 秒，现在你只需要把这个表放在镜子前面（或者是把前面的图放在镜子前面），你发现第二个时间会反射在镜子中，观察反射在镜子中的秒表的时候，你要把 XI 读作 I，把 X 读作 II，依此类推。

70. 三个时钟

作为一个算术谜题，这个谜题一点也不难。为了使三根指针在相同的时间都指向 12 点，B 最少要快 12 个小时，C 最少要慢 12 个小时。因为时钟 B 每过 24 小时快一分钟，在相同的时间里，C 恰好慢了一分钟。显然，它们中一个在 720 天里快了 720 分钟（12 个小时），另外一个在 720 天里慢了 720 分钟，而时钟 A 保持正确的时间。因此，在 1898 年 4 月 1 日后的第 720 天，三个时钟同时指在中午 12 点。但那天是几月几日呢？

为了了解有多少人知道 1900 年不是闰年这一事实，我在 1898 年发布了这个小谜题，令人意外的是，我发现很多人都不知道这个事实。每一年除以四，如果没有余数就是闰年，但1800年不是闰年，1900年也不是闰年。原来，为了使得日历与太阳的进度差不多一致，我们把每个第四百年都视为闰年。所以，2000年、2400年、2800年、3200年等都是闰年。因此，我们发现1898年4月1日中午后的第720天是1900年3月22日的中午。

71. 火车站的时钟

这个时间是2点$43\frac{7}{11}$分。

每经过1小时$5\frac{5}{11}$分钟，时针和分针恰好指向相反的方向。因而，指针指向相反的方向时，只可能是下面的时间：1点$38\frac{2}{11}$分，2点$43\frac{7}{11}$分，3点$49\frac{1}{11}$分，4点$54\frac{6}{11}$分，6点，7点$5\frac{5}{11}$分，8点$10\frac{10}{11}$分，9点$16\frac{4}{11}$分，10点$21\frac{9}{11}$分，11点$27\frac{3}{11}$分，12点$32\frac{8}{11}$分。墙壁的长为71英尺9英寸，高为10英尺4英寸，所以对角线与地面的夹角为$8\frac{2}{11}$度。只有在2点$43\frac{7}{11}$分时，指针与地面的夹角为$8\frac{2}{11}$度。因此这个时间为2点$43\frac{7}{11}$分。

72. 愚蠢的乡下人

这次谈话发生在星期天。因为明天的明天（星期二）是"昨天"，那么，"今天"将是星期三。当昨天的昨天（星期五）是"明天"，那么，"今天"将是星期四。在星期四和星期天之间隔着两天，在星期天和星期三之间同样隔着两天。

路程和速度谜题

73. 平均速度

平均速度为12英里/小时，不是大多数人草率认为的12.5英里/小时。任取一段你喜欢的路程，假如为60英里。去时将用6个小时，返回将用4个小时。因此，来回120英里的路程将用10个小时，平均速度显然为12英里/小时。

74. 两列火车

设两列火车的速度分别为v_1、v_2。经过时间t后它们相遇，所以有$4v_2=v_1t$，$v_1=v_2t$，解得$\frac{v_1}{v_2}=2$。所以，其中一列火车的速度正好是另一列火车速度的 2 倍。

75. 三个村庄

很明显，三段路程形成一个△ABC，从 C 点做 AB 直线的垂线，这条垂线的长为 12 英里。且这条垂线把△ABC 分成了两个直角三角形。可以发现，从 A 到 C 之间的距离是 15 英里，从 C 到 B 的距离是 20 英里，从 A 到 B 的距离是 25 英里。这些数字很容易得到证明，因为 12 的平方加上 9 的平方等于 15 的平方，且 12 的平方加上 16 的平方等于 20 的平方。

76. 苍鹰逐日

这道题中有陷阱需要注意：绕地球一圈的距离应该是 19055 英里，每天飞 500 英里，当然需要39 天，但是因为绕了地球一圈，会因时间差而减少一天。所以，老鹰返回的时间是 2 月 7 日，星期五，共计 38 天。

77. 土豆赛跑

我们可以轻易地算出捡回 100个每间隔 10 英尺放置的土豆需要跑完 101000 英尺，也就是 19 英里多一点。尽管从表面上来看，速度更快的汤姆会取得比赛的胜利，但是，如果哈里首先捡回第 99 个土豆（捡回这个土豆时，汤姆原地不动），哈里将会以微弱的优势赢得比赛。哈里捡回他的第 49 个土豆需要跑 49980 英尺，而汤姆的速度快些，在同样的时间内，他可以跑 50999.5 英尺，但是由于他必须跑 51000 英尺去捡回第 50 个土豆，哈里将以不到半英尺的优势获胜。

78. 领取她的养老金

距离一定为 6.75 英里。因为来回的距离相同，所以，她上山的路程和下山的路程相同，又因为上山的速度是下山速度的 $\frac{1}{3}$，所以上山的时间是下山时间的 3 倍。因为上山的时间加下山的时间正好是6 小时，所以上山的时间为 4.5 小时，下山的时间为 1.5 小时。路程等于时间乘以速度，故路程等于

1.5 英里/小时乘以 4.5 小时等于
6.75 英里。

79. 爱德先生

距离一定为 60 英里。如果爱德先生正午出发，每小时骑 15 英里，他将在下午 4 点到达——提前了 1 个小时。如果他每小时骑 10 英里，他将在下午 6 点到达——迟到 1 小时。但是如果他每小时骑 12 英里，他将在 5 点（约定的时间）准时到达邻国的那个城堡。

80. 水上飞机谜题

飞机的速度为每分钟 $\frac{7}{24}$ 英里，风的速度为每分钟 $\frac{5}{24}$ 英里。因此，去的时候，在风的推动下，飞机的速度为每分钟 $\frac{12}{24}$ 英里，即每分钟半英里；返回的时候，在风的阻碍下，飞机的速度是每分钟 $\frac{2}{24}$ 英里，即每分钟 $\frac{1}{12}$ 英里。在无风的情况下，由于飞机的速度为每分钟 $\frac{7}{24}$ 英里，所以，飞机飞行 10 英里的时间为 $34\frac{2}{7}$ 分钟。

81. 骑驴

前 $\frac{3}{4}$ 英里花了 $6\frac{3}{4}$ 分钟，那么前面两个 $\frac{1}{4}$ 英里所花的时间为 $6\frac{3}{4}$ 减去第 3 个 $\frac{1}{4}$ 英里所花的时间。第 3 个 $\frac{1}{4}$ 英里与第 4 个 $\frac{1}{4}$ 英里所花的时间一样，那么后一半路程所花的时间为第 3 个 $\frac{1}{4}$ 英里所花时间的 2 倍。又因为前一半路程与后一半路程所花时间相同，所以第 3 个 $\frac{1}{4}$ 英里所花的时间为 $2\frac{1}{4}$ 分钟。我们不能分别得出前两个 $\frac{1}{4}$ 英里所花的时间，但是它们一共花了 $4\frac{1}{2}$ 分钟。后两个 $\frac{1}{4}$ 英里各花了 $2\frac{1}{4}$ 分钟。所以，它们跑完 1 英里花了 9 分钟时间。

82. 篮子里的土豆

将土豆的数量、土豆的数量减去 1、土豆数量的 2 倍减去 1 这三个数相乘，然后除以 3。即：50、49 和 99 相乘等于 242550，除以 3 等于 80850。于是这个小孩将走 80850 码——这是工作一天后很好的消遣活动。

025

83. 乘客的车费

汤姆应该付 15 先令的车费。从 B 地到 C 地的路程是从 A 地到 C 地路程的一半，所以，汤姆只坐了所有路程的一半，那么斯密斯先生一个人走了一半的路程，从 A 地到 C 地往返一次，车费为 3 英镑。所以，斯密斯先生应该付 1.5 英镑，剩下的 1.5 英镑由汤姆和斯密斯先生各付一半，因而，汤姆应该付 15 先令的车费。

数字谜题

84. 一桶啤酒

这里，6 个数字的数字根分别是 6、4、1、2、7、9，它们的总和是 29，29 的数字根是 2。因为卖出的酒的数量必须能被 3 整除，如果一个人买酒的数量是另一个人的 2 倍，我们必须找出一桶酒的数量的数字根是 2、5 或 8。只有一桶 20 加仑的酒满足这些条件。因此，这个人必须把这 20 加仑的啤酒留给自己，并把另外的 33 加仑（18 加仑和 15 加仑的桶）卖给一

个人，剩下的 66 加仑（16、19 和 31 加仑的桶）卖给另外一个人。

85. 方框里的数字

第一行必须是以下四个数字之一：192，219，273，327。例子就是第一个数字，其他三种分别为：219、538、657；273、546、819；327、654、981。

86. 奇数和偶数

由于我们必须排除复数、假分数和循环小数，所以最简单的答案是：$79 + 5\frac{1}{3}$ 和 $84 + \frac{2}{6}$。不使用任何分数显然是不可能的。

87. 储物箱谜题

所能得到的最小的和是 356=107+249，所能得到的最大的和是 981=235+746，或者是 657+324。中间的和只可能为 720=134+586，702=134+568，或者 407=138+269 这三种。因此，A 橱柜我们只有一种可能，C 橱柜有两种可能，B 橱

柜可以是后三种情况里的任意一种。其中一种答案如下：

107　134　235

249　586　746

356　720　981

当然，在每种情况下，第一、第二行的每个数字可以进行垂直交换而总和不变，因此，共有3072种不同的方法把数字标在储物箱上。

88. 三组数字

这个谜题除了下面九种答案，没有其他的可能。答案如下：

$12 \times 483 = 5796$

$27 \times 198 = 5346$

$42 \times 138 = 5796$

$39 \times 186 = 7254$

$18 \times 297 = 5346$

$48 \times 159 = 7632$

$28 \times 157 = 4396$

$4 \times 1738 = 6952$

$4 \times 1963 = 7852$

我们最有可能忽略这个谜题的第七种答案。

89. 九个硬币

在这种情况下，一定数量的试验是必不可少的。但是，有两种不同的试验方式，一种是碰运气的，一种是有条理的。真正的谜题爱好者从不满足于碰运气的试验方式。读者可以发现，仅仅翻转数字2、3和4、6（用32和64去乘），两个的乘积都是5056。这方法有所进步，但它并不是正确答案。如果我们用174乘以32并用96乘以58，我们可以得到一个更大的乘积5568，但如果没有经过耐心的判断，这个答案是得不到的。

90. 十个硬币

正如我指出的那样，排列这些硬币使得它们形成一组简单的乘数，并使每组的乘积相同是非常容易的——事实上，任何稍微有耐心的人在5分钟内都可以解答出来。但是找出那对最大和最小乘积的排列却完全是另外一回事。

为了得到最小的乘积，现在，有必要选择两个尽可能小的乘数。因此，如果我们把1和2当成乘数，然后我们需要做的就是排列剩下的 8 个数，使得它们形成两个数，且其中一个是另一个的 2 倍。当然，在完成这个过程的时候，我们必须想办法使那个较小的数尽可能的小。当然，我们能够得到的最小的数为 3045，但是这个不可行，3405、3450 等也不可行，最后我们可以确定 3485 是所能得到的最小的数。所以，满足要求的一组答案为：3485×2=6970 和 6970×1=6970。

然而，谜题的另一部分（找出有最大乘积的一组数）是真正的棘手之处。因为决定乘数到底应该由一位数还是两位数组成绝非易事，尽管我们清楚只要可以，我们就得尽可能地把最大的数往乘数和被乘数的左边排。可以看出，按照如下排列可以得到 58560 这么大的数。即：915×64=58560 和 732×80=58560。

91. 数字乘法

乘积的所有数字之和最可能小的两组数字是 23×174=58×69=4002，最大可能的数字之和的两组

数字为 9×654=18×327=5886。第一种情况的数字之和为 6，第二种情况的数字之和为 27。除了试验，没有别的办法可以得到答案。

92. 小丑的难题

这个谜题仅有 6 种不同的答案，答案如下：

8	乘以	473	等于	3784
9	乘以	351	等于	3159
15	乘以	93	等于	1395
21	乘以	87	等于	1827
27	乘以	81	等于	2187
35	乘以	41	等于	1435

可以看出，在每种情况下，两个乘数包含的数字与其乘积包含的数字完全相同。

93. 奇怪的乘法

如果我们用 32547891 乘以 6，我们得到的乘积 195287346。乘数和乘积都用到了所有 9 个数字，且只使用了一次。

94. 号码核对谜题

把 10 个号码分成如下三组：715—46—32890，这样，第一个数乘以第二个数便等于第三个数。

95. 加法

最小可能的总和的一笔钱是 1 英镑 8 先令 $9\frac{3}{4}$ 便士，所有数字的和为 25。

96. 数字和平方数

对于这道题，任何一个平方数表中都没有如此大的数。包含所有 9 个数字且每个数字出现一次的最小的平方数为 139854276，它是 11826 的平方。同样条件下最大的平方数为 923187456，它是 30384 的平方。

97. 神秘的 11

大多数人都知道，如果任何数的奇数位上的数字和该数偶数位上的数字和相等的话，那么，这个数可以被 11 整除而没有余数。因此，数字 896743012，奇数位 2、0、4、6、8，加起来等于 20；偶数位 1、3、7、9，同样加起来等于 20。因此，这个数可以被 11 整除。但是很少有人知道，如果奇数位上的数字和与偶数位上的数字和之差是 11，或者是 11 的倍数，这个规律同样适用。这个规律将帮助我们通过更少的试验，找到最小能被 11 整除的满足条件的 9 位数为 102347586，最大可能的数字是 987652413。

各种各样的算术和代数谜题

98. 桌子上的污渍

有的人会把这题看成是一个二次方程。这实际上就是一道计算题。两边墙距离的乘积再乘以 2 是 144，那正是 12 的平方。两者距离的总和是 17。如果我们把 17 和 12 这两个数字分别相加减，我们得到的两个答案 29 或 5 便是桌子的半径。因此，桌子的直径为 58 英寸或是 10 英寸。但是后者的数据显然是错误的，它和图中所示不相符合。因此，桌子的直径一定是58英寸。这里，男孩所指的墨水渍是在靠近屋子角落的桌边。如果答案是10英寸，墨水渍应该是在离屋子角落最远的桌边。

99. 有礼貌的学校

结果一定是有10个男孩和20个女孩。女孩对女孩的鞠躬数是380个，男孩对男孩的鞠躬数是90个，男孩和女孩间的鞠躬数是400个，男孩和女孩对老师的鞠躬数是30个，加在一起正好是900个。要记住，题目中没有说老师要给孩子回敬鞠躬礼哦。

100. 劳动者的困扰

那人说的是"我准备再挖2倍深"，而不是"再挖同样的深度"。所以，他还要挖现在深度的2倍，也就是说，当那个洞挖完时，洞深将会是现在的3倍。那么答案是：目前洞深为3英尺6英寸。人在洞里距离地面2英尺4英寸。当挖完该洞时洞深为10英尺6英寸，此时，人离地面4英尺8英寸，也就是他

现在距离地面高度的2倍。

101. 五捆干草

将十个重量相加再除以4，我们可以得到5捆干草的重量之和为289磅。如果我们将5捆干草按重量顺序分别设为A、B、C、D和E，最轻的为A，最重的为E。那么，最轻的110磅一定是A和B的重量和，稍重的112磅一定是A和C的重量和。同时，最重的121磅一定是D和E的重量和。C和E的重量和一定是120磅。这样我们知道A, B, D, E的重量和为231磅，从289磅（5捆干草的重量和）中扣除掉231磅，这样，我们得到C的重量为58磅。现在，只需通过减法，我们可以算出5捆干草的重量分别为：54磅、56磅、58磅、59磅和62磅。

102. 被大雾困住的人

蜡烛一定已经燃烧了3小时45分钟。一根蜡烛还剩总长的$\frac{1}{16}$，另一根蜡烛还剩总长的$\frac{4}{16}$。

103. 街道灯柱喷漆

不管街道上有多少个灯柱，帕特一定比蒂姆多喷了 6 个灯柱。例如，假设街道两边分别为 12 个灯柱，那么帕特喷了 15 个，蒂姆喷了 9 个。如果每边有 100 个，那么帕特喷了 103 个，蒂姆只喷了 97 个。

104. 抓小偷

警官跑了 30 步。同一时间内，小偷则跑了 48 步，加上他开始多跑的 27 步，一共是 75 步。这个距离恰好等于警官的 30 步。

105. 教区议会选举

选民为 1 个候选人投票的方法有 23 种，为 2 个候选人投票的方法有 253 种，为 3 个候选人投票的方法有 1771 种，为 4 个人投票的方法有 8855 种，为 5 个人投票的方法有 33649 种，为 6 个人投票的方法有 100947 种，为 7 个人投票的方法有 245157 种，为 8 个人投票的方法有 490314 种，为 9 个人投票的方法有 817190 种。把这些数字加起来，我们得到一共有 1698159 种投票的方法。

106. 马德镇的选举

自由党、保守党、民主党和社会党的选票分别为 1553、1535、1407 和 978。将自由党比另外三个党多出的选票数相加便是 739，把这个数加上整个选票数 5473 等于 6212，然后除以 4，得到 1553，这就是自由党的选票；然后分别减去自由党比另外三个党多出的选票数，就得到这三个党的选票数了。

107. 女权主义者的会议

开始的时候有 18 个人参加会议，后来有 11 个人离开。如果走了 12 个，那么就是有 $\frac{2}{3}$ 的人离开。如果只走了 9 个，那么只有一半的人离开。

108. 求婚的女士

唯一正确的答案是 11616 位女士在求婚。下面给出具体的数字，读者也可以根据这个数字检验这个答案的正确性。在 10164 位老处女中，8085 位嫁给了单身汉，627 位嫁给了鳏夫，1221 位被单身汉拒绝，231 位被鳏夫拒绝。1452 位寡妇里，有 1155 位嫁给了单身汉，297 位嫁给了鳏夫。没有一位寡妇被男士拒绝。只要我们正确地理解文中的句子，这个谜题一点儿都不难。

109. 争夺大战

满足条件的最小量的糖李子数为 26880。这 5 个男孩分别得到：安德鲁，2863；鲍勃，6335；查理，2438 个；大卫，10294 个；埃德加，4950 个。接近题目的最后有一句话有陷阱，"相同的 $\frac{1}{5}$"，一眼看去，以为是所有糖李子的 $\frac{1}{5}$，但是仔细思考后可以发现这句话的意思是 "$\frac{5}{8}$ 的 $\frac{1}{5}$"，最后提到的那个分数为鲍勃和安德鲁最后的糖李子的 $\frac{3}{4}$ 的 $\frac{1}{8}$。

110. 僧侣的难题

唯一的答案为 5 个男人、25 个妇女和 70 个小孩。因此，总共有 100 个人，其中妇女的人数是男人人数的 5 倍。所有男人得到了 15 蒲式耳，妇女得到了 50 蒲式耳，小孩得到了 35 蒲式耳，加在一起恰好为 100 蒲式耳。

111. 收割玉米

整块土地的面积为 46.626 平方米。农民留下的中间那个正方形的边长为 4.8284 米，因此它的面积为 23.313 平方米。这块地的面积比 $\frac{1}{4}$ 英亩多一点，比 $\frac{1}{3}$ 英亩少一点。为了更准确，这块地的面积为 0.2914 英亩。

112. 令人费解的遗产

由于查尔斯死亡，我们只需要把整个 100 英亩的土地分给阿尔弗雷德和本杰明，按照 $\frac{1}{3}$ 比 $\frac{1}{4}$ 的比例即可。也就是 $\frac{4}{12}$ 比 $\frac{3}{12}$ 的比例，即 4 比 3。因此，阿尔弗雷德分得 100 英亩土地的 $\frac{4}{7}$，本杰明分得 100 英亩土地的 $\frac{3}{7}$。

113. 撕毁了的数字

符合题目中所有条件的另一个数字为 9801。如果我们把这个数字从中间分开，分成两部分，再相加得到 99，再取它的平方，得到 9801。事实上，2025 也符合这个条件，只是题目还要求 4 个数字都不相同，所以得排除这个数字。

这个谜题的解法很有趣。将撕开的标签两边的数字个数设为 n。如果我们在 10^n-1（1 在此是幂为常数 1 的因数）的素因数（3 除外）的幂上各加 1，结果就是谜题答案中的数字。因此，对于一个有 6 个数字的商标来说，$n=3$。10^n-1 的因数是 $1^1 \times 37^1$（不考虑 3^3），而 2×2 的乘积为 4，即谜题答案数字的个数。这些都包含 98-01，00-01，998-01，000-001 等特殊情况。答案可以用如下方式获得：以所有可能的方式分解 10^3-1 的因数，并使 3 的幂在一起，因此我们得到 37×27，999×1。然后解等式 $37x=27y+1$。此处 $x=19$，$y=26$。因此 $19 \times 37=702$，而它的平方为一个标签，即 494209。我们还可以很快得到一个补充答案（通过 $27x=37x+1$），$10^n-703=297$，而它的平方 088209 即为第二个标签。（左边这些没有意义的 0 必须包括在内，尽管这会导致出现如 00238-04641=4879 等的特殊情况，而 0238-4641 则不符合条件。）对于 999×1 这个特例，根据上述条件，在一边加上几个 9，另一边加上几个 0，我们可以立即得到 998001，而它的补充答案将会是 1 前面 5 个零，即 000001。因此我们就得到 999 和 1 的平方了。这即为四种答案。

114. 奇怪的数字

除了 48，三个最小的数字为 1680、57120 和 1940448。可以看出 1681 和 841、57121 和 28561、1940449 和 970225 分别是 41 和 29、239 和 169、1393 和 985 的平方。

115. 印刷错误

答案是 $2^5 \times 9$，这和 2592 的结果相同，且这是这个谜题唯一的可行解。

116. 不一样的守财奴

由于题目没有告诉我们，杰斯佩先生是在哪年大方地分配他的财产的，但是要求我们找到所有可能中最小的一笔钱，很显然，我们必须找到最符合题意的年头。

存在4种情况——平年和闰年分别有52个星期天或53个星期天，每种情况下可能的最小的一笔钱为：

313个工作日	52个周日	112055英镑
312个工作日	53个周日	19345英镑
314个工作日	52个周日	无解
313个工作日	53个周日	69174英镑

因此，最小的一笔钱为19345英镑，在平年分发财产，该平年的第一天就是星期天。过去，具有这个性质的一年是1911年。这一年的每一天他将分发53英镑，或者每个工作日分配62英镑。按照题目的要求，在第二种情况下，最后还剩1英镑。

117. 篱笆谜题

尽管这个谜题对于稍微有点代数知识的人没有一点困难，但是这道题却很有意思。

图中给出了想要的正方形的一个角，我们很少为这块土地做任何准备，为了使得正方形满足题中的条件，它的面积必须恰好为501760英亩，篱笆的围栏数也为501760，这是唯一正确的答案。而如果爱荷华的这位先生达到自己的目的之后，他的田地每条边将会达到28英里长，这比威斯特摩兰郡还要大那么一点。

我没有意识到限制条件是"牧场"，尽管他们那里没有英国那么大。不过，在我那些通信者所在的爱荷华，他们确实做什么都喜欢大规模化。然而我也有理由相信，当他发现给自己设定的是什么样的任务时，他就不得不放弃了；因为如果一头母牛想去吃点新鲜食物，挤奶工就得提前一周去挤牛奶了。

这儿有一个适用于横杆为长为 $2\frac{1}{2}$ 杆的小规则。将栏杆中横杆的个数乘以4，结果就是正方形田地的面积的平方英里数，即田地面积的英亩数等于整个篱笆横杆的个数。因此，当围栏只有一根横杆时，田地的面积为 4 平方英里；篱笆有两根横杆时，田地的面积为 8 平方英里；篱笆有三根横杆时，田地面积为 12 平方英里；以此类推，直到我们发现，围栏有 7 根横杆时，田地面积为 28 平方英里。就目前这个问题而言，如果田地的面积变小，那么横杆的个数将超过英亩的数量；而如果田地的面积变大，那么横杆的个数将少于英亩的数量。

118.古老的游戏

三个骰子点数的变化方式有 216 种，其中 42 种变化的点数之和为 7 和 11，所以，获胜的概率为 42：216。

119.圆周上的平方数

尽管这道题可能会吓到初学者，他们会以为这道题很难，事实上，这道题很容易，给出了 10 个数中的 4 个后就变得更加容易了。

首先，可以看出，每条直径上的正方形里的两个数的平方差相等。例如，14 的平方与 2 的平方

之差为 192，16 的平方与 8 的平方之差同样为 192，每种情况下都是如此。然后，记住任意两个连续数的平方差等于其中较小数字的 2 倍加上 1，且两个数字的平方差总可以表示为这两个数字之和乘以这两个数字之差。因此，5 的平方（25）减去 4 的平方（16）等于（2×4）+1，即 9。同样，7 的平方（49）减去 3 的平方（9）等于（7+3）乘以（7-3），即 40。

现在，数字 192，可以分成 5 组不同的偶数的乘积：2×96、4×48、6×32、8×24 和 12×16，这些数字分别除以 2 得到：1×48、2×24、3×16、4×12 和 6×8。这每组数字的和与差分别为：47、49；22、26；13、19；8、16；2、14。这些就是我们要求的数字，其中 4 个数字已经给出。剩下的 6 个数字有 6 种不同的方法，其中的一种如下，按圆周的顺时针方向：16，2，49，22，19，8，14，47，26，13。

我将引导读者看一个小的问题。在所有的这种圆周中，同一直径上相对的两个数字是以一定的比率增长的，第一组数字为 4 和 6，

而其他数字是由下一个之前的数字的倍数加 1 形成。因此，在上述例子中，第一个差额是 2，之后数字分别以 4，6，8 和 12 增长。当然，如果我们允许分数存在的话，就有无数个答案了。在这样的圆周中，平方数的个数的公式是 4n+6，也就是说，这个数字一定是由 4 的倍数加上 6 构成。

120. 奶牛生意

两头奶牛的进价分别是 150 美元和 50 美元。

121. 莱克布恩的小小损失

教授开始玩扑克牌游戏前一定有 13 先令，波茨先生有 4 先令，波茨夫人有 7 先令。

122. 帕特买房

5329.4768 美元。第一年的利息是贷款总额的 5%，第二年的利息是扣除第一年归还的本金之后的贷款余额的 5%，依次递减。

123. 农夫和他的绵羊

农夫只有一只绵羊！如果他把这只绵羊分成两部分（最好按照重量来分），使得一部分为 $\frac{2}{3}$，另一部分为 $\frac{1}{3}$。那么这两个数字之差等于这两个数字的平方差，即 $\frac{1}{3}$。只要两个分数的分子之和等于分母，那么这两个分数就符合题意。

124. 正面或反面

克鲁克斯一定输了，且他玩的时间越长输得越多。在两盘游戏后，他将剩下钱数的 $\frac{3}{4}$；四局之后，他将只剩 $\frac{9}{16}$；六局之后，他将只剩 $\frac{27}{64}$，等等。输赢的顺序不影响结果，只要最后输赢的次数相同便可。

125. 还剩多少花生

玛丽太太最后剩下 321 颗花生。

126. 跷跷板谜题

小男孩的体重一定是 39.79 磅。

一块砖的重量为 3 磅。因此，16 块砖的重量为 48 磅，11 块砖的重量为 33 磅。用 48 乘以 33，再取平方根，即为正确答案。

127.年金之谜

年金为 35 美元。第一年，大女儿菲比的年龄为 10 岁，玛丽为 8 岁，塔罗为 2 岁。3 个人分别得到了 17.5 美元、14 美元、3.5 美元。第六年，她们的年龄分别是 15 岁、13 岁和 7 岁，加起来共为 35 岁。3 个人分别得到 15 美元、13 美元和 7 美元的年金。

128. 法律难题

我们非常清楚，客户想给他儿子的遗产是妈妈的 2 倍，女儿的遗产是妈妈的一半。因此，最合理的分配结果为：妈妈为 $\frac{2}{7}$，儿子 $\frac{4}{7}$，女儿 $\frac{1}{7}$。

129. 分苹果

安妮是琼斯的妹妹，两个人一共有 4 个苹果；而玛丽是鲁滨孙的妹妹，两人共有 10 个苹果；简丽是史密斯的妹妹，两人共有 6 个苹果；凯特是布朗的妹妹，两人共有 12 个苹果。

130. 定义谜题

当然，在面积上一平方英里和一英里的正方形没有任何区别。但是在形状上有着很大的区别。一英里的正方形只能是正方形，这个表达给出了土地的固定大小和形状。一平方英里可以是任意形状，这样表达只是给出了一个面积单位，没有描述任何特殊的形状。

131. 分股

布朗投资了 4500 美元，琼斯投资了 3000 美元。所以，布朗收了 2000 美元，而琼斯收下了余下的 500 美元。

132. 矿工的假期

比尔一定花了 13 先令 6 便士，

这比 7 个人的平均花费多了 3 先令。

133. 简单的乘法

要求的数为 3529411764705882，这个数字乘以 3 然后除以 2 得到 5294117647058823，即将 3 从这行的开头移到最后。如果你想得到一个更长的数字，你可以以相同的顺序一直重复这 16 个数字。

134. 简单的除法

每个数字轮流减去其他的数字，我们得到 358（两次）、716、1611、1253 和 895。现在，我们一眼就可以看出，由于 358 等于 2×179，每个数字除以 179 都没有余数。通过试验，我们发现这是符合题意的一个除数。因此，179 是我们想要的除数，每个数字除以 179 的余数为 164。

135. 小鸡换牲口

"按照习惯，85 只小鸡可以交换 1 匹马和 1 头奶牛，5 匹马的价格等于 12 头奶牛的价格。"从这句话中，我们可以轻易算出 1 头奶牛的价值同 25 只小鸡相等，而 1 匹马相当于 60 只小鸡。

他们已经选中了 5 匹马和 7 头奶牛，价值是 475 只小鸡。按照约翰的说法，将奶牛的头数加倍，他们的小鸡正好够用，我们可以算出他们有 7×25+475=650（只）小鸡。

136. 正方形谜题

三块木板的边长分别为 31 英尺、41 英尺和 49 英尺。面积之差相同正好为 5 平方尺。面积有着相同的差 7 的三块正方形木板的边长分别为 $\frac{13}{120}$、$\frac{337}{120}$ 和 $\frac{463}{120}$。有着相同的差 13 时，边长分别为 $\frac{80929}{19380}$、$\frac{106921}{19380}$ 和 $\frac{127729}{19380}$。

137. 一共有多少只小鸡

琼斯和玛丽娅有 300 只小鸡。饲料还能维持 60 天。由此可知，可供消耗的鸡饲料份数为 300×60=18000（份）。如果按照琼斯的想法再卖掉 75 只小鸡，那么剩下的 225 只小鸡靠 18000 份饲料还能维持 80 天，比原来多了 20 天。如果按照玛丽娅的想法再买 100 只小鸡，那么 18000 份鸡饲料只够这 400 只小鸡吃 45 天，比原来少了 15 天。

138. 黑斯廷斯战役

若一个数（本身不是一个平方数）乘以一个平方数，得到的乘积加 1 将得到另一个平方数。给定的数字本身必须不是一个平方数，因为一个平方数乘以一个平方数，不可能加上 1 得到一个平方数。这题只适用于各种整数，因为分数个士兵在战争中没有多大用处。

从 2 至 99（含）的所有数字中，61 正好是最难处理的一个数。谜题的最小答案是：哈罗德军队由 3119882982860264400 名男子组成。也就是说，在 61 个方阵里，每个方阵有 51145622669840400 名男子（226，153，980 的平方），他们可以形成每条边为 1，766，319，049 名男子的正方形。

除了 61，在 100 以下最难解答的数字是 97，即 97×6377，$352^2+1=$ 某个数的平方。我认为编年史里的这个数据肯定有差错。因为我可以很确定地说，哈罗德的军队人数不可能超过 3 万亿！如果这支军队（更别提诺曼）在整个地球的表面扎营，每个人将仅仅有稍微多于四分之一英寸的空间活动！换句话说：即使只给每个人仅仅 1 平方尺的站立空间，那么每个小方阵就需要待在一个直径为地球 3 倍的球体内。

139. 雕塑家的谜题

稍微花点心思，我们就会清楚答案必须是分数。而且，有且只有一种情况，分子将比分母更大，其他的情况下分子都小于分母。如果我们必须要找出尽可能小的答案，那么，较大的立方体的边长必须为 $\frac{8}{7}$ 英尺，而较小的正方体的边长为 $\frac{3}{7}$ 英尺。这里，线性测量是 $\frac{11}{7}$ 英尺，即 $1\frac{4}{7}$ 英尺。两个立方体的体积为多少立方米呢？较大立方体的体积为 $\frac{8}{7}\times\frac{8}{7}\times\frac{8}{7}=\frac{512}{343}$，另一个立方体的体积为 $\frac{3}{7}\times\frac{3}{7}\times\frac{3}{7}=\frac{27}{243}$。把这

两个数加起来得到 $\frac{539}{343}$。从而，化简得到 $\frac{11}{7}$ 或 $1\frac{4}{7}$ 英尺。因此，我们看到，线性测量和体积测量得到的答案是完全相同的。

这个想法是从亚历山大四世纪初的作品中萌芽的。这些分数以三个一组的形式出现，并从 3 组 a, b, c 中得到，其中 a 是最大的，c 是最小的。

则 $ab+c^2$ 等于分母，a^2-c^2, b^2-c^2 和 a^2-b^2 为三个分子。这样，我们使 a, b, c 分别为 3，2，1 时，将分别得到 $\frac{8}{7}$、$\frac{3}{7}$、$\frac{5}{7}$。然后，我们可以使第一和第二组数据配对，得到的结果正如我之前给出的答案一样。我们也可以让第一和第三个数配对作为第二种答案。

分母的形式必须为 $6n+1$ 的质数，或者由质数组成。这样你可以得到 13、19 等作为分母，但是 25、55、187 等不能作为分母。

在理解了基本的原则之后，我们可以尽可能多地写出正方体的边长，这将毫无难度。例如，读者用大量的 9，写出下面的一组数 $\frac{99999999}{99990001}$ 和 $\frac{19999}{99990001}$，这将满足题中的要求。

140. 西班牙守财奴

其中一个箱子里的金币数为 386 个，另一个为 8450 个，第三个为 16514 个，因为 386 是可能存在的最小数字。如果我问的是金币总数的最小值，那么答案就应该是 482、3362、6242。我们可以发现，不管是哪种情况，如果任意两个箱子中的金币数相加，它们都会形成一个平方数。这是一个神奇的巧合（仅此而已，但它不经常发生）。经过分析，我们可以发现，第一个答案中三个箱子的金币数的数字和都为 17，第二个答案中数字之和都为 14。应该注意：三个数字的中间那个数总是一个平方数的一半。

141. 九个藏宝箱

这里有一些满足条件的答案：

A=4　　　　B=3364　　　C=6724

D=2116　　E=5476　　　F=8836

G=9409　　H=12769　　I=16129

每组数都是一个平方数，它们的平方根按照字母顺序排列为：2、58、82、46、74、94、97、113 和 127，每个相邻数字 A 和 B、B 和

C、C 和 D、D 和 E……之差都为 3360。

142. 五个强盗

五个强盗一共有 6627 种不同的方法来持有 200 个金币。阿方索的金币数可以为 1 ~ 11 中的任意值。如果他持有的是 1 个金币，那么，剩下的金币还有 1005 种不同分配方法；如果他持有的是 2 个金币，那么，剩下的金币还有 985 种不同的分配方法；如果是 3 个金币，还有 977 种方法；如果是 4 个金币，还有 903 种；如果是 5 个金币，还有 832 种；如果是 6 个金币，还有 704 种；如果是 7 个金币，还有 570 种；如果是 8 个金币，还有 388 种；如果是 9 个金币，还有 200 种；如果是 10 个金币，还有 60 种；如果是 11 个，还有可能产生 3 种不同的方法。他的金币数不可能超过 11 个。我几乎不可能将这 6627 种方法全都写出来。我想做的是，如果读者乐意的话，帮助你们写出阿方索持有 1 个金币时的所有情况。让我们看看阿方索持有

6 个金币的情况，找出我们如何得到上述 704 种方法。下面的两个表是回答所有谜题的关键所在。

表 1

A	=	6
B	=	n
C	=	$(63-5n)+m$
D	=	$(128+4n)-4m$
E	=	$3+3m$

表 2

A	=	6
B	=	n
C	=	$1+m$
D	=	$(376-16n)-4m$
E	=	$(15n-183)+3m$

在表 1 中，n 可以代表 1~12 中的任何整数，m 可以为 0 或者是 1 ~ $(31+n)$ 之间的任意整数。在表 2 中，n 可以是 13~23 之间的任意整数，m 可以为 0 或者是 1~ $(93-4n)$ 之间的任意整数。对于表 1 给出的值 n，能有 $(32+n)$ 个答案；对于表 2 给出的值 n，能有 $(93-4n)$ 个答案。因此，前者产生的 462 个答案加上后者产生的 242 个答案，总共为上述中的 704 种。

我们使表 1 中 $n=5$ 和 $m=2$；同样使表 2 中，$n=13$，$m=0$。我们将得到两个答案：

表1

A	=	6
B	=	5
C	=	40
D	=	140
E	=	9
		200多布隆

表2

A	=	6
B	=	13
C	=	1
D	=	168
E	=	12
		200多布隆

可以发现这个方法是可行的。当阿方索的金币数为6时，所有704个答案都可以通过这种方式用不同的值代入两个表格中的 m 和 n 来得到。

如果阿方索一直是持有6个金币，在704种答案中，这些答案可以通过在这两个表中赋予字母 m，n 不同的值得到。换句话说，阿方索持有的金币数目为6时，两个表格可以看成是两个等差数列，公差分别为1和-4，这种情况下，其中一个等差数列是 $33+34+35+36+\cdots\cdots+43+44$，另一个是 $42+38+34+30+\cdots\cdots+6+2$。第一个

数列的和为462，第二个为242——答案还是和之前给出的一样。这个谜题的关键是找出构成这等差数列的第一个数和最后一个数。我们应该注意到当阿方索持有的金币为9，10或11时，只有第二种形式的一个等差数列。

143. 石匠的难题

谜题相当于：找出最小可能的平方数，其值为多于3个的连续整数（立方数1除外）的立方和。由于要提供多于3堆的砖块，这个条件使得 $23^3+24^3+25^3=204^2$ 这个答案不成立。但是 $25^3+26^3+27^3+28^3+29^3=315^2$ 这个答案却是满足的。然而，题目要求砖块多余3堆且总和尽可能小。因此最终正确答案为：$14^3+15^3+\cdots\cdots+25^3$，一共有12堆，共有97344（12的平方）个砖块。我要指出的是，解开这道题的关键点在于三角数字。

144. 苏丹的军队

$4n+1$ 形式的最小的质数为5，

13，17，29 和 37；$4n-1$ 形式的最小质数为 3，7，11，19 和 23。现在，第一种形式的质数总是可以表示成两个平方数的和，不过只有唯一的表示方式。如，5=4+1；13=9+4；17=16+1；29=25+4；37=36+1。但是第二种形式的质数不管怎样都不可以表示成两个平方数的和。

为了使得一个数能有多种方法表示成两个平方数之和，这个数一定是一个混合数字，也包含一些我们所说的第一种形式的质数。因此，单独的 5 或 13 只有一种表达方式，但是 65（5×13），却有两种表达方式，1105（5×13×17）有 4 种表达方式，32045（5×13×17×29）有 8 种表达方式。因此，我们每增添一个质数，我们的表达方式就增加一倍。但是，请注意，如果是重复的因数，这个规则就不再成立。例如，25（5×5）没有两种表达方式，而是只有一种；125（5×5×5）只有两种表达方式，625（5×5×5×5）也只有两种表达方式，我们再添加一个 5，这个数就有三种表达方式。

如果同时用第二种形式的质数组成一个综合数，那么这个数还是不能表示成为两个平方数之和。如，15（3×5）不可以，135（3×3×3×5）也不可以。但是，如果我们取偶数个 3，那么这个数就可以表示成两个平方数之和，因为这些 3 的乘积本来就是一个平方数，只不过只有一种表达方式。因此，45（3×3×5 或 9×5）=36+9。类似地，因数 2 或 2 的幂次经常出现，比如 4，8，16，32，但是这个数的出现与否不影响我们的结果（除了 50，它是一个平方数的 2 倍，所以有两种表达方式，49+1 和 25+25。）

现在，把一个数分解成质因数的乘积之后，我们马上就可以看出它是否能写成两个平方数之和，而且可能的话，我们不需要花很多力气就可以知道它有多少种不同的表示方式。比如 130，我能马上就把这个数字分解成 2×5×13，由于 65 有两种不同的表示方式（64+1 和 49+16），所以，130 也有两种不同的表示方式，因数 2 不影响结果。

能用 12 种不同的方式表示成两个平方数之和的最小数为 160 225。这是满足苏丹人的要求的最小的军队士兵数。这个数字可以分解为：$5×5×13×17×29$，这些数字都是我给出的第一种形式的质数，如果每个数字都不相同的话，那么就有 16 种不同的表示方式。但是由于因数 5 重复了，那么就只有 12 种不同的方法了。下面列出了这 12 组平方数：（400 和 15），（399 和 32），（393 和 76），（392 和 81），（384 和 113），（375 和 140），（360 和 175），（356 和 183），（337 和 216），（329 和 228），（311 和 252），（265 和 300），每组数的平方和都为 160 225。

145. 节约的学问

　　如果她想要得到她丈夫承诺给她的第六个礼物的话，桑蒂夫人必须存很大一笔钱。谜题要求我们找到比 36 大的 5 个数字，且这 5 个数字都能表示成一个平方数、一个三角数、两个三角数之和、三个三角数之和这样四种情况。且每种情况下，所有数字都得用上。

　　每个三角数都是如此，我们用

8 乘以一个三角数加上 1 得到的结果总为一个奇数平方数。例如，用 8 分别乘以 1、3、6、10、15，再分别加上 1，我们得到 9、25、49、81、121，这些数字分别是 3、5、7、9、11 的平方。因此，若 $8x^2+1$ 等于一个平方数，那么 x^2 是一个三角数。只要第一个数字找出来了，找出其他的数字将不是难事。首先，下面列出了一组数据：

$8×1^2+1=3^2$

$8×6^2+1=17^2$

$8×35^2+1=99^2$

$8×204^2+1=577^2$

$8×1189^2+1=3363^2$

$8×6930^2+1=19601^2$

$8×40391^2+1=114243^2$

连续的数组是以这样的方法找到的：

（$1×3$）+（$3×1$）=6

（$8×1$）+（$3×3$）=17

（$1×17$）+（$3×6$）=35

（$8×6$）+（$3×17$）=99

（$1×99$）+（$3×35$）=204

（$8×35$）+（$3×99$）=577

依此类推，看完这上面的数据，解决方法就会自行呈现。

最后，我们发现数字36、1225、41，616、1413、721、48，024，900和1631432881将可分别形成边长为6、35、204、1189、6930和40391的正方形；它们同样可分别形成边长为8、49、288、1、681、9、800和57、121的正三角形。这些数字能够由第一个表格的最后一列的方法得到：把这些数简单地除以2，然后去掉余数。因此，1799和577的一半的整数部分为849和288。

我们发现的所有数都可以分为两个或三个三角数。下面的表格将让你一眼就可以看出每个平方数一定可以表示为两个三角数，且一个正三角形的边长等于相应的正方形的边长，另一个正三角形的边长等于正方形的边长减去1。

因此，一个平方数总是很容易

分成两个三角数之和，且两个连续的三角数之和总是一个平方数。这两点很明显，因为，如果我们检验最小的那些三角数——1、3、6、10、15、21、28——我们可以发现，把相邻的两个三角数依次相加，我们得到一个平方数数列——9、16、25、36、49……

把平方数分成三个三角数的方法同样很简单，但不完全是通过试验得出的。我将说明每个大于6的三角数都可以形成三个三角数。我将给出三个正三角形的边长，读者根据我的陈述将知道怎样去找出这些边长，并验算这些结果。

数字	正方形的边长	正三角形的边长	两个正三角形的边长	三个正三角形的边长
36	6	8	6+5	5+5+3
1225	35	49	36+34	33+32+16
41616	204	288	204+203	192+192+95
1413721	1189	1681	1189+1188	1121+1120+560
48024900	6930	9800	6930+6929	6533+6533+3267
1631432881	40391	57121	40391+40390	38081+38080+19040

最后两列的数字并不是唯一的分解方式，还存在其他的方式。但是一种方式就可以满足我们的要求。因此，我们可以看出桑蒂夫人得到她的第 6 个 5 英镑之前，她一定已经存了 1631432881 英镑。

146. 炮兵的困境

我们需要找到既能在地面上垒起一个棱锥体，又能包含一个平方数所需的最少的炮弹数。我会尽量用最清楚的语言告诉那些新手的。

1	2	3	4	5	6	7
1	3	6	10	15	21	28
1	4	10	20	35	56	84
1	5	14	30	55	91	140

在这个表中，第一行排列的是自然数的正常序列。第二行的数是第一行的数与之前的数的总和，比如，1+2=3，所以第二行的第二列是 3；而 1+2+3=6，所以第二行的第三列是 6，以此类推。第三行的数所用的推理方法与第二行相同。第四行的数亦是如此。比如 1+4+10+20=55，所以第四行的第五列是 55。现在，第二行中的所有数

字都是三角关系，也就是说，同等数量的炮弹可以在地面上垒成一个等边三角形。第三行的所有数字能形成一个我们要的三棱锥，而第四行的数字则会形成一个正方棱锥。

因此，正是上面这些数字的推理过程告诉我们：正方棱锥是两个三棱锥的总和。这两个三棱锥底部的一侧的炮弹数是相等的，而令一侧其中一个少些。如果我们将上面的表格扩充到 24 列，那么，在第 40 行我们就会得到 4900 这个数。而这正好是 70 的平方数，我们就可以将这些球垒出一个正方体，然后形成一个正方棱锥。这种数列推理的方法，对于一个数学谜来说是没什么吸引力的，但是对于我们任何人来说，在碰到一些特殊的难题时，这个方法非常有效。事实上，我不得不承认，除了 4900 之外，我没找到其他数字能满足这些条件，可我也没找到什么铁证证明这是唯一的答案。这真是一个难题，而第二种答案，如果存在的话（其实我并不相信它存在），肯定会是一个天文数字。

得益于深厚的数学功底，我会

用一般的表达方式来说明正方棱锥里炮弹的数量是 $\dfrac{2n^3+3n^2+n}{6}$。为了使这个表达式是平方数（1除外），有必要使 $n=p^2-1=6t^2$，其中 $2p^2-1=q^2$（即佩里翁公式）。基于上面的解题过程，$n=24$，$p=5$，$t=2$，$q=7$。

147. 荷兰人的妻子

每笔交易中所支付的先令都是一个平方数，因为他们以1先令买了一头猪，2先令买了两头，3先令买了三头，以此类推。但是每个丈夫总共比他的妻子多支付了63先令，因此我们需要找到共有多少种方式使得63成为两个平方数的差额。只有三种可能的方式：8的平方减去1的平方，12的平方减去9的平方，32的平方减去31的平方。这里的1、9和31代表的是买回的猪的数量和每个女人买每头猪所付的先令数，8、12和32是相对应的丈夫买到猪的数量和买每头猪所付的先令数。从他们买东西的隐含信息中，我们现在可以将他们以如下方式配对：科尼利厄斯和格鲁塔分别买了8头和1头猪；

恩拉斯和凯特路分别买了12头和9头猪；亨德里克和安娜分别买了32头和31头猪。这个配对正好代表着三对已婚夫妇的正确答案。

读者或许想知道我们通过何种方式确定一个最大数字，使它成为两个平方数的差额，还有如何找到这两个平方数。除了1和4之外的任何整数，以及奇数数字乘以2都可以用它可分成因数对对数那么多的方法来表示为两个整数的平方差，在这里把1作为一个因数。如数字5940，因数为 2^2、3^3、5和11。这里的指数分别为2、3、1和1。把指数2减去1，然后把其他所有指数加上1，这样我们得到1、4、2、2。这四个数字乘积的一半正好是所求的方法数，且5940是两个平方数——即8的差额。为了找出这8个平方数，且由于它是偶数，我们首先将5940除以4得到1485，然后1485的8个因数对为：1×1485、3×495、5×297、9×165、11×135、15×99、27×55 和 33×45。这些因数对中任何一对的总和与差额都是所求的个数。即，1486的平方减去1484的平方等于5940，498的平方减去 492 的平方等于 5940，以此类推。在上述有关 63 的问题中，这个数字是奇数；所以我们可以直接分解因式，即 1×63、3×21 和 7×9。之后我们发现总和与差额的一半分别是 32 和 31、12 和 9、8 和 1，如谜题答案所示。

当你用两个平方数的差额表示出一个数字之后，找到这个数字的因数这样的逆推问题也就很简单了。例如，上句中任何一对数字的总和和差额都能得到 63 的因数。每个质数（1 和 2 除外）都可以用一种方式写成两个平方数的差额，而且只有一种方式。如果一个数字可以用超过一种的方式来写成两个平方数的差额，那么它就是合成数（非素数）；那么，我们马上就能找到它的因数，这一点我们已经见证了。费马在 1643 年写给梅尔森或者弗兰尼克尔的一封信中给我们展示了判断一个数字是否能用多于一种的方法表达成两个平方数的差额，或者证明它为合成数的方法。虽然在实际操作中可以有相当程度的化简，但是这个方法在处理大数字的时候是肯定很乏味的。不过在大多数情况下，这个方法还是求大数字因数最简洁方法，而且我一直认为，费马发明的此方法是历史上一个不可超越的壮举。

148. 寻找艾达的姓氏

女孩们的名字分别是艾达·斯密斯、安妮·布朗、艾米丽·琼斯、玛丽·鲁宾孙和贝西·伊万斯。

149. 星期六购物

由于每个人购物所花的钱都是 1 先令的整数倍，且他们一共拥有 40 先令，任何一位女士的零钱数不可能更小，或者说没有任何迹象显示她们有这种零钱。在这种情况下，唯一可能的答案是，妇女们的名字分别为安妮·琼斯、玛丽·鲁宾孙、简斯·密斯和凯特·布朗。购物之后，还剩下 8 先令，平均分给 8 个人，不需要更小的零钱。

150. 草地网球

答案是：1 : 31。

第二章　几何谜题

希腊十字架谜题

151. 丝绸被子

我们将用图来表示如何裁剪被子的针线，使之形成一个完整的正方形 F，G，H，I 和 K，后 4 部分将形成一个完美的希腊十字架。读者可以从上文中的图 13 知道这 4 部分如何形成一个十字架。

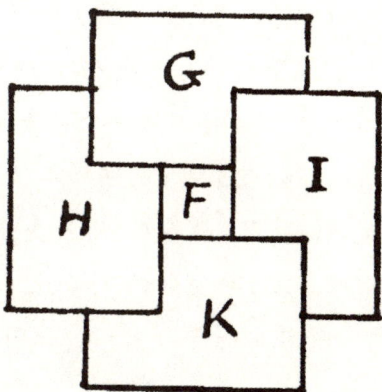

以组成另一个十字架，如图 2 所示。且这两个十字架的大小完全相同。

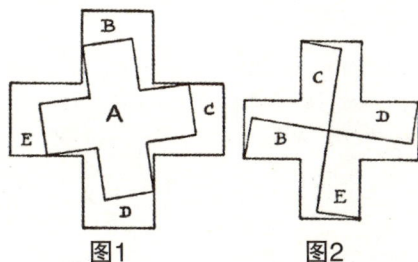

图1　　　　图2

现在出现了一个有点难度的谜题：我们应该怎样把一个十字架切成尽可能少的部分使得它们形成三个十字架？事实上，这个谜题的答案是 13 部分，但是我知道，许多读者，其中也包括许多优秀的几何学家，很乐意去研究这些没有答案的谜题，那我也就暂时不公开答案了。

152. 一个十字架变成两个十字架

可以看出，切出来的一个十字架是完整的，如图 1 中的 A；标记为 B，C，D 和 E 的另外 4 部分可

153. 十字架和三角形

以下图形中的 AB 直线代表和十字架有着相同面积的正方形的边长。之前，我告诉过读者该怎样使一个正方形和一个等边三角形的面积相等。因此，我就不再赘言前面

的内容了。要想解开这道题，首先得给三角形找到一个合适的边长，使它的面积和十字架的面积相等。接下来的问题就变成了：我们应该怎样分割，然后怎样组合？

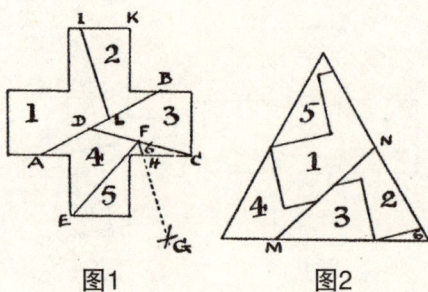

图1　　　　　图2

首先，画出直线 AB，这里 A，B 两点是两条手臂的中点。接下来，画直线 DC 和 EF，使之长度等于三角形边长的一半。现在分别从 E 和 F 以相同的半径做弧相交于 G 点，连接 GF。最后使 IK 等于 HC，LB 等于 AD。如果我们做直线 IL，它应该和直线 FG 平行，那么，这 6 部分就全都标记出来了。这些部分放在一起将形成一个完美的等边三角形，如图 2 所示。或者，我们可以首先找到我们的三角形中直线 MN 的方向，然后把 O 点放在十字架的 E 点上，然后翻转三角形，直到直线 MN 和 AB 平行。这样，便可以标记出来第 5 部分，然后剩下

的那几部分也可以接连标记出来。

154.折叠的十字架

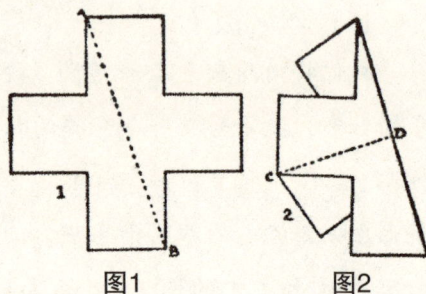

图1　　　　　图2

首先沿着图 1 中的虚线进行折叠。然后，你将得到如图 2 所示的图样。接下来沿着虚线 CD（这里的 D，当然是十字架的中心）折叠，你将得到如图 3 所示的图样。现在取出你的剪刀，沿着 GF 进行裁剪，得到相同大小和形状的 4 部分，这 4 部分将组成一个正方形，如图 4 所示。

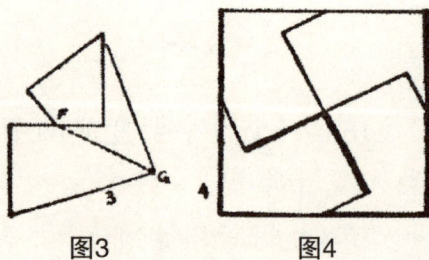

图3　　　　　图4

各种各样的分割谜题

155.简单的切割谜题

答案如图所示。把这个图形分成 12 个相同的三角形之后，我们很快就会明白：应该沿着图中的黑线进行分割。

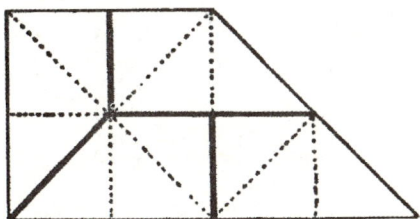

156. 瑞士国旗与正方形

佳丽小姐手中的剩料按照小图所示剪开，就可以拼成她左手拿的瑞士国旗形状。

157. 一个简单的正方形谜题

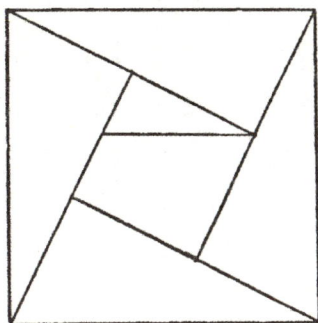

答案如图所示，把 5 个三角形中的一个分成 2 部分，然后将它们组合在一起形成一个正方形。

158. 饼的谜题

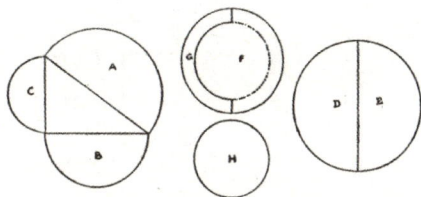

事实上，饼的谜题的实质是，用这三个圆的直径构成一个直角三角形，如图中的 A，B，C。两个较小的饼的面积之和正好等于这个大饼的面积。因此，我们给大卫和埃德加大包子的一半，分别标记为 D 和 E，他们每个人得到了所有饼的四分之一。然后，我们把饼 H 放在剩下的那个饼的顶端，按照图示的方式画出它的圆周，则弗莱德得到 F 部分，恰好等于哈利的饼 H 加上 G 部分。这样，每一个男孩分到了相同大小的包子，并且只分成了 5 份。

159. 红十字护士小姐的问题

按照图 1 剪开红十字，按照图 2 的方法拼出第 2 个红十字。

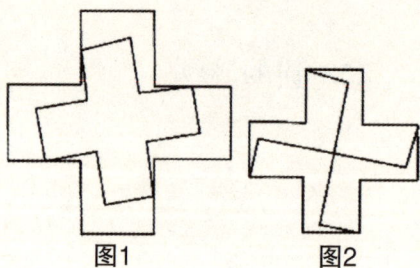

图1　　　图2

160. 印度花

如图所示：

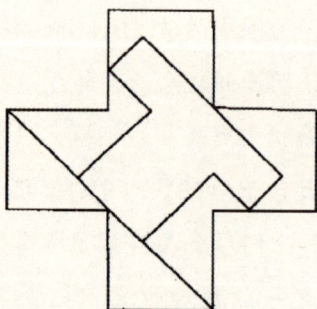

161. 巧克力正方形

如下图所示，正方形 A 是一个整体；标记为 B 的两部分拼在一起形成第二个正方形；标记为 C 的两部分拼成第三个正方形；标记为 D 的两部分拼成第四个正方形。

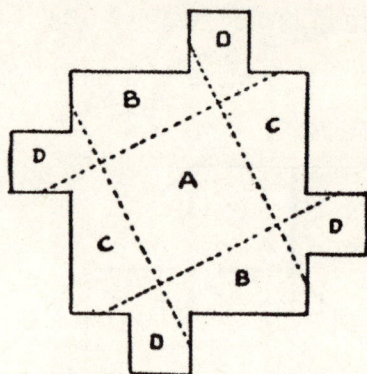

162. 轿子问题

沿着图中画线剪开，就可以拼成一个方形，最少需要剪成 2 个部分。

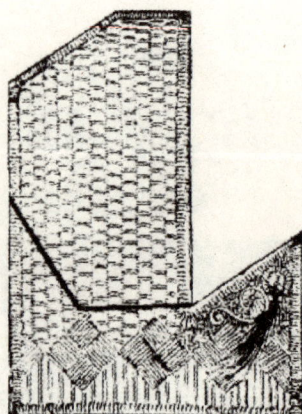

163. 切大饼

大饼最多可以切成 22 块，方法如图所示。中间的 "TM" 是玛丽大婶在饼上做的标记，以区分是否有馅。

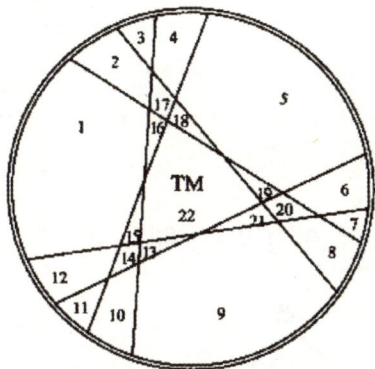

164. 红十字志愿军

如图所示：先把正方形按左图剪裁，得到中间的十字架 A，其余的四块按照右图拼起来得到另外一个十字架。

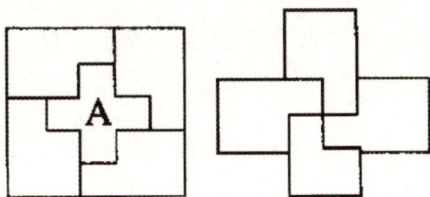

165. 小木匠

小木匠可以按照下图把桌面锯成三块，然后为狗舍做一扇门。如

图所示：

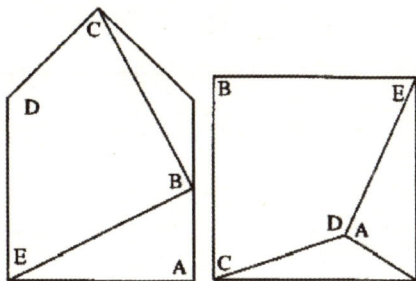

166. 分割主教法冠

下图将表明如何将这个正方形分割成 5 部分，添加这些虚线是用来说明如何找到点 C 和点 F——这是此题中唯一的难点。AB 的长度是 BD 长度的一半，AE 平行于 BH。以点 B 为原点，做弧线 HE，AE 的长度即为 B 到 C 的距离。那么，FG 的长度等于 BC 的长度减去 AB 的长度。

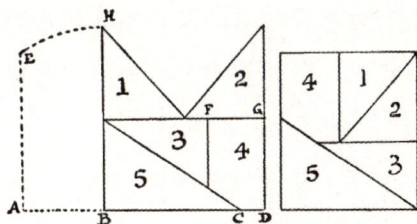

如若在这个问题中加上这样一个条件：将它分割成大小和形状都相同的 4 部分，那么严格地说，这个谜题将不再有解。但是，我要给

出一个经常出现的，并且看起来似乎符合题意的答案。

　　我们需要假定包含相同的字母 AA，BB，CC，DD 的两部分都只是一部分。对于几何学家来说，这显然是荒谬的，这 4 部分的面积不会相同，除非它们都只是由两部分组成。即使你可以使得它们的面积相等，它们的形状也不会完全相同。

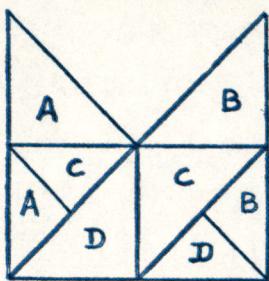

167.分割正方形

　　（1）将一个大正方形转换成 6 个小正方形的最简便的方法就是将它分成 9 个相等的小正方形，其中 4 个组成一个大正方形。

　　（2）沿着树干从左到右看，总统的头像栩栩如生。

168.四棵橡树之争

　　如图所示：

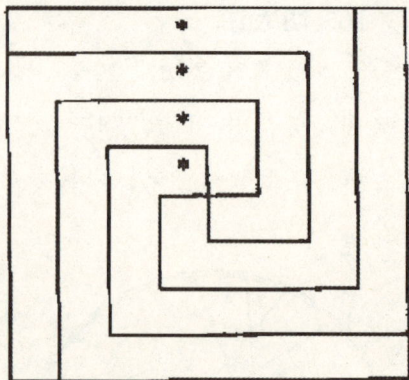

169. 工匠的难题

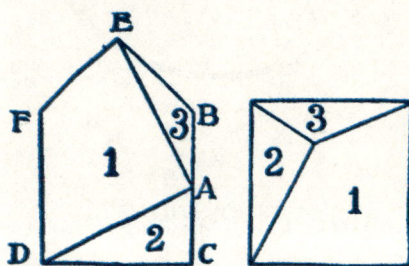

　　如果你知道该怎么做，你当然会觉得它十分容易。但对于初学者，要把它分割成尽可能少的部分——3 部分，他肯定会迷惑不已。你需要做的就是找出点 A——BC 的中点，然后沿着 AD 和 AE 分割。然后把这 3 部分按照图中所给的方式组成一个正方形。当然，在此题中原图的比例必须是正确的，△BEF 恰好就是正方形 BCDF 的四分之一。做直线 BD 和 CF，这一点将会很明显。

170. 拼正方形之一

如图所示：先剪下 1 和 2 两个小三角形，将它们拼到中间，然后沿折线剪开，把第四部分向下移动一格就可以构成一个正方形。注意：只有边长满足一定比例要求的矩形才能够用台阶方法转换成正方形，在此例中矩形边长比为 3:4，不能够做台阶转换。剪成 5 块是目前最简洁的方法。

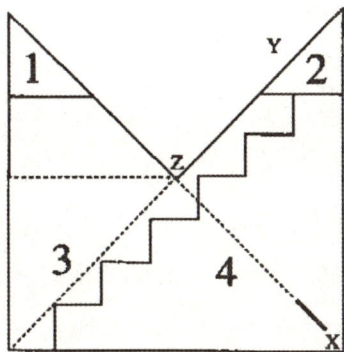

171. 另一个工匠的谜题

重点是找到一个通用的规则，使得一个正方形和一个三角形组合在一起能够形成一个完整的正方形。几何学者给这个三角形起了一

个很夸张的名字"等腰直角三角形"。当然，等腰直角三角形不多不少，正好是正方形的一半，沿着对角线进行分割。

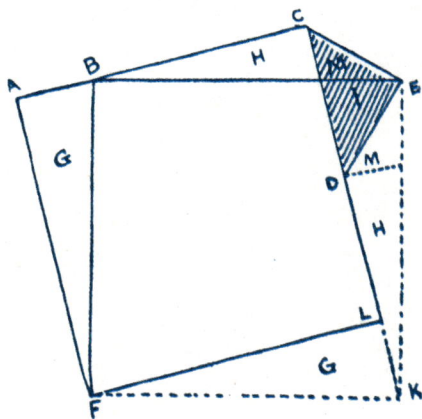

这个正方形和三角形的精确比例是没有意义的，我们只需要将这块木板或材料分成 5 部分。

假设原来的正方形是上图中的 $ACLF$，原来的三角形是阴影部分 CED。现在，我们首先要在测量出三角形长边（CD）的一半，在 AC 上取此长度的线段 AB。然后，我们把三角形放在现在挨着正方形的那个位置，且做两次分割——一次从 B 到 F，另一次从 B 到 E。这看起来很奇怪，但都是必要的！如果我们按照图中给出的方法，将 G, H, M 移动到新的位置，那么，我们就会得到完整的正方形 *BEKF*。

取任意两块大小不同的正方形纸片，将较小的那块沿着对角线进行分割，按照图示方式组合，你会发现只要做两个简单分割就能将这两个部分组合成一个更大的正方形，且不需要翻转任何部分。

当三角形的面积大于正方形的面积时，则要分割成 6 部分；如果三角形的面积与正方形的面积相等，有一个很明显的答案，只需要分割成 3 部分，就是通过简单地将正方形沿着对角线分割成两部分。

172. 枷锁谜题

如图所示，按照右图的方式切割，并按左图的方式错位拼接即可。

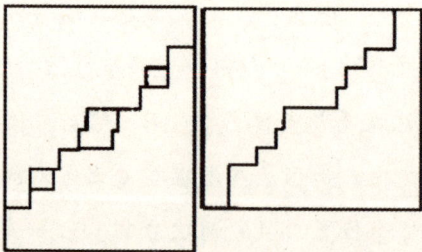

173. 所罗门的印记之谜

一共是 31 个正三角形。

174. 姜饼问题

分割姜饼的方法如图所示：

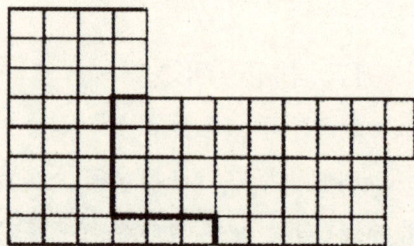

将分割好的姜饼的右边一片顺时针旋转 90 度即可与左边一片拼成一个正方形。

175.奶酪问题

注意这个问题和前面切大饼的问题不尽相同。大饼被看成是平面的，而本题中奶酪是有厚度的、立体的，因此斜切下去的话，块数应该更多。正确的答案是第 1 刀能切成 2 块，第 2 刀能切成 4 块，第 3 刀能切成 8 块，第 4 刀能切成 15 块，第 5 刀能切成 26 块，第 6 刀能切成 42 块。

176.切割谜题

下图说明了怎样把它分成 4 部分以及怎样组合在一起形成一个正

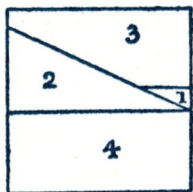

是纯几何的。

177. 哈逊夫人的地毯

方形。首先找到正方形的边长（长方形的长和高的等比中项），剩下的就很简单了。如果我们的纸带是 9×1，或者是 16×1，或者是 25×1 的长方形，我们可以把它们分别分割成 3、4、5 个长方形块，然后组合在一起形成一个正方形。除了这些特殊的情况，若规定纸带的长大于宽的 n^2 倍，不多于宽的 $(n+1)^2$ 倍，它可以分割成 $n+2$ 个部分来拼成正方形，其中像图中第 4 部分那样的矩形块有 $(n-1)$ 块。例如，有一个 24×1 的纸带，它的长大于它的宽的 16 倍而小于宽的 25 倍。因此，它可以分成 6 个部分（这里 n 等于 4），其中 3 个部分为长方形。如果 $n=1$，那么就没有长方形了，我们分成 3 部分则会有。当然，在这些条件中，这些边长不一定是有理数，因为这个答案

由于我给出了被剪掉地毯的总面积，那么，要求正方形的准确面积也就很简单了。如果把两块切掉的地毯放在一起，会组成一个 12×6（英寸或者码，单位随我们自己定）的长方形，面积为 72，而原先完整地毯的规格是 36×27，面积为 972。因此，如果我们减去剪掉部分的面积，会发现新的地毯面积是 972 减去 72，即 900；而由于 900 是 30 的平方，由此我们可以知道新地毯只有 30×30 的规格才能构成一个完美的正方形。这是解决问题的一个关键，因为我们可以得出结论：两个长为 30 的水平边都可以保留下来。把地毯分成四块来解决此题有一种非常简单的方法，而分成三块的方法也不难，但

是正确答案却是只分成两块。那么我们就按上图给出的方法分割，可以看出，在剪完之后，如果我们将 B 部分的缺口下移一个的话，那么两个部分会组合在一起形成一个正方形。

178. 拼正方形之二

如图所示：

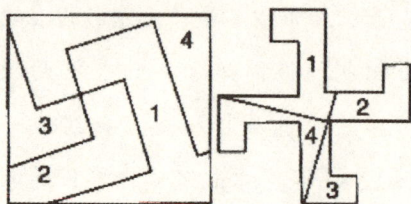

179. 拼正方形之三

如图所示：

180. 拼菱形

剪裁纸张的方法如下图所示：上面的平行四边形剪裁之后

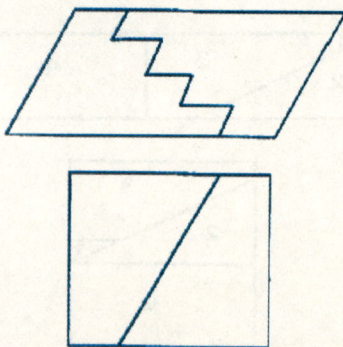

可以通过向上错位的方法拼凑成菱形，而下面的两个梯形需要左右对调，将直角边拼在一起形成菱形。

181. 正五边形和正方形

一个正五边形最少分割成 6 部分，才能在不翻转任何部分的前提下组合在一起形成一个正方形，接下来我将给出说明。到目前为止，最好的答案是分割成 7 部分——这是很多年前一个外国数学家提出来的。我们首先拼成一个平行四边形，然后由它得到正方形。下图将给出具体的过程。

正五边形 $ABCDE$，通过裁剪 AC 和 FM（F 是 AC 的中点，M 到 A 的距离等于 A 到 F 的距离），我们把这两部分放在四边形 $GHEA$ 中，形成平行四边形 $GHDC$。然后，我们找出 HD 和平行四边形的高的比例中项。我们在 HD 上找出点 K，使得 KC 等于该比例中项，然后连接 CK，过点 G 做一条直线 GL 垂直于 KC，剩下的步骤很明显，也很简单。可以看出这 6 部分可以形成一个正五边形或者是一个正方形。

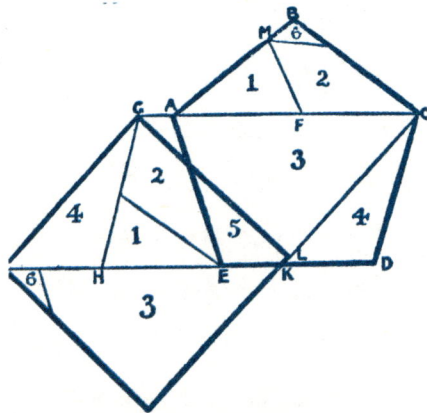

我得到了一个分割为 5 部分的答案，但是这个方法的前提却有一点小小的错误：对角线的一半加上正五边形边长的一半等于具有相同面积的正方形的边长。我说"小小的"，是因为它非常接近近似值，因而它会蒙蔽我们的眼睛，而且我们很难证明它是不正确的。我不知道之前有没有人注意这些奇怪的近似值。

有一个记者认为正方形的边长是五边形的边长的 $1\frac{1}{4}$，事实上，这个比值是不合理的。我计算过，如果五边形的边长是 1 英寸（英尺或者是其他单位），与它面积相同的正方形的边长大约是 1.3117，约为 $1\frac{3}{10}$。因此，我们只能希望通过几何方法来解决这个谜题。

182. 波比小姐的羊圈

波比小姐至少有 8 只羊，因为 8 根桩子所围起来的正方形面积和 10 根桩子所围起来的正方形面积相等——当然了，前提是每两根桩子之间是等距离的。例如，如果木匠把两根间距按 1 英尺计算，一个长用 5 根桩子、宽用 2 根桩子的长方形羊圈所围成的面积是 4 平方英尺，这样，就一共需要 10 根桩子。8 根桩子按照 1 英尺 1 根的距离摆放，所围成的正方形面积也是 4 平方英尺，两者面积相等，但后面一种方式节约了两根桩子。

183. 分割三角形

图 A 是我们原来的三角形，假

设我们测量出它的每条边长都是 5 英寸（或者是英尺），如果我们沿着平行于底部的直线切下这个三角形的底部，剩下的一部分总是等边三角形，我们首先切下 1 这一部分，得到一个边长为 3 英寸的等边三角形。图 A 中其他的分割方向很明显。

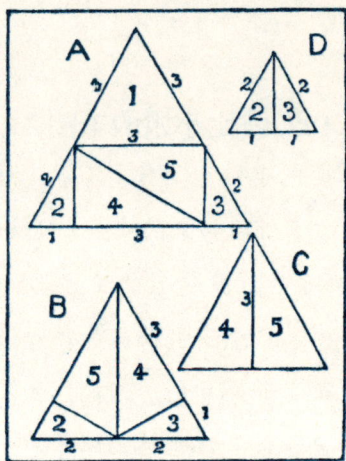

如果我们想得到两个等边三角形，1 为其中一个等边三角形，2、3、4、5 像 B 那样组合在一起形成另外一个三角形。如果我们想得到三个等边三角形，1 为其中一个等边三角形，4、5 像 C 那样组合在一起形成第二个三角形，2 和 3 像 D 那样组合在一起形成第三个三角形。B 和 C 中的 5 都翻转了，没有理由觉得它是错误的，因为题中没有不可以翻转这样一个限制条件，并且它也没有违背这个谜题的本质。

184. 桌面和凳子

在介绍这个谜题之前，我查阅了一些资料，它指出"卵形"这个词的含义是不确定的，虽然它最初是由拉丁词"卵子"，即"鸡蛋"派生的，但是我们认为鸡蛋的形状只是多种形式的椭圆中的一种（一端比另一端要小）；而有些蛋是球形的，一个球或圆肯定不是一个椭圆，我们说一个椭圆——一个圆锥形的椭圆，但在这里我们必须小心，不然又会出错。我记得很多年前的一个利物浦市议员，他不了解家禽，这导致他把"鸡"当成了"母鸡"，他是这样说的："先生们，我们必

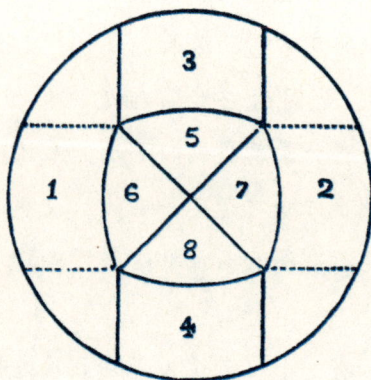

须记住，虽然每只公鸡都是一只母鸡，但是每一只母鸡不是一只公鸡。"同样地，我们必须注意，虽然每一个椭圆都是卵形的，但是每一个卵形并不是椭圆。我们说的卵形是一条椭圆形的曲线图形，有两个不相等的直径，由一条封闭的曲线所包围。因此，下面我给出的答案将与椭圆有关，在建筑行业里，这被称为"椭圆形光轮"。

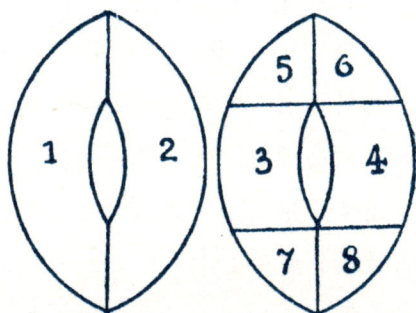

在图中添加虚线是为了使分割更加清楚，沿着这些线进行分割，可以看出，这8部分可以形成两个大小和形状恰好相等的凳子。这些小孔比校长的孔要长一些，但窄一些，并且面积也小一些。当然，5和6可以作为一部分，7和8作为一部分，这样就只有六部分。但是我想保持与原来的故事相同的数字。

当我第一次在伦敦的报纸上给出这个谜题时，没有收到正确的答案，但是躺在伦敦一家疗养院的一个男人提出了一个巧妙的尝试，他是这样写的："这里没有圆规，我不得不临时做一个圆规，我需要用到一把小刀、一些火柴、玩具发动机上的一块铁、一个大头针、一个发夹。它是一个相当耐用的圆规，我想把它保存，作为你谜题的纪念品。"

185. 单子符号

圆的面积之比等于它们直径的平方的比，如果你有一个直径为2英寸的圆和一个直径为4英寸的圆。其中一个圆的面积是另一个圆面积的4倍。因为4的平方是2的平方的4倍。现在，我们参照图1，两个相等的正方形如何分割成4部分，使得它们形成一个更大的正方形。显然任何一个正方形的面积是它的对角线平方的一半。在图2中，我将会介绍一个正方形，它经常出现在原始单细胞生物的图中。我相信这个符号具有数学意义，这是因为这样一个事实：外面这个环的面积与里面这个圆的面积相等。对比图1和图2，你会发现直径CD的平方是里面这个圆的直径的平方的2倍，或者说是CE的平方的2倍。因此，大圆的面积是小圆面积的2倍，即环的面积等于里面那个圆的面积。这是第一个谜题的答案。

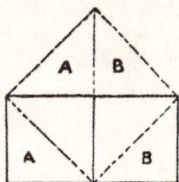 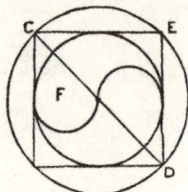

图1　　　　图2

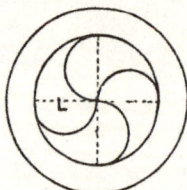 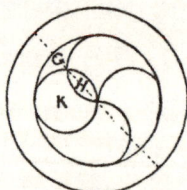

图3　　　　图4

在图3中，我说明了第二个谜题的简单的答案，很明显它是正确的。我们可以通过裁减出这些部分并把它们组合起来来证明这点。添加虚线可以使我们看起来更加清晰。通过图2中的CD来解答第三个谜题，留下CD是为了证明F部分的面积是阴或者是阳的一半。在图4中，圆K的面积是包含阴和阳

的那个圆的四分之一，因为圆K的直径恰好是它的直径的一半。很明显，图3中L的面积也是这个面积的四分之一。因此G和H的面积恰好相等。因此，G的一半等于H的一半，F在L中减少的部分等于F在K中增加的部分，F必定是阴或者阳的一半。

186. 正方形木板

任何一个平方数都有无数种不同的方法来表示成两个平方数的和。这个谜题就是对这一规律的一个简单的说明，但是我们必须给出正方形的实际大小。

在这个谜题中，我们先不管给出的正方形的大小具体是多少。我们假定它的大小是$13n \times 13n$。随后，我们可以算出n的值。把正方形分成169个小正方形（虚线是原来的标记）。由于169是144和25这两个平方数的和，我们把这个木板分成两个正方形，它们的大小分别是12×12和5×5；并且我们知道两个小正方形可以通过把一个大正方形分成4部分再拼接得来，这样我

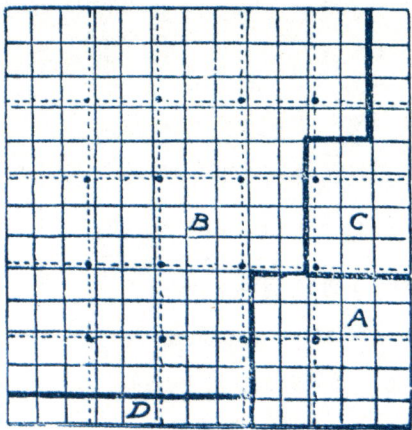

$q=2$，$a=5$。

$$\frac{2pqa}{p^2+q^2}=x \; ;$$

$$\frac{\sqrt{a^2\,(p^2+q^2)-(2pqa)^2}}{p^2+q^2}=y \text{。}$$

在这里 $x^2+y^2=a^2$。

在此题中，$x=\dfrac{60}{13}$，$y=\dfrac{25}{13}$。

$x^2+y^2=a^2=25$。

们就找出这个谜题的答案了。沿着图中的黑线进行分割。5×5 的正方形是完整的，剩下的部分 B、C、D 组合在一起可以形成较大的那个正方形，读者可以很容易把它们组合在一起。

显然，n 是 $\dfrac{5}{13}$ 英寸。因此，大正方形的大小为 $\dfrac{60}{13} \times \dfrac{60}{13}$，小正方形的大小为 $\dfrac{25}{13} \times \dfrac{25}{13}$，$\dfrac{60}{13}$ 的平方加上 $\dfrac{25}{13}$ 的平方等于 25。因此，我们可以把这个正方形分成 4 部分，使得它们组合在一起形成了两个给定大小的正方形，并且避开了这 16 个钉子。

如何找出两个平方数，使得这两个平方数的和等于一个给定的平方数，如 a^2，这里有一个通用的公式。例如，在这个谜题中，$p=3$，

187. 两个马蹄铁

谜题是如何把这两个马蹄铁（包括轮廓内的马蹄）分成 4 部分，每个马蹄铁分成两部分，使得它们组合在一起形成一个完美的圆，并且这 4 部分的形状不一样。

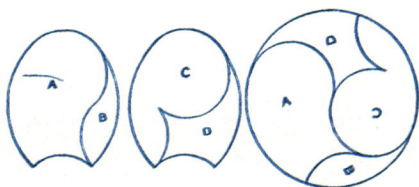

图1　　图2　　图3

上图给出了这个谜题的正确答案。1 和 2 被分成了形状不同的 4 部分。如图 3 所示，我们把这 4 部分组合在一起形成一个完美的圆。再做深入观察，我们可以发现 A 部分和 B 部分属于一个马蹄铁，C 部

分和 D 部分属于另一个马蹄铁，A 和 B 组合在一起形成的图形与 C 和 D 组合在一起的图形恰好相同，并且都等于这个圆的一半——伟大的哲学单元阴和阳。可以看出，由圆得出马蹄铁的形状比从马蹄铁中得出圆更容易。然而，当你知道了马蹄铁中长的曲线是圆周的一部分以后，后者也没有什么难度了。找到 B 和 D 的不同之处是有指导意义的，且在各部分的形状不同这样一个条件下，这个想法是非常有帮助的。组成 D 时，我仅添加了 B 的对称部分（由曲线形成的正方形）。因此，把 B 或 D 旋转 90 度后，再放到新的位置，得到的结果是相同的。

188. 贝特斯·罗斯的难题

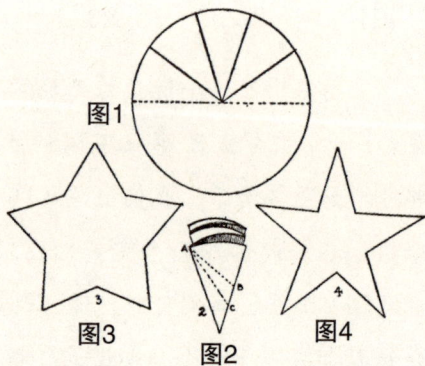

图1

图3　图2　图4

沿着图 1 中的虚线将圆折叠成半圆，按照图中的直线，将上半个圆分成相等的 5 部分。现在沿着这些直线折叠这张纸，折叠之后的形状如图 2 所示。如果你想得到一个如图 3 所示的五角星，那么，沿着 AB 进行裁剪；如果你想得到如图 4 所示的五角星，那么就沿着 AC 进行裁剪。因此，切口离底端的顶点越近，五角星的边长越大；离顶点越远，五角星的边长就越短。

189. 纸板中的链子

在剪这个硬板链时，读者需要小心，并且要有足够的耐心。因为硬纸板的长度无关紧要，所以可假设有一块 8 英寸 $\times 2\frac{1}{2}$ 英寸的硬板。但是，当你想要一根长链时，你必须取一块长的硬纸板。首先用铅笔画出直线 BB 和 CC，它们离边缘距离均为 $\frac{1}{2}$ 英寸。画出与 BB 和 CC 垂直的线段，这些线段之间的距离为 $\frac{1}{2}$ 英寸。在纸板的另一面也如此。为了确保使得它们重合，我们最好在线段的末端插上一根针，让它穿过硬纸板。现在拿起你的小刀，沿着 BB 和 CC 直线进行分割，然后沿着这些线段以及 BB 和 CC 上的实线正确地裁剪纸板。将纸板翻转过来，像图 2 那样，用小刀小心地分割这些部分。现在这个纸板被分成了两个纵横交错的阶梯形图案，如果你把所有的阴影部分都剪掉，在不需要添加其他材料的条件下，你就能得到一条如下图所示的链子。

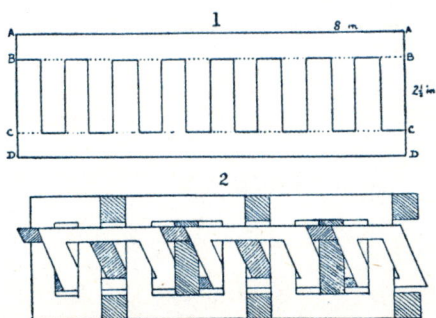

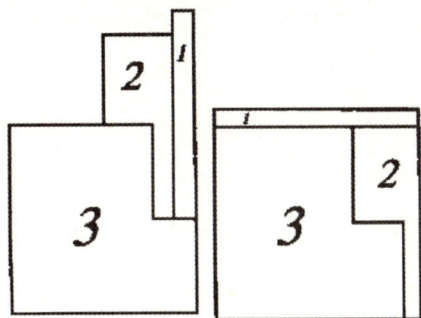

190. 拼正方形之四

从读者写信给我的大量答案中，我发现：很多人需要锯 5 次方可拼出一个完美的正方形来。一些人只需把木板锯成 4 块，只有极少数的几个人找到了正确答案，即锯成 3 块。方法如图，照此方法可以把木板拼凑成一个边长为 9 厘米的正方形。

191. 土豆难题

切 6 刀可以得到 22 块，下图给出了一个非常漂亮的答案。在这个例子中，规定所有的切口都必须与其他切口相交，并且没有两个相交点是重合的，也就是说，每条直线都要与其他直线相交。但是，在任何地方，没有两条以上的直线通过同一个点，还存在其他的分割方式，但是如果我们想要分成最多的部分，我们必须满足这个条件。

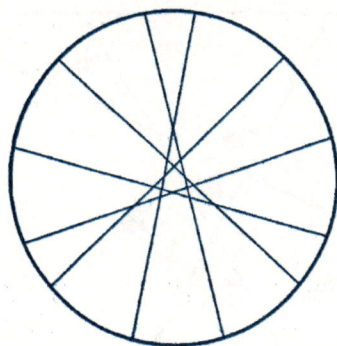

通用的公式是：如果我们切

n刀，可以得到$\dfrac{[n(n+1)+1]}{2}$块。已故的萨姆·洛伊德提出了这样一个谜题：将一个固体奶酪笔直地切n下，最多可以分成几块。当然，每次切完，都不能移动或者是堆积奶酪。在这里，切割时，我们必须使得切面相互交叉（用面代替直线）。通用的公式为：如果切n刀，我们可以得到$\dfrac{[(n-1)n(n+1)]}{2}+n+1$块。当$n$的值很大时，我们很难看清依次分割的方向和结果。

192. 七头猪

图中给出了放置这三个篱笆的方法，这使得每头猪都在单独的猪圈内。在正方形中，三条直线最多能将正方形分成7个部分。这个谜题必须通过试验来解答。

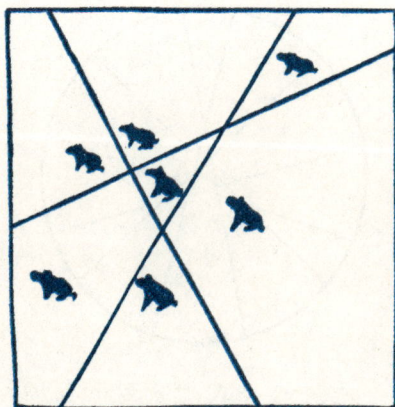

193. 地主的篱笆

只需要四根篱笆，答案如下图所示：

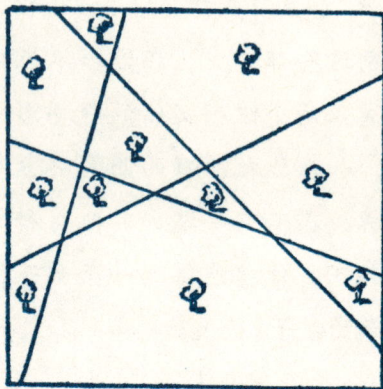

194. 男巫的猫

不需要解释这个图形，因为它清楚地表明了如何画这三个圆，使得每只猫都有一个独立的地盘，并且不穿过圆就没法靠近其他的猫。

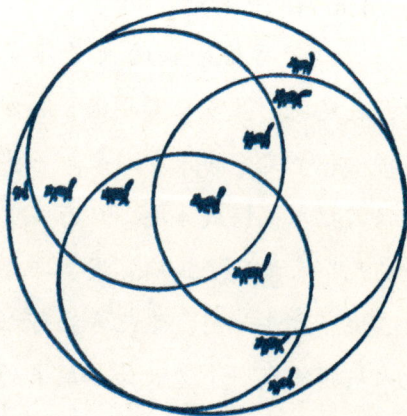

195. 圣诞节的甜点

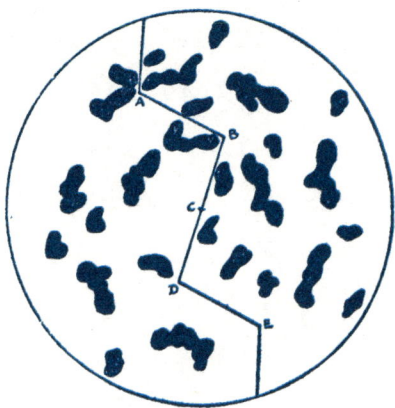

上图给出了把这个甜点分割成大小和形状都恰好相等的两部分的方法。这些割线必须经过点 A, B, C, D 和点 E。但是，根据这个条件，也许会有无数种方法，例如，在点 A 到边缘的中点上，有无数条线经过这个点（直线或者是曲线），点 E 到相反的边缘也是这样的。在其他的点也会有许多相似的变化。

196. 七巧板悖论

图中给出了构成这两个图形的方法——每个都用到了七巧板。请注意，在这两个图中，头、帽子和手臂都是相像的，身体的宽度也是一样的。但是第一个图包含四部分，

第二个图只包含三部分。第一个图比第二个图大一些，AB 之间的虚线表明变窄的部分，这一部分的面积恰好等于第二幅图中脚的面积。

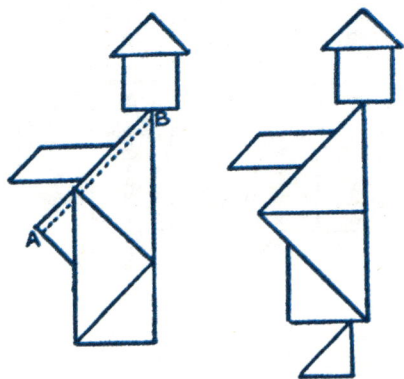

197. 餐巾谜题

最多能够覆盖 $15\frac{1}{4}$ 英寸见方的桌子，即 232.5625 平方英寸。将一块餐巾放在一个桌脚，其余的两块沿着对角线对折即可。

拼缀谜题

198. 坐垫

两个标记为 A 的锦缎组合在一起形成一个完整的正方形。另外两个标记为 B 的锦缎组合形成另外一

个正方形。

199. 彩旗谜题

答案如图所示，把这个彩旗分成 25 个小正方形（因为 25 是两个平方数 16 与 9 的和），然后沿着实线分割彩旗。标记为 A 的两部分组合形成一个正方形，另外两个标记为 B 的部分组合形成另一个正方形。

200. 斯麦丽夫人的圣诞礼物

第一步是找到 6 个不同的平方数，使得它们相加等于 196。例如 $1+4+25+36+49+81=196$；$1+4+9+25+36+121=196$；$1+9+16+25+64+81=196$。接下来就需要判断和技巧，对于具体的步骤，我们没有明确的规定。下面的两个图将分别说明给出的前两种情况的答案。当然在这两种情况下，标记为 A 的 3 个部分和标记为 B 的 3

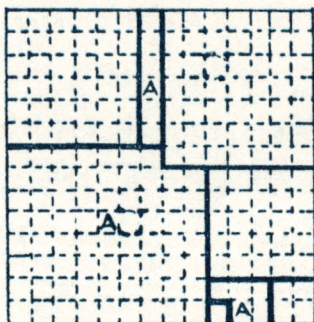

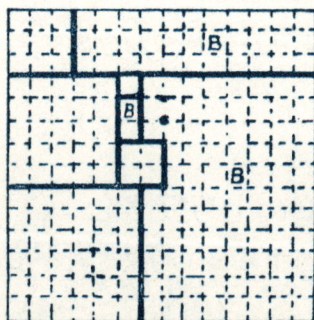

个部分分别组合构成正方形。各个部分的组合可以稍微有些变化。有些读者也许有兴趣找出我给出的第

三种情况的答案。

201. 培肯夫人的被子

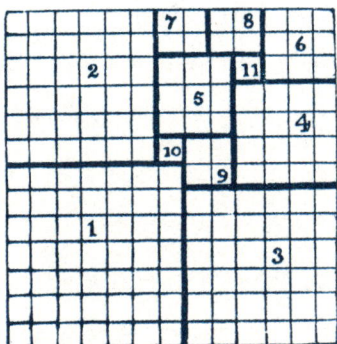

上图说明了这个被子是如何形成的。我认为这个谜题几乎只有一个答案。最少的正方形个数必须为11个。各个部分的大小已经给出，最大的3个正方形必须按照图中给出的方法进行分割，剩下的8个正方形也许可以"考虑"别的分割方法，但是我觉得不可能有不同的分割方法。

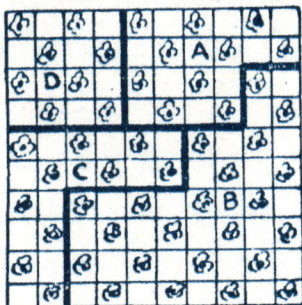

图1

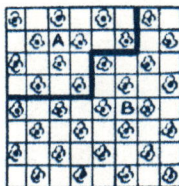

图2

图3

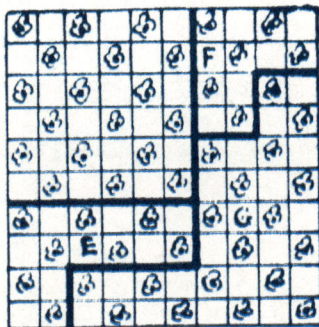

图4

202.正方形锦缎

据我判断，只有一个答案满足这些条件。各个部分按照图1所示的方法组合在一起，图2和图3则说明了如何分割原来的两个正方

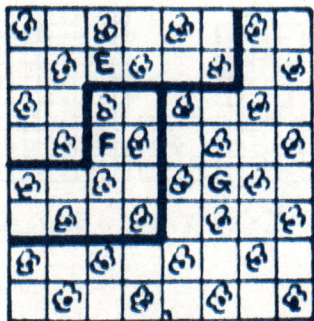

图5

形。可以看出 A 和 C 都有 20 个小正方形，因而它们有相同的面积。图 4 解答了这个谜题（把图 5 分割的各个部分组合在一起），除了文字中暗示的小条件——"按照要求分割两个正方形"。在这种情况下，小正方形是完整的，我给出它是为了说明这个谜题的特点。在这样一类谜题中，如果这个图案是正确匹配的，任何部分都不能翻转 90 度，但是（如图 4 中的 F），我们给出了对称的一部分，即翻转 180°。在这些方格谜题中，某一部分是翻转 90° 或 180°，还有的一点都不翻转。这些都取决于这个图案本身的特点，以及使用的材料以及其形状。

203. 另一个被子谜题

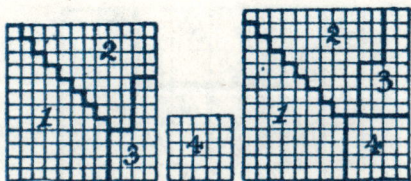

这位女士只需要把较大的被子沿着黑线拆开缝线，如图所示，这样就把较大的被子分成 3 个部分，

然后再按照右图将这 4 部分组合在一起形成一个正方形。

204. 油毡分割

这题只有唯一的答案。下图中图 1 将说明怎样分割较小的那块油毡，图 2 将给出如何分割较大的那块油毡，图 3 将给出如何通过正确的方式将这 4 个部分组成一个新的 10×10 的正方形。可以看出 D 部分包含 52 个方格，这是在给定的条件下可能保留的最大部分。

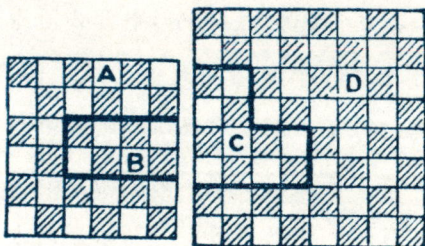

图1　　　　　图2

图3

205. 油毡谜题

沿着实线分割油毡，再以小图中的方式将这四个部分组合即可。

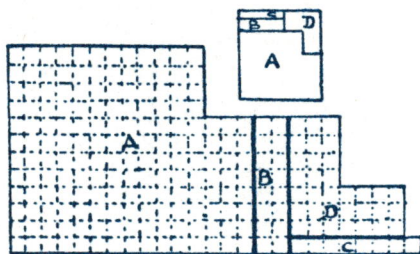

各种几何谜题

206. 纸箱

顶端和侧面面积的乘积除以正面的面积等于长方体的长度的平方。依此类推，顶端面积和正面面积的乘积除以侧面面积等于宽度的平方；侧面和正面的面积除以顶端面积等于高度的平方。但是我们只需其中一种运算便可。让我们来算算第一种，以此方式，（120×96）除以80等于144，为12的平方。因此，长方体的长为12，当然，我们可以马上得出长方体的宽为10，高为8。

207. 偷钟绳

无论在何种情况下，当我们知道直角三角形的一条边 a，另一条直角边和斜边的差（差我们称作 b），那么，斜边的长度就等于 $\frac{a^2 2b}{2}+\frac{b}{2}$。这种情况下，绳子的长度为：$\frac{48\times48}{6}+1\frac{1}{2}=32$ 英尺 $1\frac{1}{2}$ 英寸。

208. 四个儿子

如图所示是可行的，也是最公平的土地分配方法。"使得每个儿子能得到大小和形状完全相同的土地"，且使得每个人在不需要经过别人的土地时就能进入中央的这口井。题目没有要求每个儿子分得的是一块完整的土地，并且经推理可知必须保证分配给一个人的两块地被其他人的土地分隔开来；否则相邻的两块地可以形成一块完整的土地，在这种情况下，就违背了每人获得相同形状的土地这一条件限制。那么，每一块土地只可能有一种形状，即沿正方形对角线的一半分开。且A、B、C和D都可以从外面到达他们的土地，并且每个人都有平等的机会到达中心的那口井。

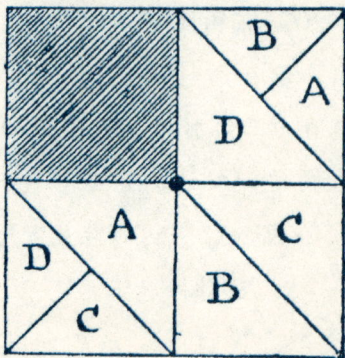

211. 画一个螺旋

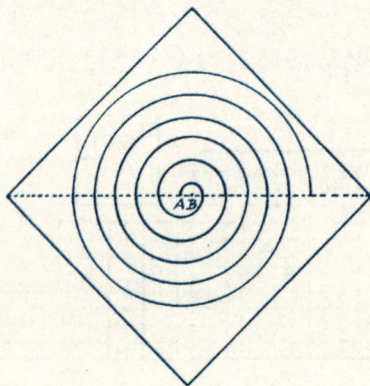

209. 三个火车站

这三个车站形成一个三角形，边长为分别 13、14 和 15 英里。以 14 英里长的边为底边，那么，三角形的高就为 12，面积为 84。把三角形的三条边相乘再除以 4，得到所要求的结果为 8.125 英里。

沿图中的虚线折叠这张纸。然后，任意选取 A 和 B 两点，交替的以 A、B 为圆心在纸上画半圆，画完的时候，要小心使得两端相接。当然，这并不是一个真正的螺旋，但谜题是用这种简单的方法画出一个如图所示的特殊螺旋。

210. 花园谜题

四边总和的一半是 144。用这个数轮流减去四条边长，我们得到 64、99、44 和 81，它们乘积为 4752 的平方。因此，花园的面积总共有 4752 平方码。当然，树到花园四个角的距离相等表明花园是一个四边形。

212. 怎样画出一个椭圆

如果你把这张纸放在一个圆柱形的瓶或罐的表面，然后用圆规在纸上画圆，你就可以画出这个椭圆。

213. 圣·乔治的旗帜

由于这面旗帜长为 4 英尺，宽为 3 英尺，对角线的长度（从一个角到另一个角）为 5 英尺，你需要做的就是从这面旗帜周长的 $\frac{1}{4}$（14 英尺的 $\frac{1}{4}$）里减去对角线长度的一半。这个差即为所求的红十字架的臂长。那样十字架红色部分的面积将和白色部分的面积相等。

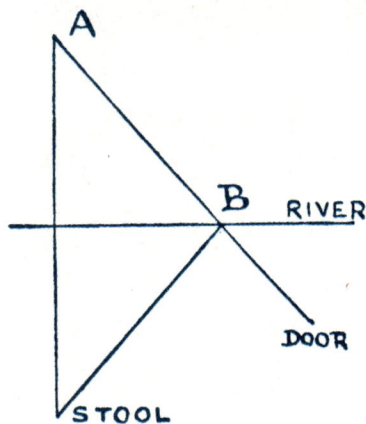

214.晾衣绳谜题

两根柱子的高的乘积除以它们的和。也就是说，如果两根柱子的高度分别为 a 和 b，那么，两根绳子的交点的高度为 $\frac{ab}{a+b}$。在这道题里，交点离地面的距离应为 2 英尺 11 英寸。两根柱子之间的距离不影响答案。但为什么两根柱子之间的距离不影响我们这题的答案？也许有人都会对这个谜题感兴趣。

215. 挤奶妇女的谜题

如图所示，从挤奶的凳子向那河岸做一条垂线，并延长直线到点 A，使得延长的直线长度和垂线的长度相同。如果你连接 A 点和奶制品店门口那个点，这条直线将与河岸相交于 B 点。那么，最短的路线

为从挤奶的地方到 B 点，然后从 B 点到奶制品店的门口。显然，从 A 点到门口的最短距离是一条直线，由于从挤奶的凳子到 B 的距离和 AB 的距离相等。正确的答案可能吸引每一位读者，即便他们不懂任何几何学的知识。

216. 球的谜题

如果把一个圆球放在水平面上，在它周围可以放 6 个同样大小的球（同样放在水平面上），并且使得每个球与之相接触。

至于第二个谜题，我们把圆的周长与圆的直径之比称为 π。因为我们不能用精确的数字表示 π，所以在实际应用中，我们都是使用

它的近似数。不过在这种情况下，我们完全没有必要知道 π 的值。因为，计算球的表面积时，我们用直径的平方乘以 π，而在计算球的体积时，我们用直径的立方乘以 $\frac{1}{6}$ 再乘以 π。因此，我们可以忽略 π，我们仅需要找到一个数字，使得它的平方等于它的立方的 $\frac{1}{6}$。这个数显然是 6。因此球的直径为 6 英尺，它的表面积就是 36 π 平方英尺，它的体积为 36 π 立方英尺。

217. 约克郡的土地

这块不出售的三角形的土地正好是 11 英亩。当然，如果我们稍微用点技巧，找到答案并不难。或者，我们可以利用一个著名的公式来大大降低谜题的难度。我们只需要计算出（$4 \times 370 \times 116$）−（$370+116-74$）^{2} 的平方根的 $\frac{1}{4}$，即 1936 的平方根的 $\frac{1}{4}$，即 44 的 $\frac{1}{4}$，即 11 英亩。但要求所有的读者都知道许多谜题得以建立的毕达哥拉斯法则。在任何直角三角形中，斜边的平方等于另外两条边的平方和。

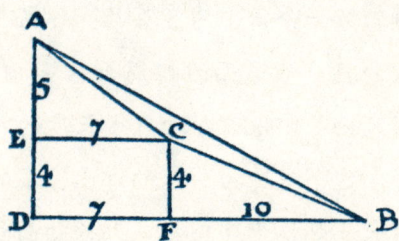

以上图形 △ABC 表示我们要的三角形。△ADB 是一个直角三角形，AD 等于 9，BD 等于 17，由于 9 的平方加上 17 的平方等于 370，为 AB 的平方。△AEC 也是一个直角三角形，5 的平方加上 7 的平方等于 74，为 AC 的平方。与此相同，△CFB 也是一个直角三角形，由于 4 的平方加上 10 的平方等于 116，为 BC 的平方。现在，尽管这块三角形土地的每条边的边长都不是精确数字，但是我们可以得到其精确的面积。

△ADB 的面积为 9×17 的一半，即 $76\frac{1}{2}$ 英亩。△AEC 的面积为 5×7 的一半，即 $17\frac{1}{2}$ 英亩，△CFB 的面积为 4×10 的一半，即 20 英亩。长方形 EDCF 的面积显然为 4×7，即 28 英亩。现在，$7\frac{1}{2}$，20 和 28 这三个数加起来等于 $65\frac{1}{2}$，然后从最大的 △ADB（我们已得到它的面积为 $76\frac{1}{2}$ 英亩）中

减去这个数字，得到的结果就是 △ABC 的面积。也就是说，我们所要求的面积正好为 $76\frac{1}{2}-65\frac{1}{2}=11$（英亩）。

218. 农民武泽的土地

整个土地的面积恰好为 100 英亩。为了得到这个答案，我使用的是下面这个小公式：

$$\frac{\sqrt{4ab-(a+b+c)^2}}{4}$$

其中 a，b，c 分别代表三个正方形的面积，a，b，c 可以为任意顺序。表达式给出的三角形 A 的面积为 9 英亩。很容易证明，三角形 A，B，C 和 D 的面积都相等，所以答案是 26+20+18+9+9+9+9=100（亩）。

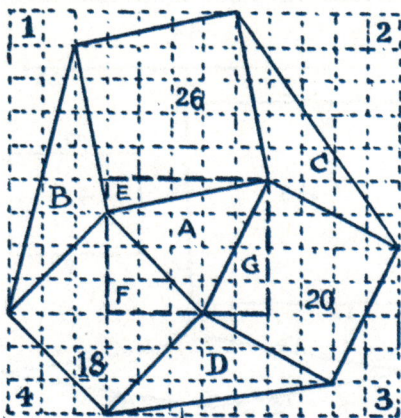

证明如下：下图这土地的正确的平面图，图中虚线组成的每一小格代表一英亩。由于 5 的平方和 1 的和为 26，4 的平方与 2 的和为 20，3 与 3 的平方和为 18。现在，我们马上可以看出三角形 E 的面积为 $2\frac{1}{2}$ 英亩，F 为 $4\frac{1}{2}$ 英亩，G 为 4 英亩。三角形 E、F、G 的面积之和 11 英亩，用矩形面积 20 英亩减去 11 英亩，我们得到 A 的面积恰好为 9 英亩。如果你想要证明三角形 B、C、D 的面积和 A 相同，那么就从三角形的最长边的中点向它的对角画一条直线把三角形分成两部分，每种情况下的两部分重新组合后都会正好形成 A。

或许，我们可以得到一个更简单的证明方法。整个正方形的面积为 12×12=144（英亩），1、2、3、4 部分不包含在他的土地中，且 1、2、3、4 的面积分别为 $12\frac{1}{2}$、$17\frac{1}{2}$、$9\frac{1}{2}$ 和 $4\frac{1}{2}$。四者之和为 44，用总面积 144 减去 44 等于 100，这就是我们要求的总土地的面积。

219. 新月谜题

根据原图，我们设 AC 为 X，CD 为 X-9，EC 为 X-5。那么，X-5 是 X，X-9 的比例中项。由此，我们得出 X 等于 25，所以两个圆的直径分别为 50 英尺和 41 英尺。

220. 围墙难题

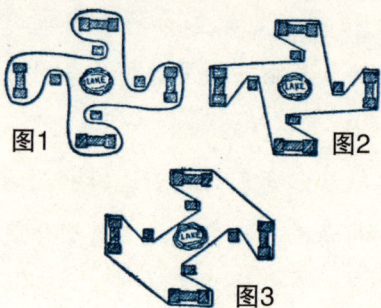

图1 图2

图3

所有以往的书给出的答案都如图 1 所示，弧形的围墙堵住了所有小屋到小湖的入口。但是大多数人都知道两点之间直线最短，所以"尽可能最短"的围墙应该采用如图 2 所示的方法。但是经过测量后，正确答案应为如图 3 所示，这将大大减少围墙的长度。

221. 羊圈

人们总是乐于接受的正确答案是：还需要两根栏架。因为这个围栏是 24×1（如下图 A），移动一边，在它的两端分别加上一根栏架（如图 B），面积将会是原来的 2 倍。题中没有要求羊圈是任何特定的结构，因而如果羊圈是 24×1，那么这个答案也是完全错误的。因为，这两根额外的栏架是完全没有必要的。例如，我像图 C 那样排列这 50 根栏架，羊圈的面积由 24 增加到 156，现在这个羊圈可以容纳 650 只羊。如果要求面积必须是原来那个羊圈面积的 2 倍，那么，我就可以用 28 根栏架构建羊圈（如图 D），把剩下的 22 根作为其他用途。即使要求原来所有的栏架必须都用上，那么，我就会像图 E 那样

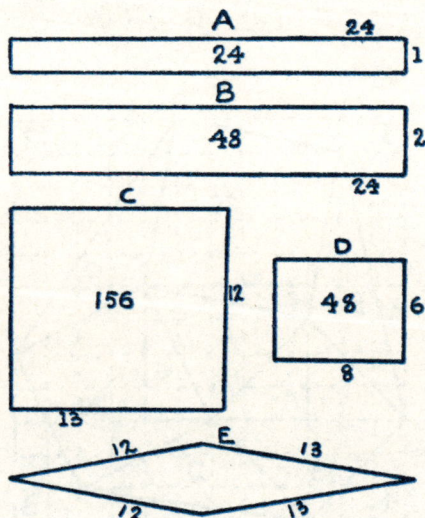

构建羊圈。这样即使把羊在羊圈的边缘可能吃不到草这个情况考虑进去，我仍然可以得到任何农民可能需要的准确面积。因此，我们知道，不管从哪个角度来分析，这个古老的谜题原来所给出的答案都可以被超越。然而，之前从未有人注意到它的错误。

222. 贝琳达夫人的花园

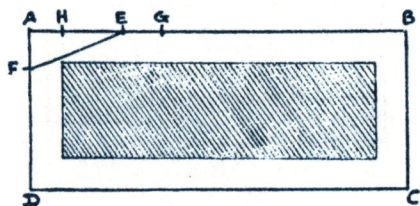

贝琳达夫人需要做的是：测量 AB 的长度，然后把卷尺折叠成 4 份，标记出点 E，显然这是这边长的 $\frac{1}{4}$。然后，用同样的方法，标出 F，即 AD 边长的 $\frac{1}{4}$。现在，如果使 EG 等于 AF，GH 等于 EF，那么，AH 就是我们要求的小径的宽度。这使得花坛的面积恰好为花园面积的一半。只有当两边的平方和是一个平方数时，我们才能得到一个精确的长度。因此，如果花园的长和宽为 12 和 5（这里 12 和 5 的平方分别为 144 和 25，它们的和为 169，169 为 13 的平方），那么 12 加 5 减去 13 将等于 4，4 的 $\frac{1}{4}$ 等于 1，这就是小径的宽度。

223. 拴住了的山羊

如果思路正确的话，那这个谜题会非常简单。我们假设 $\triangle ABC$ 表示半英亩的地，阴影部分表示当山羊拴在 C 处时，它可以吃到的 $\frac{1}{4}$ 英亩的草，现在，把 6 个等边 $\triangle$ 放在一起就会形成一个正六边形，如图所示。显然，阴影部分是圆的 $\frac{1}{6}$。因此，以 CD 为半径的圆的面积为 1.5 英亩，等于 9408960 平方英尺。由于我们希望我们的答案"最接近英尺"，假设我们把 1 当成 3.1416，那么圆的直径就可以看成圆的周长，这样一来，答案将完全准确。

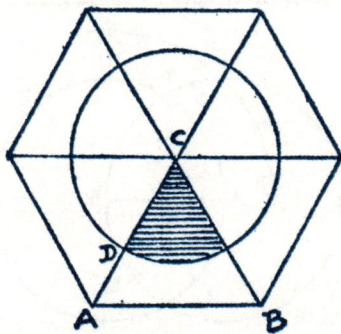

因此，我们用 9408960 除以 3.1416，再取平方根，我们得到 1731 英尺，或 48 码 3 英尺，这就是要求的长度。

M 一样），从 R 点作弧线与 AB 相交于 C 点。这个方法同样可以解决求给定的两点中点而没有给出两点间线段的题目。

224.圆规谜题

设 AB 是下图表中所给出的直线。以 AB 为半径，以点 A 和 B 为圆心，画出两个圆。标出 DE 和 EF，使之它们都等于 AD。以 DF 为半径，以 A 和 F 为圆心画弧线，交于点 G。以 BG 为半径，A 和 B 为圆心做弧 GHK 及点 N，使 HK 等于 AB，HL 等于 HB。然后以 AB 为半径，K 和 L 为圆心做弧，交于点 I。使 BM 等于 BI。最后，以点 M 为圆心，MB 为半径做弧，交 AB 于点 C。点 C 即为所求的直线 AB 的中点。为了更加准确，你可以从 A 点标出点 R（就像之前从 B 点标出

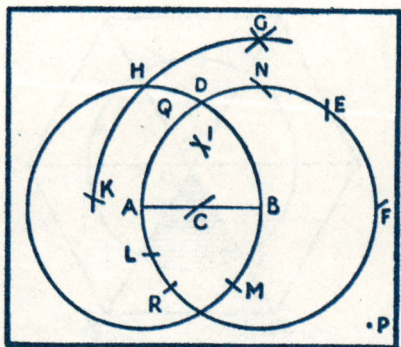

225. 八根棍子

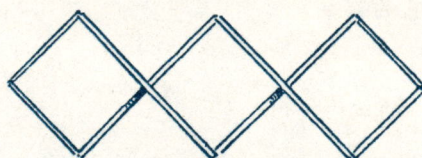
图1

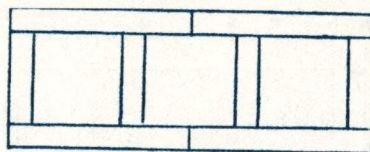
图2

几乎每个人一看到这道题都可能会给出如图 1 所示的答案，一眼看去，它似乎相当令人满意。但考虑到题中的条件，我们必须把每根棍子放在桌子上。现在，如果一个梯子一端靠在墙上，只有一端放在地面上，我们不能说梯子放在地面上。所以，如果人们把 8 根棍子按照图 1 的方法摆放，我们也不能说它们都放在桌子上。为了得到正确的答案，我们只需要使我们的棍子的长度和宽度相适合。假设较长的

棍子为 2 尺长，较短的棍子为 1 尺长。当按照图 2 给出的方式围成 3 个正方形时，棍子的宽为 3 英尺。如果我把棍子换成火柴，那么这个谜题就无解。因为普通火柴的长是宽的 21 倍，这样只能围成长方形而不是正方形。

226. 爸爸的难题

我发现很多人都把下边的解法当成这个问题的正确答案。使用下图中的字母他们的证明方法如下：如果使 BA 等于 BC 的 $\frac{1}{3}$，则矩形 $ABEI$ 的面积等于剩下的那个三角形的面积，那么这个纸板就能在悬挂长边时保持水平。读者们或许记得查尔斯二世的笑话，他召集皇家协会来讨论为什么在水中放一条活鱼，而容器中的水并没有上涨；但是在讨论的过程中，一个毫不起眼的人悄悄溜出来做了实验，结果发现水的确上涨了！如果我的这些朋友能用纸板实验一下，他们就会马上发现自己的错误。面积是一回事，重力则是另一回事。事实在于将脚伸向 D 的那个三角形需要用

矩形中额外的面积来补上。事实上，BA 与 AC 的比率等于 3 的平方根，虽然我们无法给出这个准确的数字，但它约等于 1.732。现在让我们看看正确的解法。得到预定结果的方式有很多，但我在这里给出的这种方法对于起步者而言是最简单的。

将纸板放在一张纸上，画出 △BCF 的等边三角形，使 BF、CF 和 BC 相等。同时标出点 G，使得 DG 等于 DC。画出直线 CG 并延长使之与直线 BF 相交于点 H。现在如果我们使 HA 和 BE 平行，那么点 A 就是我们向 D 点剪去的开始点，如图中虚线所示。

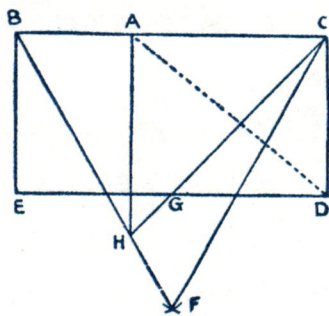

和这个问题有关且很奇妙的一点是：点 A 和 CD 边没有任何联系。我对这个问题方法的解释比我见到过的所有其他方式中给出的解释都要更清楚，（尽管这个问题也许完

全可以通过处理纸板得到解决）这也是我比较推崇这个方法的部分原因。读者可以马上看出无论你怎么通过移动 E 和 D，使之分别靠近 B 和 C 来缩小纸板的宽度，作为正方形对角线的 CG 始终会在同一个方向上，并和 BF 相交于点 H。最后，如果你想计算出直线 BA 的近似值，你只需将纸板的长度乘以 0.336 即可。因此，如果纸板长度为 7 英寸，那么我可以得到从 B 到 A 的长度为 7×0.336=2.526，也就是说比 $2\frac{1}{2}$ 英寸稍微多一点。

这个谜题真正好玩的一点在于：我们可以看出点 A 的位置和纸板的宽度无关，而只与长度有关。现在，在图中我们可以发现，两张纸板的长度相同；因此这个小女孩只需将剪过的那张纸板放在另一张纸板上，然后从左上角起以同样的距离标出点 A。因此最终，正如帕普斯给自己的女儿展示的那样，帕普斯的谜题是一个非常幼稚的问题，因为他在没有教小女孩儿静力学和几何学基础之时就让她来解决这一难题。

227. 放风筝谜题

我发现解决这个问题的人大致可以分为两类：差不多是用复杂的计算得出近似答案的人都会用到"π"；还有一类人，他们计算出来的数字足以让风筝飞出数千万英里了。我在这里提出的这个相对简单的解法，无需考虑圆圈的直径与圆周的比率。

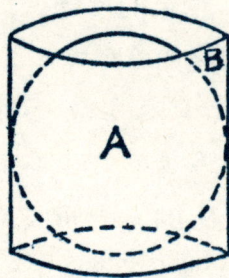

假设我们将风筝线球 A 放进一个正好容得下它的圆柱形帽盒 B 中，使得它与周围的所有边以及顶部和底部相接触，如图所示。这个盒子的体积是球体积的 1.5 倍。因此，由于球的直径为 24 英寸，具有同样周长和 $\frac{2}{3}$ 高的盒子（即高 16 英寸）的体积等于这个球的体积。

现在让我们将这个缩减的盒子看成一个金属圆柱体，它由像画家刷子上稠密的毛尾一样多的细小圆柱体风筝线紧密排列而成。根据这个谜题的条件我们可以假设在这些风筝线之间没有任何间隔。多少个这样厚为 $\frac{1}{100}$ 英寸的圆柱体才能等于一个厚为 24 英寸的大圆柱体呢？一个圆到另一个的距离等于它们半径的平方。$\frac{1}{100}$ 的平方是 $\frac{1}{10000}$，而 24 的平方是 576，因此大圆柱体中共有 5760000 个小圆柱体。但是我们知道每条风筝线长 16 英寸，因此 $16 \times 5760000 = 92160000$（英寸）是这条风筝线的总长度。将这个数字换算成英里之后，我们得到 1454 英里 2880 英尺，这就是教授风筝线的总长度。

风筝在这个高度能否飞翔，或者是否能承受这样的重量都不在问题考虑范围内。

228. 如何制作蓄水池

设矩形的两条边分别为 a 和 b，解决这一道谜题的通用公式为：

$$\frac{a+b-\sqrt{(a^2+b^2-ab)}}{6}$$

这就等于要切去的正方形的边长。长方形的长为 8 尺，宽为 3 尺，

根据上面的公式，得出要切割的正方形的边长为 8 英尺。当然，答案不会总是很精确，由于在这种情况下要考虑平方根，但你可以选择最接近的小数。

229. 圆锥谜题

简单的规则是必须切去圆锥体高的三分之一。

230. 关于轮子

如图 1 所示，如果你在水平路面行驶的一个轮子的圆周上标记一点 A，比如一辆普通的两轮车的轮子，从 A 点画出的曲线将是一个常见的旋轮线。如图 1 所示。但是如果在机动车轮的圆周的轮缘上标一点 B，曲线将形成一个缩短的旋轮线，以结点结尾。现在，如果我们考虑这些结点或环形圈，我们会看到"在任意特定时刻"结点底部某些特定的点一定会沿火车的相反方向运动。由于有无穷多个这样的点在轮子的周围，一定有无穷多个这样的点来描述火车的运动。事实上，

在任何特定时刻的某些确定的点总是朝火车相反方向运动的。

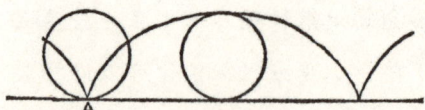

图1

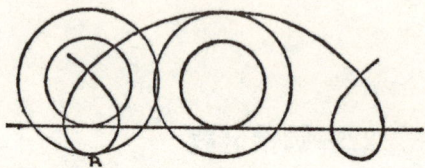

图2

在两个轮子的例子中，沿静止不动的轮子运动的那个轮子以本身的中心旋转两周。由于两个轮子大小相同，我们可以很明显地看出，如果一开始就在靠上的那个轮子的圆周正上方上标注一点，那么这一点将在车轮完成一半旋转时，即它处于最低位置时与下方标注的那个点重合。因此当这一点再次回到运动的轮子上方时，一个旋转周期就完成了。结果即完成整个路程总共有两个旋转周期。

231. 一个新的火柴难题

（1）排列这18根火柴最简单的方法如图1和图2所示，要使直角边 AB 的长度等于1根半火柴的长度。假设火柴的长为1英寸，那么，图1的面积为2平方英尺。图2的面积为6平方英尺——4×1.5。

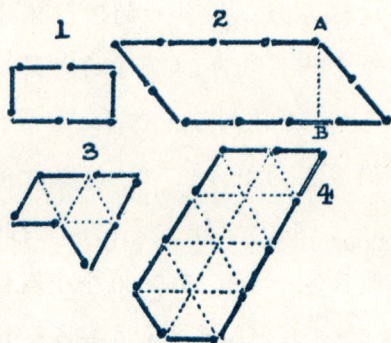

（2）第二种情况的解答有点麻烦。答案如图3和图4所示。你将看到图3中包含5个等边三角形，图4中包含15个相同的等边三角形，其中一个图形的大小是另一个图形的3倍，并且18根火柴都用上了。

232. 六个羊圈

按图示的方法摆放火柴，你将得到6个相同大小的羊圈。

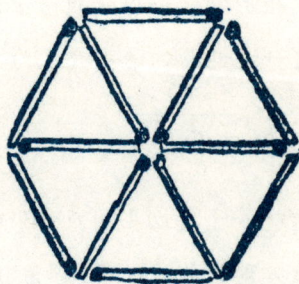

第三章 点和线的谜题

233. 国王和城堡

建这 10 座城堡，使得它们形成 5 行、每行有 4 座城堡有很多方法，但是上图的安排是唯一一个同时保证两座（可行的最大数字）城堡不能从外界进入的方案。可以看出，你必须穿过这些城墙才能到达这两座城堡。

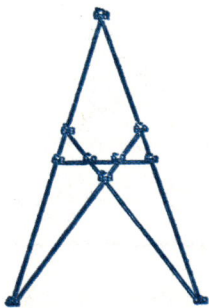

234. 樱桃和李子

如果没有应尽可能少地将樱桃树和李子树种在果园的东边和北边这个条件，有很多方法能解决这个谜题。最好的安排如图所示，这里的樱桃树、李子树和苹果树分别用字母 C、P 和 A 表示，樱桃树用虚线连接，李子树用其他线连接。你可以看到，10 棵樱桃树和 10 棵李子树分别形成的 5 行中，每行有 4 棵相应的果树。图中所示的种植方法是符合题目给定条件的唯一方法。

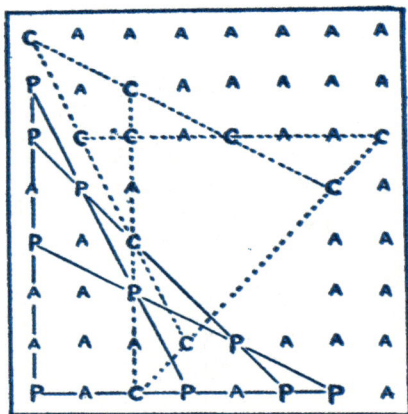

235. 种植园难题

图中表明剩下的 10 棵树必须形成 5 行，每行有 4 棵树。点代表该位置的树已被砍掉。

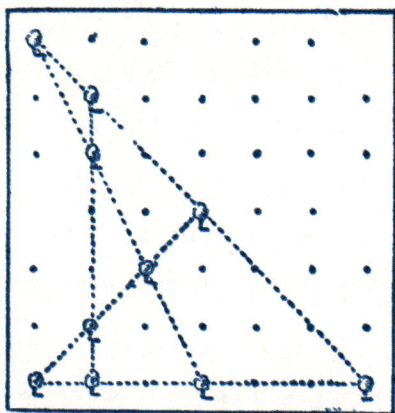

236.第二十一棵树

我给出了 2 个令人满意的排列。在每一种情况下，有 12 行，每行有 5 棵树。

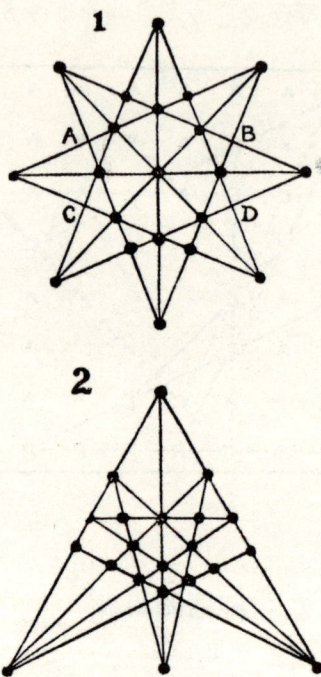

237. 十个硬币

答案为有 2400 种不同的方法。从一边任意选取 3 个硬币，从另一边选取 1 个硬币。我们从顶端中选取 3 个有 10 种方法，从底端的 5 个硬币中选 1 个有 5 种方法，于是就有 50 种方法。但是，我们也可以从底端中选 3 个，然后在顶端中选 1 个，同样有 50 种方法。因此，我们有 100 种选择硬币的不同方法，4 个被移动的硬币重新排列有 24 种不同的方法。因此，有 24×100=2400（种）不同的解决方案。

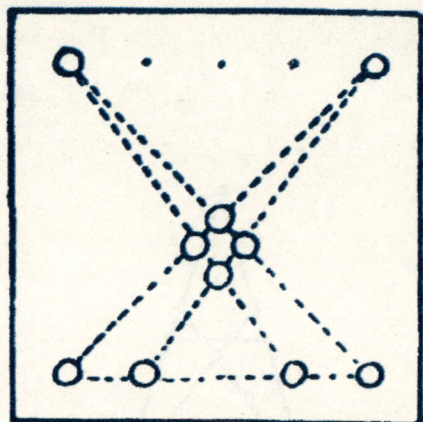

除了最后一个，其他点和线谜题正如我之前所列出的一样，都是用 10 个点来排列成 4 个点组成的 5 条线的变体，因此我们可以考虑一下这种特例的一般解法。总共有 6 种基本解法，而且只有 6 种，如上图 6 个图标所示。为了方便读者思考，我在很多年前就将它们分别命名为星星、飞镖、罗盘、漏斗、剪刀和钉子（见下图）。读者会想到这些模式都可以在不改变其性质的情况下用无数种方式来变换形式。

在"国王和城堡"谜题中，我们已知星星，通过它的答案得出罗盘。在"樱桃树和李子树"谜题的答案中，我们发现樱桃象征着漏斗，而李子树象征着飞镖。"种植园"谜题的答案是一个飞镖的变形例子。"10枚硬币"的任何一个答案都象征着剪刀。因此除了钉子之外，所有的例子都已给出了。

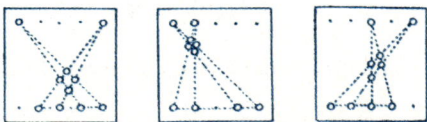

在缩减版7×7的棋盘中，我们仅有3种方式来放置10个卒，而且这3种方式都必须体现出飞镖形状。"种植园"谜题给出了一种方式，"李子"谜题给出了第二种，剩下的第三种读者或许想亲自找出来了。在普通的8×8棋盘上，我们同样可以得到飘零的漏斗形状——沿棋盘的对角线对称。能表现出星星的最小棋盘是9×7的。而要表现出钉子则需要11×7的棋盘，剪刀则需要11×9，罗盘则需要17×12。这些答案在我的这本书中可以算是最好的了。人们或许

能找到更好的方式，不过我对此很怀疑。如果你沿对角线以锯齿形状将棋盘分为两部分，使得较大的那块包含有36个方格，而较小的那块上有28个方格，你可以将单独的3个组合放在较大的那块上，剩下的一个放在较小的那块上（这里指所有的飞镖），使得它们之间不会相互产生冲突——也就是说，它们共占据40个不同的方格。我们也可以在不分割棋盘的情况下用其他的方式来放置这些卒。在棋盘中放置6个不同的组合（并非根本不同），使得任何一个组合所成的直线都不会和另一条相交，符合这一条件的最小棋盘是14×14；使得一个组合所成的直线完全处于第二个组合所成的线中，而且任何一个组合所成的直线都不会和另一条相交，这样的最小棋盘是14×12。

238. 十二块肉饼

先不要看图中那4个黑点，12块肉饼仍在原位。然后把外围独立的那4块移动到图中黑点处，这样就得到了7条线，每条线上都有4

块肉饼。

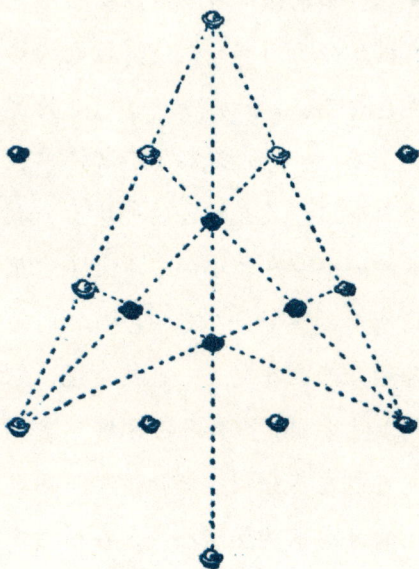

239. 缅甸庄园

下图中的 21 行树，我相信是能得到的最大的对称答案了。有好几种方法可以做到。

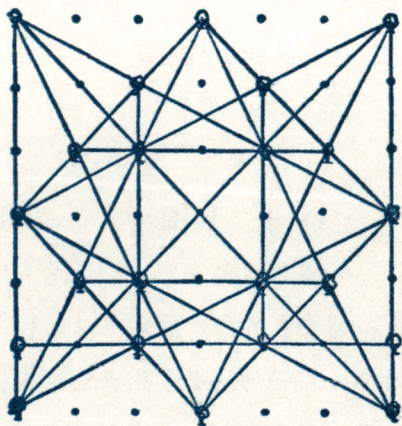

240. 土耳其人和俄国人

主要是要找出俄国士兵的最小数目。敌人从四面八方开枪，那么就是说 16 条线上，每条线上 3 个人，最少能有多少人。注意我说的是 16，不是 32，因为每条线都被同一方向上的两个子弹同时击中了。那么，至少要在图上画 11 个点来表示 16 条线，每条线上 3 个人。怎么安排是个大难题。下面的图中就做出了一个精确的示范。

如果 11 个俄国士兵是如图中五角星所示地排列，那 32 个人土耳其人就用黑点表示，那么从线中可以看出，每个土耳其人刚好可以击中 3 个俄国人。然而，每颗子弹击毙 1 人，也就意味着每个土耳其人都要射中自己的一名战友，并且也被战

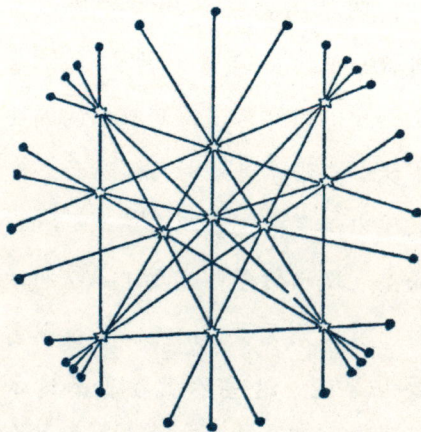

友射中，否则就要增加俄国士兵的人数，那这就不是正确的答案。对于所有的射击都是同时发生的这一条件，很容易满足。答案就是，最少有11个俄国士兵，且他们无人伤亡，32个土耳其人自相残杀。这题并不需要从俄国士兵有没有开枪这一点来着手，他们开不开枪于事无补：要是他们开枪杀死了一个土耳其人，就得再补上一个土耳其士兵，既然土耳其人已经确定是32个了，那就得再补上1个俄罗斯士兵，这样就不合题意了。我再重复一遍，这题的关键是如何排列这11个俄国士兵，使得他们排成16列，每列3个人。我是在20年前听威尔金森先生说起这个解答方法的。

移块游戏谜题

241. 六只青蛙

按照以下顺序移动青蛙：2，4，6，5，3，1（以同样的顺序再重复两遍），然后是2，4，6。这一共需要21步——这是最少的解法了。

如果青蛙数 n 为偶数，那么就需要 $\frac{n^2+n}{2}$ 步，其中 $\frac{n^2-n}{2}$ 步是跳，n 步只是移动。如果 n 是奇数，那么就需要 $\frac{n^2+3n}{2}-4$ 步，其中 $\frac{n^2-n}{2}$ 步是跳，$2n-4$ 步只是移动。

在双数例子中，对那些移动的步骤来说，所有双数都按照升序排列，单数按照降序排列。这个序列重复 $\frac{1}{2}n$ 次然后紧接着双数升序一次。因此14只青蛙的解法就是（2，4，6，8，10，12，14，13，11，9，7，5，3，1）重复7次，然后是2，4，6，8，10，12，14，一共是105步。

在单数例子中，双数按升序排列单数按降序排列，这个序列重复 $\frac{1}{2}(n-1)$ 次，然后是双数升序（忽略 $n-1$），单数降序（忽略1），最后把所有的数字按照大小（不分单双）排列起来（忽略1和 n）。因此对于11只青蛙来说，就是：（2，4，6，8，10，11，9，7，5，3，1）重复5次，然后是2，4，6，8，11，9，7，5，3和2，3，4，5，6，7，8，9，10，一共是73步。

242. 受训过的青蛙

在 10 步之内完成规定的跳跃如下：2 跳到 1，5 跳到 2，3 跳到 5，6 跳到 3，7 跳到 6，1 跳到 4，3 跳到 1，6 跳到 3，7 再跳到 6。

243. 推肯汉姆谜题

按照如下的顺序移动筹码：*K C E K W T C E H M K W T A N C E H M I K C E H M T*，这样就得到推肯汉姆了。筹码的位置本身就决定了这一步是移动还是跳跃。

244. 字母块谜题

这个谜题可以在 23 步之内完成，这是最少的步骤了。按照如下顺序移动方块：*A*，*B*，*F*，*E*，*C*，*A*，*B*，*F*，*E*，*C*，*A*，*B*，*D*，*H*，*G*，*A*，*B*，*D*，*H*，*G*，*D*，*E*，*F*。

245. 租屋困境

最便捷的方法是以如下顺序移动家具：钢琴，书架，衣柜，钢琴，橱柜，五斗橱，钢琴，衣柜，书架，橱柜，衣柜，钢琴，五斗橱，衣柜，橱柜，书架，钢琴。这样只需要 17 步。房东太太接下来移动五斗橱、衣柜和橱柜就好了。杜布森先生只要安顿好钢琴，是不会在乎五斗橱和衣柜调换了房间的。

246. 八节火车头

本题的解决方法如下：那节熄了火没法移动的火车头是第五号，然后按照如下顺序移动其他火车头：7，6，3，7，6，1，2，4，1，3，8，1，3，2，4，3，2，一共 17 步，就能将它们按顺序摆好了。

247. 铁路谜题

这个小题可以在 9 步之内完成。按照如下顺序移动火车头：9 移到 10，6 移到 9，5 移到 6，2 移到 5，1 移到 2，7 移到 1，8 移到 7，9 移到 8，10 移到 9。这样每一个圆圈上各停了一节 A，B，C。每一列直线上也都有 A，B，C。这是最为简捷的一个办法了。

248. 铁路谜团

只需要 6 次倒挡。从 A 到 D 是白色火车，被分成了三个部分，分别有火车头和 7 节车厢、8 节车厢、1 节车厢。D 到 A 的黑色火车从头到尾都没有脱节过。图示 1 显示的是 8 节车厢和一节脱节的。黑色火车开到了图示 2 的位置（没有倒挡），火车头和 7 节车厢朝 D 开去，黑色火车退回，剩下 8 节车厢在圈上，呈现如图示 3 的位置（这是第一次倒挡）。黑色火车开到图示 4 的位置接近那个单节车厢（第二次倒挡）。黑色火车离开那一节车厢，再把那 8 节车厢推出圈中，如图示 5，踏上自己的旅途（第三次和第四次倒挡）。白色火车退回到圈中，带上那单节车厢，朝 D 方向开去（第五次和第六次倒挡）。

249. 机车库谜题

车辆的移动可以在如下 43 步内完成：6-G, 2-B, 1-E, 3-H, 4-I, 3-L, 6-K, 4-G, 1-I, 2-J, 5-H, 4-A, 7-F, 8-E, 4-D, 8-C, 7-A, 8-G, 5-C, 2-B, 1-E, 8-I, 1-G, 2-J, 7-H, 1-A, 7-G, 2-B, 6-E, 3-H, 8-L, 3-I, 7-K, 3-G, 6-I, 2-J, 5-H, 3-C, 5-G, 2-B, 6-E, 5-I, 6-J。"6-G"的意思显然就是指把 6 号车移到位置 G 上。这 43 步之内也有别的走法。

250. 十个囚徒

图中展示了如何安排囚犯，才能得到 16 个双数行列。图中满足题意的有 4 行直线，4 行横线，一条对角线方向的 5 行，另一个对角线方向的 3 行。箭头标示了这 4 个

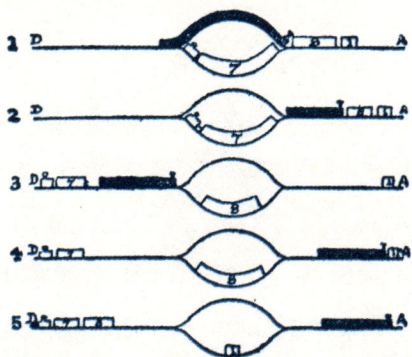

囚犯是如何调动的，可以看出右下角那个体弱的囚犯并没有移动。

251. 环绕海岸

要按照要求排列好字母，就必须注意到所选的单词在哪些相关的位置上的字母是要重复的。因此，符合我们这题的单词应该是"Swansea"（斯旺西，城市名），在这个单词里第一个和第五个，第三个和第七个字母是一样的。按照如下步骤来跳，将字母放在合适的位置：2-5，7-2，4-7，1-4，6-1，3-6，8-3。

或者可以挑选单词"Tarapur"（塔拉普尔，印度城市）（这里的第二个和第四个，第三个和第七个字母是一样的），按照如下步骤去跳：6-1，7-4，2-7，5-2，8-5，3-6，8-3。不过"Swansea"显然是唯一一个符合题目要求的单词。

252. 跳弹珠

19步便可以获得解答。下面附上步骤（括号中的都算是同一步）：19-17，16-18，（29-17，17-19），30-18，27-25，（22-24，24-26），31-23，（4-16，16-28），7-9，10-8，12-10，3-11，18-6，（1-3，3-11），（13-27，27-25），（21-7，7-9），（33-31，31-23），（10-8，8-22，22-24，24-26，26-12，12-10），5-17。现在除了留在中央的那一个筹码，其他的全都移动了。这个游戏需要人监督，因为很容易就想要一步跳了好几下，那可不是一个好玩家了。例如，在进行了如上第一次3-11的移动之后，有人就会想要沿着这路径再增长一点，11-25，25-27，或者11-9，9-7。

我觉得再也不可能比19步更少了。

253. 十个苹果

给盘子从上到下按照顺序标上号，（1，2，3，4），（5，6，7，8），（9，10，11，12），（13，14，15，16）。然后把8号盘子上的苹果拿到10号盘子上，然后按照如下步骤隔粒跳：9-11，1-9，

13-5，16-8，4-12，12-10，3-1，1-9，9-11。

254. 九颗杏仁

这题4步便可以解答。按照如下方法：5跳过8，9，3和1。7跳过4，6跳过2和7。5跳过6，这样所有的筹码都移动了，除了5仍留在中央原位。

255. 十二便士

这里只是随便找出了一种解法。12移到3，7移到4，10移到6，8移到1，9移到5，11移到2。

256. 盘子和硬币

按照顺序给盘子从1到12标上号。按照下面的步骤走，1到4就表示从1号盘子里拿起硬币放进4号盘子里：1到4，9到12，3到6，7到10，11到2，最后回到1完成一圈，这样来3次。或者按照这个步骤：4到7，8到11，12到3，2到5，6到9，10

到1。这样4圈下来解决得比较容易，而3圈的那种办法很难想到。

这其实是把"鱼塘谜语"（《坎特伯雷谜题》第41题）换了一个面目而已。

257. 捉老鼠

为了使得猫吃掉第13只老鼠，并且白色的最后吃，那么就必须从第7只老鼠开始数起（把白老鼠算第1个）——从离猫爪最近的地方开始。在这道题里，并不需要每个都试一遍才能找到正确答案，你只要注意看一下最后一个吃掉的那个离开头有多远就行了。然后就会发现是第8个，于是就必须从白老鼠倒着数8个，就是我说的第7个。

在第二个题目里，要找到最小的那个数字。除非你掌握了本题非常难的基本解题思路。没有别的办法，只好一个一个试过去。最小的数字是21。如果你开始试的话，记下余数是13，12，11，10，会节省很多劳动。在21这个例子里，余数分别是8，9，10，1，2，5，

7，3，1，1，3，1，1。注意，我没有忽略7，3，1，而是分别记了下来。那么，分别依次数这些数字，你会发现白老鼠都是最后死的那个。如果我们只是要找到一个数字，而不是最小的，那么事情就变得很简单了，我们只要做最常见的乘法就好，从13，12，11，10直到2。我们可以得到360360，你会发现第一次杀死了13号老鼠，第二次是12号，直到最后。不过就算是数学最好的猫也没法数这么大的数字，更何况有一个21就能满足条件了。

第三个题目里，最小的数字是100。1000也可以，这二者之间就只有72个数字符合条件。

258. 古怪的干酪商

想要把4堆干酪放在指定的位置上，必须进行如下移动——数字表示的是干酪而不是位置：7-2，8-7，9-8，10-15，6-10，5-6，14-16，13-14，12-13，3-1，4-3，11-4。这也许是最简单的方法了。要想放在13，14，15的位置上，

就这样：9-4，10-9，11-10，6-14，5-6，12-15，8-12，7-8，16-5，3-13，2-3，1-2。要想放在3，5，12和14上，就这样：8-3，9-14，16-12，1-5，10-9，7-10，11-8，2-1，4-16，13-2，6-11，15-4。

259. 交换谜题

进行以下交换：*H-K*，*H-E*，*H-C*，*H-A*，*I-L*，*I-F*，*I-D*，*K-L*，*G-J*，*J-A*，*F-K*，*L-E*，*D-K*，*E-F*，*E-D*，*E-B*，*B-K*。你将会发现，虽然可以在11步之内将白色的筹码块移完，忽略互换的因素，黑色的则不可能少于17步完成。所以在白色的移动中要加入一些没必要的步骤以和黑色的平衡。少于17步是不可能的。其中有些步骤是可以调换的。

260. 鱼雷练习

如果敌人的船队按照如图所示排列在那里，按照图中所示箭头的方向和数字顺序发射鱼雷的话，那么可以看出16条船中将有10条被

击中。每颗鱼雷都将陆续越过三只船而打中第4只，你可以用铅笔在图中标出击沉的路线。

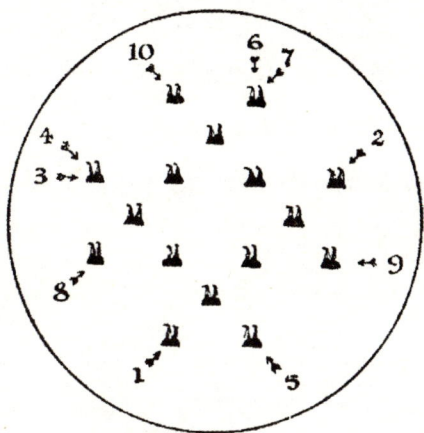

261. 帽子谜题

建议读者像我图中所示的那样用筹码块来玩这个游戏。黑色块代表大礼帽，白色块代表毛毡帽。第一排是它们原本的排列方式，接下来的每一排分别代表了5个操作步骤。可以看出，我们首先移动2和3，然后是7和8，然后是4和5，然后是10和11，最后是1和2，这样就有4顶大礼帽在一起，4顶毛毡帽在一起了。一头还剩下2个空挂钩。开头移动的3对都是不同的两顶帽子，最后移动的是相同的帽子。

262. 排排坐

这道题有多种解法。除了7和8，可以首先移动任意相邻的一对，接下来的方法也各异。下面的解法展示了从头到尾的一个完整的移动过程。

· · 1 2 3 4 5 6 7 8
4 3 1 2 · · 5 6 7 8
4 3 1 2 7 6 5 · · 8
4 3 1 2 7 · · 5 6 8
4 · · 2 7 1 3 5 6 8
4 8 6 2 7 1 3 5 · ·

263. 果酱罐的排列

这里面的两个罐子，13和19号，位置是正确的。既然每一步都会影响到每一只罐子是否放在正确的位置上，那么很明显，这里一共需要22步才能摆好。按照下面一对一对的顺序来进行交换：(3-1, 2-3)，(15-4，16-15)，(17-7, 20-17)，(24-10，11-24，12-11)，(8-5，6-8，21-6，23-21，22-23, 14-22，9-14，18-9)。完成了括号里所有的交换之后，它们也就各归其位了。这里一共有五对括号，那么在 22 里减去 5，就是说一共需要 17 步。

一笔画和路线谜题

264. 小孩的谜题

大家理解清楚条件之后会发现题目还是有得解的。说起来很简单。我们得弄清楚到底题目要我们做什么。下面把纸对折一下，这样一笔就能画出图中 CD 和 EF 两条线来，再从 A 画一条线直到 B，最后画上 GH 这条线。这样就在规定的条件里完成任务了，反正也没规定不许折纸。这里还可以清楚地看到，这些线都是不相连的。

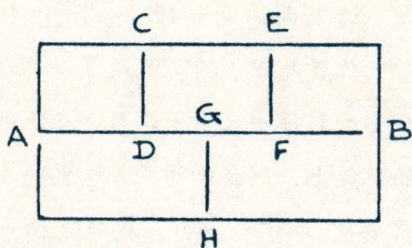

在擦线条的谜题中，首先用手指擦去 A 到 B 的线，然后再用一根手指擦去 GH，最后用两根手指同时擦去那两条竖线！这不是个新奇的把戏了。

265. 国旗谜题

外圈一共有 16 个点，可以连成 3 条路。数学家称之为"单数节点"。有一条定律可以告诉我们，画一个这样有 16 个单数节点的图，一共需要 8 笔（就是单数节点数量的一半）来完成。这 8 笔中只有一步要画得尽量很长，那么就是说剩下从单数节点到单数节点的 7 笔就要尽量短，从 A 开始，一直到 B，或者反过来也行。

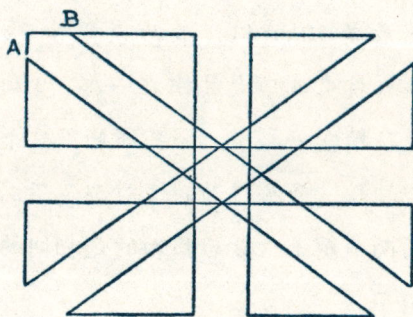

266. 切圆饼

可以在 12 笔之内完成。像这样：从插图中的 A 开始，然后画 8 笔，画成一个星形，回到 A，然后再画一笔圈圈 B，再画一笔 C，一笔圈圈 D，最后画一步 E——12 就是这样。当然了，第二个圆圈会越过第一个，在图中这是分开的，所有的起点也都没有连接上，这是为了方便看清解题思路。

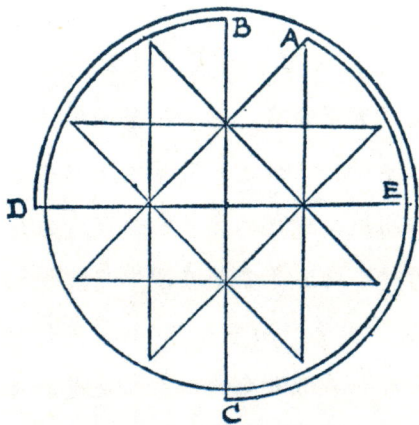

267. 管道检查工的谜题

检查工只需要走 19 迈。他应该从 B 出发，并按照以下路径检查：$B A D G D E F I F C B E H K L I H G J K$。仅仅重复了两条路径，它们分别是从 D 到 G 和从 F 到 I。或许还有别的路线，但不可能比这个还短了。

268. 小镇游

6 个小镇，只有两条路，那么在环路上，1 必须在 9 和 12 之间。标记好这两条路，然后同样的，标记好 9，5，14；4，8，14；10，6，15；10，2，13 以及 3，7，13。这些路都是必须走的。然后你会发现 13 不通，这位旅客必须从 4 走到 15，然后他还得走 3，11，16 还有 16 和 12。这样，就只有一条路可以走了，如下：1，9，5，14，8，4，15，6，10，2，13，7，3，11，16，12，1，或者翻过来走——把这条路线倒着来一遍。有 7 条路没有用到。

269. 十五个转弯

在图中可以看到（没有用到的路就忽略不标）15 个转弯最远可以走 70 迈。转弯全都按顺序标号了。可以看出他没走完 19 个镇。可以在 15 个转弯里走完所有的镇，每个都不重复，并且最后回到出发的那个黑点，但这样一来最远只能走 64 迈了。

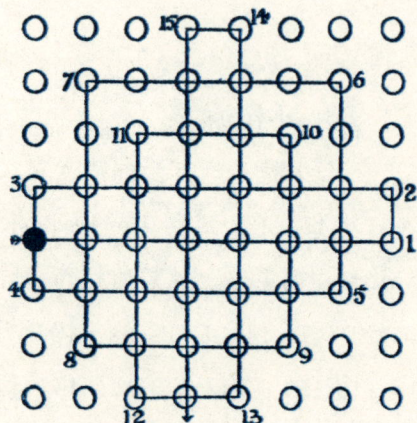

条的话，一共有 1488 种不同的路径。要是都数出来，那就太占篇幅了。五分钟之内就能找到答案，可是解题方法要解释起来却很难，读者就姑且接受我的答案吧。

271. 十二面体谜题

其中 18 条在原图中是可见的，它们都显示在上图六边形 NAESGD 中。通过这个透视图我们可以看到另外 12 条边，并且能看到它们的走向和交会点。图中线条的长度看似不等，不过这无关紧要；只是想要用这个透视的方法来让读者看得清楚。为避免新手在图中只能找到 19 个三角形而不是 20 个，我要指出那个看似没有的三角形就是最外围的 HIK。

270. 八面体上的苍蝇

虽然不能一次看到八面体的所有面，我们可以画一个透视图。在图中 6 个点就代表八面体的 6 个角，每个点延伸出的四条线就构成了 12 条边。这样，如果从 A 出发，把所有的线都走一遍，一定还是回到 A。如果走相反路径算不同的两

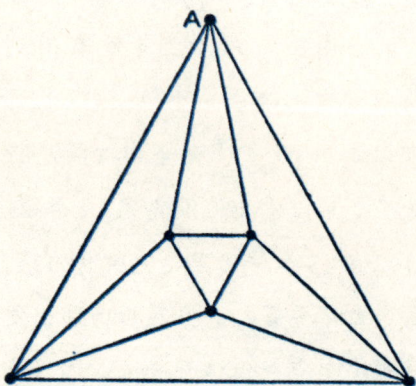

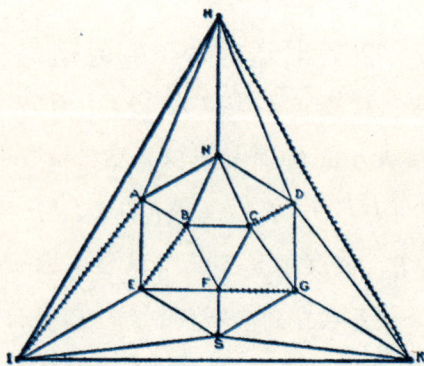

这里一共有12个奇数节点，想要不重复地走过，就有6条不同而不相连的路。这样我们就可以找到最远的路径了。

我在图中擦掉了五条边线，这五条线互不连接，也不和我们要出发的北极点相连，无论何地都可以擦掉。可以看出，擦掉这5条线之后，除了北极点和南极点，所有的节点都变成双数了。接下来从北极点出发，要到达南极点的话，我们会走过除了这5条线之外的所有路线，而丝毫不会重复。有很多种方法，其中一种如下：从 N 到 $H, I, K, S, I, E, S, G, K, D, H, A, N, B, A, E, F, B, C, G, D, N, C, F, S$。尽量缩短这五条路线——从一个节点到另一个节点——我们就可以得到第六条线的最长的长度。一条路能够走得更长而不重复，这是可能的。

不难看出，被擦掉的这五条线必须重复行走，或者说被"重新启用"。就是说，旅行者只要走到 I，他就可以跑回 A 然后再到 I，再回到 A。对于其他要走两遍的路来说也是这样。显然把25条路走一遍的路程（ 25×10000 迈 =250000

迈），再加上5条路走两遍的路程（ 5×20000 迈 =100000 迈），一共是350000迈。这就是他走完整个星球需要的最短距离和总里程数。

要注意，我让他的旅程结束在南极点，这并不是一定的。我也可以让他在除了出发的那个点以外的任何一个别的节点结束。假设他旅行结束必须回到北极点，那么我们就不必画上 $A I$ 线，而是必须画上 $I S$ 线，也就是说再走10000迈才能把他带回家。这有好多种路线，不过因为各边都等长，所以路程也都一样。为了使得读者对这从北极到南极350000迈的路程理解得更清楚，我在下面给出整个路线：从 N 到 $H, I, A, I, K, H, K, S, I, E, S, G, F, G, K, D, C, D, H, A, N, B, E, B, A, E, F, B, C, G, D, N, C, F, S$ ——这便是35个10000迈的长度。

272. 自行车之旅

当麦格斯先生说"没路，我确定"的时候，他并不是说这题目无解，而恰恰是给出了正确答案。从五角星的地方开始，如果按照麦格斯先生说的顺序游览小镇，可游览每个镇一次且仅一次后，到达 E。因此这两个人说得都对，这是一个小笑话谜题，没什么难度。

273. 水手的谜题

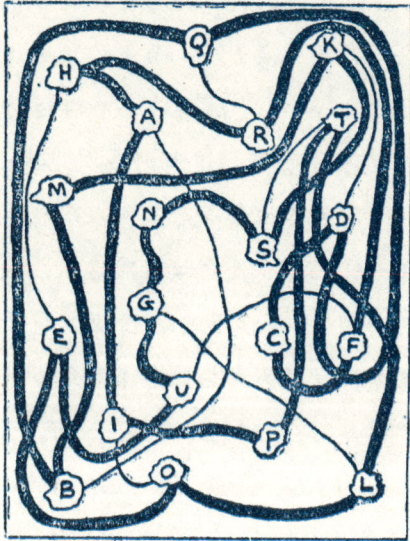

只有 4 条不同的路（或者说 8 条，如果相反路径也算上的话），使得水手能够从 A 出发，走过所有的小岛再回到 A。如下：

路线 1：*A I P T L O E H R Q D C F U G N S K M B A*

路线 2：*A I P T S N G L O E U F C D K M B Q R H A*

路线 3：*A B M K S N G L T P I O E U F C D Q R H A*

路线 4：*A I P T L O E U G N S K M B Q D C F R H A*

如果水手走路线 1 的话，小岛 C 就会是他第 12 个到达的岛（把 A 算做第 1 个岛）；路线 2 则是第 13 个；路线 3 是第 16 个；路线 4 是第 17 个。反过来的话，C 的位置分别是 10、9、6 和 5。这些是仅有的路线了，因此如果水手想尽量推迟去 C，那么就必须从左至右地走路线 4。我在图中用黑线标出的，就是正确答案。

274. 大旅行

解答这类题目首先要做的是简化谜题。图 1 就是那张地图的简化版本。把那些圆块看成小镇，连线当作铁路线。这样，我们就在不改变题目条件的情况下简化了谜题。下面，还可以进一步将图 1 简化成图 2，变成一个棋盘。铁路的方向将由车的前进来表示——就是说可以沿着线移动，但是不能在对角线移动。那么第一个小镇（或者说方块）就是黑色的那个，第二个是白色的，第三个是黑色的，如此等等。这样我们有23个格子要走（是单数），那么最后一个格子肯定是黑色的。可是Z碰巧是白色的，题目看上去似乎无解了。

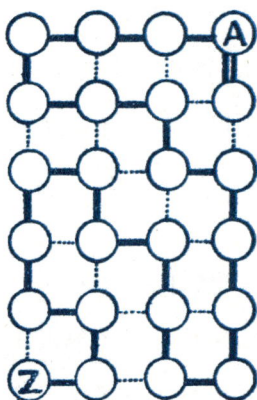

图1

图2

既然说这个人成功了，那么我们就一定要从条件中找漏洞。题目上说"他每个小镇都只去了一次"，我们发现，这并不表明他离开A之后再去A。因为他从出生都没有离开过A这个地方，这也只能算是他第一次"去"。可他去了第一个镇之后就必须返回，这样他就还剩22个镇要走，22是个双数，他就没有理由不在Z结束旅程了。图2中用虚线指出了一条可行的路径，在图1中也用粗线表示了。读者可以毫无困难地将其应用到地图中去，我们可以看出，这题只有离开A后立即返回，方能解决。

275. 水电和煤气

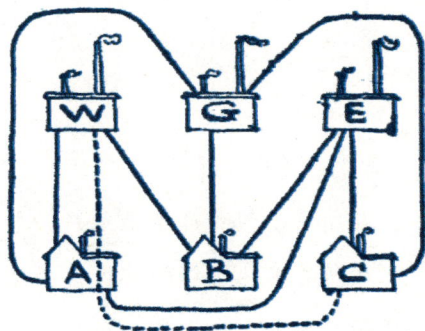

从题目给的条件，第一眼看上去似乎根本无路可走。在这类陷阱中我们只好找文字上的漏洞了。如果房子A的主人允许自来水公司通过他家而铺设C的管道（这里就不假设他不同意的情况了），那么

099

如图所示，谜题就解决了。可以看到，画虚线的就是自来水公司通过 A 屋铺设到 C 去的管道，而没有任何两条管道发生了交叉。

276. 驾车人的谜题

八个人的行车路线如图所示，其他不必要的线路没有画出来是为了方便读图。

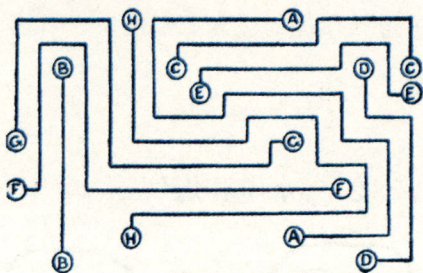

277. 银行假日谜题

在所有小镇的最左上角写一个 1，于是去其他小镇的路便是去上面小镇的路加上去左边小镇的路的和。于是第二行的路线便是 1、2、3、4、5、6 等，第三行是 1、3、6、10、15、21 等。其余依次类推。于是可以看出，到其他小镇的 1365 条路，只有第五行的第十二个小镇——就是标了 E 的那一个，

是他们的终点。

在这样一个网状的长方形地图中，符合题设要求的，从对角线的一点到另一点的路线的通用公式是 $\dfrac{(m+n)!}{m!n!}$，m 代表的是一边的小镇的数量减 1，n 代表的是另一边的小镇的数量减 1。这道题里边长分别是 12 和 5，于是 m=11，n=4，根据公式便计算出了答案为 1365。

278. 摩托车之旅

首先我想请读者把图 1、图 2 和图 3 中的圆环与原题中的正方形进行比较。假设我们先忽略阴影部分（下面我会解释为什么的），那么我们就会发现每个图中的圆环都和原先的那个正方形类似——从 A 出发的路都是通往 B，E 和 M 的，从 L（伦敦）出发的路都是通向 I，K 和 S 的，等等。下图中圆形对称的图案，更能解决我的需要，因此我将题目转化成这样，而没有改变图中的任何条件。如果镇与镇之间的距离成为谜题，那么新的图表上会增加数字来表示这些距离，不然就没什么实际作用。

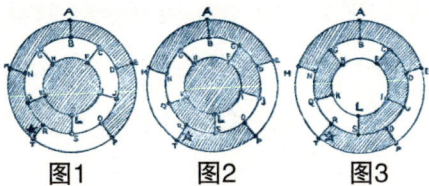

图1   图2   图3

下面，我就在纸上画了三个这样的图，然后剪下了三块纸板，是这图上阴影部分的形状。如果用红笔标示的话，可以看出每条路，都可以组成卡片边缘标示出来的那些指示，或者是其投影。让我们集中注意看图1，星星标在小镇T，因此我们可以得到（沿着卡片的边缘）从伦敦出发的一条环线：L, S, R, T, M, A, E, P, O, J, D, C, B, G, N, Q, K, H, F, I, L。如果从另一条路走，那么就是 L, I, F, H, K, Q, 如此这般。不过倒过来的路是不做考虑的。当我们记下这条路线之后，就把卡片转到星星放在M处，这样就得到一条不同的路，A是路径三，E是路径四，P是路径五。这样转动卡片，我们能得到5条不同的路。当然如果我们把卡片倒过来放，就能以同样的方法获得其他五条路线。

这样就可以看出，旋转图1，我们就能毫无困难地得到10条路线。同样应用到图2和图3中，也可以相同地分别得到10条路线。一共就能有30条了。实际上我没有证明这三张卡片都能有10种可能，这留待读者自己去证明了。如果你自行找到了一条路，就会发现肯定是属于这三大块分类的。

279. 水平仪谜题

先注意左上角那个L，假设我们走向右边的那个E：那么就必须走到V去，这样就有4种拼法了，因为有4个E可以通向L。这样从右手边的E开始，就有4种拼法。于是可以清楚地知道，从下方的E开始走，也有同样多的拼法。这就是8种了。然而如果我们在第3条路的E上朝对角线走去，这样就能得到3个V，每一个都能产生4种拼法，这样在对角线的E上我们就能得到12种拼法。12加8等于20，这只是从左上角的L那里开始能找到的数目，四个角都相同，因此答案是80。

280. 钻石谜题

一共有 252 种不同的方法。通用公式是，对于有 n 个字母的单词（像下一题那样的回文除外），如此组合，总是有 $[2^{(n+1)}-4]$ 种方法。这里不允许对角线拼读，如果换了个单词 DIGGING 的话你就会这样拼了，很容易就通过对角线从一个 G 到另一个 G。

281. 有关 "DEIFIED"（拜神）的谜题

正确答案是共有 1992 种不同的读法。每一个 F 都在角上或者边上——在属于 F 自己的方格靠近角落。现在，从角落的 F 开始找 $FIED$ 共有 16 种方法；因此到角落的 F 结束来读 $DEIF$ 也有 16 种方法；于是穿过一个角落的 F 来读 DEIFIED 共有 $16 \times 16 = 256$（种）方式。也就是说，4 个角落里的 F 总共有 $4 \times 256 = 1024$（种）读法。$FIED$ 从角落的 F 开始共有 11 种读法，因此有 121 种方式来读 DEIFIED。但是共有 8 个边上的 F，因此共有 $8 \times 121 = 968$（种）读

法。将 968 和 1024 相加，我们得到 1992，即为答案。

在这个公式中，解法的多少取决于这种回文的字母数是偶数还是奇数。例如，如果你用同样的方式来排列 NUN，那么你会得到 64 种不同的读法；但是如果你用单词 NOON 就只能得到 56 种，因为你不能在最近的两个字母中用同一个字母两次（因为你"从一个字母到另一个上去"）或者斜着读，而且每个读法都要用到中间的那个 N。

读者可能在这个案例中自己找到一般公式，可能会很复杂且困难。我只能说用解答 DEIFIED 的方式来处理 MADAM 的你能得到 400 种读法。

282. 投票者谜题

一共有 63504 个。这种回文句的计算公式是 $[4(2^n-1)]^2$。

283. 汉娜的谜题

从任何一个 N 开始，一共有

17种拼读 *NAH* 的方法，或者说是 68（17的4倍）种拼读4个N的办法。于是也有68种拼读 *HAN* 的方法。如果同一个N允许重复使用，那么答案就是68的68倍，一共是4624种。然而题目的条件是"拼写不能间断"，这样就是说，17种拼写 *HAN* 都得有一个特别的N，于是就是51种办法（17的3倍）。这样一来，*HAN* 里可以用到的N有4个，于是正确的答案应该是3468（867的4倍）种不同的拼法。

284. 蜂巢谜题

需要用到一句谚语："*There is many a slip'twixt the cup and the lip.*"从右上角外围的 *T* 开始，接下来是它上面的那个 *H*，这样走下去，剩下来的就简单了。

285 僧侣和桥

桥的问题可以简化成如图所示。点 *M* 代表着教士，点 *I* 代表着小岛，点 *Y* 代表着修道院。通过桥从 *M* 点到 *I* 点只有两条直接路线 *a*

和 *b*；通过桥从 *I* 到 *Y* 只有两条直接路线 *c* 和 *d*；通过桥 *e* 从 *M* 到 *Y* 只有一条线路。现在，我们所要做的就是计算通过 *a*，*b*，*c*，*d*，*e* 这5座桥每座桥一次且仅过一次，所有从 *M* 点到 *Y* 点的路线。有了简单的图表问题就容易多了，也没有更多的复杂规则，只需有条不紊地数出这些路线即可。因此，从 *a*，*b* 开始，我们发现完成路线只有2种方式；从 *a*，*c* 开始只有2种；从 *a*，*d* 开始只有2种；以此类推，可以看出总共有如下列出的16条路线：

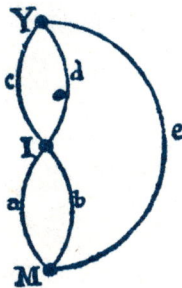

a b e c d

a b e d c

a c d b e

a c e b d

a d e b c

a d c b e

b a e c d

b a e d c

b c d a e

b c e a d

b d c a e

b d e a c

e c a b d

e c b a d

e d a b c

e d b a c

如果读者将代表桥的字母转换成原先图表中对应的桥，一切就很明显了。

排列组合谜题

286. 十五只绵羊

如果仔细阅读百科全书上的原话，我们会发现，它并没有提到羊圈本身是空的！事实上，读者要是仔细地再去看那幅插图的话，就会发现，其中有一个羊圈里已经有一只羊了。因此这个狡猾的农民朋友对我说，"我来赶这 15 只羊"时，是他将羊群中的 3 只羊赶进原本就有 1 只羊的那个圈里，然后再把其

余 3 个圈每个里面赶上 4 只羊。"这下你看到了，"他说，"我把 15 只羊赶进了 4 个圈里，并且使得每个圈里的数目都相等。"而我则不得不承认，根据题目的意思来判断，他完全没错。

287. 亚瑟王的骑士

第二天晚上亚瑟王是这样安排大家座位的：A, F, B, D, G, E, C。第三天晚上他们是这样坐的：A, E, B, C, G, F, D。这样每次 B 都坐在亚瑟王的旁边（这是最近的座位了），G 总是离他有三个座位（这是最远的可能了）。没有其他更合适的答案了。

288. 城市午餐

下面每一行代表了一天，每一列都是一张桌子：

AB   CD EF GH IJ KL

AE   DL GK FI CB HJ

AG   LJ FH KC DE IB

AF   JB KI HD LG CE

AK   BE HC IL JF DG

104

AH　EG ID CJ BK LF

AI　GF CL DB EH JK

AC　FK DJ LE GI BH

AD　KH LB JG FC EI

AL　HI JE BF KD GC

AJ　IC BG EK HL FD

注意每一列（除了有 A 的那一列）都是从 B 开始以 BEGF 直到 J 的顺序循环排列的。

289. 玩牌游戏

在下面的答案中，11 行分别代表了座位安排，每一列都是一张桌子，每一对字母组合都是搭档的搭配。

AB—IL　EJ—GK　FH—CD

AC—JB　FK—HL　GI—DE

AD—KC　GL—IB　HJ—EF

AE—LD　HB—JC　IK—FG

AF—BE　IC—KD　JL—GH

AG—CF　JD—LE　KB—HI

AH—DG　KE—BF　LC—IJ

AI—EH　LF—CG　BD—JK

AJ—FI　BG—DH　CE—KL

AK—GJ　CH—EI　DF—LB

AL—HK　DI—FJ　EG—BC

可以看出字母 BCD……L 是循环出现的。这里给出的答案与题意的方方面面都是符合条件的。你会发现每个玩家都和另一个玩家搭档一次，对家两次。

290. 网球比赛

给丈夫们编号 A，B，D，E，给妻子们编号 a，b，d，e。按照下面的安排去打，他们就不会和同一个人打对手或者搭档了。

	第一轮	第二轮
第一天	Ad vs Be	Da vs Eb
第二天	Ae vs Db	Ea vs Bd
第三天	Ab vs Ed	Ba vs De

可以看出没有人跟自己的妻子打对手或者搭档——这是一个理想的安排。如果读者还想要题目变得更难一点，那就试着安排八对夫妻（七天里每天四场）以同样的条件比赛。这也能安排得出来，不过我把找寻答案乐趣留给读者了。

291. 拿错的帽子

这 8 个人 8 顶帽子都拿错的办

法一共有 14 833 种。

下面是人数从 1 到 8 的计算
结果：

1=0

2=1

3=2

4=9

5=44

6=265

7=1854

8=14833

计算方法就是，用 2，3，4，
5 连续地去乘。当乘数是双数的时
候，加 1；单数则减 1。就是说，
$3×1-1=2$，$4×2+1=9$；$5×9-1=44$；
以此类推。或者用 $n-1$ 和 $n-2$ 的和
去乘以 $n-1$，这样就能得到 n 个人
的答案了。就是说 4（2+9）=44；
5（9+44）=265，等。

4	3	2	1
3	4	1	2
3	1	4	2
1	3	2	4
3	1	2	4
1	3	4	2
1	4	3	2
4	1	2	3
4	2	1	3
2	4	3	1
2	3	4	1
3	2	1	4
2	3	1	4
3	2	4	1
3	4	2	1
4	3	1	2
4	1	3	2
1	4	2	3
1	2	4	3
2	1	3	4

我按照题目上的条件也分别编
排了 5 个和 6 个钟的组合，不管有
几个钟都能排得出来。

292. 钟声响叮当

顺序如下：

1	2	3	4
2	1	4	3
2	4	1	3
4	2	3	1

293. 一条船上的三个人

如果只有必须一起出去，每

106

次三个人这两个条件，再没有其他限制的话，那么就有无穷多的组合方法了。读者真要想知道具体数字的话，那是 455^7。而有了不论哪两个人都只能组合一次这个条件的话，也有不少于 15567552000 种答案——就是说有这么多种安排他们划船的办法。看到答案后，读者想必就会明白条件的真正要义，比如说，A 只能和 B 同时出去一次，只能和 C 同时出去一次，这并不是说他只能和 B、C 同时出去一次。他也可以和别人一起出去，除了 B 之外他跟谁一起出去都会影响到整个排列。

当然了，需要最少的船只这样的条件就限定了答案是一定的数量。事实上我们只需要用到 10 只船。安排如下：

	1	2	3	4	5
第一天	(ABC)	(DBF)	(GHI)	(JKL)	(MNO)
	8	6	7	9	10
第二天	(ADG)	(BKN)	(COL)	(JEI)	(MHF)
	3	5	4	1	2
第三天	(AJM)	(BEH)	(CFI)	(DKO)	(GNL)
	7	6	8	9	1
第四天	(AEK)	(CGM)	(BOI)	(DHL)	(JNF)
	4	5	3	10	2
第五天	(AHN)	(CDJ)	(BFL)	(GEO)	(MKI)
	6	7	8	10	1
第六天	(AFO)	(BGJ)	(CKH)	(DNI)	(MEL)
	5	4	3	9	2
第七天	(AIL)	(BDM)	(CEN)	(GKF)	(JHO)

可以看出没有哪两个人重复组合过，也没有一个人重复坐过一条船。

这也是科克曼的那个著名的"15 个女学生"谜题的一个扩展。原始的题目条件很简单，就是 15 个女孩子在 7 天里，每天 3 个 3 个地出去散步，每个女孩子每次都跟不同的女孩子组合在一起。自从 1850 年这题首度面世直到今天，那些了不起的数学家们就致力于找到一个通用的解题方法。1908 年和接下来的两年中我指出（参见《教育时代》重印本，卷十四、十五和十七）我们所有的失误都在于，15 是一个特例（太小了，无法放进 $6n+3$ 的通用公式里去），同时我也找到了通用公式和排列方法。我解决了以往困扰人们的麻烦，因此可以说这类题目有了答案。读者可以在 W.W. 罗素·保尔的《数学娱乐》第五版里找到详尽的内容。

294 玻璃球

总共有 16 个需要被打碎的球，或者说按照打碎的顺序共有 16 个地方。将 4 条绳子分别称为 A, B, C,

D——顺序在这里并不重要。在 A 打碎的球会占据 16 个位置中的 4 个位置——也就是说，16 个东西的组合，4 个一组共有

$$\frac{13 \times 14 \times 15 \times 16}{1 \times 2 \times 3 \times 4} = 1820$$

对于 A 而言共有 1820 种方式。在案例 B 的每一种方式中，每一个都占据剩余 12 个位置中的 4 个，即 $\frac{9 \times 10 \times 11 \times 12}{1 \times 2 \times 3 \times 4} = 495$ 种方式。因此对于 A 点和 B 点而言共有 1820×495=900900 种方式。但是案例 C 中每种方式占据 $\frac{5 \times 6 \times 7 \times 8}{1 \times 2 \times 3 \times 4} = 70$ 个不同的位置；也就是说对于 A，B，C 而言共有 900900×70=63063000 种不同的位置。在这些案例的每一个方式中，D 只能选择剩下的 4 个位置。因此根据条件，需要被打碎的球的正确答案是 63063000 种不同的方式。

295. 十五个字母谜题

下列是符合组合条件的答案：

ALE　MET　MOP　BLM

BAG　CAP　YOU　CLT

IRE　OIL　LUG　LNR

NAY　BIT　BUN　BPR

AIM　BEY　RUM　GMY

OAR　GIN　PLY　CGR

PEG　ICY　TRY　CMN

CUE　COB　TAU　PNT

ONE　GOT　PIU

用到的 15 个字母是 A，E，I，O，U，Y 和 B，C，G，L，M，N，P，R，T。单词的个数是 27，这在前三栏已经写了出来。最后一个单词，PIU，是一个经常用到的音乐术语；但尽管它存在于我们的一些词典中，它确是个意大利语单词，意思是"有点儿，轻微地"。剩下的 26 个都是好单词。当然所谓的 TAU-cross 指的就是 T 字形状的十字架，另外也被叫作"圣安东尼十字架"。

在满足条件的情况下，我们共得到 26 个好单词和一个存在疑问的单词，而且我觉得要想在这个答案上有更大的进展不大容易。当然我们是被日常使用所约束，而不是词典。如果我们在处理这种事情的时候依靠词典办事的话，我们会发现很多前缀、缩略词，甚至 I.O.U 这样的荒唐词汇，而 Nuttall 确实将此作为一个单词。

296. 九个男学生

男孩们可以按如下方式走出去：

第一天	第二天	第三天
A B C	B F H	F A G
D E F	E I A	I D B
G H I	C G D	H C E

第四天	第五天	第六天
A D H	G B I	D C A
B E G	C F D	E H B
F I C	H A E	I G F

按照这种方式，每个孩子都能从其他孩子旁边走过且仅走过一次。

用一般方法解决这个问题的话，在原题条件下，（12n+9）个孩子3个一组的出去，可以（9n+6）天都不重复。此处 n 可以为0或任何整数。每一个可能的组合会发生一次。将男孩子的个数记为 m，那么每个孩子可以配对（m-1）次，其中有（m-1）/4次他会处在三人组的中间，（m-1）/2次处在外边。因此，如果参考以上的答案，我们会发现每个孩子在中间两次（即4对），在外边4次（即他的8对中剩余的4对）。读者现在或许想亲自解决下一个15天21个孩子的案

例，还有24天33个孩子的案例。

297. 圆桌

这题的历史可以追溯到《坎特伯雷谜题》。那本书是在1907年发行的，因此我知道没有人能解决那个倒霉的数字13个人在桌子边坐66次的事情。任何人数都是有解的，我列出了直至25人坐33次答案。而我知道很多数学家还在思考13个人的事情，我就不在这里列出答案，因为这会剥夺他们解题的乐趣。不过我将展示12个人的答案，其中有些解答是首次面世，需要一些有用的线索去探寻。

3个人坐1次，没什么好说的。

4个人坐3次，排列如下：

1 2 3 4

1 3 4 2

1 4 2 3

每行代表坐的顺序，数字代表人，就圆桌来说，最后一个数字的人和第一个数字的人是挨着坐在一起的。

5个人坐6次排列如下：

1 2 3 4 5

12453

12534

13254

14235

15243

6个人坐10次排列如下：

123645

134256

145362

156423

162534

124563

135624

146235

152346

163452

我下面会解释，就没必要再一一列出了。从上面的例子可以看出1（在5个人中还有2）总是沿着竖行重复，这种情况我称之为一个"重复者"。其他数字都按照降序循环，比如在6个人的例子里我们的循环就是2，3，4，5，6，2，每一列都这样。因此只需要给出12345和124563，然后标上那些循环和重复者，这样整个题解就出来了。读者也许

会问为什么我最后的解答不是从123456的自然顺序开始的，如果我这么做的话，循环的那些数字就没法按照顺序排列了，这样做是为了得到一个更为规则的循环。

7个人坐15次的不同解法如下，在坎特伯雷谜题里我也给出了：

1234576

1627534

1352674

1574362

1527346

在这里1是那个"重复者"。有两列循环，2342和5675。因此我们列出了五组三行，因为第四行总是重复第一行。

8个人坐21次的解法如下：

18634527

18457236

18273645

在这里1是重复者，循环列是2345678，三组，每组7行。

下面是我给出的9个人坐28次的解法：

219745638

295168347

293184756

２９１５６４７８３

这里有两个重复者，1 和 2，循环列是３４５６７８９。有四组，每组 7 行。

10 个人坐 36 次的解答如下：

１１０８３６５４７２９
１１０６５２９７４３８
１１０２９３８６５７４
１１０７４８３２９５６

重复者是 1，循环列是２３４５６７８９10。这里有四组，每组 9 行。

11 个人坐 45 次的解法如下：

２１１９４７６５１８３10
２１１７６３10８５４９
２１１10３９４８５１７６
２１１５８１３10６７９４
２１１１10３４９６７５８

这里有两个重复者，1 和 2。循环列是３４５……11。一共有五组，每组 9 行。

12 个人坐 55 次这样解：

１２３１２４１１５10６９７８
１２４１１６９８７10５１２３
１２５10８７１１４３１２６９
１２６９10５３１２７８１１４
１２７８１２３６９１１４５10

这里 1 是重复者，循环列是２３４５……12。有五组，每组 11 行。

298. 捕鼠器谜题

如果把 6 和 13 号卡片互换，然后从 14 号开始数起，这样就能依次把 21 张卡片都拿完了。就是说，"捉完" 21 只老鼠——按照以下顺序：6，8，13，2，10，1，11，4，14，3，5，7，21，12，15，20，9，16，18，17，19。也可以把 10 号和 14 号调换，然后从 16 号开始数起，或者把 6 号和 8 号调换，从 19 号开始。

299. 十六只绵羊

下面的 6 张图片展示了分别移动 2，3，4，5，6，7 道围栏的解决办法。深色粗线代表了移动的围栏，当然了，办法不是唯一的。

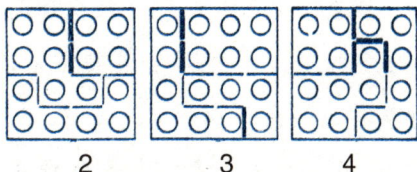

2　　3　　4

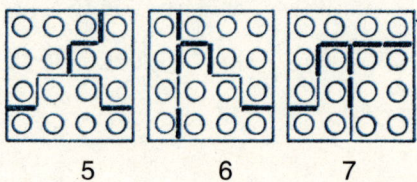

5　　　　6　　　　7

300. 八座小别墅

解决这个谜题有很多方法，但是它们之间的区别很小。然而解决这个问题首先需要记住，在计算中他只需考虑位于角落的那四座别墅，因为中间的那座在角落的已知的情况下是不会发生变化的。一种方法是将数字0到9每次一个放到左上角，之后再逐个考虑。

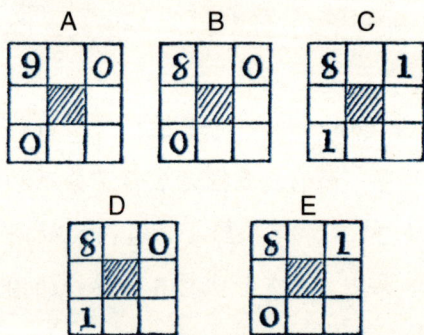

A　　　　B　　　　C

D　　　　E

现在，如果我们把9放在如图A所示的角上，有两个角要空着，斜着对应的角可以用0，1，2，3，4，5，6，7，8或者9这几个数字填满。因此可以看到出，9在角落的情况下我们有270种答案。然而如果我们用8来替换，同一行和同一列的两个角可以放置0，0，或者1，1，或者0，1，又或者是1，0。在案例B中，第4个角可能共有10种不同的选择；但是在案例C，D和E的每一个答案中，只有9种选择是能用的，因为我们不能用数字9。因此在8位于左上角的情况下，共有10+（3×9）=37（种）不同的答案。如果之后我们在角上试试7的话，结果会是10+27+40，即77种答案。6在角上，共有10+27+40+49=126（种）；角上为5，有10+27+40+49+54=180（种）；角上为4，和5一样，再加上55等于235种；角上为3，和4一样，再加上52等于287种；角上为2，和3一样，再加上45等于332种；角上为1，和2一样，再加上34等于366种。如果是0在左上角的话，答案的个数是10+27+40+49+54+55+52+45+34+19=385（种）。由于再没有其他的数字可以放在左上角了，我们只需将所有的数字相加，10+37+77+126+180+235+287+332+366+385=2035（种）答案。因此我们发现租户占据一部分或者所有 8 个别墅，使得总是 9 个人居住在广场的每条边上的方式总数是 2035 种。当然，这个解法很明显包含了所有的旋转和倒映，因为每个角都会和与其处于同一直线的其他两个角轮流着被每一个数字以所有可能的组合方式所占据。

下边是解决这个谜题的基本公式：

$$\frac{(n^2+3n+2)(n^2+3n+3)}{6}$$

无论规定居住在每个边上的人数是多少，不同的排列方式总数都可以由此确定。在我们这个案例中，居民的人数是 9 个。因此（81+27+2）×（81+27+3）结果除以 6 等于 2035。若居民人数为 0、1、2、3、4、5、6、7 或者 8 的话，排列总数将分别是 1、7、26、70、155、301、532、876 和 1365。

301. 筹码块十字架

我们先解决希腊十字架的问题。只有 18 种方式使所有的数字为两翼配对。如下：

12978	13968	14958
34956	24957	23967
23958	13769	14759
14967	24758	23768
12589	23759	13579
34567	14768	24568
14569	23569	14379
23578	14578	25368
15369	24369	23189
24378	15378	45167
24179	25169	34169
35168	34178	25178

当然，中间的那个数字对两翼而言是公共的。第一对是我给出的例子。我假设已经写出了所有的十字架，并且总是将竖直方向的一对放在第一行，将水平方向的一对放在第二行。现在如果我们把中间的数字固定，竖直方向的数字共有 24 种变化方式，因为这 4 个筹码块以 1×2×3×4=24（种）方式变化。由于水平上的 4 也可以因为另外一边的每一个排列出现 24 种变化，我们发现每一种模式都有 24×24=576（种）变化；因此，由于有 18 种模式，我们共得到 18×576=10368（种）变化。但是这将包括我们不能用的四个旋转的一半和四个倒映

的一半，因此我们必须除以 4 来得到希腊十字架的正确答案。被除数是 4 而不是 8，这是因为我们通过为竖直方向保留一个数字，为水平方向保留另外一个数字的方式来避免了一半的旋转和倒映。

在拉丁十字架的问题中，很明显地我们需要处理同样的 18 个配对模式。这个问题不同方式的个数是 18×576。由于上边和下边两翼的长度不同，在倒映中会出现重复排列，但不会出现在旋转中。因为无法旋转，所以此种情况只需除以 2。但是在每一对中我们都可以将竖直方向和水平方向的数字替换，因此我们要乘以 2。乘以 2 和除以 2 相互抵销。因此 10368 即为正确答案。

302. 宿舍谜题

周一	周二	周三
1 2 1	1 3 1	1 4 1
2 2	1 1	1 1
1 22 1	3 19 3	4 16 4

周四	周五	周六
1 5 1	2 6 2	4 4 4
2 1	1 1	4 4
4 13 4	7 6 7	4 4 4

按照上面 6 张图表所示的安排那些修女。修女人数最少有 32 人，最后 3 天的安排方法不是唯一的。

303. 几桶香膏

如果你知道方法的话，要解决任何几个桶的问题就非常简单了。方法是这样的。每行中有 5 个桶。将数字 1，2，3，4，5 相乘，然后再把数字 6，7，8，9，10 相乘。用后者结果除以前者，我们得到从 10 个东西中一次拿出 5 个的不同组合或者选择方式有 252 种。现在如果我们将这个数字除以 6（比在行中的数字大 1）我们得到 42，而这正是谜题的正确答案，即共有 42 种方式来排列这些桶。试试用这种方法解决 6 个桶的问题，每行 3 个，你会发现答案是 5 种方式。如果你通过实验来检查这个结果，你会发现这五种方法的最上面一行分别为：123，124，125，134 和 135，没有其他的答案了。事实上这个问题的一般解法是：$\dfrac{C_{2n}^{n}}{n+1}$

其中 2n 是桶的个数。符号 C，代表着从 2n 个东西中一次拿出 n

114

个共有多少种组合或者选择。

外一些的倒映，而且两组棱锥不可能构建得彼此一样——除了在四维空间的条件下。

304. 搭四面体

拿出你搭好的棱锥，用手扶着，使得只有一根棍支撑在桌面上。现在我们要从不同的方向将4根棍从中抽出来——每个尾端两根。5根棍中的任何一根都可以忽略这种联系；因此这4根棍可以通过5种方式来选择。但是这4根棍可以以24种顺序放置。而且由于每根棍都可以通过任意一端连在一起，它们可以进一步通过16种方式进行变化（在它们特定排列中位置确定之后）。在每种排列中，第6根棍都会增加2种不同的方式。现在将所有的结果相乘，我们得到5×24×16×2=3480，这正是构筑棱锥不同方式的准确数字。这种方法排除了出现错误的可能性。

导致错误的一般原因如下。如果你从放在桌上的最基本的三角形开始向上计算组合的话，你会得到正确答案的一半，因为你忽略了棱锥可以用向下的同样三角形构建，而个数是相同的。它们事实上是另

305. 涂金字塔

如果把此题假设成在平面棋盘上涂金字塔就好办多了，如图所示折叠之前那样。现在如果我们任意选出4种颜色（比如说红、蓝、绿和黄色），它们可以以两种不同的方式涂上去，如图1和图2所示。在把金字塔折叠好后，其他所有的方式都只是这两种结果中的一种。如果我们拿出任意3种颜色，它们可以以如图3、图4和图5所示的3种方式出现。如果我们拿出任意2种颜色，它们可以以如图6、图7和图8所示的3种方式出现。如果我们只拿1种颜色，很明显只有1种方式。从7种颜色中选择4种共有35种选法；选择3种有35种选法；选择2种有21种选法；选择1种有7种选法。因此35种选法以2种方式出现共有70个答案；35种选法以3种方式出现共有105个答案；21种选法以3种方

式出现共有 63 个答案；7 种选法以 1 种方式出现共有 7 个答案。因此共有 245 种不同的方式来涂金字塔（70+105+63+7），同时符合规定的要用到太阳光谱中 7 种颜色的条件。

306. 古玩商的链子

没有任何限制条件地将 9 个东西放在一行中的方式有 $1×2×3×4×5×6×7×8×9=362880$（种）。但是我们知道两个圆环不能放在一起；因此我们必须减去会出现这种情况的次数。这样就是 $1×2×3×4×5×6×7×8=40320$ $×2=80640$（种），因为如果两个圆环连接在一起时，它们就相当于变成了一个，而 8 个环共有 40320 种摆放方式；由于这两个环可以以

图1
R G B
  Y

图2
B G R
  Y

图3
R G Y
  Y

图4
R G Y
  Y

图5
Y G R
  Y

图6
G G Y
  Y

图7
Y G Y
  Y

图8
G G Y
  Y

AB 或者 BA 的方式排序，我们要将答案翻倍。这是个排列的问题而不是设计问题。这个推演将总数减少到了 282240 种。另外我们环中有一个形状比较特殊，即 8 号环，我们对它的串联有两种选择，即在每种情况下都可以连接这一头和另外一头，也就是说要将最终结果翻倍，即总数为 564489 种方式。

现在我们来到我之前提醒读者注意的地方——每一个环都可以用两种方式中的一种来放置。如果我们水平地将左手的第一根手指和大拇指放在一起，之后和右手的第一根手指及大拇指放在一起，我们可以看到右手大拇指要么在上边，要么就在下边。在链子的问题中，我们必须明白，因为 8 个不同形状的环有两个不同的头，也就是每种连接都有两面——即你不能在不转动一头的情况下同时转动另一头。

为了方便我们会假设每种连接方式都有黑白两面。现在如果规定说（链子放在桌子上，如图所示）只能是白的一面在上边，如图 A 所示，那么答案将是 564480 种——目前先忽略整个链子的旋转

问题。然而，如果第一条链子可以两面随意放置，那么我们可以将 A 面朝上或者 B 面朝上，答案将是 2×564480=1128960（种）；如果两条链子都可以任一面朝上，答案是 4×564480=2257920（种）；如果是三条链子，则有 8×5644804515840（种），以此类推。因此，每条链子两面不同放置之后，总数将是 564 480 乘以 2 的 9 次方 512。这就将总数升至 289013760 种。

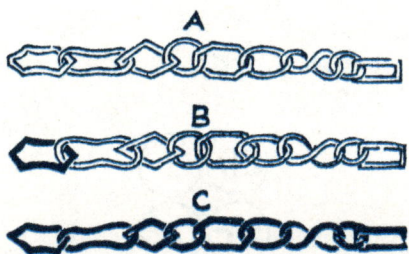

但是还需要考虑一点：我们还没考虑到在任一给定的排列中，通过完全调转链子和旋转尾部可以得到另外 3 种排列。那么 C 事实上和 A 相同，因为如果我们将这张纸颠倒过来，那么 A 和 C 就是两种相同的排列。所以为了得到正确答案，我们要将总数除以 4，最后可以看到铁匠可以用 72253440 种方式将这些环连在一起。换句话说，如果

9 个环一开始就组成了一条链子，而且已知两个圆环是分开的，那么有 $\frac{1}{72253439}$ 的概率使得铁匠在拆开之后，以和前一个完全一样的方式重新连接！

307. 十五块多米诺骨牌

读者可能已经注意到在每条线的末尾我放的都是 4，这是为了方便我们将这个线转换成圆圈。可以很容易地证明必须采用这种方式。如果我们把尾部连接在一起，那么每个线状排列都会变成圈状排列。刚开始可能看着比较神奇，下边这个图精确再现了我们不考虑成对的情况，并将我们的精力转移到了将之排成圈状排列上。每个数字，或者半个多米诺骨牌，都和其他每一个数字在一条直线上，所以如果我们从五个数字中的任意一个出发，五边形的所有直线都走一次且仅一次，最终应该回到出发点，而我们路线的顺序将会给出 10 个多米诺骨牌的一种圈状排列。拿起你的铅笔，从 4 开始标出路线：4，1，3，0，4，2，1，0，2，3，4。你已经走过每

条线一次且仅一次，然后通过以 41-13-30-04-42-21-10-02-23-34 这种方式重复所有的数字，你可以得到非常明显的一种多米诺骨牌排列方式（没有成对）。采用其他的路线你就能得到其他的排列。因此，如果我们能算出这个五边形中共有多少圈形路线，那么剩下的就简单了。

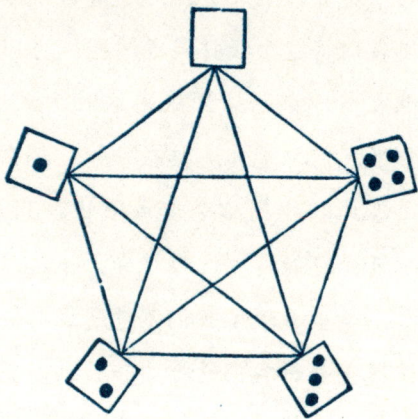

这个五边形中不同圈形路线的个数为264。因此，在没有成对的情况下，这些多米诺骨牌可以用264种方式来排成圆圈。现在在任意一个圆圈中，这5个对都可以用2的5次方即32种方式插入。因此如果我们将成对的考虑在内，总共有264×32=8448（种）不同的圈状排列方式。不过每一

个圆圈都可以在15个不同的地方断开（以形成直线）。因此，共有8448×15=126720（种）不同的方式，这就是谜题的正确答案。

我故意没问读者将28块骨牌以直线形式排列，左右颠倒为不同的方式，有多少种方法。因为这是个更加困难的问题，而正确答案是共有7959229931520种方式。解决这个问题的方法非常复杂。

308. 十字靶

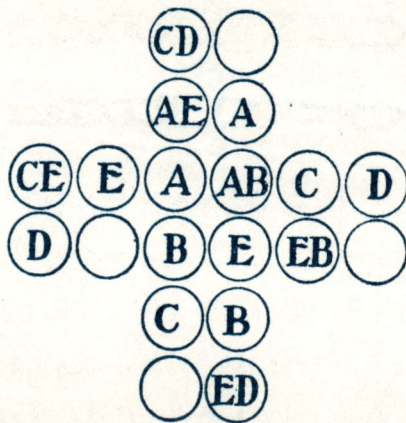

一共有21个正方形可供选择。其中有9个是图中4个以A开头的那样形状，4个是B开头的那样，4个是C开头的那样，2个是D开头的那样，2个是上面那种单个A

118

的形状，还有上面那个单独的 E，下面那个单独的 C 和 EB。一个有趣的发现是，你会看到这 21 个正方形里每一个都用到那 6 个标了 E 的圆圈中的至少一个。

309.四张邮票

从原图中可以看出，四张邮票以 1，2，3，4 的方式撕下，有 3 种办法；以 1，2，5，6 的方式撕下，有 6 种办法；以 1，2，3，5 或 1，2，3，7 或 1，5，6，7 或 3，5，6，7 的方式撕下，有 28 种办法；以 1，2，3，6 或 2，5，6，7 的方式撕下，有 14 种方法；以 1，2，6，7 或 2，3，5，6 或 1，5，6，10 或 2，5，6，9 的方式撕下，一共有 14 种办法。这样加起来一共是 65 种方法。

310. 涂骰子

这么说，1 可以写在任何一面。每次写上 1 之后，我们就有四面可以选择写上 2，写上 2 之后，就有两面可以选择写上 3（6，5 和 4 是不需要考虑的，它们的位置由 1，2 和 3 决定）。因此，6，4 和 2 相乘得到一共有 48 种方法。

311. 离合诗谜题

字母表上一共有 2 666 个字母，有 325 对组合，它们每一对都可以倒过来，这么说就是 650 种。还有，每个起首字母都可以重复当作最后一个字母，这就又多了 26 种组合。这样一共有 676 种不同的组合，也就是说答案是字母数的平方。

第四章　棋盘谜题

棋盘

336. 狮子和皇冠

可以看出，图中四片的每一片（沿着粗线切过之后）大小、形状都一样，每片上都有一头狮子和一顶皇冠。其中两片打上了阴影以使得读者看得更清楚。

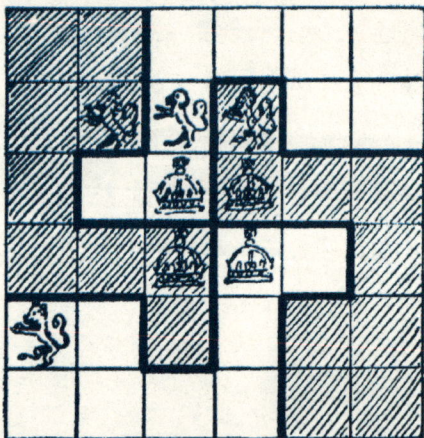

313. 单数方块的木板

将5×5的木板（中间那块已经去掉）分成两块大小形状一样的不同方法共有15种。由于空间的限制，我没办法将所有的图表都列出来，不过我会保证让读者毫不费力地自己画出剩下的图表。无论从边上的哪个点开始剪，你都必须在边上的一点结束，这两个点在通过中心的那条线的对应位置。因此，如果你从上边的点1（见图1）开始，你必须在底部的点1结束。现在1和2是仅有的两个不同进入点；如果我们用其他的点，它们将会产生相同的结果。15种不同方式中剪的方向用下列图表中的数字表示。由于每个相邻的数字都是前一个的继续，所以数字重复不会引起迷惑。但是无论你从上到下选择哪个方向，你都肯定会从下往上重复这条路线，也就是说一条路线是另一条的旋转。

图1　　　　图2

1，4，8。

1，4，3，7，8。

1，4，3，7，10，9。

1，4，3，7，10，6，5，9。

1，4，5，9。

1，4，5，6，10，9。

1，4，5，6，10，7，8。

2，3，4，8。

2，3，4，5，9。

2，3，4，5，6，10，9。

2，3，4，5，6，10，7，8。

2，3，7，8。

2，3，7，10，9。

2，3，7，10，6，5，9。

2，3，7，10，6，5，4，8。

可以看出，第14条路线（1，4，3，7，10，6，5，9）产生了如图2中所示的结果。给出的第13条是完善这个谜题的，因为它是从边上而不是顶部切入。然而，如果这些块翻转之后形状将会是一样，而这正如同条件中指出的，不能被算成不同的解法。

314. 大主教的谜题
按照题目要求分割棋盘的方法

如下图所示。这里也用了阴影的方法使得解答更清楚。两块画了阴影两块留白。

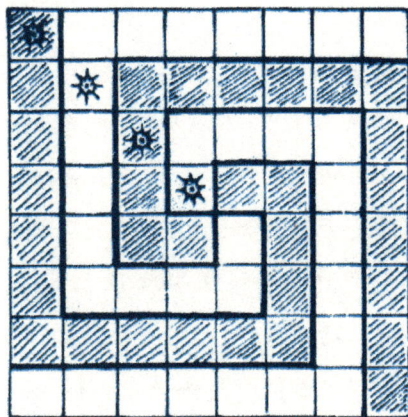

315. 阿伯特的窗户
"博学多识"的那个人向约翰神父指出，阿伯特地主的命令很容易实施，只需要关上如图中黑色方块所示的12盏灯即可：

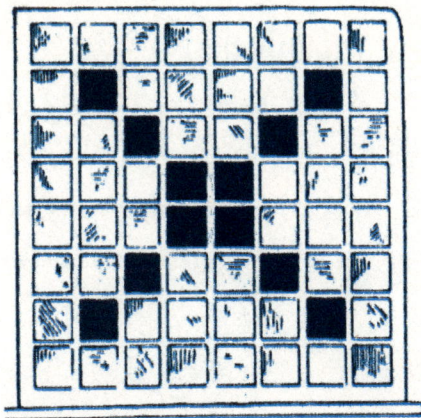

约翰神父说角上的 4 盏灯也要关上，但是智者解释说没必要关上无须关上的灯，而且还引用男爵的话说，"一个窗玻璃不可能和它自己处于同一直线，正如一只鸟不能走到某处角落然后成群地独处一样。阿伯特的条件是斜线上亮的灯不能是奇数。"

阿伯特看到这些后非常高兴，他说："约翰神父，你真是一个智者，你做到了看似不可能的事，还把我的窗户弄成了圣安德鲁十字架的形状，这是我从教父教母那儿承袭来的名字。"之后他美美地睡了一觉，醒来之后就好了。如果现在还存在的话，你有可能在圣埃德蒙顿看到。哎呀！它不存在啊。

316. 中国棋盘

最多能分成 18 块。我给了两种解答方法。标上数字的那一张图上，像这样切，可以得到面积最大的第 18 块——有 8 个方格——在题目允许的条件下。第二幅图是在附加条件"每一块都不能有 5 个以上的小方块"之下得到的。

静态棋谜

317. 八个车谜题

可以明确的一点是每一行每一列都要有一个车。从顶行开始，我们可以在 8 个不同的方格中任选放置第 1 个车。无论它放在哪里，第 2 个车在第二行中都有 7 个方格可供选择。然后第 3 个车在第三行中有 6 个方格可供选择，第四行共有 5 个方格可供选择，以此类推。因此不同方式的个数为 $8×7×6×5×4×3×2×1=40320$（即 $8!$），这就是正确答案。

旋转和倒映均不被计算在内，因为很难计算。

318. 四头狮子

在题设要求的条件下，只有 7 种办法。分别如下：1 2 3 4，1 2 4 3，1 3 2 4，1 3 4 2，1 4 3 2，2 1 4 3，2 4 1 3。以最后一个为例来说，这个表示的是我们把狮子放在第一排的第 2 个方格里，第二排的第 3 个方格里，第三排的第 1 个方格里和第四排的第 3 个方格里。第一个例子自然说的就是我们在题目中摆出的那种办法了。

319. 未被保护的象

至少得有 8 个相，否则没法完成。最简单的办法是参照图中，

把相在第四排和第五排摆成一条线。这里可以看出相与相之间都没有互相防守，这是下一题要考虑的内容。

320. 被保护的象

只需考虑同一种颜色的方格，因为在白色方格中的操作同样可以在黑色中重复使用，而且在这里它

123

们不会相互影响。当然这种平等性在于普通棋盘上方格的个数 64 是偶数。如果一个有图案的棋盘上有奇数个方格，那么其中一个颜色的方格会比另一个颜色的方格多出一个。

10 个相所处的位置必须使每一个方格都被攻击，而相之间互相盯牢。我在图中给出了一种排列方式。可以看到，棋盘左边 6 个相一组中间的那两个除了保护临近方格上的相以外没有任何作用。仅仅通过将上边的一个向上移动一个方格，将下边的一个向下移动一个方格，我们就能得到另一种解法。

321. 相的联合会

14 个相可以有 356 种摆法。可是每一个相都必须放在棋盘的四边上——横着联成一排或者沿着竖边。而这题所要考虑的就是把这些相放在边上而使它们互不攻击。这不是一件难事。在一个有 n 个方格的棋盘上，$2n-2$ 个相（最大的数字了）总是可以有 2^n 种互不攻击的摆放方法。在一个常规棋盘上，

n 是 8，就是说 14 个相有 256 种摆法。答案竟会如此简单，真是有趣。

322. 八个皇后

这题的解答参照下图。可以看出，皇后之间互相不形成攻击，也没有 3 个皇后在同一条斜线上。这是 12 种摆放 8 个皇后的基本方法中唯一一个能符合题中最后一个条件的办法了。

323. 八颗星

这个谜题的答案如图 1 所示，它是符合所述条件的唯一答案。但是如果 8 颗棋子中的一个不是按图中所示那样放置，那么根据这个要求把旋转和倒映都算为不同方法的

话，总共有 8 种方法来排列这些星星。如果你把这张纸旋转，使得每个边都能轮换着作为底边，你就能得到 4 个旋转；而把这些旋转分别放在镜子中进行倒映，则可以得出 4 个倒映。因此，这些只是一个"根本方案"中的 8 个方面。但是如果第一颗星不是如此放置的话，将会有如图 2 所示的另一个根本方案。但是这种对称的排列在旋转和倒映后只有 4 个不同的方面。

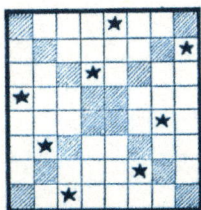

图1   图2

324. 镶嵌图案中的谜题

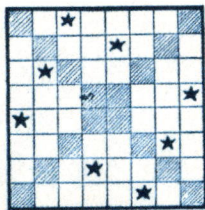

这个图表显示的是这些瓷砖如何被重新放置的。和之前一样，一块黄色和紫色的瓷砖被拿掉了。我在此说明，第 7 排的黄色和紫色瓷砖在之前的放置中可能变换了位置，但是没有其他可能的放置方式了。

325. 面纱下的秘密

如果能找到 8 个单词的话，说明你的答案已经完全正确了。因为顶部和底部两排都得出 VEIL；第二和第七列都有 VEIL；而对角线方向上，从第五列的 *L* 和第八列的 *E* 开始，都能得出 LIVE 和 EVIL。因此这些词总共有 8 种读法。

其他方法给出了 4 个字母的斜线读法，我们一开始可能对这些很感兴趣；不过后来会发现这是一条错误的线索，因为在这个方向上看似得到的更多的答案，其实是来自于其他方向上。当然，对于谜题解决者而言，看到的每一个 LIVE 或者 EVIL 都应该和其他单词一样看作是两次，因为它可以用两种方式来读，所以应该当作 2 个。有时候这些在 LIVE 和 EVIL 两个单词上可以产生多种读法的排列在其他单词上并无作用，因而并不会增加排列总数，但这仍是非常重要的想法。

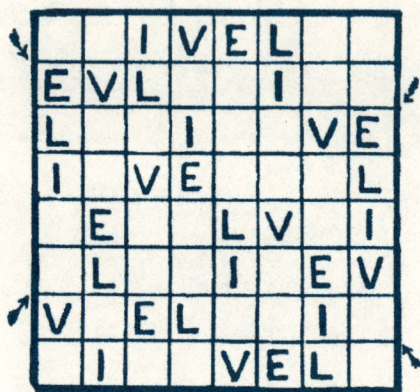

上图根据没有两个相同的字母处于同一直线上的条件做出，并给出了 5 个单词的 20 种读法——6 个水平的，6 个垂直的，对角线的 8 个如左右边箭头所示。这是最大值了。

4 对 8 个字母的单词可以用多达 604 种方式放置在 64 个格子的棋盘上，而且不会有相同的字母处于同一直线上。此处并没有把旋转和倒映计算为不同读法，而且也没有考虑到这些字母本身的排列组合；也就是说，举个例子，让所有的 L 和 E 换下位置。现在一个很古怪的情况是，我给出的那 20 个单

词的读法达到了最大值，而且只有通过这一种排列方式才能得出这样的最大值。但是如果你把所有 V 和 I 变换位置，把所有 L 和 E 变换位置，那么在给出的答案中，你仍然能得到 20 种读法——和之前所有方向中得到的数字一样。因此从同样的排列中得出最大值的方法有 2 种。所有读法的最小值是 0——也就是说，你可以把所有的字母排列成从任何方向都不能读成单词。

326. 巴歇的正方形

我们用字母 A，K，Q，J 来代表 Ace，King，Queen 和 Jack；用 D，S，H，C 来代表方块、黑桃、红桃和梅花。在图 1 和图 2 中，我们共有两种方法来排列每组字母，使得没有两个相同的字母处于同一直线上——尽管将图 1 旋转 $\frac{1}{4}$ 之后我们会得到图 2。如果我们把这两个方格重叠起来，我们就能够得到图 3，这是一个答案。但是我们可以在不改变排列规则的情况下，用 24 种方法将这些字母放进顶排。因此，在图 4 中，所有的 S 都和图 2 中的

图1

A	K	Q	J
Q	J	A	K
J	Q	K	A
K	A	J	Q

图2

D	S	H	C
C	H	S	D
S	D	C	H
H	C	D	S

图3

AD	KS	QH	JC
QC	JH	AS	KD
JS	QD	KC	AH
KH	AC	JD	QS

图4

S	H	C	D
D	C	H	S
H	S	D	C
C	D	S	H

D 一样被放在同样的位置，所有的 *H* 和 *S* 在同样的位置，所有的 *C* 和 *H* 在同样的位置，所有的 *D* 和 *C* 在同样的位置。明显地，在综合两种基本排列之后共有 24×24=576（种）方法。但是 *Labosne* 犯的错误是他认为 *A，K，Q，J* 都必须放在图1中，*D，S，H，C* 都必须放在图2中。因此他也把倒映和旋转90度计算在内，但是没有包括旋转 $\frac{1}{4}$ 在内。它们明显地很可能相互易位了。所以把倒映和旋转作为不同的方法计算在内，正确答案是 2×576=1152（种）方法。换句话说，顶排的那些组合可以用 16×9×4×1=576（种）方法写出来，而之后可以用 2 种方法来完成所有的方格，即总共 1152 种方法。

327. 三十六个字母的积木

我之前已经指出，要想把所有的字母按条件放进盒子中是不可能的，但是这个谜题正在尽可能多地放置。

这需要一点判断力和洞察力，不然我们容易被仓促得出的结论所误导：解决这个谜题的正确方法是先将 6 个相同的字母全部放进去，之后是另外 6 个相同的字母，以此类推。由于只有一种方案（把旋转也算上）来放置 6 个相同的字母，而且保证没有两个处在同一直线上，读者会发现，在你放置了 4 个不同种类的字母，每个放 6 次之后，除了 12 个空格组成两条最长的斜线之外，所有的空格都已被占满。因此你没有办法将剩下两个字母在不违背题意的情况下每个字母放置超过两个了，而且还剩下 8 个空格。我将这种排列放在了图1中。

图1

A	B	C	D	E	F
D	F	E	B	A	C
E	C			D	B
B	D			C	E
C			B	E	D
	E	D	C	B	

图2

A	B	C	D	E	F
D	E	A	F	B	C
F	C			D	A
B	D			C	E
C	A	E	B	F	D
E	F	D	C	A	B

这个谜题的秘密在于不要试着

把每个字母的 6 个全部放进去。可以看出，如果我们满足于每个字母放进去 5 个，这个数字（共 30 个）可以存在于这个盒子中，而且只剩下 6 个空格。但是正确答案是将 2 个字母的 6 个全部放进去，剩下 4 个字母，每个放进去 5 个。检查一下图 2 我们会发现，C 和 D 都有 6 个，A，B，E 和 F 都有 5 个。因此只剩下 4 个空格，而且在任何方向上都不会有两个相同的字母处于同一直线。

最大值是 32 个。由于这些马只能放置在相同颜色的方格内，而后占了每种颜色 4 个方格，象占了每种颜色 7 个方格，也就得出在这个谜题中，只有 21 个马能被放在相同颜色的方格中。如果我们利用了两种颜色，那么单放马的话，可以放置超过 21 个，但是我在"拥挤的棋盘"上放置超过 21 个马还没成功过。我相信上边的答案已经是最大值了，不过可能有些聪明的读者能在里边再放上一个马。

328. 拥挤的棋盘

答案在此。只有 8 个后或者 8 个车能被放在棋盘中且不会相互攻击，而象的最大值是 14 个，马的

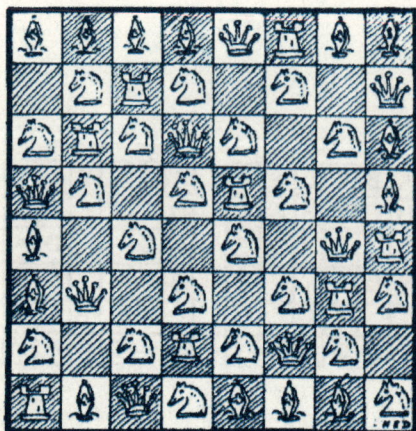

329. 上了色的计算器

计数器可以以这样的顺序排列：

R1, B2, Y3, 04, G5。

Y4, 05, G1, R2, B3。

G2, R3, B4, Y5, 01。

B5, Y1, 02, G3, R4。

03, G4, R5, B1, Y2。

330. 舔邮票的高雅艺术

下面的排列展示了如何将 16 枚邮票按照条件粘贴在板上，并总计 55 便士，或者 4 美元 2 美分：

4	3	5	2
5	2	1	4
1	4	3	5
3	5	2	1

如果在放置 5 美分的邮票之后，读者被诱惑到再放 4 个 4 美分的邮票，那么之后他就只能在剩下的 3 个面额中，每个面额放 2 个了，因此会丢掉两个空格，并且总计不会超过 48 便士，或者说 4 美元。这是隐设的陷阱。

331. 四十九个计算器

这些计数器可以如下排列：

A1，B2，C3，D4，E5，F6，G7。
F4，G5，A6，B7，C1，D2，E3。
D7，E1，F2，G3，A4，B5，C6。
B3，C4，D5，E6，F7，G1，A2。
G6，A7，B1，C2，D3，E4，F5。
E2，F3，G4，A5，B6，C7，D1。
C5，D6，E7，F1，G2，A3，B4。

332. 有关五只狗的谜题

下面这些图展示了 4 种根本不

同的解决方法。在案例 A 中，我们可以变换顺序，使得每一只狗都在底排，而其他 4 只狗都向上移 2 格。同样我们会用到右边的下一个格和中间水平的两行。如此 A 案例共有 8 个答案。之后 B 可以旋转或者放置在任意对角线，得出 4 个答案。和 B 一样，C 也同样有 4 个答案。D 中的直线是对称的，因此它的旋转没什么不同，但是或许可以在 4 个不同的方向上排列。因此我们共得到 20 个不同的答案。

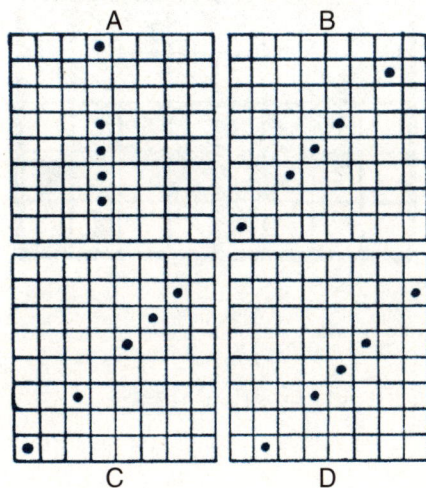

333. 拜占庭帝国的五个月牙形瓷砖

如果那个古代的建筑师如上图样式将 5 个月牙形瓷砖排列的话，

每个瓷砖都会被监守着，或者和至少一个月牙形瓷砖呈一直线，而且剩下的空间正好可以放置一块面积等于此道路一半的方形地毯。有一个非常有趣的事实是，尽管有其他2种或者3种满足覆盖29块瓷砖条件的方法，但这是唯一能覆盖此道路面积一半（即可得到的最大面积）的方法。

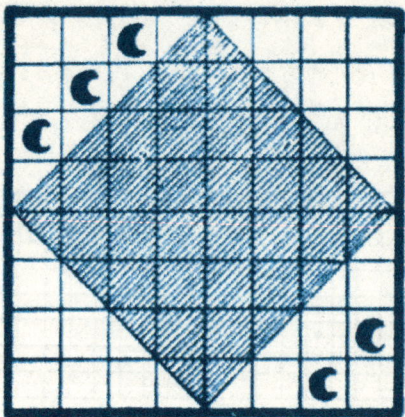

334. 后和象的谜题

象所在的方格是原先车所在的位置，4个后如此放置之后能使得每一个方格都要么被占据，要么被攻击。（见题中图1）

我在1899年曾指出，如果4个后是按如图所示摆放的话，那么第15个后可以放置在标为 a, b, c,

d 和 e 的12个空格中任意一个；或者放在标为 c 的两个方格中的车；或者标为 a, b 和 e 的8个空格中的象。唯一已知的将4个后和一个马排列进去的方式是由茉莉娅·沃利斯1908年8月在《岸边杂志》中提出的，这里只是重述，图3。

图2

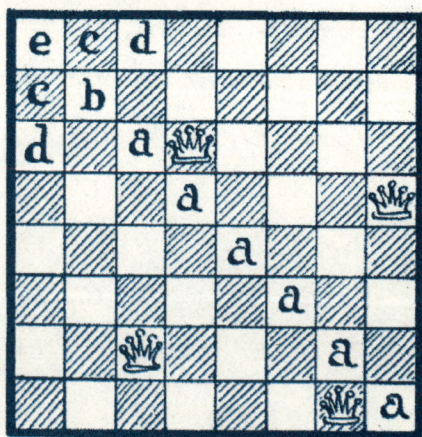

图3

我已经找出了很多种方式来排列4个后、1个车或者1个象，但是要使 3 个后和 2 个车互相保护的排列方式只有 1 种，如图 4 所示，这个方法由普朗克首次提出。不过自此之后我找到了 3 个后、1 个车和 1 个象排列的辅助答案，尽管它们之间不能相互保护，如图 5。

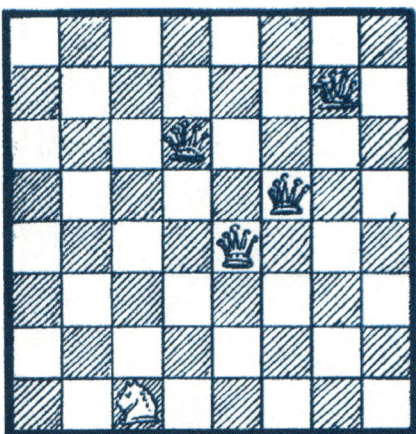

图4

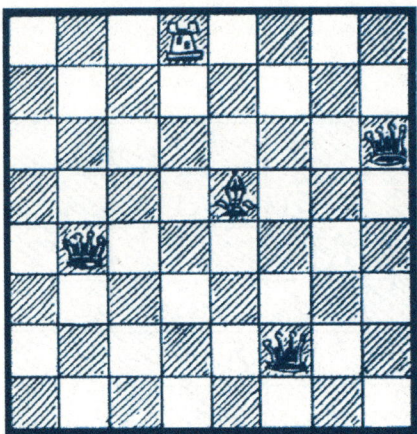

图5

335. 南方的十字架

答案如下图：

大家可能还记得我曾经说过，处于新位置的 5 颗行星"毫无疑问地将会占据之前 5 颗星星的位置"。这是为了排除只需移动 4 颗星这个比较的简单答案。

336. 挂帽钉谜题

参看下图可以更清楚地看出移动步骤，因为它展示了四步移动中每一步的位置。箭头标明了连续移动的步骤。可以看出，在每一步中所有的方格都要么被攻击要么被占据，而且在第 4 步之后，没有任何后是相互攻击的。顶部那个后最后移动时可能要向左再挪 1 个空格。

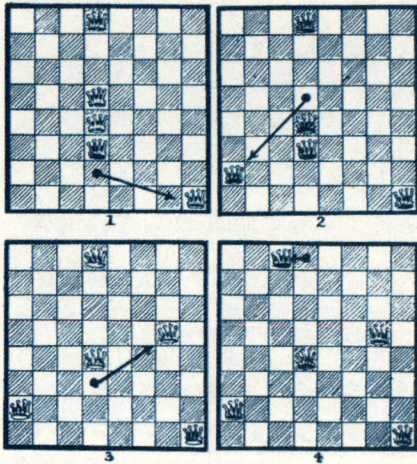

337. 奴役现象

这只是其中一种答案。可以看出，只有 3 个后从她们之前所在棋盘边缘移动了，由此出现 11 个没有被任何后攻击的空格（用黑点标出）。我斗胆说："在棋盘上不可能放置 8 个后使得超过 11 个空格不被攻击。"虽然我们仍没有确凿地证明这是否正确，不过我已经说服自己相信其正确性了。至少有 5 种不同的方法来排列后使得有 11 个空格不被攻击。

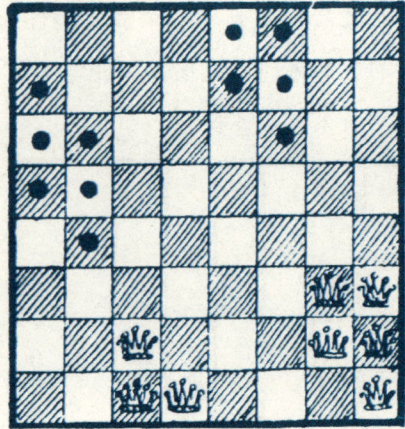

338. 卒的谜题

16 个卒或许可以这样放置，使得在任何可能的方向上，都不会有 3 个在同一直线上，如图所示。

339. 猎狮

在除了它们必须处于不同点这个限制条件外，总共有 6480 种方式来放置人和狮子。这是很明显的，因为人可以放在 81 个点中的任意一个，由此每一个案例中狮子都有 80 个点选择；因此是 81×80=6480。现在我们减去人和狮子可能被放到同一条路线中的数字，就是它们不会处于同一路线的结果。不难发现，它们处在同一路线的数字是 816。因此，6480−816=5664，即为所求答案。

这个谜题的一般解法是：$\frac{1}{3}n(n-1)(3n^2-n+2)$。当然这相当于我们把棋盘上的方格数设为 n，这个公式说明了有多少种方式来放置 2 个车而使它们不互相攻击。在这个案例中，我们只能分成 2 个，因为 2 个车没有任何区别特征，不能仅仅通过调换位置产生新的解法。

解法。可以看出，只需 16 步即可完成这一壮举。很多人在将步数减少到 17 以下的时候都觉得很困难。

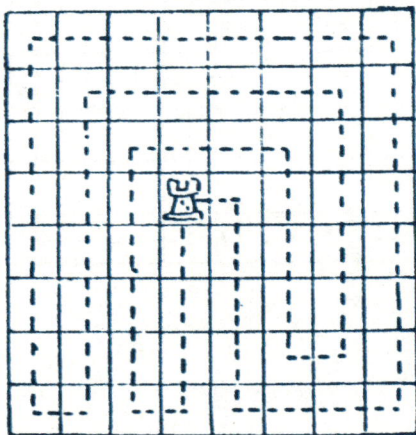

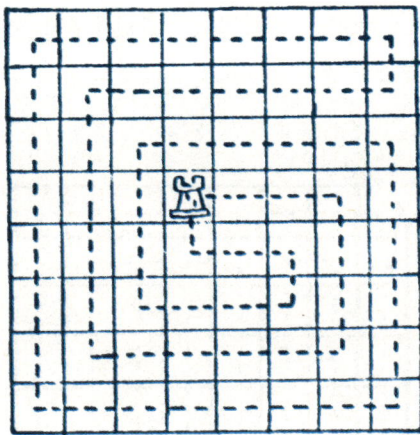

两颗棋子的谜题

340. 车的旅程

这两个图展示了唯一最小可能

341. 车的旅程

路线已在图表中显示。可以看出，第 10 步我们可以到达标为 10 的那一格，而最后一步即第 21 步我们能到达标为 21 的方格。

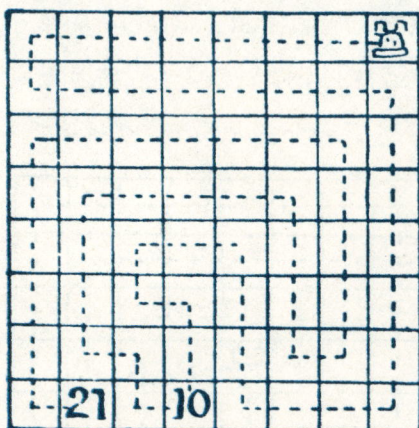

線（为了简明，将门省略了）他就
能够用多达 57 条直线穿过且仅穿
过每个监牢一次。按照象棋中车的
规则没有超过这个步数的了。

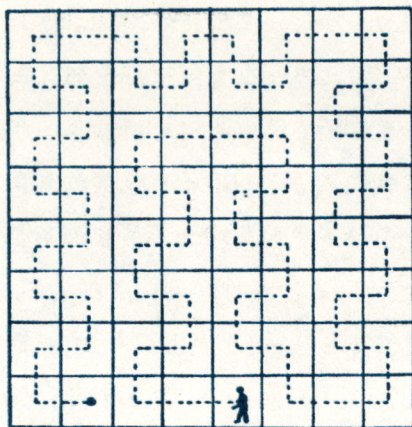

342. 憔悴的少女

黑点标出的即为骑士通过 22 条
直线救出少女的路线。在进入第一个
监牢之后，需要马上返回进入另外一
个。否则就不能解决这个谜题。

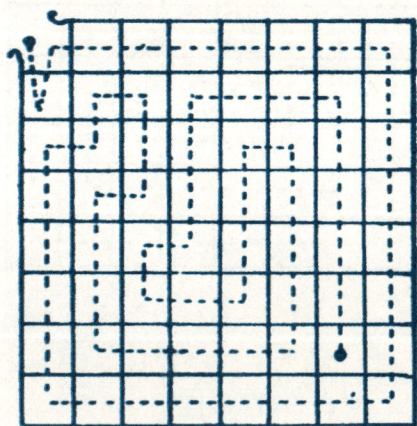

344. 狮子和人

首先，每个案例中最小可能直
线都是 22 条，而且为了保证没有
监牢被穿过两次，就完全需要双方
在进入一个监牢之后再回到开始的
地方，之后才向第 2 个可到达的监
牢前进。人的路线在下图中用实线
标出，狮子的路线用虚线标出。可
以看出，如果用笔尖沿着这两条路
线一个监牢一个监牢走下去，它们
永远不会相遇。但是有一小点我们
不能忽略——"他们时不时地会扫
到对方一眼"。现在，如果我们沿

343. 地牢谜题

如果因犯采取了如图所示的路

134

着人走的路线，并为狮子旋转的话，我们最终会发现，以相同速度移动的它们不可能看到对方。但是在我们的图表中可以看出，人和狮子同时处于标为 A 的监牢内，它们可以通过敞开的门看到对方；同样的事发生在它们处于标为 B 的监牢内，上边的字母代表的是人，下边的字母代表的是狮子。在第一个案例中，狮子径直面向人，而人看起来想要躲到狮子的后面；在第二个案例中，它们看起来似乎是要逃离对方。

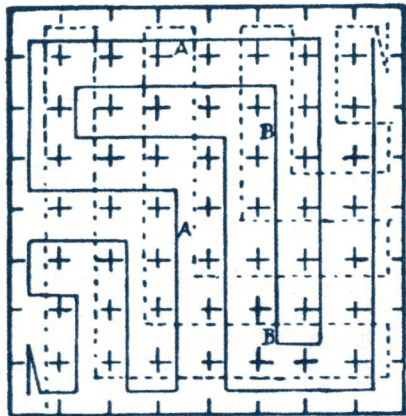

345. 一个新的计数器谜题

按照下边的顺序进行：2–3，9–4，10–7，3–8，4–2，7–5，8–6，5–10，6–9，2–5，1–6，6–4，5–3，10–8，4–7，3–2，8–1，7–10。现在在不打破规则

的情况下，所有的白色计算器已经和红色计算器变换了位置。

346. 一个关于象的新谜题

用图 A 中标明数字的符号按照如下顺序进行：

白色	黑色
1.18—15	1.3—6
2.17—8	2.4—13
3.19—14	3.2—7
4.15—5	4.6—16
5.8—3	5.13—18
6.14—9	6.7—12
7.5—10	7.16—11
8.9—19	8.12—2
9.10—4	9.11—17
10.20—10	10.1—11
11.3—9	11.18—12
12.10—13	12.11—8
13.19—16	13.2—5
14.16—1	14.5—20
15.9—6	15.12—15
16.13—7	16.8—14
17.6—3	17.15—18
18.7—2	18.14—19

图 *B* 展示的是第9步移动之后的位置。1 和 20 的象都没有移动，但是 2 和 19 的象已经向前进发并返回。最后，1 和 19，2 和 20，3 和 17，4 和 18 的象都已经变换了位置。注意第 13 步移动之后的位置。

347. 后的旅程

下图是完成后的旅程的第 2 种方法。如果你在 *J* 处将直线打断，并擦去那条线的一小部分，你就会找到任何一个 *J* 方格所需的路线了。如果你在 *I* 处将直线切断，你会找到任何一个 *I* 方格所需的非凸角路线。而如果你在 *G* 处将直线切断，你就能得到任何一个 *G* 方格所需的路线。

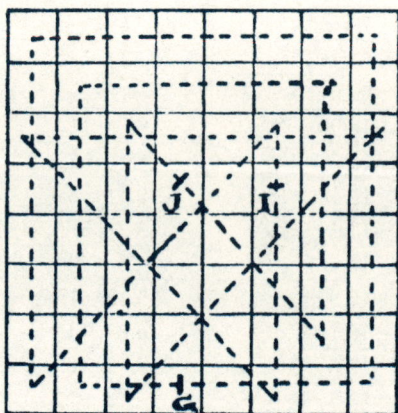

348. 有关星星的谜题

下图说明了一切。从白色星星开始到白色星星结束，所有的星星都被 14 条直线划掉了。

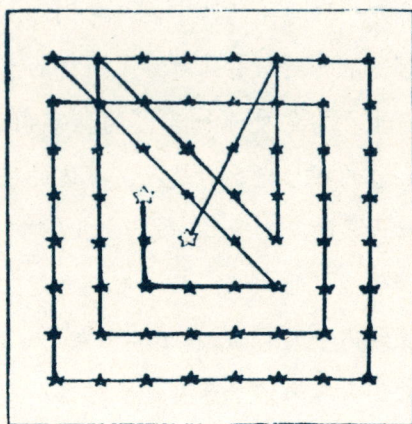

349. 快艇比赛

下图说明了一切。数字表明了直线方向的准确顺序，可以看出如要求的一样，第 7 航道是在旗帜飘扬的浮标处结束。

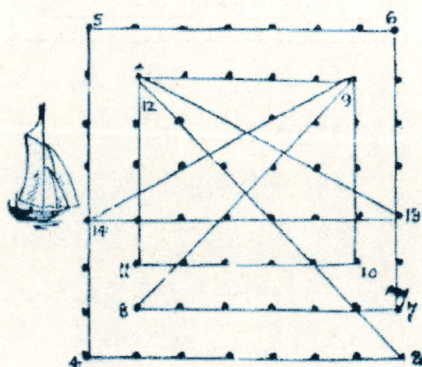

350. 技能高超的滑冰者

这个案例中，我们超出了方格的边界。除此之外，所有移动都遵照国际象棋中后的规则。要达成此目，有 3 种或者 4 种方式。如下所示：

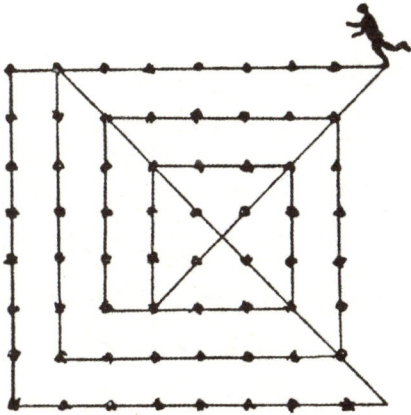

可以看出，滑冰者通过 14 条连续的直线将所有的星星划掉，并最后回到开始的地方。根据图中滑冰者的路线，必须在每次转弯之前都尽可能地走得更远。

351. 四十九颗星的谜题

插图展示的是如何色星星开始和结束，并通过 12 条直线将所有星星划掉。

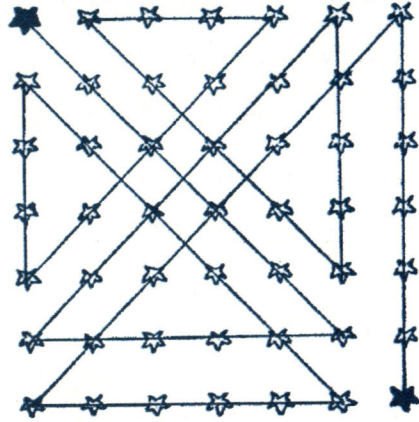

352. 后的行程

这个谜题的答案已在下图中用黑线标出。标出的是使后按要求 5 步之内所能达到的最大距离。虚线是大多数人认为最长的路线，但并不足够长。让我们假设任意一个方格的中心与它相邻的方格的中心水平线或者垂直直线是 2 英寸，而后从她最初那个方格的中心出发，到

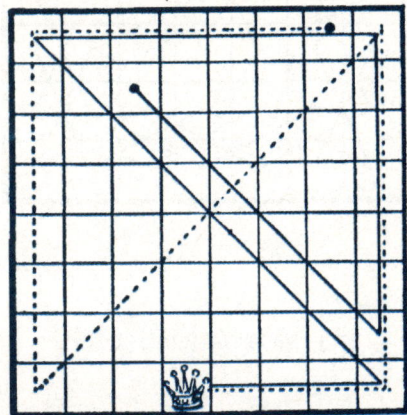

达她停下的下一个方格的中心。我们会发现第一条路线的总长超过67.9英寸，而虚线的总长小于67.8英寸。差别很小，但是足够区分出哪个更长了。其他所有的路线都比这两个短。

353. 圣乔治和龙

我们从很多不错的设计中选择了这个解法，以便用直线来标明他从一个方格到另一个方格的路线。方格的图案已被省略，以便于看得更加清楚。圣乔治严格按照条件和我们所期望的尊贵方式杀死了龙。

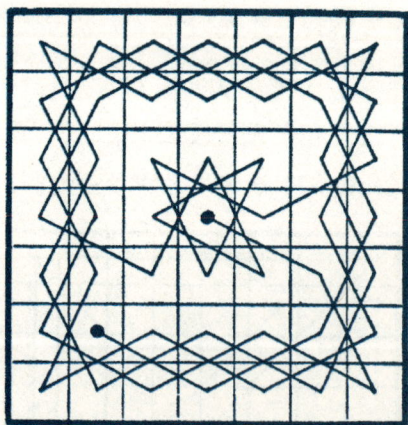

354. 有关灰狗的谜题

这个谜题有很多有意思的地方。首先，如果我们不规定两条线路结束的位置，那么就不可能形成这样的路线，除非我们从顶部和底部的狗窝开始和结束。我们可以从顶部开始，在底部结束（或者恰恰相反），或者我们可以从某一行开始并在同一行结束。但是我们绝不能在中间这两行开始或者结束。然而，开始和结束的地方都已经为我们确定了。因此我们整个路线的前半部分就被完全限定在了下图中用圆圈标出的部分，后半部分因此也被限定在了那些没有画圈的方格中。留给剩下的两个半截路线的那些格子可以看成是对称和相似的。

第二点，第一个半截路线必须在中间行中的一个结束，而且第二截要在中间行中的一个开始。现在已经很明显了，因为它们必须连接到一起形成一个完整的路线，而且所有靠边的格子都以马的规则和与它相似的相连接——也就是说，无论围不围得成一个圈都可以。因此，这些半截路线只能在中间行连接。

现在，总共有8个不同的第一截直线，因此也就有8个不同的第二截直线。我们应当可以看出这些

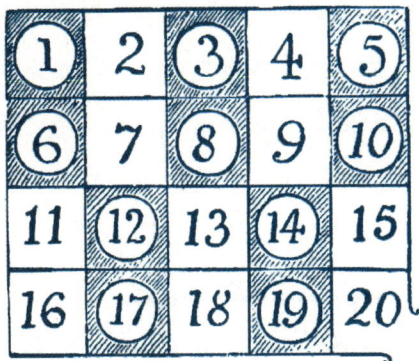

要构成 12 条完整的直线，而这恰恰是这个谜题的正确答案。我不打算详细地给出所有的答案，但是如果读者细心找的话，他们就能毫不费力气地找到。下边的这些数字可对照上边的图表使用。

8 条第一截直线是：1 到 6（2 条路线），1 到 8（1 条路线），1 到 10（3 条路线），1 到 12（1 条路线），1 到 14（1 条路线）。8 条第二截直线是：7 到 20（1 条路线），9 到 20（1 条路线），11 到 20（3 条路线），13 到 20（1 条路线），15 到 20（2 条路线）。你能连到一起的任何两个半截直线都是一种不同的解法。可以看出，能连接的直线如下：6 到 13（2 个解法），10 到 13（3 个解法），8 到 11（3 个解法），8 到 15（2 个解法），12 到 9（1 个解法），14 到 7（1

个解法）。因此这个谜题总共有 12 种不同的连法和 20 个不同的答案。可以看出，画有灰狗的图中给出的路线是由 1 到 10 中 3 条路线之一组成，将 13 到 20 的半截直线连接到一起。应当注意的是，解法中的 10 个是由它们 5 条本来的路线和旋转得到的——也就是说，如果你用直线将这 5 条路线标出，然后旋转这个图标，你就能得到另外 5 条路线。剩下的 2 个解法是对称的（这些是 12 到 9 和 14 到 7 这两个连接产生的），因此它们不会产生对称的解法。

355. 有关四只袋鼠的谜题

跟这个谜题对称的解法如图所示。4 只袋鼠中的每一个都晨跑完之后回到自己的角落，不会穿过已被另外一只袋鼠穿过的空格，也不会横过中间的那条线。读者会突然间想到这个谜题的一个改进版，就是在垂直中心线处将棋盘分开，把不穿过它也作为一个条件。这就意味着袋鼠必须将自己限制在 4×4 的方格中，而这是不可能的，我会在下两个谜题中解释原因。

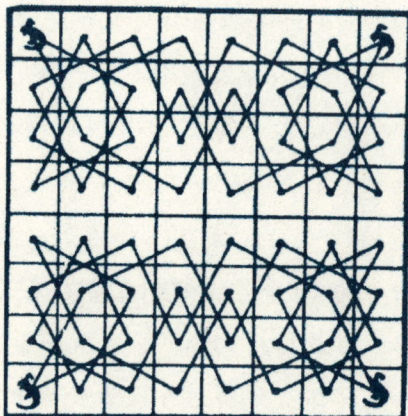

356. 隔断中的棋盘

在尝试解决这个谜题的过程中，很有必要以找出它们进入和退出点所在的眼光来分别研究两个由20个和12个方格组成的隔断。可以看出，在比较大的那个隔断中，要想完成整个旅程，我们必须从外部的两个长边上的方格开始。但是尽管你可以从这10个方格开始，你仍然被限制在那些可以结束的方格中，或者（其实是一样的）你可以在任意方格中结束，只要你在某些特定的方格中开始。在那些较小的隔断中，你开始和结束的位置被限制在隔断的两个短边上的6个方格中，但是同一个限制条件在其他

例子中同样适用。你会发现，在两个较小隔断的案例中，必须在连接在一起的地方开始和停止，而之后在较大隔断中必须在相邻的两边开始和停止。

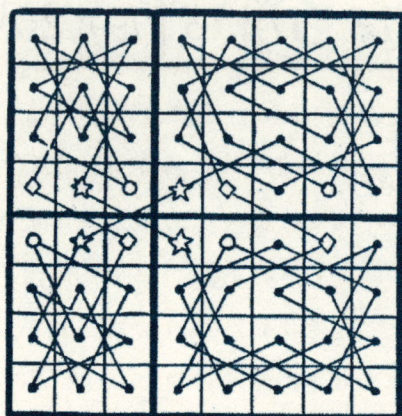

从上图给出的可能解法中可以看出，我们可以在8个地方开始这趟旅程；但是每个案例中只有1条路线，因为我们必须在进入另一个隔断之前完成本身所在隔断的旅程。在其他的解法中，我们会发现用标出的那些方格一定是进入或者退出点，但是旋转法则让我们只能选择在菱形或者圆圈的地方进行其他连接。我觉得这些标记解释了这个谜题中所有重要部分，非常有指导意义，而且很有趣。

357. 四个马的旅程

从下图中可以看出一个棋盘是

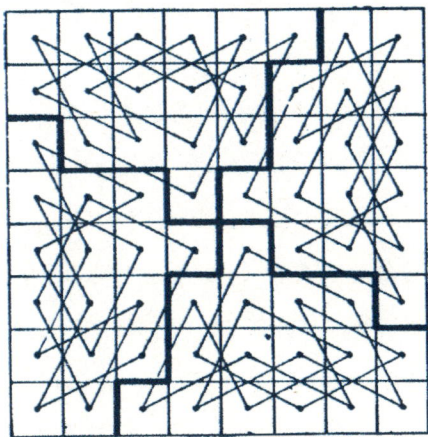

如何分成 4 个部分，每一个部分大小形状相同，而且能使马在每一个部分上都能进行完整的凸角旅程。只有一种可能的路线和它的旋转能使每一匹马完成旅程。

358. 立方体的骑士巡游谜题

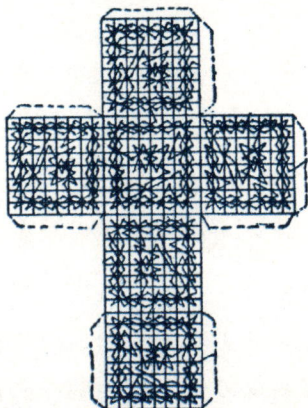

如果读者将上图剪下，将它折叠成一个立方体，用边上预留的翼粘在一起，他就会生出好奇心了。或者他也可以自己做个大一点的。可以看出，如果我们假设在每个边上都可以进行完整的旅程，我们就可以从棋盘上的 384 个方格中任意一个开始，并且走完整个立方体，回到出发点。从立方体的一个边到另一个边的方法很容易理解，但是，难点在于找到每个盘上的切入点和退出的地方，找出走哪块的顺序，还要满足所给出的条件。

359. 有关四只青蛙的谜题

将每一步都分开算的话，最小可能的步数是 16。但是这个谜题也可以用下面 7 局解决，如果把每一个青蛙连续移动算做一次的话，括号中的每一步都算是一局。数字是伞菌上的数字：（1–5），（3–7，7–1），（8–4，4–3，3–7），（6–2，2–8，8–4，4–3），（5–6，6–2，2–8），（1–5，5–6），（7–1）。

这是人们很熟悉的一个谜题，由加里尼在 1512 年提出，我在此

141

提出是为了解释我解决这种移动计数器谜题的"按钮和弦"理论。

图A是解决加里尼的谜题比较古老的方式，关键点在于将白色马和黑色的调换位置。在"4只青蛙"谜题中，所有可能移动的方向都用线标出，以帮助读者理解马在国际象棋中的移动规则。但是我们很快会发现两个谜题其实是一样的。中心的那个方格可以被忽略掉，因为没有任何马能到那个位置。现在，把伞菌当作按钮，连接的线作为弦，如图B所示。然后通过分解这些弦我们可以清楚地将图以C的形式呈现，在这里边这些按钮完全和B中一样。图C中的任何解法都适用于B和A。在图C中，将白色马放在1和3上，将黑色马放在6和8上，之后这个解法的简单性就显而易见了。你只需将马顺着圆圈沿着一个方向或者另外一个方向移动即可。试试上述步骤，你会发现那

点小困难不见踪影了。

在图D中的是另外一个大家比较熟悉的谜题，它是由《杰罗姆冒险记》于1789年在布鲁塞尔提出的。用下述方式将7个计数器放在8个点上。你必须在接触一个没有计数器的点之后沿着引向下一个空白的点那条直线前进（两个方向都可以），并在此放下计数器。用这种方式直到所有的计数器都放好。记住一直要接触一个空的点之后到下一个点去，而且这个点也必须是空的。现在，经过"按钮和弦"理论的简化之后，我们可以把这个图表转换成E。之后解法就显而易见了。"总是向你上一次出发的那个点移动"。当然这并不是放置这些计数器的唯一方式，不过却是最容易记住的方式。

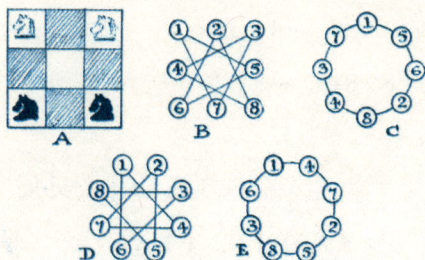

360. 有关周处的谜题

解决这个谜题相当令人迷惑的一点是解决谜题者必须自己决定那些被加了阴影的数字是否为干扰项。99%的人可能会以为移动它们是没有必要的，倘若如此的话，他

们就错了。

不移动那些加了阴影的数字时最少步数是32。但这个谜题可以在30步内解决。关键是在第二次要移动6或者15，并在第19次移动的时候重新补上。解法如下：2，6，13，4，1，21，4，10，2，21，10，2，5，22，16，1，13，6，19，11，2，5，22，16，5，13，4，10，21。共30步。

361. 给囚犯的练习题

以完整的马的路线来排列这些数字共有80种方式，但是其中只有40种能使两个人不同时处于一个小号中。2是所有人中能得到彻底休息的最大数字，而且尽管这个马的路线能使要么是7和13，8和13，5和7或者5和13留在原位，下图中的7和13都没有移动排列是在满足移动条件下唯一的解法。因此谜题本身可以分解为寻找能够到这些位置的最小可能步骤。这显然不是简单的事，而且没有可以用来找出正确答案的公式。这在很大程度上是要靠人判断力，细心实验，慧眼找出位置的谜题。

事实上，我们能以下列方式用66步到达：12，11，15，12，11，8，4，3，2，6，5，1，6，5，10，15，8，4，3，2，5，10，15，8，4，3，2，5，10，15，8，4，12，11，3，2，5，10，15，6，1，8，4，9，8，1，6，4，9，12，2，5，10，15，4，9，12，2，5，3，11，14，2，5，14，11，共66步。尽管这是我所知道的最少步数，而且觉得没有比这个更少的了，我仍然不能保证说不会有更加简捷的路线。最容易引人上当的肯定是图 A；但是事情不是它们表面看起来的那回事，而图 C 是到达那个位置的最简单方式。

如果左下角的那个小号能够空着，那么下边这个是由 R. Elrick 提出的45步法：15，11，10，9，13，14，11，10，7，8，4，3，8，6，9，7，

143

12, 4, 6, 9, 5, 13, 7, 5, 13, 1, 2, 13, 5, 7, 1, 2, 13, 8, 3, 6, 9, 12, 7, 11, 14, 1, 11, 14, 1。不过每个人都移动了。

362. 有关狗窝的谜题

第一点在于选择最有希望的马的路线，之后再考虑用最少的步骤实现排列的谜题。我认为最佳的路线如上图所示，从中可以看出每一个相邻的数字都是按照马的规则从上一个移动过来的，而且5条狗(1，5，10，15和20）没有离开它们原先的狗窝。

这个位置可以用如下46步达到：16-21，16-22，16-23，12-17，12-22，7-12，7-17，7-22，

11-12，11-17，2-7，2-12，6-11，8-7，8-6，13-8，18-13，11-18，2-17，18-12，18-7，18-2，13-7，3-8，3-13，4-3，4-8，9-4，9-3，14-9，14-4，19-14，19-9，3-14，3-19，6-12，6-13，6-14，17-11，12-16，2-12，7-17，11-13，16-18，共46步。我不能保证找不到更少的步数，但我确信要减少这个数字将是很难的事情。

363. 有关两个卒的谜题

将一个卒命名为A，另一个为B。现在，由于第一步可供选择，所以任一个卒都可以通过5或6步到达第8个方格。因此只需考虑4个案例：（1）A移动6下，B移动6下；（2）A移动6下，B移动5下；（3）A移动5下，B移动6下；（4）A移动5下，B移动5下。在案例（1）中共移动12次，我们可以选择6次给A。因此，$7×8×9×10×11×12$ 除以 $1×2×3×4×5×6$ 共有924种方法。同样在案例（2）中，在11中选择6次共有462种；在（3）中，

144

在 11 中选 5 次同样是 462 种；在（4）中，10 中选 5 次是 252 种。将这些数字加在一起得到 2100 种，这正是满足条件的不同方式的准确答案。

各种棋谜

364. 布置棋盘

白色的卒共有 40320 种排列方式，白色车有 2 种，象有 2 种，马有 2 种。将这些数字相乘我们发现可以有 322560 种方式来排列这些白色棋子。黑色棋子也是同样多的排列方式。因此将 322560 乘以 322560 等于 104044953600 种方式。但是人们差不多都可能忽略的是每一个排列都可以用另外一种方式进行。因此这个答案要翻倍，即 20089907200 种方式。

365. 数数有多少个长方形

总共有 1296 个不同的长方形，其中 204 个是正方形，这是把方形

棋盘本身也作为一个，有 1092 个不是正方形的长方形。一个有 n^2 个方块的棋盘中有 $[(n^2+n)2]/4$ 个长方形，其中 $(2n^3+3n^2+n)/6$ 个是正方形，$(3n^4+2n^3-3n^2-2n)/12$ 个为长方形。有趣的是，长方形的总数总是以 n 为边的三角形总数的 2 倍。

366. 车战

这个答案涉及的一点是：在最后的位置，标明数字的车必须和它们原先所在图中的号数顺序方向相反，否则谜题就不能解决。按下列顺序移动车上的数字。由于车不能移动超过一个格子（最后一步除外），顺序就显而易见了：5，6，7，5，6，4，3，6，4，7，5，4，7，3，6，7，3，5，4，3，1，8，3，4，5，6，7，1，8，2，1，之后车吃掉象将军。最小可能步数是 32。黑色王的移动都是被迫的，因而不必计算。

367. 僵局

在独自计算的情况下，罗德先

生、弗兰肯斯坦先生、汤普森先生和我都到达了同样的位置。以下或许是解决这个有趣谜题比较能够接受的最好办法：

白棋	黑棋
（1）P-Q4	（1）P-K4
（2）Q-Q3	（2）Q-R5
（3）Q-KKt3	（3）B-Kt5 ch
（4）Kt-Q2	（4）P-QR4
（5）P-R4	（5）P-Q3
（6）P-R3	（6）B-K3
（7）R-R3	（7）P-KB4
（8）Q-R2	（8）P-B4
（9）R-KKt3	（9）B-Kt6
（10）P-QB4	（10）P-B5
（11）P-B3	（11）P-K5
（12）P-Q5	（12）P-K6

之后白棋就被困住了。

我们给出达到这个位置的图。可以看出，没有一颗白棋可以移动了。

368. 固定不动的卒

（1）马到象（与王配置）第3格

（2）马到车（与王配置）第4格

（3）马到马第6格

（4）马吃掉车

（5）马到马第六格

（6）马吃掉象

（7）王吃掉马

（8）马到象（与后配置）第三格

（9）马到车第四格

（10）马到马第六格

（11）马吃掉车

（12）马到马第六格

（13）马吃掉象

（14）马到后第六格

（15）后到王棋格

（16）马吃掉后

（17）王吃掉马，布局形成

黑方所走棋步和白方一样，所以只给出一套走法。以上17步是可能最少的走法。

369. 三十六种将棋法

将剩下的八枚白方棋子如下摆放：王在象（与王并列配置）第四格，后在马(与后并列配置)第六格，车在后第六格，车在马（与王并列配置）第七格，象在后第五格，象在车（与王并列配置）第八格，马在车（与后并列配置）第五格，马在象（与后并列配置）第五格。接下来的将棋方式为：

从"后"探索	8
从位于"后"第六格的"车"探索	13
从在位于"车"第八格的"象"探索	11
在"车"第5格的马将棋	2
卒将棋	2
共计	36

有没有可能创建一种布局形式，使得有多于36种的将棋方式存在呢？目前还没有人能够排列出。

370. 令人惊奇的困境

布莱克先将他的王置于马（与后并列配置）的第七格，不管怀特先生选什么棋子，都无法将死布莱克的棋。我们说过，布莱克的王根本不用理被将棋，也不用移动。怀特可能将他的卒升变为后，吃掉布莱克的车，用三颗棋子进行攻击，但是将死是不可能的。因为不能将死棋，则无法使布莱克的棋移动到任何其他棋格。

371. 将死棋

将白方的卒从象的第六格移到王的第四格，然后将黑方的一个卒放在黑方的象（与王并列配置）的第二格。现在，白方将卒移到王的第五格，将军，然后黑方必须将卒移到象的第四格。接下来，白方的卒吃过路兵卒，将死棋。所以这是白方的最后一步，使棋局呈留下来的局面。这是唯一的可能性答案。

372. 古怪的棋局

如果你将棋如下摆放（为节

省空间，只显示了棋盘的一部分），黑方的王则被将，且无路可走。读者现在将明白除了白方没有王这个原因以外，还有什么原因让我避免使用"将死"这一说法。这一棋局的位置关系是不可能的，因为黑方不可能同时被两个车将军，也不能在上一步陷入被将的局面。我确信是已故的森姆·莱特先生首次发表这一棋局的。

373. 古老的中国谜题

走法如下：

（1）车—后第六格

（2）马—车

（3）车（车第六格）—象第六格（将棋）

黑方走棋受限，故不用列出方案。

374. 六个卒子

将大于 2^2 的六个卒子放在棋盘上的基本公式为：n 个数中任取 3 个数的排列组合的平方，然后乘以 6。此处，n 表示棋盘一边的棋格数目。当然，n 为偶数时，在每行每列未被占据的棋格也为偶数；n 为奇数时，棋格数也为奇数。此处，n 为 8，所以答案为有 18816 种不同方式。这个又叫作"染工的谜题"。在此，为了让新手们也能轻易掌握解题方法，我重复一下。首先，很明显，如果我们在任意一条线上放一个卒子，那么我们必须将第二个也放在那条线上，这样才能让剩下的为偶数。在没有使所有的纵行数字为偶数成为不可能时，我们不能在任意一行上放 4 个或 6 个卒子。现在只有六种方案符合条件，如下图所示。

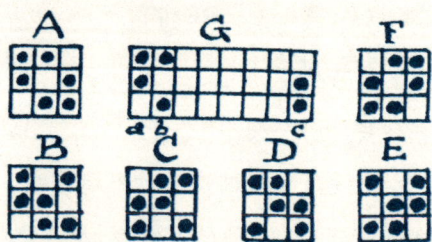

我可以说 A 和 B 是仅有的有特色的排列，因为如果你将 A 旋转 15 度，则得到 F；如果将 B 顺时针每旋转 15 度，则可依次得到 C、D 和 E。不管你怎么摆这六个卒子，只要你是遵守题目要求，它们终将符合其中一种排列。当然，很清楚，只是延伸，并不破坏排列的本质性特征。

从而，G 只是 A 的一个延伸。所以谜题主要为算出这些延伸的数目。假定将我们的操作限于前三行内，如图 G，那么参照 a 和 b 在第一和第二列的搭配，c 组可以置于剩下的六列中任何一列，从而有六种方案。现在将 b 组移动到第三列，c 则有 5 种可能性布局。将 b 移到第四列，c 又会产生四种新的方案，如此类推，直到将 b 放在第七列（a 仍在第一列），c 则只有一种位置——第八列。然后将 a 放在第二列，b 在第三列，c 在第四列，又像之前一样移动 c 和 b，则又会产生新的答案。

所以我们发现，只使用 A 图形式，且将我们的操作限定在前三行，我们可得 8 个数任取 3 个数的组合数，为 $8 \times 7 \times 61 \times 2 \times 3 = 56$。读者马上会想到，如果有 56 种选择列的方式，那么一定有 56 种选择行的方式，因为如同从左到右的操作一样，我们同样可上下移动。所以 A 形式可提供的方式总数为 $56 \times 6 = 3136$。但是，如我们所见，有六个排列。而我们只处理了

A。所以我们必须将结果再乘以 6，$3136 \times 6 = 18816$，这就是方式的总数，我们之前也已经提到。

375. 单人筹码跳跃

如下操作：3—11，9—10，1—2，7—15，8—16，8—7，5—13，1—4，8—5，6—14，3—8，6—3，6—12，1—6，1—9，按照条件，除了 1 号，所有的筹码都被拿走了。

376. 棋盘单人跳跃

如下操作：7—15，8—16，8—7，2—10，1—9，1—2，5—13，3—4，6—3，11—1，14—8，6—12，5—6，5—11，31—23，32—24，32—31，26—18，25—17，25—26，22—32，14—22，29—21，14—29，27—28，30—27，25—14，30—20，25—30，25—5。棋盘上剩下的两个筹码为 25 号和 19 号——两个如规定所要求，在同一组——而且 19 号从没从原来位置移动过。

我认为棋盘上只留一个筹码的谜题是没有解答的。

第五章　测量、称重及包装谜题

377. 祝酒杯

如下表，可用 11 步将 12 品脱的麦芽酒均分。6 纵行分别表示每次处理后酒桶里的、5 品脱装水罐里的、3 品脱张水罐里的、流浪者 X、Y、Z 所拥有的麦芽酒重量。

酒桶	5 品脱	3 品脱	X	Y	Z
7 ..	5 ..	0 ..	0 ..	0	0
7 ..	2 ..	3 ..	0 ..	0	0
7 ..	0 ..	3 ..	2 ..	0	0
7 ..	3 ..	0 ..	2 ..	0	0
4 ..	3 ..	3 ..	2 ..	0	0
0 ..	3 ..	3 ..	2 ..	0	0
0 ..	5 ..	1 ..	2 ..	4	0
0 ..	5 ..	0 ..	2 ..	4	1
0 ..	2 ..	3 ..	2 ..	4	1
0 ..	0 ..	3 ..	4 ..	4	1
0 ..	0 ..	0 ..	4 ..	4	4

则每人都能得到 4 品脱麦芽酒。

378. 医生的疑问

烈酒瓶里的混合物中酒和水的比例为 40 比 1，另一瓶中酒和水的比例为 1 比 40。

379. 酒桶谜题

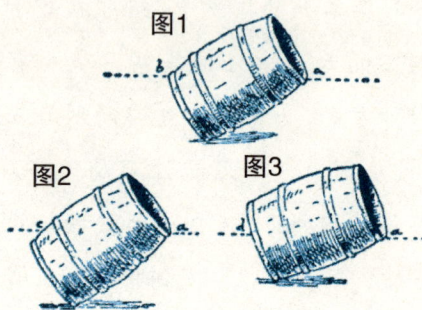

图1

图2　　图3

我们所需做的只是将酒桶如图 1 倾斜，如果水平面的边既能碰到边缘 a，同时又能碰到底部 b 的边缘，那么就是装满一半。更精确地说，如果底部离地面大约一英寸高，那么我们可以估算底部和顶端的厚度。如果水的表面接触到边缘 a，又升到图 2 中的 c 点，那么装了一半多。如果如图 3 中，还能看到底部的一部分，水平面降到 d 点，那么不够一半。这一方法适用于所有对称结构的容器。

380. 新的量酒谜题

下面解答用了11步，显示了每个容器开始以及每次操作后的含量。

10夸脱		10夸脱		5夸脱		4夸脱
10	...	10	...	0	...	0
5	...	10	...	5	...	0
5	...	10	...	1	...	4
9	...	10	...	1	...	4
9	...	6	...	1	...	4
9	...	7	...	0	...	4
9	...	7	...	4	...	0
9	...	3	...	4	...	4
9	...	3	...	5	...	3
9	...	8	...	0	...	3
4	...	8	...	5	...	3
4	...	10	...	3	...	3

381. 老实的送奶员

不管奶和水的各自含量为多少，送往伦敦的水和奶的比例总是3比1。需要注意的是。最开始必须水比奶多，要不然在第二次时A罐没有水用于加倍。水也不能超过奶重量的3倍。由于第3次操作水和奶的比例一定与第二次操作后的比例相同，那么第三次的操作对A其实没有什么影响。介绍这个，是为了防止有人挑剔说奶和水的重量最初是不是相同。因为虽然将"0"加倍还是"0"，但是在这个谜题中，第3次操作就无从谈起了。

382. 酒和水

小酒杯里的酒是全部液体的 $\frac{1}{6}$，大酒杯里的酒是全部的 $\frac{2}{9}$。将它们加起来，我们发现酒是全部液体的 $\frac{7}{18}$，所以水是 $\frac{11}{18}$。

383. 所罗门神庙

如果石块抬到一英里长、半英里高的神庙上，那么担子的重心就向后移了4.5英寸。因此，从数学的角度来看，前面的人的握点离中心的长度为49.5英寸。后面的两个人与中心的距离的和应该等于前面的人的握点距离中心位置的一半，例如，中间的人可以离中心 $14\frac{3}{4}$ 英寸，而最后的人距离中心 $34\frac{3}{4}$ 英寸。

这样，每个人就分担了 $\frac{1}{3}$ 的重量，即 $210\frac{2}{3}$。当然，也可以使用任何一组和为49.5的两段距离。

384. 佳丽小姐的吊床问题

如下图所示，我们可以看出，

从左下角开始，吊床一共断裂了12处，所以佳丽小姐的体重是120。

385. 一桶酒

水壶的容量一定少于3加仑，更确切地说，为2.93加仑。

386. 拼配茶

有3种方式拼配茶。将它们按2便士6先令、2便士3先令和1便士9先令的质量顺序排列，为16磅、1磅、3磅；或14磅、4磅、21磅；或12磅、7磅、1磅。每一方式中，20磅的拼配茶都为2先令$4\frac{1}{2}$便士每磅。但最后一种方式所需最好的茶最少，所以为最佳答案。

387. 火海逃生问题

守夜人、他那胖夫人、婴儿和狗，都可以按照下面的顺序逃离火海：

（1）降下婴儿30磅；

（2）降下狗60磅，升上婴儿30磅；

（3）降下守夜人90磅，升上狗60磅；

（4）取出狗60磅，降下婴儿30磅；

（5）降下狗60磅，升上婴儿30磅；

（6）降下婴儿30磅；

（7）降下胖夫人210磅，升上守夜人、婴儿和狗共180磅；

（8）降下婴儿30磅；

（9）降下狗60磅，升上婴儿30磅；

（10）降下婴儿30磅；

（11）降下守夜人90磅，升上狗60磅；

（12）降下狗60磅，升上婴儿30磅；

（13）降下婴儿30磅。

388. 守财奴嫁女儿

3位新娘的总体重为396磅，每两人之间的重量差为10磅。凯特、尼尔和米尼小姐的体重分别是：122磅、132磅和142磅。约翰·布朗和凯特是一对，两人体重均为122磅。尼尔和威廉·琼斯（198磅）是一对，总体重为330磅。米尼和查尔斯（284磅）是一对，总体重为426磅。3对新人的总体重为1000磅。

389. 卖牛奶

让我们用 A 和 B 来表示两个10加仑的牛奶罐，这样，我们就可以通过下面的办法来量取2份2夸脱的牛奶：

（1）用 A 罐中的牛奶倒满5夸脱的桶，A 罐中少了5夸脱；

（2）将5夸脱的牛奶桶倒出4夸脱，这样就只剩下1夸脱的牛奶了；

（3）将4夸脱桶中的牛奶倒回 A 罐，则 A 罐中还少1夸脱；

（4）把5夸脱桶中的牛奶倒入4夸脱的桶中；

（5）再用 A 罐中的牛奶倒满5夸脱的桶，则 A 罐中还少6夸脱；

（6）再用5夸脱桶中的牛奶倒

满4夸脱的桶；由于4夸脱桶中原来已经有1夸脱牛奶，这样4夸脱的桶满了之后，5夸脱桶中还剩下2夸脱的牛奶；

（7）将4夸脱桶中的牛奶倒回 A 罐，则 A 罐中还少2夸脱；

（8）用 B 罐中的牛奶倒满4夸脱的桶；

（9）用4夸脱桶中的牛奶倒满 A 罐，这样，4夸脱桶中就剩下2夸脱牛奶，A 罐还是满的，而 B 罐则少了4夸脱。

在这道题中，A 罐和 B 罐的容量并不影响其夸脱的量取。

390. 笼中之鸟

鸟儿比空气重，如果它向下俯冲就会明显增加盒子的重量。

391. 包装谜题

从箱子侧面放，即 $14 \times 22\frac{4}{5}$ 的面，可放13排，交替为7个和6个，共计85个。在这上面，我们可以放另一层，含12排，交替为7个和6个，共计78个。在 $24\frac{9}{10}$ 英寸的这一面，可放 15 层，85 个和 78 个交替放。所以 8 乘以 85，加上 7 乘以 78，得 1226。该箱子最多能放 1226 个铁球。

392. 俄国金块包装

箱子内部应该为 100 英寸长，100 英寸宽，11 英寸高。我们可以在底部纵向平放一排 8 块金块，首尾相连，这样只填了一边，9 排这样的则可放 72 块（都在底部），底部剩余空间为 100×1×1 立方英寸。现在 72 块这样的金块可摆 11 层，共装了 792 块。剩余空间 100×1×1 立方英寸。在这个空间内，我们可将剩余的 8 块竖着放，首尾相连。

393. 蜂蜜桶难题

三兄弟每人平分到 $3\frac{1}{2}$ 桶蜂蜜以及 7 只桶的唯一方法如下：如果三兄弟都不反对分到 4 只以上同样满的桶，则还有另外一种分法：分给 B 的方式与以上 A 完全相同，留给 c 一只满桶，五只半满桶和一只空桶。总之，有两个兄弟要以同样方式接受遗产。

	满桶	半桶	空桶
A	3	1	3
B	2	3	2
C	2	3	2

第六章　过河谜题

394. 过河

首先，两个儿子过河，其中一个返回。然后先生过河，另一个儿子返回。然后两个儿子过去，一个返回。然后太太过去，另一个儿子返回。然后两个儿子都过去，一个返回去接狗过河。总计渡船 11 次。

解决这类过河谜题似乎找不到通用的规律。针对具体案例可以找到公式，但是得严格限制条件，没有太大用处，因为只要稍加一点约束便不适用了。同测量谜题一样，解决这类谜题通常得依靠个人的聪明才智。

395. 横渡阿克斯河

答案如下：

	｛J5｝	G T 8 3
5	(J｝	G T 8 3
5	｛3)	J T 8
5 3	(G｝	J T 8
5 3	｛J T)	G 8
J 5	(T 3	G 8
J 5	｛G 8)	T 3
G 8	(J 5｝	Y
G 8	｛J T)	5 3
J T 8	(G｝	5 3
J T 8	｛G 3)	5
G T 8 3	(J｝	5
G T 8 3	｛J 5)	

G、J 和 T 分别代表贾尔斯、贾斯伯和蒂莫西。两边列代表左岸和右岸，中间列代表河流。总计需要渡船 13 次。中间列显示船在河中间时的状态，括弧的尖指示方向。

你会发现，不但不会出现一个人携带多于其分得的财宝上船或留在岸边的情况，甚至两个人携带多于他们联合分得的情况也不会出现，尽管题中并没有限制后一点。

396. 过河捷径

一共有 416 种走法能做到这一点，其中最短的路线是 O–P, D–C, E–F, H–G, I–J, L–K, N–M 和 A–B，然而与几百万种不能做到这一点的走法相比，416 条路线这么小的数量也许曾经被忽略了。

397. 五个嫉妒的丈夫

显而易见，渡河的次数肯定是奇数。如果 5 位丈夫不相互嫉妒猜疑，那么只要渡河 9 次这班人就可以脱险。但是，由于丈夫不允许妻子独自与其他男人或男人们为伴，使得必须增加两次渡河次数，即共计 11 次。

下表给出了解决这道难题的方法。大写字母代表丈夫，相应的小写字母代表他们各自的妻子。数字代表渡河的次数，渡河之后事件位置分左右两岸，星号表示船。你可以看到，第一次渡河 a、b、c 到达对岸，第二次渡河 b、c 返回原岸，以此类推。

这道题的精妙之处藏在"找出最快的方法"这几个字上。每个人都理所当然地认为，既然题中没有提及这群人的划船能力，我们就该认定他们划船的能力一样好。但实际上，很显然两个人肯定比一个人划得快。

	ABCDE abcde *	
1	ABCDE de	* abc
2	ABCDE bcde *	a
3	ABCDE e	.. * abcd
4	ABCDE de *	abc
5	DE de *	* ABC abc
6	CDE cde *	AB ab
7	cde	* ABCDE ab
8	bcde *	ABCDE a
9	e	ABCDE abcd
10	bc e *	ABCDE ad
11		* ABCDE abcde

因此，第二和第三次应该是两个女人一起将船划回去接d。这并不影响到岸的次数，因此无所谓浪费时间。同样的，在第十和十一次船渡时，再次出现了是送回两个女人还是仅仅一个的选择。

对于那些认为9次船渡就可以解决难题的人，我敢说，任何情况

下他们都会发现自己错了。在这个情境中，嫉妒的丈夫们都不愿将自己的妻子送到对岸其他男人（或男人们）身边，即便妻子承诺下一次就会跟船回来。如果读者将这个事实记在心里，就会立刻发现自己的错误之处。

398. 城堡窃宝

以下为最佳答案，共有11次操作：

财宝下来
男孩下来——财宝上去
少年下来——男孩上去
财宝下来
成年男子下来——少年和财宝上去
财宝下来
男孩下来——财宝上去
财宝下来
少年下来——男孩上去
男孩下来——财宝上去
财宝下来

第七章　游戏和比赛谜题

399. 连续多米诺骨牌

有23种不同方法。你可以从任何一张牌开始，4-4以及含有5或6点的牌除外，但是只有以特定

的骨牌起始游戏才可以继续。如果给定公差，并且第一张多米诺骨牌已经确定，则其他骨牌就是固定的，无法再选。因此，我需要做的只是

给出这 23 种方法的起始骨牌以及公差。如下：

公差为 1，起始骨牌可以是以下任意一张：0-0、0-1、1-0、0-2、1-1、2-0、0-3、1-2、2-1、3-0、0-4、1-3、2-2、3-1、1-4、2-3、3-2、2-4、3-3、3-4。

公差为 2，则第一张骨牌可以为 0-0、0-2 或 0-1。以最后一种情况为例。因为第一张牌取 0-1，公差为 2，所以后续必须为 1-2、2-3、3-4。有 3 张骨牌永远不能用，那就是 0-5、0-6 和 1-6。如果我们使用一盒延伸到 9-9 的多米诺骨牌，则这道题有 40 种不同解法。

400. 五张多米诺骨牌

只有 10 种不同排列方法，下面是其中一种：(2-0)(0-0)(0-1)(1-4)(4-0)。剩下的 9 种方法就留给读者自己去探寻吧。

401. 多米诺框架谜题

图示便是一种解法。框架 4 边牌点相加均为 44。所有多米诺骨

牌上的点数总和为 168，如果我们要让每边之和达到 44，必须注意四角点数之和为 8，因为四角牌点会重复计算，而 168 需要加 8 才等于 4×44。这道题有很多不同种解法。甚至在给出的示例中，交换某些骨牌的位置也可以产生不同的排列。例如，左手边上从 2-2 往下到 3-2 这一串可以倒置，或从 2-6 到 3-2，或 3-0 到 5-3 也可以倒置。同样，在右手边上，从 4-3 到 1-4 可以倒置。这些更改不会影响解题的正确性。

THE DOMINO FRAME PUZZLE SOLUTION

402. 纸牌框架谜题

10 张纸牌点数总和为 5。假设我们试图使每边牌点为 14，那么 4 乘以 14 等于 56。但是 4 个角的

每个牌点会重复加，因此56减去55（也就是1）必须为4角牌点的总和。这显然是不可能的；所以每边牌点之和等于14也是不可能的。但如果我们试试18，4乘以18等于72，减去55等于17，也就是4角牌点之和为17。那么我们只需要在四角之和为17的前提下尝试不同排列，很快就可以发现如下解法：

最后的尝试数量很有限，且必须带有一点判断力，要么得出一个正确答案，要么让我们知道某种解法在我们尝试的条件下不可能成立。当然，我们可以将直边中间的两张牌互换，但是这不能算不同解法。如果镜面反射，可以得出另一种排列，但是也不能算做不同解法。

尽管如此，我们可将给定解法中的5与8对换，4与1对换。这就是不同解法了。每边牌点为18的解法有2种，牌点为19的解法有4种，牌点为20的解法有2种，牌点为22的解法有2种——总共10种排列法。读者可以自己找出所有解法。

403. 纸牌十字

基础排列有18种，我只给出横排中的数字，余下数字自然容易归位。

5 6 1 7 4

3 5 1 6 8

3 4 1 7 8

2 5 1 7 8

2 5 3 6 8

1 5 3 7 8

2 4 3 7 8

1 4 5 7 8

2 3 5 7 8

2 4 5 6 8

3 4 5 6 7

1 4 7 6 8

2 3 7 6 8

2 4 7 5 8

34956
24957
14967
23967

我们可以注意到，十字中心必须为奇数，横列、竖列相加均为23、25或27各有4种方法，但相加为24或26各只有3种方法。

404. T字形纸牌谜题

如果我们移除A，剩下的纸牌可以按4种方法分为和相等的两组；如果移除3，则有3种方法；移除5有4种方法；移除7，有3种方法；移除9，有4种方法。因此，分组的方法有18种，如果任取其中一种，将奇数牌（即上述"移除"的纸牌）置于垂直列之首，则垂直列中一组数字可以有24种变动方法，另一组数字在水平列也有24种变动方法，或者合起来可能有24×24=576（种）不同方法。因为这类情况有18种，用576乘以18得出10368种方法，这就是组牌的正确方法数。因为这个数字包含了镜面反射的情况，所以必

须除以2；但是我们还要记住，每个水平列可以与垂直列互换位置，所以又需要再乘以2，两步骤相互抵消。

405. 纸牌三角形

以下两种纸牌排列分别显示：（1）最小可能牌点数和为17；（2）最大可能牌点数和为23。

```
      1               7
   9    6          4    2
  4      8        3      6
 3  7  5  2      9  5  1  8
```

我们可以看到，每边中间的两张牌可以互换而不影响总和。因此，每种基础排列有8种展示方式，基础排列有如下18种：2种总和17，4种总和19，6种总和20，4种总和21，2种总和23。这18种基础排列乘以8，得出放置纸牌的不同方式总共有144种。

406. 耐力"搁浅"

读者们可能发现在超过200步以后，解法相当简单，但是其

实不用超过 62 步，这一数字初看起来可能很让人惊讶。步骤是这样的：如果我说"梅花 4 到……上"，意思是，梅花 4 以及放在它以上的数字转移。方片 1 到空位上，黑桃 2 到空位上，黑桃 4 到空位上，红桃 3 到黑桃 4 上（目前走了 9 步），黑桃 2 到红桃 3 上（3 步），红桃 5 和方片 5 互换，梅花 4 到方片 4 上（6 步），方片 3 到梅花 4 上（1 步），黑桃 6(带红桃 5)到空位上（3 步），梅花 4 到红桃 5 上（3 步），梅花 2 到方片 3 上（3 步），方片 7 到空位上（1 步），梅花 6 到方片 7 上（3 步），黑桃 8 到空位上（1 步），红桃 7 到黑桃 8 上（1 步），梅花 8 到方片 9 上（1 步），红桃 7 到梅花 8 上（1 步），黑桃 8 到红桃 9 上（1 步），红桃 7 到黑桃 8 上（1 步），方片 7 到梅花 8 上（5 步），梅花 4 到方片 5 上（9 步），黑桃 6 到红桃 7 上（3 步），黑桃 4 到红桃 5 上（7 步），一共 62 步。

407. 骰子把戏

你要做的只是从给出的结果中减去 250，由此得出的答案中三个数字便依次是骰子的点数。因此，在举出的例子中，给出的数字是 386，减去 250 得 136，由此我们得知掷点数依次为 1、3、6。

解题过程很简单，计算结果为 $100a+10b+c+250$，其中 a、b、c 代表骰子点数。答案显而易见。

408. 慢板球

队长肯定没有出局，得分 21 分。于是：

2 人（脚截球）	19
4 人（接杀）	17
1 人（截杀）	0
3 人（投杀）	9
1 人（队长—未出局）	21
11	66

队长得分刚好比球队平均分高 15 分。其余被投杀的人只能是三人，因为第 11 个人应该没有出局。读者自己可以探索为什么队长肯定是第 11 人。这个不一定与数字有关。

409. 足球运动员

最少可能人数为 7 人。有 3 种不同的解释：（1）2 人双臂完好，1 人右臂受伤，4 人双臂受伤。（2）1 人双臂完好，1 人左臂受伤，2 人右臂受伤，3 人双臂受伤。（3）2 人左臂受伤，3 人右臂受伤，2 人双臂受伤。但是，如果每个人都受伤了，则只有最后一种情况适用。

410. 赛车

重点是要领悟这样一个道理，在环形跑道比赛中，一辆车后面的辆数和前面的辆数是相等的。所有其他的车既在前方，也在后面，比赛中包括古高·史密斯的车在内，共有 13 辆车。12 的 $\frac{1}{3}$ 加上 12 的 $\frac{3}{4}$ 正是 13，即正确答案。

411. 卵石游戏

在 15 颗卵石的题中，如果第一个人第一次拿 2 颗，则他会赢。然后，他拿奇数颗，留下 1，8 或 9 颗，他会赢如果他拿偶数颗，留下 4，5 或 12 颗，他也会赢。他可

以选择任何一种直到比赛结束，从而击败对手。在 13 颗卵石的情况中，如果第二个玩家操作得当，第一个肯定输。事实上，第一个玩家输的数字会是 5，以及与其公差为 8 的数，如 13，21，29，等等。

益智趣题

412. 两枚国际象棋"车"

第二个玩家可稳赢，但是为了确保能赢，他必须从一开始以及接下来的每一步都使他的"车"与对方的"车"处于同一对角线上。这样他就能使得对手进入到角落，从而稳赢。假定下图代表"车"起始

位置，那么，如果黑方先走，白方则将"车"下在A处，下一步就会赢。从A到H的对角线任意一棋格都呼应，但是最佳方式还是将对方"车"的走法限死。如果白方先走，那么黑方应该将"车"下在B处（F处不够好，因为给了白方较多的空间）；然后如果白方走到C，黑方移到D；白方到E，黑方到F；白方到G，黑方到C；白方到H，黑方到I；下一步黑方准赢。一旦黑方没做到和白方在同一条对角线上，那么白方就可抢占黑方的对角线，从而赢棋。

413. 抢位置游戏

不管是不是先走棋，A只要是从55开始走，就一定赢。假定B采取了最佳路线，同时实行尽量避免被吃的策略，但是，如果A先走，总能在第12步时吃掉B；如果A后走，则总能在第14步时吃掉B。他的要点在于一直保持和对手成对角线形势，如果A先走，到第33格时，他可使B无法与其形成对角线。以下是两个很棒的棋局。横线前的数字表示A的走法，后面数字则是B的走法：A先走时，33-8，32-15，31-22，30-21，29-14，22-7，15-6，14-2，7-3，6-4，11-，这时，A一定能在下一步（第12步）吃掉对方；B先走时，-13，54-20，53-27，52-34，51-41，50-34，42-27，35-20，28-13，21-6，14-2，7-3，6-4，11-，这时，A一定能在下一步（第14步）吃掉对方。

414. 骑自行车去旅行

按照"费城-15-22-18-14-3-8-4-10-19-16-11-5-9-2-7-13-17-21-20-6-12-伊利"的路线可以经过所有城镇到达目的地。

415. 脑筋急转弯之一
半分

416. 脑筋急转弯之二
山路。

417. 摆杯子游戏

将2和3移到一端，用5和6填上空缺，用8和2填上空缺，最后用1和5填上空缺。

418. 赢格子游戏

THE BOXER'S PUZZLE

姑娘一（坐着的姑娘）连接GH，如果姑娘二连接JK，姑娘一连接KO和PL赢得2个格子，再连接LH，等待一步，而不继续得分。这时，姑娘二连接GK赢得2个格子，然后被迫再画一条直线，这样就把另外5个格子送给姑娘一了。如果姑娘一连接GH后，姑娘二连DH，那么姑娘一连接CG、BF和EF后再连接MN，等待一步，这样她将再赢得4个格子。

419. 脑筋急转弯之三

他走在狗的另一边。

420. 战争谜题游戏

不管那个狡猾的敌人多聪明、多隐蔽，英国人都能抓住他。但前提条件是，该英国上将得对地图上标号为"1"的小镇进行一次神秘探访，从3号进入，从2号离开，或从2号进入，再从3号离开，听起来有些古怪。涂上阴影且没有数字标号的3个小镇其实不在谜题范围内，正如一些人所料想的，因为敌人不会被迫进入这三个小镇，所以英国人不需要进入其中任何一个，自愿进入实属无脑筋之举。因此我们可将其不作考虑。不管敌人怎么做，英国人得按以下9步执行：他应该拜访24、20、19、15、11、7、3、1、2号小镇。如果敌人也想要去1号小镇，可发现，他必须马上按原路退回，要不然英国人肯定在2号或3号小镇抓住他，具体几号依情况而定。所以敌人如果完全躲开地图上的西北角，才算明智。

现在，当英国上将走完我所说

163

的 9 步后，敌人（自身第 9 步）将在标号为 5、8、11、13、14、16、19、21、24 或 27 中的其中一个小镇里。当然，如果他这时鲁莽地闯进 3 号或 6 号小镇，他马上就会被抓。不管他在哪，上将都会去找他，且如用下面的一种方式，最多再走 8 步（一共 17 步）就能轻而易举地抓住他。敌人在 5 号时，英国人到 8 号，然后下一步就会赢；或者，敌人在 22 号时，他到 19 号，下一步赢；敌人在 27 号时，他到 24 号，同样在下一步就会赢。可以发现，他不得不进入到这些关键性位置中的其中一处。

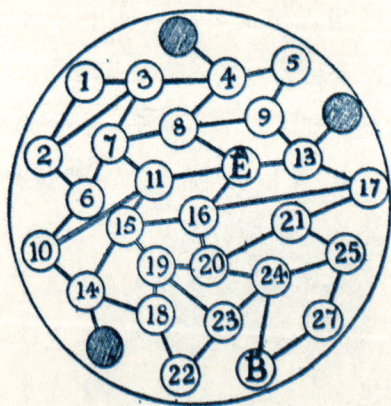

简而言之，策略大致是这样：英国人走了我所说的前 9 步，虽然敌人尽力逃避，我们的上将会一直追捕他的敌人，一直使他远离西北角落，最后跟他越来越近，取得胜利。如我所说，英国人所需步骤不超过 17 步，如果敌人表现差劲，可能走更少步。但是在走了前 9 步后，即使英国人有几步表现欠缺，也不影响结局。他可能需要时间长一些，但只要他一直使敌人无法进入 1 号，他就一直占有优势，然后最后一定会抓住他。

这是该题的完整解释。从印刷图案看似乎有点复杂，但在实际操作中，对读者来说，这关键步骤相当简单。走了那 9 步后，要找出游戏的终决线一点都不难。在下棋中，我们把这一谜题叫作"对弈"，英国人到 1 号小镇叫作"将敌人的军"，大街上的人也会这么说。这有一个图例，显示了敌人是如何尽力躲避被捕。上一行为英国人的步骤，下一行为敌人的步骤，交替进行。

24 20 19 15 11 7 3 1 2 6 10 14 18 19 20 24

13 9 13 17 21 20 24 23 19 15 19 23 24 25 27

现在敌人必须到 25 号或 B，而无论他到哪个小镇，都会马上被捕。

421. 门的内哥罗人的骰子游戏

如果要双方赢的概率一样，那么选手们应该选一组为 5 和 9，另一组为 13 和 15。三颗骰子加起来的情况有 216 种。加起来为 5 的有 6 种，为 9 的有 25 种。如果选这两个数，概率为 $\frac{31}{216}$。同样，加起来为 13 的有 21 种，为 15 的有 10 种，概率同样是 $\frac{31}{216}$。

422. 雪茄谜题

俱乐部成员一个都没解出这一谜题，可是我要说一下，这道题简单到说出解题方式后，就算小孩儿都能懂。我大部分朋友说他们相当迷惑。很多人认为："无论如何，这一推理性结果应是由桌子与雪茄之间的关系所决定。"其他人将其视为一道有关概率性理论的题，他们的观点是第一个人和第二个人机会差不多，得视具体情况而定。有个人拿出一张桌子和特定大小的雪茄，将桌子划分为均等的几块，叫两个人将这几块填满，结果第二个人赢。但是为什么第一个人那么谦让呢？他每一步只需将一根雪茄横放在块与块之间，就可完全打乱第二位的计算。我们得假定每个人都是最佳方式，尽力完成，不能谦让对方。如果雪茄是鱼雷那种完全对称且两头尖的形状，其他一些朋友的理论可能就很充分合理了。

我将示范一下，只要第一个人一直用最佳方式，他如何绝对会赢。仔细观察下图 1，一切都一目了然。

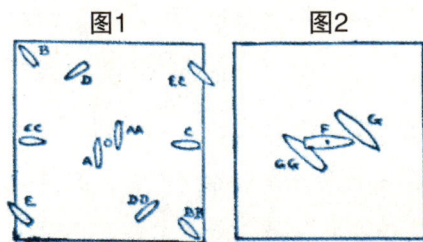

图1　图2

第一个人必须将第一根雪茄竖放在放在桌子的中央，如图中小圆圈所示。现在，无论第二个人怎么做，第一个人将雪茄放在完全相反的对立面。所以，如果第二个人将雪茄放在 A 处，第一个人号则放在 AA 处；第二个人放在 B 处，第一个人放在 BB 处；第二个人放在 C 处，第一个人放在 CC 处；第二个人放在 D 处，第一个人放在 DD 处；第二个人放在 E 处，第一个人放在 EE 处，以此类推，直到以不能碰到的前提下再不能放雪茄。因为雪茄假定大小相同，很明显，2号每选一步，沿着桌子中心画条直线，都可找出对称的另一处。无论将雪茄放在哪，或不管是竖着放还是横着放，第一个人放了后，第二个都可以如此复制。因为雪茄都大小相同，很容易就能找到某点在桌上的平衡点。当然，因为假定了每个人都采用最佳方式，这个就成了一个理论题。那就是说，在实际操作中，没人能信誓旦旦地说"一定能赢"，这种话是没道理的，无效的。作为第一个人，如果你没有赢，只可能是你没有尽力，方式不是最佳。

图2是用以说明为什么第一根雪茄得竖着放（我在此说一下，我从盒子里选出的第一根雪茄能够竖着放，则可假定所有其他的雪茄也能如此）。如果第一根雪茄斜放，如在 F 处，那么第二个人可将雪茄放在 G 处——尽可能的近，但不碰到。现在，你就无法在对立面模仿他的步骤了，因为雪茄两头不一样。可以看到，如果把雪茄放在完全以中心对称的点上，GG 要么与 F 相交，要么在 F 上端，这都是不可以的。

因此，你必须将雪茄放得离中点远一点，而这结果就是，当另一个人在中点到右上角之间放雪茄时，你在中点到右下角角落之间没有足够的空间完全重复相同的步骤，因此，就不一定是第一个人赢了。

第八章　魔方谜题

423. 麻烦的数字8

$4\frac{1}{2}$	8	$2\frac{1}{2}$
3	5	7
$7\frac{1}{2}$	2	$5\frac{1}{2}$

本题条件为将不同的数放在9个小格子里，使3行、3列以及两条对角线上的数加起来为15。如果读者们一开始将条件中没有的东西加进去，就无法解决这个问题，而这是谜题中常见的错误。如果我

说的不是"一些不同的数"，而是"一些不同的数字"，那么将8放在角落以外的地方是根本不可能的。另外，如果我说的是"一些不同的整数"，同样也不可能。但是数当然也可以是分数，所以这个谜题的秘密就在于此。图中所示的排列完全符合条件"所有的数都不相同，8条线上的数字加起来都为15。"

424. 神奇的长纸条

剪7个数字时，可从6个不同的地方下手。秘诀在于使1条保持完整，将其他6条在不同的地方剪断。剪好后，用这13部分可以组成多种魔方。这是其中一种：

这种排列具有一些很有趣的特征。我们可以看到未被剪的那条在顶端，但如果将底部和顶端的数字依次移动都会产生这种结果（将未被剪的那条逐次移至底部）。如果我们将这些数字想象成7条竖行的纸条，可发现这几列也可以按从左到右，或从右到左的顺序依次移动，每次都形成一个魔方。

425. 监狱里八个开心的家伙

构造这种魔方有8种方式，而且都是基于一种基本排列方式的变体。因为如果你将第一个魔方旋转15度，就能得到第二个魔方；另外，由于4条边都可以轮流旋转至顶部，所以有4个方位。这依次的4边在镜中反射产生另外的4个方位。在8种排列方式中，只有4种可能符合要求，而且这4种中只有2种移动的次数最少，为19次。这2种方式如图所示。将犯人按以下次序移动:5，3，2，5，7，6，4，1，5，7，6，4，1，6，4，8，3，2，7，

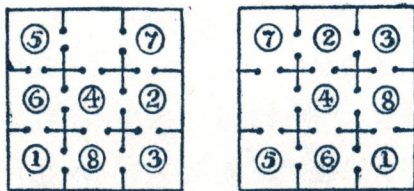

由此得到第一个魔方。将他们做以下移动：4，1，2，4，1，6，7，1，5，8，1，5，6，7，5，6，4，2，7，得出第二个魔方。在第一个方案中，每个人都移动了，而在第二个方案中，3号没有离开牢房，所以3号一定是那个顽固的犯人，第二个魔方的排列方式符合要求。

426. 监狱里九个开心的家伙

此题给那些粗心的人设了一个圈套。一开始，允许有一人骑在另一人的肩膀上，以空出一间牢房，使犯人们能在"没有两个人同时待在同一间牢房"的前提下移动。这两个联结在一起的犯人可以将他们的数字加在一起，当然，魔方在完成魔方后也可以待在一起，不过没人逼他们那样做，只要其中一人最后一次移动不是进入已被占据的牢房即可。聪明的解题者发现这点后，需要自己决定哪种方式更好，是两人在一起，还是分开呢？事实上，如果两个犯人仍在一起，这个谜题能在17步内解决；但是如果最后分开，他们可能少一步，即用16

步完成。本题的解题技巧在于，让中间的那个犯人骑在处于角落里的犯人的肩膀上，在最后分开前，使他们处于中间位置。

A			B		
2	9	4	6	7	2
7	5	3	1	5	9
6	1	8	8	3	4

以下的移动方式可使这些人形成上图所示的两个魔方。

数字表示犯人们移动到暂时空置的牢房时的编号顺序，成对者用括号表示：

5号骑在1号肩膀上，然后6，9，8，6，4，（6），2，4，9，3，4，9，（6），7，6，1。

5号骑在9号肩膀上，然后4，1，2，4，6，（14），8，6，1，7，6，1，（14），3，4，9。

5号骑在3号肩膀上，然后6，（8），2，6，4，7，8，4，7，1，6，7，（8），9，4，3。

5号骑在7号肩膀上，然后4，（12），8，4，6，3，2，6，3，9，4，3，（12），1，6，7。

第一、第二种方式产生了图A；

第三、第四种方式产生了图B。每种都只有16步。找出次数的最小值后，我们需要考虑怎样使负重人尽量少走了。由图可知，由于这一对在分开前必须走到中间的牢房，所以他们至少得走两步。而要让负重人少走，则只能用另一种解决方式了，即不得不多走一步。

427. 西班牙地牢

此题最好逆向解答，也就是说，先设定好魔方，然后再逆推到原来的位置。首先我们得构造一些魔方，数字的重新调整次数得最少。我们知道有很多人达不到这个要求。当我们面前有很多可行性方案时，接下来该做的就是认真分析，找出移动次数最少的方案。然而，恐怕只有经过大量研究、获得经验后，解答者才能对复杂多变的"干扰地区"及流转办法做到心中有数，整个过程中他的判断力起很大的作用。

如图所示的魔方非常符合要求。从中可以看出，4、8、13和14号犯人仍待在他们原来的牢房里，这一局面可通过37步达成。

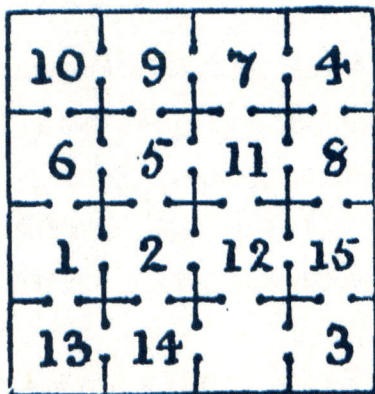

以下是移动步骤：15，14，10，6，7，3，2，7，6，11，3，2，7，6，11，10，14，3，2，11，10，9，5，1，6，10，9，5，1，6，10，9，5，2，12，15，3。那些无法找到少于60-100步的读者看到这儿，可能会大吃一惊。这个聪明的犯人是6号，在图画草稿上可看到他伸着手臂在叫号。他和10号移动得最多，每人变动了5次。脚有些弯曲的12号是个瘸子，所以轮到他时，他只需从自己的牢房移到隔壁牢房。

428. 西伯利亚地牢

要解这道题，就必须找出最切合我们目的的魔方，然后仔细观察，看怎样才能使移动次数最少。我们自然马上想到，如果我们采用这样

169

一种魔方，即一些人不用离开他们所在牢房，一方面我们的确能减少一些步骤，但另一方面可能会限制我们的行动。比如，某一种魔方中6，7，13和16不动，这种解答方式显然行不通，因为在不能有两个人同时处在同一牢房这一前提下，14号和15号既无法离开自己牢房，也进不了别的牢房。

以下是沃瑟斯庞先生发现的方案，他用了14步：8-17，16-21，6-16，14-8，5-18，4-14，3-24，11-20，10-19，2-23，13-22，12-6，1-5，9-13。我认为这一方案从推理理论上看，移动的次数最少，我相信没有更好的办法了。关于这一点，沃瑟斯庞先生也持同样看法。

429.扑克牌的魔方

另外3个魔方里的牌如下排列：

3	2	4
4	3	2
2	4	3

6	5	7
7	6	5
5	7	6

9	8	10
10	9	8
8	10	9

有3张A和一张10没有使用。这4个魔方的和分别为9，15，18和27——如题中所要求的一样都不相同。

430.十八张多米诺骨牌

下图已经给出解释。从中可以看出，每行、每列及对角线上的点数皆按要求加起来为18。

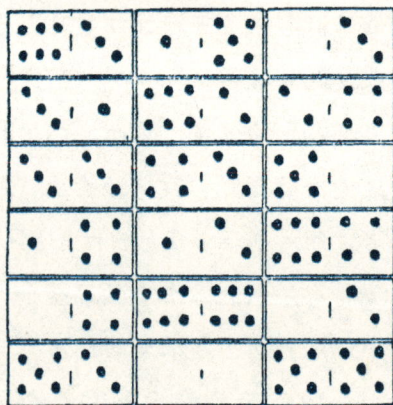

减法、乘法和除法魔方

431. 两个新颖的魔方

这是符合条件的两个解题方案：

减

11	4	14	13
16	7	1	2
6	5	3	12
9	10	8	15

除

36	8	54	27
216	12	1	2
6	3	4	72
9	18	24	108

第一个魔方，通过减法运算，可得常量8，且所有有关联的对数的差都为4。第二个魔方，通过除法运算，可得常量9，且所有有关联的对数的商都为3。这是两个很有名且富有教育意义的魔方。

432. 两度的魔方

以下是我所做的魔方。它表示和的常量为260。如果将每位数换成它自身的平方，和将变为11180。读者们可以自己做出第二度的魔方。

这条很棒的定律是解题的关键点，即如果8个数加起来为

7	53	41	27	2	52	48	30
12	58	38	24	13	63	35	17
51	1	29	47	54	8	28	42
64	14	18	36	57	11	23	37
25	43	55	5	32	46	50	4
22	40	60	10	19	33	61	15
45	31	3	49	44	26	6	56
34	20	16	62	39	21	9	59

260，它们的平方和为11180，那么，与每个数的和为65的那些数也同样适用于这一定律。因为1+18+23+26+31+48+56+57=260，它们的平方和为11180，所以64+47+42+39+34+17+9+8=260（用65减去之前的每位数所得），它们的平方和也为11180。注意，在16个小魔方里的每一个中，两条对角线和都为65。八行八列中，四四对应互补。我们拿出第2、1、4和3行的数，将它们这样排列：

1	8	28	29	42	47	51	54
2	7	27	30	41	48	52	53
3	6	26	31	44	45	49	56
4	5	25	32	43	46	50	55

现在每一列含4个按一定规则排列的连续数字，4个朝一个方向，另外4个朝另一方向。魔方中第2、

5、3 和 8 列的数字排序与此相似。难点在于发现符合支配这几组数字，使得 4 魔方互补配对、形成对角线的条件。但因上面已经给出一个正确答案，所以这一谜题的很多更为重要的点都已揭示出来了。我的观点是这个两度魔方是魔方中最为讲究的。我认为构造这样一个魔方，最少规格也得为 8 阶魔方。

初级魔方

433. 梅子

一名店主让他的店员选一篮梅子分发给小孩子们，说不可以将整篮梅子全给一个小孩，还交代店员将梅子分发给每个小孩，而且每个人得到的一样多，所以也不能根据篮子里的梅子数来选相应的小孩数，然后给他们每人一颗梅子。因此，如果每篮里的梅子数为质数，那么这店员说按要求分发不可能做到的话是对的。因此，根据谜题的性质，我们的谜题就是制做出一个 9 个不同质数的魔方。

A		
7	61	43
73	37	1
31	13	67

B		
83	29	101
89	71	53
41	113	59

C		
103	79	37
7	73	139
109	67	43

D		
1669	199	1249
619	1039	1459
829	1879	409

图 A 是一个质数魔方，它给出了可能的最小常量。至于我所提过的陷阱，看图则可知，图 A 要排除，因为说过"每个篮筐里有一些梅子"，"一颗梅子"算不上"一些梅子"。至于篮筐中梅子的个数，"如图所示"，不用细数就可看出绝对超过 7 个。所以严格来说，C 也要排除。20 个上下，250 则自然在这个范围内，同时还有很多种排列也在这个范围内。图 B 就符合条件。当然我们也要考虑到一点，那就是很多水果商常在篮筐里放假底，使篮筐里的水果看起来比实际的多。

有些记者认为（我想不起来基于什么了）在这个谜题中，这些数字不可能呈等差数列，于是我给出图 D，以证明他们错了。这些数字

199、409、619、829、1039、1249、1459、1669 和 1879 都是质数，且等差为 210。

434. "T"形谜题

排列这些数字有很多不同的方式，2 或 3 中的其中一个不能出现在 "T" 线上。我给出的排列是一个 "纳斯卡" 魔方，这是 28800 个纳斯卡魔方中的第 5 个，也是符合 "T" 形条件的魔方（包括它的一个全反射图）。这一谜题是普朗克博士建议我做的。

第十章 宴会中的悖论

435. 棋盘悖论

这一小谬论的解释如下。错误在于我们假定了用 C 表示的小三角形块和棋盘里的小正方形高度一样。事实上，它的高度（如果我们使 64 个魔方中的每个魔方为 1 英寸高）为 $1\frac{1}{7}$ 英寸。所以，长方形实为 $9\frac{1}{9}$ 长，7 英寸宽。因此每种方式都是 64 平方英寸。而现在，虽然这些块状物能完美地组合成长

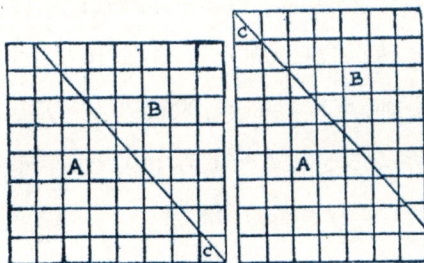

方形，但是这些块状物的水平线方向是不一致的。上面的图表很好地向读者解释了这一问题。

第十一章　未分类谜题

436. 谁是第一

看到烟雾的比格斯为第一，看到子弹擦过水面的卡朋特第二，而只听到枪响的安德森，则为最后。

437. 恼人的铁环

我将给出详尽的解题方案，这样读者就可看到，一旦懂得操作，该题就相当容易。首先，因铁环数为偶数个，那么可用 $\left[\left(2^{(n+1)}-2\right)\right]$ 的 $\frac{1}{3}$ 步除下，在我们的题目中，n 取值为 14，所以可通过 10922 步全部除下。因为 10922-9999=923，所以接下来是算出离 10922 步还剩 923 步时铁环的结构。

923 除以 2，商 461，余 1；461 除以 2，商 230，余 1；230 除以 2，商 115，没有余数。按这种方式一直除下去，可发现余数的排列是 1，1，1，0，0，1，1，0，1，1，最后一个余数在左手边，第一个余数在右手边。因为有 14 个铁环，但

只有 10 个数字，所以我们将不同的四个用四个 0 表示，写在左边的括号里。然后将所有跟左边重复的数字都打上括号。那么将得到以下排列：(0000) 1 (11) 0 (0) 1 (1) 01(1)。这就是这道题的正确答案。因为如果我们现在用直线下的铁环代表括号里的数字，直线上的铁环代表其他数字，那么，我们就得到了所需答案。如下：

```
      0     0   0   00
————————————————————————
0000    00    0    0    0
```

这就是第 9999 步后铁环的状态，读者可以看到不管铁圈上有多少个铁环，这一方式可以解答任意类似的谜题。但在反向操作中，你必须确定所需步骤数，以确定铁环的位置，规则也要稍加修改，因为在除下所有的铁环的过程中，该位置形式未必能实现，这些读者将会看到。我在此声明，铁环总数为奇数时，除下所有铁环所需步骤数为 $\left[\left(2^{(n+1)}-1\right)\right]$ 的 $\frac{1}{3}$。

当 n 为奇数时，除下和安上共有 2^n 种位置样式。在第 $\frac{1}{3}\left[\left(2^{(n+1)}+2\right)\right]$ 步时，铁环全部被移下，未使用的位置数目为 $\frac{1}{3}\left(2^n-2\right)$。

当 n 为偶数时，除下和安上共有 2^n 种位置样式。在第 $\left(2^{(n+1)}+1\right)$ 步时，铁环全部被移下，未使用的位置数目为 $\frac{1}{3}\left(2^n-1\right)$。

将一些情况制成表格很便利。

铁环编号	位置样式总数	使用位置样式	无关位置样式
1	2	2	0
3	8	6	2
5	32	22	10
7	128	86	42
9	512	342	170
2	4	3	1
4	16	11	5
6	64	43	21
8	256	171	85
10	1024	683	341

需要先说明的是，所形成的位置关系数比除下所有铁环的数目多1，因为我们将"全部安在圈上"算为一种位置关系，但不是一个步骤。然后，无关的位置样式数与用以除下比其少一只铁环的装置所需步骤一样多。比如，移下7个环需85步，那么无关的42个位置样式则和除下一套6环所需步骤数一样，如果想移下第7个环，没有什么开

放路线，你只能反向操作那无关的42步。换句话说，你必须将7个铁环全部归位，然后重新开始。首先你应该除下5个环，而为了做到这一步，你得先除下3个环，而在这之前，你得除下1个环；要除下6个环，你得先除下2个，然后4个环。

438. 如此上楼

按从1到8的往上顺序数下梯级，然后按以下步骤操作：1（回到地面），1，2，3（2），3，4，5（4），5，6，7（6），7，8，上楼梯平台（8），上楼梯平台。括号里的梯级是按往后方向走，我们可以看到除上第一级后返回地面外，每往前走三级，再往后走一级，如此操作，19步完成要求。

439. 五枚便士

首先将三枚便士如图1放置，再将剩下的两枚便士控制在图2所示的位置，以使它们顶部互相接触，底部则与三枚水平放置的便士接触，那么五枚便士则会等间距，因

175

为每枚便士都与其他便士相接触。

图1

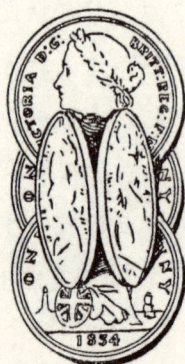
图2

便士。那么，将9条链组成一个连续状的链需花费2先令3便士，而一条新的链子价钱为2先令2便士。但是如果我们将这条8环的链分解，这8个环将其他8条连接，花费为2先令。但是，还有一个更巧妙的办法：将这两条分别含3环和4环的链分解，用这7个环将剩下的7条连接，只要1先令9便士。

440. 勤劳的书虫

草率的读者会假定，三卷书按顺序摆放在书架上，书虫从该书的首页钻到末页，就得穿过三卷书的全部和四个封面。在这一例中，即 $9\frac{1}{2}$ 英寸的距离，这和正确答案相距甚远。查看你书架上任意三卷书，你会发现，第一卷的首页和第三卷的末页，其实最接近第二卷的页码数，所以为了从首页钻到末页，书虫只需钻过四个封面（共 $\frac{1}{2}$ 英寸）和第二卷的书页（3英寸），即 $3\frac{1}{2}$ 英寸。

4481. 关于链的谜题

断开再重新组合一个环需花3

442. 红宝石胸针

关于这一谜题，我们可看到四颗宝石被偷后呈上庭时胸针草图。这个谜题要求读者说明被偷宝石在胸针上的位置，因为存在许多种可能性，不可能指出宝石原来的确切位置，但利特伍德夫人的哥哥所说的话中有一点很重要："我很了解这

个胸针，它原来有 45 颗宝石，现在只有 41 颗了。有人偷了 4 颗红宝石，然后按少的这一数量尽量重新排列，这样就能像你之前所讲的，任何一个方向就总是有 8 颗宝石了。”

这一草图显示了盗窃前的宝石排列。可以看出，只需重新排列一颗宝石，即中间的那颗。任何重新排列超过一颗宝石的方式都跟利特伍德夫人哥哥的说法不一致，也就是错的。当然，原来的排列有点不对称，也正是这一原因，这枚胸针被形容为"古怪异常"。

443. 鸠尾式组件

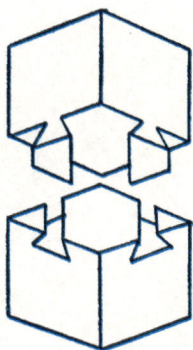

从插图上可清楚地看出解题方式，我们马上能看到这两个组件是如何沿着对角线方向滑动在一起的。

444. 射野鸡

这题运算起来确实很简单。一开始可清楚看到有 24 只野鸡，其中 16 只被射死，1 只翅膀受伤，7 只飞走了。因此读者可能得出"还剩 7 只"的答案。可是既然它们飞走了，说它们"剩下"就有些荒谬，如果它们"剩下"，它们也会被射杀。那我们是不是可以因为飞走了 7 只而得出被射的 17 只剩下了呢？不行。因为谜题不是"剩下多少只？"，而是"还留下多少只？"那只可怜的翅膀受伤的野鸡，虽然飞不了了，但还是会挣扎着逃走的。所以答案是"还留下"被射死的 16 只，或者说，被射死的 16 只"留在原地"。

445. 置放半便士硬币

13 枚硬币可如下图置放。

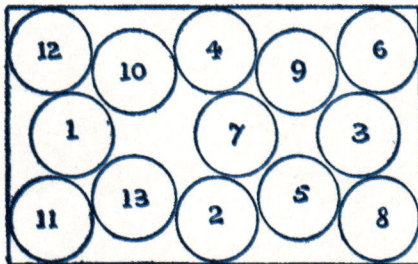